合 同 法

黄 彤 主编

ZHEJIANG UNIVERSITY PRESS
浙江大学出版社
·杭州·

图书在版编目（CIP）数据

合同法 / 黄彤主编. —杭州：浙江大学出版社，
2013.1(2022.10 重印)
ISBN 978-7-308-11047-1

Ⅰ.①合… Ⅱ.①黄… Ⅲ.①合同法－中国－教材
Ⅳ.①D923.6

中国版本图书馆 CIP 数据核字（2013）第 014552 号

合同法

黄　彤　主编

责任编辑	张　鸽	
文字编辑	魏文娟	
封面设计	钟恒波	
出版发行	浙江大学出版社	
	（杭州市天目山路 148 号　邮政编码 310007）	
	（网址：http://www.zjupress.com）	
排　　版	杭州青翊图文设计有限公司	
印　　刷	浙江新华数码印务有限公司	
开　　本	787mm×1092mm　1/16	
印　　张	18.25	
字　　数	445 千	
版印次	2013 年 1 月第 1 版　2022 年 10 月第 5 次印刷	
书　　号	ISBN 978-7-308-11047-1	
定　　价	36.00 元	

前　言

法学是一门充满实践理性的学科，旨在如何通过规范把价值运用于事实，作出外有约束力、内有说服力的判断。"像法律人那样思考问题"，既是法学教育应有的题中之意，又是法科学生切记的座右铭。正是基于上述专业思维和职业指引的考量，在编写本《合同法》教材时，作者侧重于现有法律规定的理解与剖析，侧重于法律如何适用和使用问题。

高校本科专业学生，在学习专业知识之前没有这方面的任何基础，直接由高中阶段的语数英科等学习科目进入专业理论学习。因此法学本科教学应该是基础理论性的教学。法学本科教育仅仅是法学研究的入门教育，是法律实务的基础理论保障。因此，整个《合同法》教材的编写以应用性为出发点，将宽厚的基本理论知识予以精练的概括，与此同时又向学生逐步展示如何获得知识的过程和学习的方法。期冀该教材能为学生学习合同法的相关知识或解决合同法相关问题提供条件与可能，希冀本教材既能成为学生学习的资源，又能成为学生学习的工具。

本教材以介绍我国民事交易基本制度和规则为己任，力求完整、清晰、简洁是本教材奉行的写作要求。不仅要阐明合同法的各项基本制度以及各项制度之间的关系，而且还要传递合同法适用中的新经验、新情况、新问题。在具体编写上，每章均会有一个来自中国法院网公布的判决案例，通过阅读该案例中法院的分析判决过程，设计学习该章的导入性问题。

通过导读案例和导读问题，让学生带着这些问题在具体的章节内容中寻求答案。同时在剖析章节各个知识点时，会将历年司法考试真题转化成举例的形式融入知识点的内容说明中，从而在以案学法的模式下能有机结合相关知识点，进一步加深对知识点的巩固与理解。与此同时，在编写各章节内容的时候，非常注重合同法的渊源，本教材涵括了与知识点有关的绝大多数法律、法规、部门规章、司法解释等，以确保对知识点讲授的全面性，与现行立法的同步性。

本教材基本上按照《中华人民共和国合同法》的体系编写而成，共 24 章。整个教材的编写以应用性为主旨，其特色与创新如下：

1. 结合专业特色，优化知识结构

在教学实践中，整合教学内容，不仅可以作为法学专业学生的专业必修课程教材，也可以作为其他非法学专业学生掌握合同法基础知识的纽带，为民事交易的加入、开展提供一定的知识支撑。教材内容精练，符合教学特点，文字简明，深入浅出。为适应教学改革需要，教材针对部分教学内容进行整合，尤其适用于不同专业和不同教学内容的选择，便于教师的取舍。

2. 注重条文疏议

法律非经解释不得适用。正如萨维尼所言，"解释法律，系法律学之开端，并为其基础，系一项科学性之工作，但又为一种艺术"，因此，本书尝试运用各种法律解释方法，注重对各章、节等所涉法律条文进行准确、简洁的解释。通过条文疏议探寻立法目的和法律规范，使"纸面上的法律"变为"行动中的法律"，使学生不仅"看得见法律"，而且"用得上法律"，真正体悟条文中所蕴含的"活法"精髓。

3. 注重典型案例

法的实现就是法的生命。"法律，特别是私法，在最广泛的意义上以裁判为中心"，司法裁判在法律适用活动中具有终局性的作用，因此，本书精心选择与各章、节等内容有关的案例进行研读和分析，关注裁判者如何分析法律事实，注意如何进行法律推理和适用法律，注意最后裁判结果，让学生知悉案例研究过程。通过对典型案例的学习，对学生学习法律知识和运用法律知识起到训练作用。

4. 理论联系实际，法理解析透彻

编写过程中以核心知识为纲，以重点法条为点，以案例为面，采取学、练、评相结合的方式提高学生的案例分析能力。一方面力图能够涵盖知识的重点、难点和热点，并对该类知识所涉及的现行法律法规和司法解释等进行归纳，进一步增强实际运用的效果；另一方面，在分析典型案件中探讨倾向性的司法观点，进一步揭示裁判理念、裁判方法和裁判规范。

由于作者能力所限，尽管在编写过程中尽了最大的努力，但不足之处在所难免，望予以批评指正。

CONTENTS 目 录

总 论

总 论

第一章
合同与合同法概述

⊙ 导读案例

2011年7月11日,原告张某与被告河南某置业开发有限公司签订一份《商品房买卖合同》,依据合同原告购买了被告开发的位于睢阳区文化路南,平原路东"书香门第"19♯、20♯1—2层门面房一处,该门面房建筑面积为335.1平方米,每平方米6100元,房价款总计为2044110元。合同签订后,原告按约定交纳了房款及相关费用。2011年12月13日,原告委托商丘市恒信房地产测绘公司对该门面房进行了测量,经测量该门面房建筑面积为303.75平方米,面积误差比为9.36%。根据原、被告签订的《商品房买卖合同》第五条规定,该房产产权登记面积小于合同登记面积时,面积误差比绝对值在3%以内,含3%的房价款由被告返还原告。绝对值超出3%的房价款由被告双倍返还原告,经计算,原告要求被告按合同约定返还门面房面积误差比3%内的房价款应为61293元,双倍返还误差比超过3%的房价款应为259855.6元,被告应赔偿原告经济损失为10485元。

法院审理后认为,原、被告签订《商品房买卖合同》是双方真实的意思表示,且不违反法律禁止性规定,为有效合同。根据该合同第五条之约定,原告要求被告依据合同约定返还面积误差比3%内的房价款、双倍返还误差比超过3%的房价款及赔偿经济损失的诉讼请求应予支持。根据《合同法》、最高人民法院《关于审理商品房买卖合同纠纷案件适用法律若干问题的解释》等有关法律规定,遂作出上述判决。

⊙ 问题提出

1.合同的概念和特点是什么?

2.双务合同与单务合同的划分依据及区分的法律意义是什么?

3.有偿合同与无偿合同区分的法律意义是什么?

4.合同相对性的内涵为何?

5.合同法的基本原则及其表现为何?

第一节　合同的概念和种类

一、合同的概念和特点

（一）合同的概念

合同是民事领域动态财产关系重要的法律形式。现代社会合同关系无处不在,因此合同法在债法中占有极其突出的地位。现今社会上各种各样的活动大多数是围绕合同而展开的。在合同法理论上,合同也称为契约。在我国古代社会与近代社会中均称契约,自20世纪50年代初期开始,除我国台湾地区外,更多的时候用的是"合同"的概念。

作为法律用语的"合同",有劳动法上的合同、行政法上的合同、民法上的合同等。鉴于合同是反映交易的法律形式,合同法中的合同是指民法上的合同。何为合同,如何来界定合同,大陆法系与英美法系存有不同的看法。大陆法系的学者基本上认为合同是一种合意或是协议,而英美法系的学者大多数认为合同是一种允诺。根据《中华人民共和国民法通则》（以下简称《民法通则》）第85条的规定,合同是当事人之间设立、变更、终止民事关系的协议。据此,我国民法理论对合同的界定基本继受了大陆法系的观点,从而将合同分为广义合同和狭义合同。广义合同,是指以发生民法上效果为目的的一切合意,包括以发生物权变动为目的的物权合同（比如设定抵押权的合同、移转所有权的合同）、以物权以外的权利的变动为目的的准物权合同（比如债权让与）、以发生债权债务为目的的债权合同、以发生身份关系的变动为目的的身份合同。狭义合同,仅指债权合同,即两个以上的民事主体之间设立、变更、终止债权债务关系的协议。

在《中华人民共和国合同法》（以下简称《合同法》）起草过程中,关于合同的概念存有诸多争议,最终《合同法》第2条规定:"本法所称合同是平等主体的自然人、法人、其他组织之间设立、变更、终止民事权利义务关系的协议。婚姻、收养、监护等有关身份关系的协议,适用其他法律的规定。"根据该条规定,合同法对合同的定义排除了对婚姻、收养、监护等人身关系的调整,而仅仅调整财产关系,因而合同是指财产合同,包括物权合同、准物权合同、债权合同。但是《合同法》的制定实际上都是以债权合同为预想模式,具体条款规定的内容主要涉及民事主体间关于债权债务关系的协议,因此合同的债权合同的特性非常明显。

（二）合同的特点

根据《合同法》第2条规定,合同具有如下法律特点:

1.合同是当事人协商一致的协议

合同是当事人之间形成合意的产物,是当事人之间合意的结果。合同的成立必须有双方或多方当事人,各方当事人各自从追求自身利益角度出发作出某种意思表示,各个意思表示经过各方当事人在平等、自愿基础上的协商,最终达成一致。因此,合同是法律地位平等的民事主体协商一致的结果,是交易当事人意思表示一致的协议。

2.合同是平等民事主体所实施的一种民事法律行为

合同是一种民事法律行为。合同以意思表示为要素,并且按意思表示的内容赋予法律效果,因此是民事法律行为,其与事实行为有很大的不同。事实行为不以意思表示为要件,不产生当事人预期的法律效果。合同是平等民事主体实施的能够引起民事权利和民事义务产生、变更、终止的法律行为,本质上属于合法行为。

3.合同是以设立、变更、终止民事权利义务关系为目的

作为一种民事法律行为,合同的目的在于设立、变更或终止民事权利义务关系。设立民事权利义务关系,是指当事人通过合同的订立,形成某种民事权利义务关系。变更民事权利义务关系,是指当事人之间通过订立合同使原有的民事权利义务关系发生变化。变更民事权利义务关系通常是在保持原有合同效力的前提下进行的。终止民事权利义务关系,是指当事人通过合同使原有的民事权利义务关系归于消灭。合同通过设立、变更、终止民事权利义务关系,以达到当事人预期的民事法律后果。例如(2002 年司考真题),某县政府为鼓励县属酒厂多创税利,县长与酒厂厂长签订合同约定:酒厂如果完成年度税收 100 万元的指标,第二年厂长和全厂职工都可以加两级工资。该合同就不属于民事法律行为。因为县政府与酒厂法律地位不平等,两者之间的约定不产生民法上的后果,不以民事权利义务为内容,属于行政法律关系。

二、合同的种类

合同的种类是根据一定的标准对合同所作的分类。通过合同的分类研究,便于认清各类合同的特征,合同成立要件及生效要件,各类合同具有的法律效力等,从而有利于当事人顺利地订立和履行合同,有助于更好地运用合同及合同法。一般而言,合同可以作如下分类。

(一)双务合同与单务合同

根据当事人双方是否存在对待给付义务,合同可以分为双务合同与单务合同。

双务合同是指当事人互负对待给付义务的合同。也就是说,一方当事人所享有的权利是另一方当事人所负担的义务的合同,例如买卖合同、租赁合同、承揽合同等。单务合同是指仅有一方负担给付义务的合同。在单务合同中,当事人并不都负担义务和享有权利,往往是一方承担义务,另一方由此享有权利,该权利的享有不以义务的负担为前提。赠与合同就是单务合同的典型代表。

在法律上区分单务合同与双务合同具有重要的法律意义。在双务合同中,当事人权利义务是相互对应的,并且是相互依赖的。即双务合同当事人权利义务具有牵连性,一方当事人享有的权利是另一方当事人负担的义务,当事人权利的享有以负担义务为前提。双务合同中基于相互交换的对价关系使两个给付义务之间彼此牵连,这是单务合同所不具备的。正因如此,使得单务合同与双务合同的区分具有如下法律意义:

1.同时履行抗辩权适用的不同

同时履行抗辩权是指合同一方当事人在另一方当事人没有为对待履行之前,有权拒绝自己履行的权利。在当事人没有特别约定或是法律有特别规定时,双务合同的履行以同时履行为原则。双务合同适用同时履行抗辩规则,但单务合同却不适用。原因就在于双务合同成立之后,当事人各方基于合同权利义务的牵连性,一方负担义务以对方负担义务为前

提。只有双方均同时履行自己的义务,方能确保对方当事人权利的实现,最终达到当事人订立合同的目的。因此,一方当事人在对方没有为对待履行或没有提出履行以前,有权拒绝对方当事人要求自己先为履行的请求。而在单务合同中,因为只有一方负担义务,不存在双务合同中权利义务牵连性的特点,因此当单务合同中的一方当事人要求负有义务的当事人履行义务时,除非有合理的理由,被主张义务履行的一方无权拒绝。单务合同不适用同时履行抗辩权。

2.风险负担的不同

所谓风险负担,就是指在合同关系存续期间,非因合同当事人的原因导致合同无法履行所产生的后果承受,例如,因不可抗力导致合同标的物的毁损灭失所产生的后果承受。双务合同发生风险负担的,合同义务应被免除,相应的权利随之消失。如果一方当事人已经履行的,接受履行的一方应将所得返还。单务合同发生风险负担的,不存在双务合同中对价风险问题。

3.债务不履行的后果不同

在双务合同中,当事人一方违约时,守约方若已履行合同,可以请求违约方强制履行或承担其他违约责任,条件具备时还可以解除合同;解除合同并溯及既往时,守约方有权请求违约方返还受领的给付。单务合同中主要是一方承担义务,如果该义务方已经履行了部分义务,同时又违反了合同义务的,则无权要求对方对待履行或是返还财产。

(二)有偿合同与无偿合同

根据当事人是否因给付而取得对价为标准,可将合同分为有偿合同与无偿合同。

有偿合同,是指一方当事人通过合同的履行,从对方获得相应对价的合同。买卖、租赁、承揽等合同都是有偿合同。有偿合同中一方当事人要享有合同规定的权益,须向对方偿付相应的代价。实践交易中大多数合同都是有偿的,主要是因为民事主体积极参与、发动民事交易,其目的就在于尽可能地追求最大化的合法利益。如果频频参与、发动民事交易的当事人总是在履行自身负担的义务,而不能从中获得自己谋求的权益,久而久之便会丧失参与或是发动民事交易的积极性。因此,有偿合同是商品交换最典型的表现方式。

无偿合同是指只有一方当事人作出给付,对方取得该利益时不需要付出任何对价的合同。我国《合同法》所规定的赠与合同就是典型的无偿合同。使用借贷合同也属于无偿合同,而消费借贷合同、委托合同、保管合同等,具体根据合同是否约定了利息、报酬的支付,则可能是有偿合同,也可能是无偿合同。无偿合同由于一方当事人利益的获得不需要向对方支付任何的对价,是有偿交易中的例外现象。

区分有偿合同与无偿合同的法律意义主要在以下几个方面:

1.责任的轻重不同

在无偿合同中,义务人所负的注意义务程度较低。而在有偿合同中,义务人所负的注意义务程度则较高。例如保管合同,在无偿保管的情况下,保管人只要证明自己没有重大过失的,便不需要对毁损灭失的保管物承担赔偿责任;在有偿保管的情况下,保管人的一般过错导致保管物毁损灭失的就得承担赔偿责任。

2.主体资格要求不同

订立有偿合同的当事人原则上应当为完全民事行为能力人,限制民事行为能力人非经其法定代理人同意或者代理不得订立重大的有偿合同。对于纯获利益的无偿合同,如接受赠与等,限制行为能力人和无行为能力人即便未取得法定代理人的同意或缺失法定代理人的代理,也可以订立,不因民事行为能力的不适格影响无偿合同的效力。

3.债权人撤销权的构成要件不同

合同保全时,债权人撤销权的构成要件因债务人的行为属无偿行为抑或为有偿行为会有不同,在无偿行为场合,并不要求第三人主观上具有诈害意思;在有偿行为场合,则要求第三人主观上具有诈害意思。

(三)有名合同与无名合同

以法律是否设有规范并赋予一个特定的名称为标准,可将合同区分为有名合同与无名合同。

有名合同又称为典型合同,是指法律设有规范,并赋予一定名称的合同。合同法分则规定的 15 类合同都属于有名合同。对于有名合同,法律往往作出了相应的规定,设置了一些规范,但是这些规定大多数为任意性规范,当事人可以通过约定来改变法律的规定。也就是说,在有名合同中,当事人在不违反法律强制性规定的情况下,遵循约定优先于法定的规则。法律对有名合同的规定,不是对合同自由的强加干涉,仅仅是为了规范合同关系,为当事人的订约提供指导。

无名合同又称为非典型合同,是指法律尚未特别规定,亦未赋予一定名称的合同。由于社会的发展,交易形态的纷繁复杂,法律自身的滞后性,促使无名合同的大量存在。例如,旅游合同、餐饮服务合同等。无名合同在现代社会经济活动中与有名合同一样扮演着重要的角色,与其相关的主要难题就在于在法律上尚未有规定的情况下,如何适用法律。

区分有偿合同与无偿合同的法律意义在于,两者适用的法律规则不同。对于有名合同而言,应当直接适用《合同法》的规定或是其他有关该合同的立法规定。对于无名合同,《合同法》第 124 条规定:"本法分则或者其他法律没有明文规定的合同,适用本法总则的规定,并可以参照本法分则或者其他法律最相类似的规定。"

(四)诺成合同与实践合同

根据合同的成立是否以交付标的物为成立条件,可将合同分为诺成合同与实践合同。

诺成合同,是指仅依当事人的意思表示一致即可认定合同成立的合同。因其既不需要交付标的物,又有不要物合同的别称。此种"一诺即成",不需要交付标的物的特点是诺成合同的主要特点。现今社会的合同关系,为了交易的便捷,大多数均为诺成合同,例如买卖、赠与、租赁等。

实践合同,是指除当事人双方意思表示一致之外,尚需交付标的物才能成立的合同。因其成立在当事人意思表示一致的情形下还需要交付标的物,故又有要物合同的别称。从民事交易实务来看,实践合同较之诺成合同属于特殊合同。实践合同需要法律对其有特别的规定。一般情况下,定金合同、借用合同、自然人之间的借款合同、保管合同均属于实践合同。

两者区分的法律意义在于:两者成立与生效的时间不同。诺成合同自双方当事人意思表示一致时起合同成立,往往合同成立的同时合同亦生效。实践合同在当事人意思表示一致之后,还需要交付标的物,这样合同方能成立和生效。

(五)要式合同与不要式合同

根据合同成立或生效是否以一定的形式为要件,可将合同分为要式合同与不要式合同。

要式合同,是指必须依据法律规定的方式而成立的合同。对于一些合同因其重要性,法律常要求当事人采取特定的方式订立合同,比如《合同法》规定,除了自然人之间的借款合同,其他的借款合同要采用书面形式;租期为 6 个月以上的租赁合同应当采用书面形式。

不要式合同,是指对合同的成立法律没有要求采取特定方式的合同。不要式合同的形式取决于当事人的自由意思,由当事人协商确定。当事人既可以采取口头形式,也可以采取书面形式或者其他形式。

要式合同与不要式合同的区别在于是否应以一定的形式作为合同成立或是生效的要件。合同交易中,以不要式合同为原则,以要式合同为例外。法律要求合同具备特定的形式要件,有其特殊的立法目的,例如,要求合同办理批准、登记等手续的规定,其立法目的多是基于行政管理的考虑。但需要注意的是,要式合同要式的不具备,并不必然会导致要式合同的无效。只有当要式的规定属于法律强制性规定时,要式的不具备才会产生合同无效的结果。当要式的规定不属于法律强制性规定时,为了鼓励交易,法律往往允许当事人采取一定的措施予以补正,或者使当事人原有权利义务分配发生一定的变化。例如,租期为 6 个月以上的租赁合同,当当事人没有采用书面形式的时候,法律将其认定为不定期租赁合同,合同双方当事人均享有随时解除合同的权利。

(六)主合同与从合同

根据合同之间的相互关系,可以将合同分为主合同与从合同。

主合同,是指不需要依附于其他合同而能独立存在的合同。从合同,是指依附于其他合同,以其他合同的存在为其存在前提的合同。主、从合同的划分应以两个或两个以上彼此有密切关系的合同的存在为基础,并且这种主从关系的划分,仅具有相对性。例如,在担保关系中,被担保的债权合同属于主合同,为保证主合同中主债权实现的抵押合同、质押合同等就属于从合同。从合同的特点在于其附属性,不能独立存在,必须以主合同的有效存在为前提。

主合同与从合同的划分,主要的法律意义在于明确它们彼此之间的制约关系。从合同的效力状态深受主合同的效力状态的影响。主合同不成立,从合同就不成立;主合同变更或转让,从合同也随之发生变化;主合同被宣告无效、撤销或者终止,从合同效力也跟随消灭,除非当事人另有特别约定。

(七)一时性合同与继续性合同

根据时间因素是否对合同给付义务的内容及范围发生影响,可以将合同区分为一时性合同与继续性合同。

一时性合同,是指履行行为为一次性的合同。也就是说,一次性给付就能实现合同内容的合同,例如,买卖合同、赠与合同等。继续性合同,是指履行行为为多次的合同。在继续性合同中,合同内容的实现,并非一次给付就可以完成的,而是需要若干次的给付,例如,保管合同、借款合同等。

一时性合同与继续性合同区分的主要意义在于履行以及发生履行障碍场合的处理之不同,主要有以下两方面:

一是在合同的履行方面。一时性合同,一次性给付义务一经履行,债权关系即归于消灭。继续性合同,在合同关系存续期,义务的履行呈持续状态,债权关系并不立即消灭,需要继续性给付,直至期间的届满才会引起债权关系的终止。

二是在合同解除的效力方面。一时性合同在被解除时能够恢复原状,即已经履行的给付可以返还给付人,因此一时性合同的解除具有溯及力。继续性合同的履行必须是在一定继续的时间完成,而不是一时或一次完成的合同,合同被解除时受领方所享有的权益无法予以返还,例如,委托合同、雇佣合同等。或者将受领方所享有的权益予以返还,会使给付方遭遇损失,例如,委托合同被解除,如果要求委托人返还所享有的利益,那就意味着委托合同自成立时起就不再具有效力,如此一来会使受托人已进行的代理行为全部失去法律依据,变为无权代理。这样因无权代理行为所进行的活动以及所牵涉的当事人都将遇到不可预计的法律后果,不利于社会经济活动的正常进行,导致社会秩序紊乱。因此,继续性合同的解除不具有溯及力,解除所发生的效力仅仅针对将来。

(八)为订约人自己订立的合同和为第三人利益订立的合同

根据合同订立的目的是否是为订约人自己谋取利益,合同可以分为为订约人自己订立的合同和为第三人利益订立的合同。

为订约人自己订立的合同,是指订约当事人订立合同是为自己设定权利和义务,使自己直接取得和享有某种利益的合同。民商事交易中,当事人总是在追求一定的利益,因此在大多数情况下,合同关系的当事人订立合同的目的在于自身的谋利,此乃交易中的常态。

为第三人利益订立的合同,是指订约当事人在合同中为订约主体以外的第三人设定了权利的合同。为第三人利益订立的合同不是在为订约当事人设定权利,而是为订约主体之外的第三人设定权利,合同的效力将对该第三人发生效力。例如,甲到乙的花店买花,并约定在情人节那天,由乙将甲定制的鲜花送给甲的女朋友丙。在该合同中,丙不是买卖合同的当事人,没有参与订约的任何阶段,但是却可以依据该合同享受权利。当乙没有按照合同约定予以交付时,丙有权要求乙履行。

为第三人利益订立的合同具有如下法律特征:

一是第三人不是合同的订约当事人。第三人不是合同的订约人,不参与合同的订立。第三人是否知晓该合同的存在,不影响为该第三人设定的权利。第三人虽然不是合同的订约主体,但是却可以依据合同享有接受债务人的履行和请求债务人履行的权利。

二是合同只能给第三人设定权利。根据民事理论,任何人未经他人的同意,不得给他人设定义务。为第三人利益订立的合同正是对该理论的遵守而得到法律的认可。在该类合同中,为第三人设定的不是给第三人负担,而是利益,不仅不会损及第三人的权益,反而会给第三人带来利益。因此为第三人利益订立的合同只能给第三人设定权利,而不能设定义务。需要注意的是,第三人享有的仅仅是合同为其设定的权利,不包括合同订约主体所享有的相关权利,例如,合同的撤销权、合同的解除权、合同的抗辩权等。

三是合同的订立,无须第三人的表态。为第三人利益订立的合同,在为第三人设定权利时,合同的订约主体无须事先通知第三人或是征得第三人的同意。如前所述,因给第三人设定的是权利,第三人在得知该情况后,可以表示接受,也可以表示拒绝。在第三人表示拒绝时,合同为该第三人设定的权利一般归订约主体自身享有。

在实务当中,还有一种称谓是"涉他合同"。涉他合同是指合同的权利或者义务涉及第三人的合同,包括"为第三人利益订立的合同"和"由第三人履行的合同"两种基本类型。由第三人履行的合同是指在合同履行中向第三人履行和第三人代为履行的两种情况。此时的第三人仅仅是履行一方的辅助人,而不是合同的当事人,不享有合同的权利和义务。第三人履行不当的,由其所代表的当事人承受相应的后果。

第二节　合同关系

一、合同关系的构成

合同关系作为一种法律关系,与一般法律关系一样,也是由主体、客体及内容三部分组成的。

（一）合同关系的主体

合同关系的主体,也称为合同当事人,是缔结合同的双方或者多方民事主体。在第三人利益合同中,虽然享有利益的是第三人,但该第三人却不是合同关系的主体。作为合同关系的主体,其中享有权利的称为债权人,承担义务的称为债务人。合同关系的主体是相对的,仅在特定的民事主体之间产生,合同的债权人只能向本合同的债务人主张合同权利,而不能向合同关系之外的其他人主张,因其与第三人不存在合同关系的束缚。合同的债权只能对抗特定的债务人,因此合同的债权具有相对性和对人性。

在双务合同关系中,合同债权人与债务人是相对的,一方当事人既是债权人,又是债务人,债权人或是债务人取决于合同履行阶段的约定。能够成为合同关系主体的是"平等主体的自然人、法人、其他组织",既可以是自然人,也可以是法人或其他组织;既可以是本国人,也可以是外国人。在合同关系中,主体是可以变更的,例如债权让与、债务承担等。

（二）合同关系的客体

合同关系的客体,也称为合同的标的,是指合同关系中权利义务所共同指向的对象。合同关系的客体是合同债权与合同债务的所指,合同债权的实现依靠的不是某一项财产,而是债务人对该项财产所为的行为,即债权人通过要求债务人为一定的行为来实现自身的债权。因此合同关系的客体应是债务人的行为,债务人的给付行为。给付行为,既可以作为,也可以不作为。合同履行中的具体物,例如房屋、汽车、国有土地使用权等,是债务人给付行为的具体作用对象,实为给付的标的物,这应当与合同关系的客体或标的加以区别。

（三）合同关系的内容

合同关系的内容,即合同权利与合同义务,又称合同债权和合同债务。合同债权,具体地表现为一种请求权,债权人可据以请求债务人履行债务。具体地又有请求力、受领力与保持力等诸多权能。在债务人不履行债务时,债权人可以通过公力救济的方式寻求帮助。合同债务,是合同债务人依合同关系所负的义务,即债务人向债权人为特定的行为。合同债务可以依据合同当事人的约定而产生,也可以因为法律规定或者根据诚实信用原则而产生。

二、合同关系的相对性

合同关系是一种存在于特定当事人之间的权利义务关系,原则上仅在合同当事人之间发生效力,并不及于第三人。此种特性,在英美法上称为"合同的相对性",而在大陆法上则称为"债的相对性"。该规则是指合同主要是在特定的合同当事人之间发生,只有合同一方当事人能基于合同向与其有着合同关系的另一方当事人提出请求,而不能向与其无合同关系的第三人提出合同上的请求,也不能擅自为第三人设定义务。

合同的相对性与物权的绝对性形成鲜明的区别,也成为物权与债权重要的区分标准,并在此基层上形成了债法与物权法的一些重要规则。例如,物权的公示性;债权的不公开性等。合同的相对性主要包括如下几个方面。

(一)合同主体的相对性

合同主体的相对性是指合同关系只能发生在特定的当事人之间,只有特定的主体才能基于合同向对方当事人提出请求或相关主张。例如,甲向乙借款人民币 10 万元整,借期一年。借款到期后,甲无力偿还,但是甲的父亲经济实力强大,此时,虽然甲与其父有着密切的血亲关系,但是甲父不是甲乙借款合同的当事人,即便家父的实力足以清偿甲的债务,但是乙只能向甲主张债权的实现,而不能径直向甲父主张甲的债务的清偿。由于合同关系只存在于特定的人之间,因而只有合同关系当事人彼此之间才能相互提出请求,与合同关系当事人没有发生合同上的权利义务关系的第三人,不能依据合同向合同当事人提出请求。合同关系的一方当事人只能向另一方当事人提出合同上的请求或诉讼,而不能向与其无合同关系的第三人提出合同上的请求或诉讼。合同关系之外的第三人不得基于他人的合同关系而向债务人提出请求,债权人也不得基于合同关系向合同关系之外的第三人提出请求。合同主体的相对性强调的是合同关系仅仅存在于合同主体之间,只有合同的一方当事人才能根据合同向对方当事人提出请求或相关主张。当然,合同主体的相对性并不具有绝对性,随着社会经济生活的发展,法律为了保护某些合同关系中的债权人,维护社会经济秩序,也赋予了某些债权以物权的效力。例如,理论上称为"买卖不破租赁"的规则,我国《合同法》第 229 条规定:"租赁物在租赁期间发生所有权变动的,不影响租赁合同的效力。"此条规定便是赋予了债权以物权的效力,使租赁权具有对抗第三人的效力。此种情况又称为"债权的物权化"。

(二)合同内容的相对性

合同内容的相对性是指除法律、合同另有规定外,只有合同当事人才能享有合同所规定的某项权利,并承担该合同规定的义务,除该合同当事人以外的任何第三人都不能主张合同上的权利。在双务合同中,内容的相对性还表现为一方的权利就是另一方的义务,权利义务是相互对应的。合同内容的相对性还能引申出如下规则:

1.合同规定的当事人的权利,原则上不及于第三人;合同规定由当事人承担的义务,一般也不对第三人产生拘束力。例如,张某与李某订立房屋租赁合同,张某承诺李某每日的晚餐由张某负责解决。一日李某的同窗好友赵某前来拜访李某,待至晚餐时分,张某对赵某不负有提供晚餐的义务。

2.合同当事人无权为他人设定合同上的义务。通常合同权利会给主体带来一定的利益,合同义务会给主体带来一定的负担或使其遭受不利。合同当事人如果给第三人设定权利的,因该权利会给第三人带来利益,不会损及第三人,所以法律是允许合同当事人如此作为的。但是如果合同当事人在未经第三人同意的情况下擅自为其设定义务,往往会损失第三人的利益,并且让第三人在不知情的情况下负有负担,对第三人而言显失公平。因此合同当事人可以为第三人设定权利,但无权为第三人设定义务。

3. 合同权利和合同义务主要是合同当事人产生约束力。由于合同主体具有相对性,因合同产生的合同权利和合同义务仅仅约束合同当事人,因此合同产生的是一种对内效力。合同关系的一方当事人就合同权利或是合同义务往往只能向合同关系的另一方当事人提起,不能涉及合同关系以外的第三人。但是随着交易范围的扩大,交易频率的提高,法律为了防止债务人一些不当的行为会损失或极大地影响债权人的债权,允许债权人可就债务人和第三人的某些行为行使相关权利,以保护债权人的债权。合同的保全制度便是典型的例外。

(三)合同责任的相对性

合同责任是指当事人不履行合同债务所应承担的法律后果。债务是责任产生的基础,责任是债务人在不履行自身义务时,国家强制债务人履行债务和承担责任的表现。责任与债务是相互依存,不可分离的。合同内容的相对性决定了合同责任的相对性。

合同责任的相对性是指合同责任只能在特定当事人之间发生,合同关系之外的人不负违约责任,合同当事人也不对第三人承担违约责任。例如,(2002年司考真题)甲公司要运送一批货物给收货人乙公司,甲公司的法定代表人丙电话联系并委托某汽车运输公司运输。汽车运输公司安排本公司的司机刘某驾驶。在运输过程中,因刘某的过失发生交通事故,致货物受损。乙公司因未能及时收到货物而发生损失。此案中乙公司的损失应向甲公司主张。原因是与乙公司有着合同关系的是甲公司,而不是某汽车运输公司。甲公司与某汽车运输公司之间确实存有合同关系,但是该合同与甲乙之间的合同是两个相互独立的合同。根据合同相对性规则,在甲乙合同中,甲没有按照合同约定履行义务的,合同的另一方当事人乙有权向其主张合同责任。

合同责任的相对性包括以下三个方面的内容:

1. 债务人应对其履行辅助人的行为负责。债务人的履行辅助人是指根据债务人的意思辅助债务人履行债务的人,例如,债务人的代理人、第三人代为履行中的第三人。履行辅助人往往与债务人存在某种法律关系,但是与债权人之间并没有合同关系,其仅仅是对债务人向债权人债务的履行起到辅助作用,并不负有合同义务,因此履行辅助人的过错导致合同债务不能履行的,不是由辅助人来承担责任,而是由辅助的债务人来承担。毕竟履行辅助人不是合同当事人。

2. 在因第三人的行为造成债务不能履行的,债务人仍应向债权人承担债务不能履行的责任。《合同法》第121条规定:"当事人一方因第三人的原因造成违约的,应当向对方承担违约责任。当事人一方和第三人之间的纠纷,依照法律规定或者按照约定解决。"该条规定就是因第三人原因造成违约的责任承担问题。由于合同主体的相对性和合同内容的相对性,只有合同当事人才有权向合同对方当事人提出履行债务的请求,或者向对方当事人承担债务不履行的责任。没有合同关系的任何第三人均不负有特定合同关系中所设定的义务,自不存在债务的履行或是不履行的问题,无义务自然无责任。

3. 债务人只能向债权人承担债务不履行的责任,而不应向国家或是第三人承担债务不履行的责任。由于合同主体的特定性,债务人不履行合同义务时,只向与其有着合同关系的债权人承担不履行债务的责任,而不向合同关系以外的第三人甚或是国家承担违约责任。

如果因为债务人违约遭致罚款、收缴非法所得的，往往不是违约责任的具体表现，更多的时候是一种公法上的责任，例如，行政责任或是刑事责任。

合同的相对性规则，体现了意思自治的精神，合同的权利义务关系只能对自主、自愿地签订合同的当事人具有约束力。将合同法律关系与物权法律关系、人身权法律关系进行了界限的划定，明确了第三人的自由与责任。

第三节　合同法的概念和特点

一、合同法的概念和适用范围

(一)合同法的概念

合同法是调整平等主体之间交易关系的法律，主要规范合同的订立、合同的效力、合同的履行、合同的变更、合同的保全等一系列问题。合同法是现代民事法律制度的重要组成部分，规范平等民事主体间利用合同进行财产流转或交易而产生的社会关系，其不是一个独立的法律部门，而是民法体系中一个特殊范畴。

市场交换是一个自由自愿的双向选择过程，而合同正是其媒介，市场活动只有在得到确实保证的情况下才会进行，法律秩序对于一个市场的存在是必不可少的。合同法是通过对合同的一般规定和对各种合同的具体规定来规范市场经济中的交易行为，从而为市场的运转提供保障和必要的手段，并且提供整个体制发展的活力。合同法的本质是调整财产流转的法律规范体系，是维护交易秩序与安全的法律手段。但需要注意的是，合同法虽然调整财产流转关系，但不是所有的财产流转关系均受到合同法的规范，合同法只调整平等主体之间的财产流转关系。合同法所反映的是平等主体间在财产流转活动中产生的权利义务关系，具体体现着财产从一个民事主体到另一个民事主体的合法移转过程。

(二)合同法的适用范围

具体来说，我国合同法的适用范围如下：

1.合同法适用于平等主体之间订立的民事权利义务关系的协议

合同法适用于平等主体之间订立的民事权利义务关系的协议，不论该民事权利义务关系的协议目的是为了设立民事权利义务关系，还是为了变更或终止民事权利义务关系，只要是平等主体的自然人、法人和其他社会组织之间订立的协议均属于合同法的适用范畴。合同法所调整的除了法律明确确认的15种有名合同外，还包括物权法、知识产权法、担保法等法律所确认的国有土地使用权出让合同、抵押合同、专利权转让合同等。不仅如此，存在于社会经济生活中而未被法律所确认的，但由平等民事主体之间订立的民事权利义务关系的协议，也同样适用合同法，受到合同法的调整，例如旅游合同、借用合同等。也可以这样说，合同法适用于各类具有财产性质的民事合同。受到合同法调整的民事合同应该具有订约主体的平等性和独立性、内容的等价有偿性、合同订立的自愿性等特点。

2.合同法适用的民事主体的协议,既包括设立民事权利义务关系的,也包括变更或是终止民事权利义务关系的

合同法适用的合同是指各类民事主体基于平等自愿等原则所订立的民事合同。民事合同的主体可以是本国人,也可以是外国人;可以是自然人,也可以是法人或其他的社会组织。平等主体之间订立的协议既可以以当事人通过合同确定彼此间的具体权利义务为内容,也可以以当事人通过对合同的修改或消灭来变更或是终止彼此之间的具体权利义务为内容。设立民事权利义务也好,变更或是终止民事权利义务也罢,但凡以此为内容的合同均适用合同法。

但是需要注意的是,以下关系不适用合同法:

第一,政府依照自身职权和法律规定维护经济秩序的管理活动不适用合同法。政府对经济秩序的管理活动,属于行政管理关系,适用有关政府管理的法律。例如,税收、财政拨款、征购等,这些应该适用行政法的规定。政府机关在从事相关的行政管理活动中也会采用协议、合同等形式,例如综合治理协议、计划生育协议等,但是这些协议的订立不是在平等主体之间产生,也不需要当事人的自愿,而更多的带有行政管理的强制性,因此不属于民事合同,不适用合同法。值得一提的是,如果政府机关是以平等主体的特性与其他民事主体发生民事权利义务关系的,其间订立的协议或是合同是适用合同法的规定的,例如购买办公用品、新建办公大楼等。

第二,法人或其他社会组织内部的管理关系,不适用合同法。法人或其他社会组织内部的管理关系,例如安全生产责任协议、员工的奖惩协议等,适用公司法、劳动合同法、劳动法等规定。

第三,婚姻、监护、收养等有关身份关系的协议,不适用合同法。身份关系在现代民商事领域中从来不被作为交易的对象,当然不能适用合同法。需要说明的是,仅仅是有关身份关系的协议不适用合同法,如果涉及的是财产关系的协议仍然是适用的,例如离婚协议,其中有关夫妻共同财产分割部分的约定适用合同法,身份关系的解除、未成年子女的抚养权等协议不适用合同法。

二、合同法的特点

合同法调整的是财产流转关系,反映交易内容,适用各类符合要求的民事合同,这就使合同法与物权法、侵权责任法等民法其他部门法有着不同的特点,具体内容如下。

(一)合同法是反映动态财产关系的财产法

市场经济是以市场为主导,呈开放之势,为了确保各类民事主体在市场中能平等、自愿地从事交易活动,作为规范该类交易活动的主要依据——合同法,一方面要创设公平交易的条件,消除市场的分割、垄断和不正当竞争,另一方面要顾及交易的国内外衔接。这就要求合同法在设置有关的交易规则和制度时,既要赋予当事人契约自由的权利,又要对其加以适度的、必要的干预;既要制定一套全国通用的、统一的规则,又要使这套规则能够与国际交易活动的规则接轨。我国现行的《合同法》在起草过程中就借鉴了《联合国国际货物销售合同公约》(1980年)等调整国际贸易的合同公约。

(二)合同法是任意法

在市场经济条件下,财产交易活动应能让交易主体充分表达其意愿,政府应该尽可能地

减少对市场的干预,尊重民事主体所作出的决定。为了能使民事主体拥有足够的交易活动空间,合同法主要是通过任意性规范的设置来引导、规范民事主体的交易活动,设立极少的强制性规范。合同法虽然有很多原则、规则、各类有名合同的权利义务设置,但是很多规定不具有强制性,仅仅是为当事人提供一种规范,并不强行要求当事人必须遵守;尊重当事人之间的约定,只要当事人的约定不违反法律的强制性规定、社会的公共利益或是社会公德,法律便承认该约定的有效性。并且在法律没有规定的情况下,允许当事人创设新的合同形式、内容等。"法无明文禁止皆权利"在合同法中仍然得到肯定与重视。

(三)合同法充分呈现意思自治与鼓励交易的理念

合同法是反映交易关系的法律,自然需要保证从事交易活动的民事主体享有高度的意思自治。为秉承该理念,合同法很多的规则都规定在不违反法律和公序良俗的前提下,保障民事主体享有充分的合同自由,不受其他民事主体和行政机关干预。规定非基于正当事由,不得限制合同当事人自由。合同自由原则是合同法中意思自治理念的集中反映。当然,一方面,合同法不会无视现时代社会经济生活的变化,会对一些特殊情形进行特别的钳制,例如,对格式合同的规制、承运人的强制缔约义务等。另一方面,合同法应保障市场交易,促进社会经济的增长,因此在注重体现当事人意思自治的同时,还应指导交易和鼓励交易。只有鼓励当事人从事更多的合法交易活动,才能促使市场交易的活跃,市场活动的频繁,才能促使市场经济的发展。为此,合同法对合同的订立、合同效力的判断等方面都设置了较以往交易活动更为宽松的要求与条件,例如,严格区分了合同的无效与可撤销、新设了效力待定合同的规则等。

(四)合同法的价值取向贯彻兼顾原则

合同法的价值取向实行的是经济效益与社会公正、交易便捷与交易安全的相互兼顾。借助合同这一交易媒介,不同的当事人通过交易实现不同的价值追求或是共同价值的追求。也只有通过交易,才能实现资源的优化配置,实现资源的有效利用。而当各种资源的使用达到最高价值时,也就达到了最有效使用的目的。通过交易提高效率,增加社会财富。合同法的经济效益与社会公正、交易便捷与交易安全相互兼顾的价值取向可以从众多的制度规则中反映出来,例如订立合同形式、格式合同的规制等就是从交易便捷与经济效益出发的;缔约过失责任制度的规定、合同效力的相关规则、违约责任制度等关注的则是社会公正与交易安全。这些规则制度交相呼应、全面照应,既有利于提高效率,又有利于维护社会公益;既体现了现代化市场经济对交易便捷的要求,又体现了对交易安全和交易秩序的关注。

第四节　合同法的基本原则

合同法的基本原则是指贯穿于合同法整个领域,指导合同法的制定、解释、执行和研究,指导合同当事人的合同行为,是合同司法行为的根本准则,是合同法的宗旨和价值判断的集中体现。合同法基本原则不为合同当事人确定具体的行为规范,而只是提供了抽象的行为准则;合同法基本原则也不预先规定其适用的具体情景,而是一般性地适用于各种不确定的情形之中。

一、平等原则

《合同法》第 3 条规定："合同当事人的法律地位平等,一方不得将自己的意志强加给另一方。"该条规定的是平等原则,即合同当事人地位平等的原则。该条规定与《民法通则》第 3 条的规定是一致的,《民法通则》第 3 条规定:"当事人在民事活动中的地位平等。"

市场经济中的交易是以价值作为标准,而不是交易者的地位。无论合同主体是自然人还是法人或其他的社会组织,不论各个合同主体经济实力如何,只有确保其在法律上处于平等的地位,才能确保交易的自愿与等价有偿,才能促进财富的增加。另外,合同本身是民事主体相互协商一致的产物,为了能达成意思表示一致的协议,也要求合同主体在法律上应是地位平等的,这样才能平等对话,充分协商。

合同法上的平等原则作为民事立法中主体平等原则的一种表现,具体表现在以下几个方面:

第一,合同关系中的当事人法律地位平等。也就是说,当事人平等地作为合同的主体。虽然当事人在其他方面可能存在法律地位上的高低,例如,在行政法律关系中,自然人、企业法人均是行政管理的相对方,出于被管理、被服从的地位,但当事人在合同法律关系中,法律地位是平等的,不存在管理、服从关系,不存在一方的特权。例如,某基层法院采购办公用品与某文具商店订立买卖合同,此时虽然法院拥有司法权,但是在此项交易中两者的法律地位是平等的,基层法院不得主张特权,买卖合同的成立、生效、履行等均应遵守当事人之间的约定和《合同法》的相关规定。

第二,当事人平等地适用合同法,确定相互之间的民事权利义务关系。适用法律上的平等,是指无论参加到合同关系中的当事人是何许人,都应当适用相同的法律,而不应当有差别待遇。当事人之间的法律关系的确定应该平等地适用合同法,任何一方没有超越于这一法律,主张豁免或适用特别法的特权。

第三,根据平等原则的要求,在发生合同纠纷时,当事人应该使用私法上的纠纷解决方法,而不得采用强制命令的方式。

二、合同自由原则

《合同法》第 4 条规定:"当事人依法享有自愿订立合同的权利,任何单位和个人不得非法干预。"该条规定的是合同自由原则。合同自由原则是平等原则的逻辑结论,因为平等者之间无强制,任何民事主体都没有权利将其意志强加于他人之上,此种情形下民事主体间的交易自然便能做到自愿。民事主体对基于自愿所为的行为,自然会承受该行为的后果。合同自由原则是意思自治原则最突出的体现。

合同自由,是指合同当事人自由协商确定相互的民事权利和民事义务,不受外部的非法干预。合同自由原则的意义在于保障当事人的意思自由的状态,这是使当事人受自己的意思表示约束的前提。在不自由的状态下作出的意思表示,不反映当事人的真实意思,因此也没有理由要求当事人受到约束。因自愿而进行交易的民事主体,会主动通过交换实现社会稀缺资源的有效配置。因此合同自由的保障,主要应着重于保障合同当事人的自由意志状态以及减少立法上和行政上对合同当事人的不必要干预。

《合同法》明确确认当事人享有以下方面的自由：

第一，缔约的自由。即当事人有订立合同或不订立合同的自由。缔约自由是合同自由最基本的含义，是当事人确定合同内容自由的前提。合同当事人的缔约自由，任何单位、个人不得非法干涉，否则合同无效或可以变更、撤销。此处的非法干涉即指作为民事主体的自然人、法人、其他社会组织的非法干涉，也指拥有公权力的国家机关的非法干涉。

第二，选择合同相对人的自由。合同当事人有权选择交易对象。不同的交易对象有不同的资信状况和交易方式，因此也导致不同的市场交易结果。选择合同相对人的自由，实际上就是认可了当事人可以自由地参与市场活动，自由地进行竞争。

第三，确定合同内容的自由。当事人有权决定合同具体内容的自由。这是合同自由的核心内容。一方面，合同主体有权根据自己的意愿确定与他人订立何种类型的合同，而不受他人的非法干涉；另一方面，合同当事人还可以自由创设法律没有规定的合同类型，对此，只要没有违反法律的强制性规定和社会的公共利益与社会公德，法律同样予以认可和保护。合同当事人有权协商决定合同具体条款，可自由决定订立哪些条款和不订立哪些条款。但是法律有强制性规定的除外。

第四，选择合同形式的自由。当事人既可以以书面形式，也可以以口头形式或者其他形式订立合同。无论当事人采取何种形式订立合同，只要不违反法律的强制性规定，都受法律保护。

第五，变更和解除合同的自由。当事人有权通过协商，在合同成立之后，尚未履行或尚未完全履行以前，就合同的内容予以修改和补充。当事人也可以事先或是在合同关系有效存续期间协商特定情况下对合同的解除。

第六，选择承担违约方式的自由。在违约责任方面，充分尊重合同当事人的意思，尊重合同当事人对违约补救方式的选择。合同一方当事人违约后，另一方当事人可以要求违约方继续履行、支付违约金或赔偿损失等。此外，合同法还充分尊重合同当事人在自由选择解决合同的争议方式方面的自由。当出现合同纠纷时，当事人既可以调解协商解决，也可以选择仲裁或者诉讼。

当然，合同法所确立的合同自由是一种相对的自由，而非绝对的自由。当事人的自由应该是依法享有的，此自由只是在法律规定范围内的自由。同时，为了保障市场经济的有序发展，国家有必要对市场经济实行宏观调控和正当干预，为此，设置了一些限制合同自由的干预措施：

其一，公法对合同自由的限制。为了能够增强弱者实现自己意思的能力，公法通过相关规定来提高弱者的市场地位，促进弱者的团结，例如，鼓励消费者成立消费者协会。通过颁布《反垄断法》、《反不正当竞争法》等法律来阻止市场权力的集中，以保证合同主体的选择的可能性。行政机关通过对某些产品或者服务的质量、价格等强行规定，对合同的订立进行公法上的监督。

其二，私法对合同自由的限制。在某些类型的交易关系中，实行强制要约和强制承诺。例如，机动车的交强险，供水、供电等当事人应消费者的要求与其订合同的义务等。在强制缔约的情况下，选择相对人的自由随即丧失。但有些情况下当事人虽有缔约自由，但是选择行为相对人的自由也同样不存在，例如，附有优先购买权的交易活动。同时，当事人对合同内容的自由应以不违反法律强制性规定,不损害社会公共利益或社会公德为前提。对格式条款、免责条款等可能导致不公平的合同条款进行控制。

三、公平原则

根据《合同法》第 5 条的规定,当事人应当遵循公平原则确定各方的权利和义务。公平有程序上的公平与实体上的公平之分。所谓程序上的公平,就是指为当事人提供平等的机会,提供同样的活动的可能性,至于当事人活动的结果则不加以评价;所谓实体上的公平,就是指当事人具体利益状态上的均衡。实体公平与程序公平相关理论与追求市场效率有着密切关系。程序上的公平保障了起跑线上的公平,至于自由竞争的具体结果,在所不问,突出效率,体现奖优惩劣、优胜劣汰、适者生存法则。这是一种将经济学的效率原则运用到法律原则上的产物。

但是法律上的公平毕竟不同于以追求经济效益最大化的经济上的公平。合同法上的公平应以利益是否均衡作为价值判断标准来确定合同当事人之间的利益关系,以实现法律所追求的保障最大多数者的利益,追求公正与合理的目标。因此,公平原则在本质上是立法者根据其持有的公平观念,对于当事人的利益状态进行调整和规范的立法者意志。

《合同法》第 5 条确立的公平原则,要求合同当事人在合同订立、合同履行、合同解释等过程中,要根据公平的观念确定合同主体彼此之间的民事权利和义务。例如,在双务合同中,一方当事人在享有权利的同时,也要承担相应的义务,当事人之间的利益要均衡,取得利益与付出代价要相适应。公平原则体现在合同法的许多方面,例如,在订立合同时,应当按照公平合理的标准确定合同的权利义务,不能使当事人双方的权利义务内容显失公平;情势发生变更时,当事人可以请求法院或者仲裁机构变更或是解除合同。另外,法院在解决合同纠纷过程中,往往也要适用公平原则认定合同的解释、当事人的风险责任、违约责任的承担等,以便对当事人的权利义务进行价值判断,公平地适用法律。例如,当事人约定违约金,如果违约金过高于或是过低于实际损失的,合同当事人可以请求法院或者仲裁机构予以适当减少或者增加。

四、诚实信用原则

根据《合同法》第 6 条的规定,当事人行使权利、履行义务应当遵循诚实信用原则。诚实信用原则在大陆法系被奉为"帝王条款",也是一项极为重要的民法与合同法的基本原则。该原则要求合同当事人在财产流转活动中,善意行事,诚实守信,正当行使权利和履行义务,不滥用权利,不损害他人。其目的是在当事人之间的利益关系以及当事人与社会之间的利益关系中实现平衡。

诚实信用原则作为市场活动的基本准则,是协调合同各方当事人之间的利益,保障市场有秩序、有规则进行的重要法律原则,也要求合同各方当事人弘扬道德观念。在合同法领域主要体现为以下几个方面。

(一)合同订立阶段应遵循诚实信用原则

在合同订立阶段,尽管合同尚未成立,但当事人彼此间已具有订约上的联系,应根据诚实信用原则,负有忠实、诚实、保密等附随义务。任何一方都不得采用恶意谈判、欺诈等手段牟取不正当利益,并致他人损害,也不得披露和不正当地使用他人的商业秘密。依据诚信原则产生的订约过程的附随义务,随着当事人之间联系的不断密切而发展,当事人一方不履行这些义务而给另一方造成信赖利益的损失,应当承担缔约过失责任。

(二)在合同的履行之中应遵循诚实信用原则

在合同履行过程中,当事人应当严格遵循诚实信用原则,根据合同的性质、目的及交易习惯履行通知、协助和保密的义务。遵守诚实信用原则,一方面,要求当事人除了要积极履行法律规定和合同约定的义务外,还应履行依诚实信用原则所产生的各种附随义务。另一方面,在合同义务不明确或没有规定、约定的情况下,合同当事人应依据诚实信用原则履行合同义务。

(三)合同终止以后应遵循诚实信用原则

在合同关系终止以后,尽管双方当事人不再有合同关系的束缚,合同主体不再承担合同义务,但是合同当事人也应根据诚实信用原则的要求,承担某些必要的附随义务,例如,保密义务、忠实义务等。因一方违反此种义务给另一方造成损害的,应负损害赔偿责任。

(四)合同的解释应遵循诚实信用原则

合同当事人在订立合同时所使用的文字词句的含义可能含糊不清,从而影响到合同当事人权利和义务的确定,发生纠纷。此时,法院或仲裁机构应依据诚实信用原则,考虑各种因素以探求当事人的真实意思,并正确地解释合同,确定责任。需要说明的是,诚实信用原则只有在发生法律没有明文规定,或即使有规定其内涵也不清楚的情况下才能使用作为填补法律漏洞的工具。当存在明确的法律规定时,应该适用法律的规定。

五、合法性原则

《合同法》第 7 条规定:"当事人订立、履行合同,应当遵守法律、行政法规,尊重社会公德,不得扰乱社会经济秩序,损害社会公共利益。"该条确认了合法性原则。为了保障当事人订立的合同符合国家的意志和社会公共利益,协调不同的当事人之间的利益冲突,当事人的个别利益与整个社会和国家利益的冲突,保护正常的交易秩序,要求合同当事人所从事的与合同的订立、履行等有关的行为必须合乎法律、行政法规,尊重社会公德,不扰乱社会经济秩序,损害社会公德。合法性原则是对私法自治的一种限制,体现了公共立法对私人自由的控制。

合法性原则具体包括如下内容:

第一,要求当事人在订约和履约中必须遵守法律、行政法规。这里的"法律",是指全国人民代表大会及其常务委员会制定的规范性文件;"行政法规",是指由国务院及其所属部门制定并发布的法规和规章。合同法主要是任意性规范,但为了维护社会公共利益和交易秩序,也会设置一些强制性法律规定。当存有强制性法律规定时,当事人在订约和履约中不得违反,否则将会招致法律的否定评价,订约目的将不会得到实现。需要注意的是,为了保障当事人的自由不被过于膨胀的公共立法所取消,除法律、行政法规之外的地方或部门立法机构无权通过立法的方式,一般性地限制当事人的合同自由。

第二,要求当事人在订约和履约中尊重社会公德。社会公德是社会公认的道德规范。道德规范与法律规范同属于上层建筑,在调整社会关系的作用方面两者是相互补充的关系。社会公德的内涵随着社会的发展而不断发生变化,例如,不得损人利己、团结互助等。合同当事人对社会公德的尊重,有助于对价值判断标准的利益是否均衡予以必要的规范与约束。

第三,要求当事人在订约和履约中不得扰乱社会经济秩序,损害社会公共利益。合同当事人在订立和履行合同中,在追求自身最大化利益时,要兼顾其他当事人的利益,不得损害社会公共利益,不得影响社会经济秩序。在特殊情况下,出于国家利益和社会需求,国家对有关企业下达的指令性计划或是任务,当事人不得拒绝,要根据下达的指令性任务或者国家订货任务订立合同。

六、合同严守原则

根据《合同法》第8条的规定,依法成立的合同,对当事人具有法律约束力。当事人应当按照约定履行自己的义务,不得擅自变更或者解除合同。依法成立的合同,受法律保护。也就是说,依法成立的合同对当事人具有法律效力,这种效力以国家强制力为后盾。因此,合同严守原则,又称为法律约束力原则,是指依法成立的合同在当事人之间具有相当于法律的效力,当事人必须严格遵守,不得擅自变更或者解除合同,不得随意违约。

合同当事人在平等自愿基础上,通过相互协商,出于设立、变更和终止民事权利义务关系的目的而订立合同。合同一旦成立,当事人约定的合同权利和合同义务便在法律上发生效力,合同当事人必须接受该约定。合同所约定的权利和义务得到法律的肯定,从而具有法律所赋予的约束力,与法律直接规定的权利义务具有相同的效力。合同具有法律效力并不是说合同就等同于法律,而是说合同具有法律所赋予的对当事人的约束力。合同具有约束力来源于法律的赋予。当合同当事人订立的合同符合法律规定时,当事人的意志便与国家意志相符,才具有法律约束力。如果合同当事人订立的合同不符合法律规定的,当事人的意志与国家意志不一致时,该合同便失去法律约束力。

具体来说,合同严守原则的内容主要表现为:首先,自合同依法成立时起,合同当事人都要接受合同的约束。当事人要按照合同约定全面履行自己的义务,也有权要求合同对方当事人履行合同的义务。其次,如果情况发生变化,需要变更或者解除合同时,应当按照合同的约定或者法律的规定协商解决,任何一方当事人都不得擅自变更或者解除合同,否则构成违约行为。最后,除不可抗力等法律规定的情形外,当事人不履行合同义务或者履行合同义务不符合约定时,要承担违约责任。

七、鼓励交易原则

合同法充分体现了意思自治和鼓励交易的理念,合同领域较多的制度规则体现了鼓励交易的理念。在很多具体的制度设计上以降低当事人的交易成本,减少交易的制度障碍为指导思想,达到促进当事人通过合同实现交易的立法目的。正因为如此,鼓励交易原则虽然没有在《合同法》的条文中明确得到规定,但却是合同法领域的一项重要的基本原则。

交易是市场活动的基本内容,交易活动是市场发挥资源配置功能的基础环节。如果交易活动不能正常进行，或受到抑制，那么市场的功能也必然受到削弱。合同主体从事交易的目的是追求合法的最大化利益，如果交易的发生多受法律制度环境等多种外部约束机制的影响，或者法律在制度上为交易设置了许多障碍或交易成本过高，这都会大大影响或降低当事人的交易活动，交易也会不正常，基于此法律鼓励交易。

鼓励交易原则主要是对立法机关和司法机关的要求，即要求在立法和司法过程中，应以是否有利于促进合法有效的交易作为一个重要的标准。立法上应尽可能地减少对当事人从事交易的不必要限制，减少法律的不必要干预，减少因为制度的规定而为当事人带来的交易成本的增加。应予指出的是，鼓励交易应当鼓励的是自愿、合法、正当的交易。具体说来，鼓励交易原则主要体现在以下几个方面。

（一）减少无效合同的范围

《合同法》除列举了几类特殊的无效合同以外，特别强调无效合同是"违反法律、行政法规的强制性规定"的合同。这就意味着，并非任何规范性文件均可导致合同无效，只有在违反全国性法律、行政法规的情况下，才能确定合同无效。并且也仅仅是在违反全国性法律、行政法规的强制性规定而不是任意性规定的情况下才导致合同无效。过多地宣告合同无效，一则是国家过度干预，有碍交易，有碍自由；另一则会造成财产的损失和浪费，降低当事人的经济利益。过多地宣告合同无效在经济上是低效率的。为此，现行合同法减少了无效合同的范围。例如，将限制民事行为能力依法不能独立订立的合同从无效民事行为范围剔除，定性为效力代订合同等。

（二）严格区分了合同的无效和可撤销

可撤销合同主要是意思表示不真实的合同，依据此类合同的性质，当事人享有选择权。如果当事人不主张撤销的，该合同虽然意思表示不真实，但是其效力仍然是有效的。针对意思表示问题合同法充分尊重当事人的自决。如果当事人仅提出变更合同而未提出撤销合同，则法院不能撤销合同。这就可以尽可能在保持合同效力的前提下，变更合同的条款而不是撤销合同，从而有利于鼓励交易，并减少因撤销合同、返还财产所造成的损失和浪费。在合同法中，对于因欺诈、胁迫或乘人之危而订立的合同，只要未损及国家利益，并不认为其是当然无效的合同，而允许受害人自己提出撤销的要求，即可以根据受害人的自愿而使合同有效，这种使合同有效的做法同样是符合鼓励交易原则的。

（三）严格区分了无效和效力待定的合同

我国原先的合同立法将效力待定合同均规定为无效合同，这显然不妥当。效力待定合同与无效合同、可撤销合同不同，其并非是合同当事人违反了法律的强制性规定或是有悖公序良俗的要求，也不是意思表示的不真实，往往是合同当事人缺乏缔约能力、处分能力等。这类合同并不必然会导致当事人权益受损，也可能会使当事人获益，因此其效力取决于第三人的态度。第三人可能会表示承认，也可能会拒绝。承认会使合同有效，拒绝会使合同无效。故而效力待定合同与无效合同有极大的区别，有必要将该类合同单独列出。

（四）区分了合同的成立和合同生效

长期以来，由于我国立法未能区分合同的成立和合同生效的问题，许多法院将一些已经成立但不具备生效条件的合同，都作为无效合同对待，从而导致了大量的本来可以成立的合同成为无效合同。合同成立与合同生效有本质的区别，合同成立关注的是合同当事人是否达成了订约的合意,解决的是合同关系是否存在的问题。合同生效关注的是合同当事人达成的订约合意是否符合法律、行政法规的规定,能否得到法律的认可和保护,解决的是已经存在的合同关系是否有效的问题。由于合同法很多是任意性规范,当合同当事人对合同的主要条款约定不明或是没有约定的情况下,不应断然地认定该合同的无效。如果合同当事人愿意接受该合同的约束,应该允许合同当事人通过事后协商补充,或者允许法律予以推定或确定,而不是简单地宣告无效。因此,严格区分合同的成立和合同生效,是符合鼓励交易原则精神的。

(五)合同订立制度中体现鼓励交易的精神

在合同订立过程中,为了鼓励交易有必要尽可能地促使合同的成立。主要表现为:

1.将合同的条款作为示范性要求而不是强制性要求加以规定。《合同法》第12条将原先要求具备的条款改为一般应包括的条款,合同内容以当事人约定为主,第12条所规定的合同条款仅仅起到引导作用、示范作用,而不再强行要求必须条条具备。

2.详细规定了要约与承诺制度。根据传统的合同法理论,任何添加、限制或更改要约的条件的答复都会导致拒绝要约的后果。然而,随着交易的发展,要求承诺与要约内容绝对一致,却不利于促成许多合同的成立,从而不利于鼓励交易。因此,现行合同法仅规定在承诺改变了要约的实质性内容的情况下,要约才被认为是被拒绝。

3.在合同形式要件的规定上,采取比较宽松的态度,避免宣告因为违反形式要求的合同不成立。在现代交易中,许多当事人为了追求交易的简捷和便利,大量采取口头、录音等形式订立合同,如果因其形式不符合法律的规定而宣告无效,会给交易增加成本,带来极大的不便。因此现行合同法除了强制性规定形式必须符合的几种情况外,当合同当事人所采用的合同形式不符合法律要求时,允许当事人予以证明合同关系的存在。

(六)严格限制了违约解除的条件

在一方违约时,如果符合法律规定的条件,另一方有权解除合同。因此,违约行为是合同解除的重要原因。然而,这并不意味着一旦违约都可能导致合同的解除。《合同法》第94条对违约解除合同的条件作了严格的限制,其目的就是为了鼓励交易。合同解除实际上就是消灭了一项交易,如果对于轻微违约也允许解除合同,即不利于交易进行。因此,有必要对违约发生的解除,在法律上作出严格的限制。

第二章

合同的成立

⊙ 导读案例

2007 年,孙某之父孙某某与丁某口头协商:丁某将其位于朱集乡朱集街政通路北侧的两间房子和一间过道以 156000 元的价格卖给孙某之父孙某某。同年 11 月 29 日,双方在证明人苟某的见证下签订书面协议,丁某根据协议约定将土地使用权和房屋所有权过户到孙某之父的名下,孙某之父亦支付了相应价款。2010 年元月至 2 月份,孙某之父拆掉上述房屋建造新房时遭到丁某父兄的阻挡。2011 年 2 月底,孙某之父不幸去世。孙某诉至法院,要求确认其父孙某某与丁某之间的房屋买卖关系成立,并将争议房屋确认给自己。

法院经审理认为,孙某之父孙某某与丁某签订的房屋买卖协议符合法律规定,且双方依据协议约定,履行了过户和支付价款的义务,故该房屋买卖关系成立并生效。孙某之父已去世,孙某要求将房屋确认给自己,有可能损害孙某某其他继承人的利益,故该项请求,本院不予支持。综上,根据《中华人民共和国合同法》第 32 条之规定,判决如下:

一、孙某之父孙某某与丁某之间的房屋买卖关系成立;

二、驳回孙某的其他诉讼请求。

⊙ 问题提出

1.合同成立需要哪些条件?

2.要约的有效条件是什么?

3.要约和要约邀请有何区别?

4.要约的法律效力如何?

5.要约的撤回与要约的撤销有何区别?

6.承诺的有效条件是什么?

7.如何确定合同成立的时间和地点?

8.缔约过失责任的构成要件是什么?

第一节　合同成立的概念和要件

一、合同成立的概念

"合同"在不同的语境中有不同的含义,若将其理解为是一种关系,合同成立是指合同因符合一定的法定要件而被法律认为的客观存在;若将其理解为是一种合意,合同成立是指合同当事人意思表示的意志,也就是合意的达成。合同成立不论从何角度出发,均须符合一定的要件,或者是法定的要件,或者是约定的要件。合同成立不符合一定要件的,法律不会承认合同的存在。合同成立是一种被法律认可的客观事实。

合同成立是合同当事人之间产生合同权利和合同义务的基础,具有重要的作用。首先,合同成立在于解决合同是否存在的问题。合同成立是合同订立过程的成功结果。如果合同不成立,合同订立失败,不发生具体合同,也就无所谓后续的合同的履行、变更、终止等问题。其次,合同成立是认定合同效力的前提条件。只有成立的合同才会发生合同是否有效的问题。如果合同没有成立,当然也就谈不上合同的效力。最后,合同的成立是区分合同责任和缔约过失责任的根本标志。合同订立过程中,因一方当事人的过失致使合同不成立即订约失败,造成他方损失的,过失方应当承担赔偿责任,但因合同关系尚不存在,这种赔偿责任只能属于缔约过失责任。只有在合同成立后,因当事人之间存在合同关系,一方违反合同的,才会发生合同的违约责任。

二、合同成立的要件

合同的成立要件是指依照法律规定或者当事人的约定,合同所必不可少的事实因素。合同只有具备最基本的成立要件,才能作为一种法律事实而存在,从而接受法律的评价。否则,在法律上没有任何意义,也不会导致当事人之间任何法律关系的发生。合同的成立要件可分为一般成立要件和特别成立要件。

(一)合同的一般成立要件

合同的一般成立要件,是指一切合同依法成立均必不可少的共同条件。有关合同的一般成立要件,理论上有不同的看法。这里合同的一般成立要件有以下几个部分:

1.存在双方或多方当事人。合同作为一种民事法律关系,必须要有合同主体。而合同又是以民事权利和民事义务为内容的,因此合同主体应该是两个或两个以上,合同成立必须存在双方或多方当事人。只有一个主体,一方当事人的,无法产生关系,无法成立合同。自己对自己主张权利的享有或是义务的履行没有丝毫法律意义。当然,作为合同的一方当事人,既可以是一人,也可由数人组成。

2.当事人必须对合同的主要内容达成合意。合同成立的根本标志是当事人意思表示的一致,即达成合意。当事人的合意应包括合同的主要内容,即合同的主要条款。所谓主要条款,又称为必备条款,是指根据合同的特性所应该具备的条款,如果这些条款不具备合同就不能成立。合同的主要条款既要考虑法律、行政法规的规定,又要考虑当事人的约定。我国《合同法》第 12 条对合同一般条款作了规定,一共是 8 个条款,但这 8 个条款仅仅是一般条款,而不是主要条款。司法实务中要准确地认定合同的主要条款,还得结合合同的性质。根据最高人民法院《关于适用〈中华人民共和国合同法〉若干问题的解释(二)》(以下简称为《合同法司法解释二》)第 1 条第 1 款的规定,人民法院能够确定当事人名称或者姓名、标的和数量的,一般应当认为合同成立。

3. 合同的成立应具备要约和承诺阶段。《合同法》第 13 条规定:"当事人订立合同,采取要约、承诺方式。"要约与承诺是合同订立的过程,而合同成立是合同订立过程的结果。合同成立应经过要约和承诺阶段,要约和承诺是就订立合同问题提出建议和接受建议,合同订立的过程,就是反复地要约与承诺的过程。当要约的内容与承诺的内容一致时,合同便成立了。

(二)合同的特殊成立要件

合同的特殊成立要件,是指依照法律规定或依当事人特别约定,合同成立应特别具备的条件。如法律规定或当事人约定合同必须采取特定形式才能成立时,该特定形式就是合同的特殊成立要件。再如实践合同,按照法律规定,交付标的物时合同才成立,因而交付标的物为实践合同的特殊成立要件。

第二节　要　约

一、要约的概念与构成要件

(一)要约的概念

要约根据《合同法》第 14 条的规定,是希望和他人订立合同的意思表示。其中,发出要约的人称为要约人;接受要约的人称为受要约人。要约的目的是一方当事人提出缔结合同的建议。要约通常都具有特定的形式和内容,一项要约要发生法律效力,必须具有特定的有效条件,不具备这些条件,要约在法律上不能成立,也不能产生法律效力。

(二)要约的构成要件

根据《合同法》第 14 条的规定,一项有效的要约必须具备以下要件。

1. 要约是由特定人作出的意思表示

要约的提出旨在与他人订立合同,并企望能得到相对人的肯定答复,因此要约人应该是特定人,是将来成立的合同的一方当事人。至于该特定当事人是自然人还是法人,是本人还是委托代理人,都在所不问。

2. 要约必须具有缔结合同的意图

要约是一种意思表示,这种意思表示必须有与受要约人订立合同的真实意图。要约的外部表现形式是要约人主动要求与受要约人订立合同,并且该意图是明确的。如果要约人表达出的意思是"准备"、"正在考虑"、"我想"等,这意味着订约意图不明确或是没有订约意图,这样的文字或是语言所表达出来的意思不能形成要约。

3.要约必须向受要约人发出

受要约人是要约人希望与之订立合同的人。要约只有向要约人希望与之缔结合同的受要约人发出才能够得到受要约人的承诺。一般而言,受要约人必须是特定的人。之所以要求受要约人也应该特定,原因是合同具有相对性。要约发出的目的是希望能缔结合同,只有在相对人特定的情况下,才能形成相对的主体、相对的内容,才能确保合同的成立。如果受要约人不特定,这说明发出订立合同提议的人还不具备真正缔结合同的意图,其所作的提议仅仅是在引起相关人的注意,而不是与他人订立合同的意思表示。反过来说,如果接受要约的人不要求特定,则会出现多人同时回应要约,这就会出现一物数卖的情形,不仅会极大地影响交易的安全性,而且对要约人而言也是非常不公平的。长期的交易实践也证实了对受要约人应是特定的要求设置。只有在法律规定的特殊情况下,受要约人才可以是不特定的人。这个以悬赏广告的受要约人为典型和例外。

4.要约的内容应具体确定

要约的内容具体明确,是指要约的内容全面、确定,受要约人通过要约不但能够清楚地了解要约人的真实意愿,而且还要知道未来可能订立的合同的一些主要条款。要约的内容若是含糊不清,受要约人就不能了解要约的真实含义,无法理解要约人的真实意思表示,从而难以作出承诺。要约的内容越齐备、越充实,就越有利于受要约人迅速作出承诺。

5.表明经受要约人承诺,要约人即受该意思表示约束

要约应表明要约人在得到承诺时即受其约束的意旨。也就是说,要约人必须向受要约人表明,要约一经受要约人同意,合同即告成立,要约人就要受到约束。要约一经到达受要约人,在法律或者要约规定的期限内,要约人不得擅自撤回或者变更其要约。一旦受要约人对要约加以承诺,要约人与受要约人之间的合同订立过程即宣告结束,随即是合同的成立,发出要约的人自然要受已经成立的合同的约束。

二、要约与要约邀请

(一)邀约与要约邀请的区别

根据《合同法》第15条的规定,要约邀请是希望他人向自己发出要约的意思表示。要约邀请使当事人订立合同的预备行为,因其仅仅是对他人的邀请,不具有任何法律的约束力,所以行为人在法律上不需要承担任何法律责任,例如询价、广告等。

要约和要约邀请的区别在于以下几个方面:

1.要约是当事人自己主动愿意缔结合同的意思表示,以订立合同为直接目的;而要约邀请是当事人表达某种意愿的事实行为,其目的不是缔结合同,而是邀请对方主动向自己提出订立合同的意思表示。

2.要约中含有当事人愿意承受要约拘束的意图,要约人将自己置于一旦对方承诺,合同即成立的无可选择的地位;而要约邀请则不含有当事人愿意承受拘束的意图,邀请人希望自己处于一种可以选择是否接受对方要约的地位,其本身不具有法律意义。

3.要约的内容必须包括未来订立或可能订立合同的合同主要内容;而要约邀请不必具备此等必要条款,其无须任何与合同成立的有关条款。

4.邀约大多数针对的是特定的相对人,因此要约往往采用的是对话方式、信函方式等;要约邀请往往针对的是不特定的多数人,因此要约邀请往往采用的是电视、报刊等媒介手段。

(二)法律规定的要约邀请情形

根据《合同法》第 15 条的规定,下列行为属于要约邀请:

1.寄送的价目表。价目表的寄送是将印有商品价格的文件寄送给某些人的行为。价目表上一般只记载商品的名称和价格,其目的是希望收到价目表的人接受价格并向自己发出订立合同的要约并提出订立合同的条件。寄送价目表,是商品生产者或经营者推销商品的一种方式。价目表的寄送行为并不能确定行为人具有一经对方承诺即接受承诺约束的意思表示。因此,这只是一种要约邀请。当然,如果寄送的价目表中明确表明了行为人愿意受承诺的约束,或者从价目表中可以确定该行为具有接受承诺后果之约束的意图,则应当认定其为要约。

2.拍卖公告。拍卖是以公开竞价的形式,将特定物品或财产权利转让给最高竞买人的买卖方式。拍卖一般分为拍卖公告、叫价、拍定三个阶段。拍卖公告作为整个拍卖活动的首发阶段,其目的不是马上开始特定物品或是财产权利的最大化转让,而仅仅是尽可能多地、尽可能广地邀请不特定的相对人参加竞买,从而确保众多叫价下的最高价拍定。此后竞买人的报价为要约,拍卖人的拍定为承诺。因此拍卖公告属于要约邀请。

3.招标公告。招标是指当事人一方向数个相对人或不特定的人公布的订立合同的意思表示,记载该意思表示的文件就是招标公告。招标公告的目的,就是邀请更多的投标人按照招标内容的要求投标,从而使招标人能从更多的投标人中寻找条件最佳者与自己订立合同。在招标中,标底是不公开的,招标公告不具备合同的主要内容,其结果也只是导致他人按照招标要求投标。因此,招标公告是一种要约邀请。通过招标投标方式订立合同的,投标人向招标人发出的投标为要约,招标人的定标为承诺。

4.招股说明书。招股说明书在申请股票发行文件中占据关键地位。招股说明书是指拟公开发行股票的人经批准公开发行股票后,依法在法定的日期和证券主管部门指定的报刊上刊登的全面、真实、准确地披露发行股票的人的信息以供投资者参考的法律文件。根据《公司法》的相关规定,招股说明书应当载明发起人认购的股份数;每股的票面金额和发行价格;无记名股票的发行总数;认股人的权利、义务等。招股说明书通过这些记载向社会公众提供发行股票的各个方面的信息,从而吸引投资者的注意,让投资者向发行人发出购买股票的要约。招股说明书的目的是引诱不特定相对人认购股份,因此属于要约邀请的一种。

5.商业广告。商业广告,根据《广告法》第 2 条的规定,是指商品经营者或者服务提供者承担费用,通过一定媒介和形式直接或间接地介绍自己所推销的商品或者所提供的服务的广告。商业广告的目的,旨在是直接或间接地介绍商品经营者或者服务提供者所推销的商品或者所提供的服务,因为是介绍,所以不具备合同的主要内容,一般不会提出出售该商品或是接受该服务的主要条款。商业广告的发布者仅仅是希望他人向其发出购买商品或要求提供服务的要约。而且商业广告针对的对象是不特定的,广告的发布者希望尽可能多的人知道自己推销的商品或是可以提供的服务。因此,商业广告为要约邀请。但是商业广告的内容符合要约规定的,视为要约。例如,(2007 年司考真题)甲公司通过电视发布广告,称其有 100 辆某型号汽车,每辆价格 15 万元,广告有效期 10 天。乙公司于该则广告发布后第 5

天自带汇票去甲公司买车,但此时车已经全部售完,无货可供。此种情况下,甲公司构成违约。原因是此题中的商业广告说明了汽车的型号、价格、数量等,具备了合同的主要条款,并且还规定了广告的有效期。此时的商业广告已不再是要约邀请,而是要约。乙公司的行为构成承诺。承诺生效合同成立,但是甲公司却无法履行合同,甲公司构成违约。

还需要说明的是,悬赏广告不是商业广告。《合同法司法解释二》第 3 条规定:"悬赏人以公开方式声明对完成一定行为的人支付报酬,完成特定行为的人请求悬赏人支付报酬的,人民法院依法予以支持。但悬赏有合同法第五十二条规定情形的除外。"据此可知,悬赏广告被法律规定为要约。

三、要约的法律效力

要约的法律效力是指要约所产生的法律约束力,主要由如下几个方面构成。

(一)要约生效的时间

要约生效的时间是指要约产生法律约束力的时间,即要约从什么时候开始具有法律约束力的时间。要约生效的时间学术界有不同的观点,有表示主义、发信主义、到达主义、了解主义。表示主义是指要约人只要作出要约的意思表示,要约就开始生效。发信主义是指要约人发出要约之后,只要要约处于要约人控制范围之外,要约即生效。了解主义是指要约被受要约人了解后要约才发生效力。了解主义一般只适用于口头要约。到达主义是指要约必须在要约到达受要约人后才能产生法律效力。

我国《合同法》第 16 条规定:"要约到达受要约人时生效。采用数据电文形式订立合同,收件人指定特定系统接收数据电文的,该数据电文进入该特定系统的时间,视为到达时间;未指定特定系统的,该数据电文进入收件人的任何系统的首次时间,视为到达时间。"据该条规定,我国立法对要约的生效时间采取的是到达主义,即在要约到达受要约人时才能生效。"到达"是指要约送达受要约人能够控制的地方,例如,受要约人的信箱、收发室等。此外,到达受要约人并不是绝对的要求必须到达受要约人本人,还可以是受要约人的代理人、受要约人指定的人等。

(二)要约对要约人的拘束力

要约对要约人的拘束力,是指要约一经生效,要约人即受到要约的拘束,不得随意撤销要约或者对要约加以限制、变更和扩张。禁止要约人违反法律和要约的规定随意撤销要约或者是对要约的内容擅加变更,这是为了保护受要约人的利益,维护正常的交易安全。要约是要约人单方作出的意思表示,一般而言作出单方意思表示的人并不受到自己作出的意思表示的约束。但考虑到受要约人会基于该要约作出回应,并拒绝同时存在的其他缔约机会的可能,有必要确认要约对要约人的拘束力。如果要约人预先声明不受要约的拘束,这种意思表示仅仅是要约邀请,而不是要约。当然,法律允许要约人在要约到达受要约人之前撤回要约。在符合法律规定的情况下,要约人还可以撤销要约。

(三)要约对受要约人的拘束力

要约对受要约人的拘束力,是指受要约人在要约发生效力时,取得依其承诺而成立合同的法律地位。要约生效之后,只有受要约人才享有对要约人作出承诺的权利。受要约人是要约人选择的,要约人确定受要约人后,受要约人才有资格对要约人作出承诺,受要约人也由此取得了作出承诺的权利。是否承诺取决于受要约人本人。受要约人收到要约后可以承诺,也可以不承诺,但是受要约人不负有承诺的义务。如果要约人在要约中规定受要约人不作出承诺的视为接受要约,该规定对受要约人不产生任何法律效力。但是需要注意的是,承诺虽然是一种权利,却与受要约人的身份紧密相连,非受要约人不享有该项权利。换句话说,受要约人所享有的承诺权利可以放弃,却不能转让。

(四)要约的存续期间

要约的存续期间,是指要约可在多长时间内发生法律效力。参照《合同法》第23条的相关规定,可分两种情况来确定:

1. 对话式的要约。如果要约中没有规定期限的,受要约人应立即作出承诺,即在要约人发出要约的当时就应作出承诺的表示。如果受约人没有立即作出承诺,要约就失去了效力。除非当事人对此另有约定。

2. 非对话式的要约。如果要约中规定了具体的期限,则该期限就是要约的存续期限。例如,要约中规定本要约有效期为10天,则这10天就是要约的存续期间。如果要约中没有规定具体的期限,则应该确定一个合理的期限。所谓合理期限,通常包括三个必要的时间段:要约到达受要约人的必要时间;受要约人考虑是否接受要约所需的必要时间;承诺发出并到达要约人所需的必要时间。在决定该期限时,应考虑要约与承诺的通讯方式以及该合同对于受要约人的意义等。

四、要约的撤回和撤销

(一)要约的撤回

要约的撤回,是指在要约人发出要约后,尚未到达受要约人之前,所作出的取消要约,使发出的要约不再具有法律效力的意思表示。《合同法》第17条规定:"要约可以撤回。撤回要约的通知应当在要约到达受要约人之前或者与要约同时到达受要约人。"据此可知,要约的撤回应在该要约发生法律效力之前。这是因为要约在到达受要约人之前或在到达受要约人之时即被撤回,受要约人尚不会对要约作出任何回应。被撤回的要约也不会影响受要约人正常的商业事务和交易活动。

但是要约人撤回要约应该以通知的方式作出,例如,以信函的方式发出要约后,马上又以电报的方式撤回等。撤回的通知要么比要约早到受要约人,要么与要约同时到达受要约人。比要约早到受要约人,要约还没有生效,受要约人还不知道要约的内容,因此,受要约人不会根据要约做出相应的准备工作,也不会承诺。此时撤回要约不会损害受要约人的利益。撤回的通知与要约同时到达,此时的撤回通知效力足以抵挡要约发生的效力,受要约人不会因为信赖要约而行事,受要约人也不会因为要约的撤回而遭受任何损失。但是拍卖中竞买人一经发出应价要约便不能撤回。

(二)要约的撤销

要约的撤销,是指在要约发生法律效力之后,要约人想使要约丧失法律效力而作出的取消要约的意思表示。邀约撤回与要约撤销的目的相同,均是取消要约,但是取消要约的时间不同。撤回要约是在邀约没有发生法律效力之前,撤销要约是在要约发生法律效力之后。

要约生效后能否撤销关涉到对受要约人的利益保护,也关涉到要约人对自己的单方意思表示的自由决定权。对此,我国《合同法》第 18 条规定:"要约可以撤销。撤销要约的通知应当在受要约人发出承诺通知之前到达受要约人。"从该条规定可知,我国法律允许要约的撤销,但是撤销要约的通知应当在受要约人发出承诺之前,这是因为受要约人一旦承诺,合同即告成立,就不再是邀约的撤销问题了。如果要约人执意要撤销便可能涉及违约问题了。但毕竟此时要约已经生效,受要约人很可能基于对该要约的信赖,为承诺开始做相应的准备。如果不对要约的撤销加以一定的限制,极有可能会损害受要约人的利益。为此我国《合同法》第 19 条规定了要约不得撤销的情形:

一是,要约人确定了承诺期限或者以其他形式明示要约不可撤销。要约人确定了承诺期,这说明要约人甘愿受其自身的意思表示的约束,放弃法律所赋予的要约撤销权。既然如此,要约人便不得在这一自己确定的要约有效期内撤销要约。如果要约人在要约中注明"此要约不可撤销"或其他具有相同意思的语句时,便是"以其他形式明确表示要约不可撤销"的情形。

二是,受要约人有理由认为要约是不可撤销的,并已经为履行合同做了准备工作。当要约到达受要约人时,虽然要约本身没有规定承诺期限或者没有以其他明示方式表明邀约不可撤销,但是受要约人从要约的有关条款中可以推测出要约人具有不撤销要约的意思表示。基于此种善意的信赖,如果受要约人为履行合同做了准备工作的,要约不可撤销。

五、要约的失效

要约的失效是指要约丧失其法律效力,对要约人和受要约人均不再具有法律拘束力。要约失效后,要约人不再受其要约的拘束,受要约人也丧失了作出承诺的资格或权利。根据《合同法》第 20 条的规定,要约失效的情形有:

第一,拒绝要约的通知到达要约人。拒绝要约是指受要约人没有接受邀约所规定的条件。对要约的拒绝既可以是在规定的时间明确表示不接受,也可以是在规定的时间不予理睬,不作出答复。一旦拒绝,要约失效。

第二,要约人依法撤销要约。要约在受要约人未作出承诺之前被要约人撤销,要约也就丧失了法律效力。

第三,承诺期限届满,受要约人未作出承诺。凡是在要约中明确规定了承诺期限的,则承诺必须在该期限内作出,超过该期限的,则要约自动失效。

第四,受约人对要约的内容作出实质性变更。根据《合同法》第 30 条的规定,有关对合同的标的、数量、质量、价款或者报酬、履行期限、履行地点和方式、违约责任和解决争议方法等的变更,是对要约内容的实质性变更。

第三节 承 诺

一、承诺的概念

根据《合同法》第 21 条的规定,承诺是受要约人同意要约的意思表示。承诺意味着受要约人同意接受要约的全部条件。承诺的法律效力在于一经受要约人承诺并送达到要约人,合同即告成立。

二、承诺的构成要件

由于承诺一旦生效,合同即告成立,因而承诺必须符合一定的条件。一项有效的承诺,必须具备以下构成要件。

(一)承诺必须由受要约人向要约人作出

由于要约是向受要约人作出的,那么承诺人应为受要约人。只有受要约人才能承诺。如果要约是向某个特定的人作出的,则该特定的人便是受要约人。如果要约是向数人发出的,则该数人便是受要约人。未收到要约的第三人所作出的回应不是承诺,因其不是要约发放的对象,所以该第三人所作出的回应对邀约人而言属于第三人向其发放的要约。具体作出承诺意思表示的不一定是受要约人本人,受要约人的承诺行为,可以由其本人或其授权的代理人作出。

由于承诺是对要约的同意,因此,承诺必须向要约人作出。不是向要约人作出的同意的意思表示,不构成承诺。向要约人的代理人作出的承诺,视为向要约人作出。如果受要约人向要约人之外的人作出承诺的,属于向该人发出要约,而不是承诺,不发生承诺的法律效力。

(二)承诺的内容应当与要约的内容一致

承诺是受要约人对要约的同意,是受要约人愿意按照要约的内容与要约人订立合同的意思表示。这种同意不仅具有订约的主观臆想,而且没有限制、扩张或变更要约的内容。例如,(2005 年司考真题)教授甲举办学术讲座时,在礼堂外的张贴栏中公告其一部新著的书名及价格,告知有意购买者在门口的签字簿上签名。学生乙未留意该公告,以为签字簿是为签到而设,遂在上面签名。在此题中,由于乙并未留意公告上的内容,误以为是签到簿而签名,主观上缺乏目的意思和效果意思,因此由于缺乏主观要件而不构成意思表示,故而乙的行为不属于承诺。

《合同法》第 30 条规定:"承诺的内容应当与要约的内容一致。受要约人对要约的内容作出实质性变更的,为新要约。有关合同标的、数量、质量、价款或者报酬、履行期限、履行地点和方式、违约责任和解决争议方法等的变更,是对要约内容的实质性变更。"根据该条规定,承诺的内容应当与要约的内容一致的要求有:首先,承诺应该是无条件的。因承诺是受要约人对要约内容的同意与接受,所以承诺的内容必须与要约的内容相一致。如果在承诺之中对要约进行了扩张、限制或作其他变更的,视为拒绝原要约而发出一个新要约。其次,内容的一致,不是指绝对的一致,也不是指在文字表达上完全一致,而是指承诺的实质性内容与要约的实质性内容是否一致。如果承诺的内容就有关合同标的、数量、质量、价款或者报酬、履行期限、履行地点和方式、违约责任和解决争议方法等予以变更,便属于对要约内容的实质性变更。此时承诺的内容与要约的内容就是不一致的。

值得注意的是,承诺的内容对于要约的内容没有作出实质性变更的,也并不意味着必然生效。《合同法》第31条规定:"承诺对要约的内容作出非实质性变更的,除要约人及时表示反对或者要约表明承诺不得对要约的内容作出任何变更的以外,该承诺有效,合同的内容以承诺的内容为准。"

(三)承诺必须在要约的有效期间内作出

承诺期限是指受要约人发出承诺的时间限制。根据《合同法》第23条的规定,承诺必须在要约的有效期间内作出的情形具体有:

1.要约确定了期限的。要约中确定了承诺期限的,承诺应当在要约规定的承诺期限内到达要约人。例如,要约中规定请在9月22日前予以答复,那么受要约人的承诺就应在9月22日前到达要约人。

2.要约没有确定承诺期限的。如果要约以对话方式作出的,也就是要约人通过口头表达的方式向受要约人发出要约的,例如面对面的交谈、电话等,受要约人若要承诺的,一般应当在要约人发出要约的当时就作出承诺,除非当事人另有约定的。如果要约以非对话方式作出的,例如信函、电子邮件、数据电文等形式,承诺应当在合理期限内到达。所谓合理期限,通常包括三个必要的时间段:要约到达受要约人的必要时间;受要约人考虑是否接受要约所需的必要时间;承诺发出并到达要约人所需的必要时间。在决定该期限时,应考虑要约与承诺的通讯方式以及该合同对于受要约人的生活或商业意义等。

要约以信件或者电报方式作出的,承诺期限自信件载明的日期或者电报交发之日开始计算。信件未载明日期的,自投寄该信件的邮戳日期开始计算。要约以电话、传真等快速通讯方式作出的,承诺期限自要约到达受要约人时开始计算。(《合同法》第24条)

(四)承诺的方式应当符合法律的要求

《合同法》第22条规定:"承诺应当以通知的方式作出,但根据交易习惯或者要约表明可以通过行为作出承诺的除外。"该条是有关承诺表示的方式规定。通知的方式是指受要约人以口头形式或者书面形式明确告诉要约人同意要约的内容。通知的方式是承诺的表示方式中采用最多的方式,其优点在于受要约人是否同意要约的内容较为明确,不太容易发生争议。

除了通知这种形式外,承诺的表示还可以通过行为作出,该行为是根据交易习惯或者要约的规定能判断受要约人作出的承诺的行为。所谓交易习惯,根据《合同法司法解释二》第7条的规定,是指在不违反法律、行政法规强制性规定的情况下,在交易行为当地或者某一领域、某一行业通常采用并为交易对方订立合同时所知道或者应当知道的做法,或者当事人双方经常使用的习惯做法。但是对于交易习惯,应该由提出主张的一方承担举证责任。以行为方式作出的承诺,该行为应该是积极的行为,而不是消极的行为。例如,甲向乙发出要约,表示愿意以8万元的价格购买乙的腕表,乙接到要约后立即将自己的腕表送到了甲的住所。

乙送自己的腕表到甲家的住所的行为完全可以认定是乙的承诺。

三、承诺的生效时间

关于承诺的生效时间，《合同法》第 26 条明确规定："承诺通知到达要约人时生效。承诺不需要通知的，根据交易习惯或者要约的要求作出承诺的行为时生效。采用数据电文形式订立合同的，承诺到达的时间适用本法第十六条第二款的规定。"由此可见，我国对承诺的生效时间采取的是到达主义，即在承诺通知到达要约人时生效，只要承诺的通知送达到了要约人可以控制的地方，承诺就发生法律效力。承诺通知到达要约人可以控制的地方是指要约人的住所地、信箱、收发室等，至于要约人是否已经阅读不影响到达的效力判断。承诺通知的送达可以是送达给要约人本人，也可以是送达给要约人的代理人或是要约人授权的人。

除了通知的方式之外，承诺的表示还可以通过行为作出，这种行为是指当事人在有些情况下根据交易习惯或者要约的要求并不明确发出承诺的通知，而是以行为的方式对要约人的要约予以承诺的事实和举动。在这种情况下，承诺的事实和举动发生时，承诺就生效了。该行为必须是人们通过它可以依照交易习惯或者要约的规定能判断是受要约人作出承诺的行为。

采用数据电文形式订立合同，收件人指定特定系统接收数据电文的，该数据电文进入该特定系统的时间，视为到达时间；未指定特定系统的，该数据电文进入收件人的任何系统的首次时间，视为到达时间。

四、承诺迟延和承诺撤回

(一)承诺迟延

承诺迟延是指受要约人未在承诺期限内发出承诺。承诺在要约规定的承诺期限届满后或者在合理期限后到达要约人，便属于迟延的承诺。超出承诺期限的承诺不产生效力。承诺迟延主要有以下两种情况：

情况一：通常的迟延。此种迟延是指受要约人没有及时作出承诺，导致承诺超过承诺期限到达受要约人。《合同法》第 28 条规定："受要约人超过承诺期限发出承诺的，除要约人及时通知受要约人该承诺有效的以外，为新要约。"迟到的承诺对于要约人而言已经不是承诺，而是一项新要约。处于对当事人自由的尊重，也是为了鼓励交易，当要约人表示愿意接受并承认该迟到承诺的效力，法律没有必要强制失效。在通常迟延中，要约人可以作出选择，或及时通知承诺人表示接受该承诺，从而使合同成立；或因其逾期而拒绝承认该承诺的效力，在这种情形中，合同不成立，受要约人被视为发出一个新要约。法律之所以要求要约人及时通知承诺人，是因为在此情形中涉及对其行为的性质的认定。要约人及时作出确认的，属于接受承诺的行为；不是及时作出的确认，则属于对新要约表示承诺的行为。

情况二：特殊的迟延。此种迟延是指受要约人没有迟发承诺的通知，但是因为送达等原因而导致迟延。《合同法》第 29 条规定："受要约人在承诺期限内发出承诺，按照通常情形能够及时到达要约人，但因其他原因承诺到达要约人时超过承诺期限的，除要约人及时通知受要约人因承诺超过期限不接受该承诺的以外，该承诺有效。"特殊的迟延不是受要约人本身的原因,而是受要约人之外的原因导致的。基于此,受要约人发出承诺的时间是遵守或是符合要约人要约中期限的规定和要求的,但是因为送达人员的工作失误、自然灾害等原因,造成原本可以按时到达要约人的承诺被延误。为了公平起见,考虑到迟延的原因是因为缔约关系以外的第三人,不仅要对受要约人予以救济,而且还要兼顾要约人的利益。为此,除非要约人及时通知受要约人不接受,否则被迟延的承诺有效。

(二)承诺撤回

承诺的撤回是指受要约人在承诺生效之前将其取消的行为,其旨在阻止或者消灭承诺发生法律效力。根据我国《合同法》第 27 条的规定,承诺可以撤回。但是撤回承诺的通知应当在承诺通知到达要约人之前或者与承诺通知同时到达要约人。受要约人在承诺发出后反悔的,如果不允许阻却或是取消该承诺的法律效力,鉴于承诺生效合同即告成立的规定,受要约人只能根据合同途径来解决,而且往往需要花费一定的代价。这样的处理既增加了交易的成本,降低了经济效益,也与合同法的自愿原则相悖。为此,法律允许受要约人在承诺送达途中截回承诺,也就是允许承诺撤回。但是承诺的撤回是有条件的,撤回承诺的通知应当在承诺通知到达要约人之前或者与承诺通知同时到达要约人。这样才能确保要约人知晓受要约人撤回了承诺,要约人不会因为对承诺的信赖而遭受损失。

五、与合同成立相关的其他问题

(一)确认书

根据《合同法》第 33 条的规定,当事人采用信件、数据电文等形式订立合同的,可以在合同成立之前要求签订确认书。签订确认书时合同成立。确认书的作用在于对以信件、数据电文等形式订立的合同,通过书面形式对该合同的内容加以确认和固定。签订确认书的前提是订立合同的形式是信件、数据电文等。采用信件、数据电文等形式订立合同时,合同当事人之间的民事权利和民事义务有可能记录在不同的多个载体上,也就是合同当事人可能通过多次的信件或者电文等往来才确定了合同的内容,为了使合同的内容更加明确,当事人之间的权利义务更为确定,这是为了保证合同的顺畅履行,也是为了便于日后发生纠纷时权利主张有保障。当然,签订确认书应该是应合同当事人一方的要求。确认书应在合同成立前签订,在性质上属于承诺。当事人要求签订确认书的,在签订确认书之前,双方当事人之间的协议仅仅是一个初步的协议,对当事人没有法律约束力。签订了确认书就是承诺了之前协商的内容,合同就成立了。

(二)交叉要约

交叉要约,是指当事人一方向对方为要约,适值对方亦为同一内容的要约,且双方当事人彼此不知对方会向自己发送要约的现象。例如,6 月 18 日某百货公司致函某服装厂,欲订购 100 套女式西服,并提供了规格、单价,询问是否同意。同月同日,某服装厂致函某百货公司,表示现有 100 套女式西服询问百货公司是否接受,提供的规格、单价与百货公司提供的一致。

交叉要约能否成立合同,学理上有两种不同的观点:一种观点认为,不能成立合同,因为双方都是向对方发出要约,只有当对方正式表示接受时,双方意思表示才达成一致,所以,即使在交叉要约的场合,双方也可以拒绝对方发出的要约。承认交叉要约将成立合同,会否定要约人的撤回权和撤销权。另一种观点认为,既然双方当事人已经有了相同的意思表示,法律可以推定双方已经作出了承诺。

我国《合同法》对此未作规定。

(三)依国家下达的指令性任务或国家任务订立合同

《合同法》第38条规定:"国家根据需要下达指令性任务或者国家订货任务的,有关法人、其他组织之间应当依照有关法律、行政法规规定的权利和义务订立合同。"该条之所以这样规定,是因为现在虽然是市场经济,但是市场经济仍然需要宏观调控,计划是宏观调控的重要手段。指令性任务常常是通过指令性计划或者行政命令而发布的,指令性计划是指以指令性指标下达的生产、流通、分配等领域中关系国计民生重要的产品和项目计划。指令性计划是一种必须执行的直接计划管理形式。指令性任务由国家计委或省级计划部门以及他们授权的部门下达。行政命令主要是国家行政主管部门根据需要向有关单位下达的执行任务的决定。[①]

依据指令性任务或者国家订货任务订立的合同,应按照计划的要求,按合同的规定,组织生产和销售产品,履行合同。由于是把国家指令性计划或国家订货任务转变为合同条款,因此,有别于以要约和承诺方式订立的合同。

(四)合同的实际成立

《合同法》第36条规定:"法律、行政法规规定或者当事人约定采用书面形式订立合同,当事人未采用书面形式但一方已经履行主要义务,对方接受的,该合同成立。"这是对合同形式要求的例外规定。考虑到合同形式仅仅是合同当事人意思表示的外在表现形式,是意思表示的载体,如果当事人一方已经按照合同的要求履行完毕自己的合同义务,另一方也已经接受,说明双方当事人之间不仅存有交易关系,而且已经完成了交易活动,在这种情况下,还一味地强调合同的形式已经没有法律意义可言了。如果在交易完成的情况下,因为欠缺法定的或是约定的合同形式而否定合同关系的存在,这显然有失公平,也根本违反了合同当事人的意愿。因此,法律规定在欠缺法定的或是约定的合同形式时,一方已经履行主要义务,对方接受的,合同成立。

《合同法》第37条规定:"采用合同书形式订立合同,在签字或者盖章之前,当事人一方已经履行主要义务,对方接受的,该合同成立。"

第四节　合同成立的时间和地点

一、合同成立的时间

合同成立的时间是由承诺生效的时间所决定的,也就是说,承诺什么时候生效,合同就

---

① 江平:《中华人民共和国合同法精解》,中国政法大学出版社1999年版,第29页。

什么时候成立,当事人就开始受到合同关系的约束。因此,承诺生效的时间在合同法上具有重要意义。

《合同法》第 25 条规定:"承诺生效时合同成立。"根据我国《合同法》相关条文的规定,承诺生效采用的是到达主义,即承诺到达要约人才发生法律效力。承诺生效时间可参照承诺这一节当中的相关陈述,此处不再赘述。《合同法》第 25 条所规定的是我国法律确定合同成立时间的一般原则。

如果合同当事人对合同形式另有约定或是法律、行政法规另有规定的,按照该约定或是规定。因此《合同法》第 32 条规定:"当事人采用合同书形式订立合同的,自双方当事人签字或者盖章时合同成立。"《合同法司法解释二》第 5 条规定:"当事人采用合同书形式订立合同的,应当签字或者盖章。当事人在合同书上摁手印的,人民法院应当认定其具有与签字或者盖章同等的法律效力。"综前所规定,采用合同书形式的,有签字、盖章、摁手印三种方式。如果合同当事人同时签字、盖章、摁手印的,以双方完成签字、盖章、摁手印之时为合同成立的时间。如果合同当事人并非是同时签字、盖章、摁手印的,以最后一方的签字、盖章、摁手印的时间为合同成立的时间。例如,北京某公司与上海某公司订立一份书面合同,北京某公司签字、盖章后邮寄给上海某公司签字、盖章,则合同成立的时间为上海某公司签字、盖章之时。需要注意的是,签字、盖章、摁手印在没有特别约定的情况下,三选一即可,具有同等的法律效力。

还需要说明的是,在一些法律中会有特别的规定,例如,根据《招标投标法》的相关规定,决标是承诺,但是只有当事人后来正式签订书面合同时合同才成立。《拍卖法》规定拍定时合同就成立。

二、合同成立的地点

合同成立的地点关涉到交易习惯的适用、合同纠纷的诉讼管辖、税收的缴纳等问题。《合同法》第 34 条规定:"承诺生效的地点为合同成立的地点。采用数据电文形式订立合同的,收件人的主营业地为合同成立的地点;没有主营业地的,其经常居住地为合同成立的地点。当事人另有约定的,按照其约定。"承诺生效的地点为合同成立的地点,这是确定合同成立地点的一般原则。承诺生效必须到达要约人时,因此,承诺生效的地点往往就是要约人所在的地点。要约人为自然人时,合同成立的地点就是要约人的住所地;要约人为法人或者其他组织时,合同成立的地点则是要约人的主要营业地或者经常居住地。根据交易习惯或者要约的要求作出承诺的行为时合同就成立,合同成立的地点为作出承诺行为的地点。

数据电文形式是指电报、电传、传真、电子邮件等形式,其是建立在现代电子技术基础上的,与传统的书面形式有很大的不同。例如电子邮件,只需要一个模拟邮箱,无论收件人的实际地址如何变化,只要其电脑中装有电子邮件信箱,随时随地都可以收到其他人发来的邮件。为此,法律不再考虑数据电文收件装置的实际地点,而直接以收件人的主营业地作为合同成立的地点。如果当事人没有主营业地,则以其经常居住地为合同成立的地点。但是,如果当事人另有约定,则应当按照意思自治原则以当事人约定的地点作为合同成立的地点。

《合同法》第 35 条还规定:"当事人采用合同书形式订立合同的,双方当事人签字或者盖章的地点为合同成立的地点。"据此,当合同双方当事人在同一个地方签字或者盖章的,该地就成为合同成立的地点。当合同双方当事人签字或者盖章不在同一地点的，最后签字或者盖章的地点为合同成立的地点。此外，《合同法司法解释二》第4条规定："采用书面形式订立合同，合同约定的签订地与实际签字或盖章地点不符的，人民法院应当认定约定的签订地为合同签订地；合同没有约定签订地，双方当事人签字或者盖章不在同一地点的，人民法院应当认定最后签字或者盖章的地点为合同签订地。"

第五节　缔约过失责任

一、缔约过失责任的概念

交易活动中，在没有合同关系的情况下，一方的过错所导致的损害，受损人无法向对方主张合同责任。若是借助于侵权责任，其间对侵权行为构成的举证难度较大，往往较难实现救济主张。缔约过失责任制度的建立旨在督促缔约当事人，在缔约谈判阶段也应该诚信，因自身的过失导致他方损失是需要承担法律责任的。例如，甲、乙两人各开一家酒店，两酒店相邻，生意都很兴隆。后甲投身其他行业欲将酒店转手给丙，丙出价80万元。乙听闻后担心财力雄厚的丙接受酒店后，在日后的竞争中自己会落下风。于是乙积极与甲磋商，表明自己非常想买下酒店并愿意出价100万元。甲见乙出价高，遂终止了与丙的磋商，转而一心一意地与乙谈判。过了几天，乙见丙已经彻底退出，便向甲表示自己无意买下该酒店。此时甲便可以向乙主张缔约过失责任。

《合同法》第42条、第43条所确立的缔约过失责任，是指在合同的订立过程中，一方因违背其依据诚实信用原则和法律规定的义务致另一方的信赖利益损失时所应承担的损害赔偿责任。在缔约阶段，当事人因为社会接触而进入彼此影响的范围，依据诚实信用原则，应尽交易上的必要注意，以维护他人的财产和人身利益。如果对缔约阶段因没有合同关系法律不加以调整，既影响了人与人之间交易活动的开展，又会导致交易危险，从而危及整个交易秩序。

二、缔约过失责任的构成条件

根据《合同法》的规定，缔约过失责任的构成要件有如下几个方面。

（一）缔约上的过失发生在合同订立过程中

缔约过失责任与违约责任的基本区别就在于，违约责任是以有效合同为基础的，而缔约过失责任是以没有合同关系，或者合同关系虽然存在，却因该合同不具备或者不符合合同生效要件而被宣告无效或被撤销为基础的。缔约过失责任的适用前提是合同未成立或者合同被宣告无效、被撤销。缔约过失责任发生在合同订立的协商阶段，当事人之间有缔约上的联系，处于要约、反要约的反复阶段，也就是实务交易中的商讨或是讨价还价阶段。如果民事主体之间没有缔约上的联系，不适用缔约过失责任，更适合通过侵权责任寻求救济。例如，赵小姐在商场正逛着的时候，被一个商品柜架砸倒受伤，因赵小姐与商场不具有缔约上的联系,因此只能向商场主张侵权责任。

(二)一方违背了依照诚实信用原则所负担的义务

诚实信用原则作为一项"帝王条款",要求交易主体在从事民事活动的时候,应以善意的方式行使权利和履行义务,要诚实、守信。该要求不仅适用于合同有效存续期间,而且在合同关系产生前以及合同关系结束后均适用。在缔约阶段,交易主体为了订立合同有了实际上的接触与协商,使得原本没有什么关系的民事主体进入到了某种特殊关系中,并且因为对方的要约而产生信赖。这就要求缔约当事人依照诚实信用原则的要求,在合同订立过程中,应当负有一定的注意义务并且要履行义务,例如协助的义务、保密的义务、通知的义务等。因为这些义务是根据诚实信用原则而产生的,故称为附随义务。缔约主体如果违背了其所负担的附随义务,影响到了缔约关系,损及缔约主体的利益,便需要承担缔约过失责任。

(三)造成缔约一方信赖利益的损失

信赖利益是指一方基于其对另一方将与其订立的合理信赖所产生的利益。信赖利益的损失是指因另一方的缔约过失行为而使合同不能成立或无效,导致信赖人所支付的各种费用和其他损失不能得到弥补。[1] 信赖利益应该基于合理的信赖,并且应在可以客观预见的范围内。一方当事人在与另一方订立合同过程中,基于信赖关系相信对方会真诚合作,相信对方是真心缔约,相信经过双方的自愿反复协商合同有极大订立的可能,然而由于其中一方的过失导致合同不成立或合同无效、被撤销,造成另一方的信赖利益损失。没有信赖利益的损失,就没有赔偿责任。如果从客观事实中不能对合同的成立或生效产生合理信赖,即便支付了大量的费用,这也是缔约过程中缔约主体的自身花费,是不能作为信赖利益损失的。

(四)缔约方存有过失

缔约方违背依照诚实信用原则所负担的义务在主观上必须存有过失。无论是故意还是过失,只要在缔约阶段,缔约方违背了依照诚实信用原则而产生的附随义务,并对合同最终不能成立或被宣告无效、被撤销负有责任的,便会产生缔约过失责任。责任的大小与过失的形式没有什么关系,只要存在的过失导致另一方缔约主体信赖利益的损失即可。因此,缔约过失责任的归责原则是过错责任,如果缔约双方均没有过错,即便合同不成立或无效、被撤销,也不会发生缔约过失责任,很可能是正常的商业风险。

(五)缔约过失行为与损失之间存有因果关系

缔约方违背依照诚实信用原则所负担的义务的过失行为与另一方缔约主体所遭受的损失必须存有因果关系,即缔约一方信赖利益的损失是由另一方缔约主体的缔约过失行为所导致的,而不是因为其他行为。如果过失行为与信赖利益损失之间没有因果关系,便不会有缔约过失责任。

三、缔约过失责任的类型

根据《合同法》第42条、第43条的规定,缔约过失责任主要有以下几种类型。

---

[1]　王利明:《合同法新问题研究》,中国社会科学出版社2003年版,第121页。

（一）假借订立合同，恶意进行磋商

假借订立合同，恶意进行磋商的情况是指一方当事人并没有订立合同的真正意图，只是为了损害对方当事人的利益。其表现可能是假借谈判故意增加对方的缔约成本，或者故意让对方丧失与他人交易的时机或是机会。例如，（2003年司考真题）甲公司得知乙公司正在与丙公司谈判。甲公司本来并不需要这个合同，但为了排挤乙公司，就向丙公司提出了更好的条件。乙公司退出后，甲公司借故终止了谈判，给丙公司造成了损失。此题中甲公司的行为就属于典型的"假借订立合同，恶意进行磋商"的情形。

（二）故意隐瞒与订立合同有关的重要事实或者提供虚假情况

最高人民法院《关于贯彻执行〈中华人民共和国民法通则〉若干问题意见（试行）》（以下简称《民法通则司法解释》）第68条规定："一方当事人故意告知对方虚假情况，或者故意隐瞒真实情况，诱使对方当事人作出错误意思表示的，可以认定为欺诈行为。"据此，"故意隐瞒与订立合同有关的重要事实或者提供虚假情况"属于缔约过程当中的欺诈行为。欺诈行为中被隐瞒的重要事实或者虚假情况，均应与合同内容密切有关，例如产品的真实属性、自身的财产状况、自身的履行能力状况、产品是否有瑕疵、提供的服务是否会有安全隐患等。正因为这些情况和事实与合同内容关系密切，是否告知会直接影响到缔约主体的缔约态度，影响到缔约主体正确意思的形成，所以要求在缔约时应该予以告知。未告知，未如实说明，足以影响到合同成立便构成欺诈。例如，（2003年司考真题）甲欲购买乙的汽车。经协商，甲同意3天后签订正式的买卖合同，并先交了1000元订金给乙，乙出具的收条上写明为："收到甲订金1000元。"3天后，甲了解到乙故意隐瞒了该汽车证照不齐的情况，故拒绝签订合同。此题中，"故意隐瞒汽车证照不齐"便属于"故意隐瞒与订立合同有关的重要事实"的情形，因此构成缔约过失。

（三）泄露或不正当使用商业秘密

根据《合同法》第43条的规定："当事人在订立合同过程中知悉的商业秘密，无论合同是否成立，不得泄露或者不正当地使用。泄露或者不正当地使用该商业秘密给对方造成损失的，应当承担损害赔偿责任。"其中，商业秘密，根据《反不正当竞争法》的相关规定，是指不为公众所知，能为权利人带来经济利益，具有实用性并经权利人采取保密措施的技术信息和经营信息。技术信息是指劳动生产、技术操作方面的经验、知识和技巧的总称。其主要包括未申请专利的保密的关键性技术，如秘密配方、技术诀窍等。经营信息是指有关筹划经营、组织计划等，关系到企业经营运作中的保密性的重要信息，如客户名单、供货渠道等。无论是技术信息还是经营信息，都直接关涉到交易主体在市场竞争中的优势地位，影响到在市场竞争中的兴衰成败。

缔约主体在订立合同过程中，基于彼此之间的信任，为了促成合同的订立，很有可能会把自身的一些技术信息或是经营信息告诉另一缔约方；或者在磋商过程中其中一方无意中知晓了对方的一些技术信息或是经营信息。不论是哪种情况，只要是知悉了，就不得将对方的商业秘密向外公开或者擅加利用为自身谋取不正当利益，否则便要承担缔约过失责任。例如，（2002年司考真题）甲企业与乙企业就彩电购销协议进行洽谈，期间乙采取了保密措施的市场开发计划被甲得知。甲遂推迟与乙签约，开始有针对性地吸引乙的潜在客户，导致乙的市场份额锐减。此题中甲的行为就属于不正当使用商业秘密的情形，构成缔约过失。

(四)其他违背诚实信用原则的行为

除了前述的几种具体情形外,其他违背诚实信用原则的行为常见的有未尽通知义务、协助义务、照顾义务等情形。对此,《合同法司法解释二》第8条规定:"依照法律、行政法规的规定经批准或者登记才能生效的合同成立后,有义务办理申请批准或者申请登记等手续的一方当事人未按照法律规定或者合同约定办理申请批准或者未申请登记的,属于合同法第四十二条第(三)项规定的'其他违背诚实信用原则的行为',人民法院可以根据案件的具体情况和相对人的请求,判决相对人自己办理有关手续;对方当事人对由此产生的费用和给相对人造成的实际损失,应当承担损害赔偿责任。"

四、缔约过失责任的赔偿范围

在缔约过失责任中,损失是信赖利益的损失,故应以信赖利益作为赔偿的范围。信赖利益的损失应限于直接损失,其范围应包括:第一,缔约费用,包括邮电、文印费用、赴订约地域察看标的物所支付的合理费用。第二,履约准备费用,包括为运送标的物或受领对方给付所支付的合理费用,或因信赖合同成立而购租房屋、厂房、机器设备或雇工所支付的费用。第三,因支付上述费用而失去的利息。

3 第三章
合同的内容和形式

⊙ **导读案例**

2010 年,陈某夫妇的儿子在其房屋内死亡。2011 年 3 月,陈某夫妇办理了遗产继承公证,随后又办理了房产继承登记和房产证。同年 7 月,陈某夫妇与一直在寻找结婚用房的李某母子签订一份《房屋买卖协议书》,李某母子以 45.5 万元购买上述房屋及车库。合同签订当日,陈某夫妇收取了房屋转让定金 2 万元,随后又收到购房款 16 万元。同年 8 月,李某无意中从邻居处了解到"这间房子曾经死过人,而且还是房主的儿子"事实真相后即找到陈某夫妇协商,要求解除《房屋买卖协议书》,退还已付款 18 万元的本金及利息。双方多次协商未果,僵持不下,李某母子将陈某夫妇告上法庭。

2011 年 12 月 27 日,柳江县人民法院做出一审判决:解除原告李某母子与被告陈某夫妇签订的《房屋买卖协议书》;被告陈某夫妇退还原告李某母子房屋转让款及定金共 18 万元;驳回原告李某母子的其他诉讼请求。

一审宣判后,被告陈某夫妇认为原告无故解除合同,2 万元定金不应退还,遂向柳州市中级人民法院提起上诉。后经二审法院调解,双方最终达成调解协议:双方自愿解除所签订的《房屋买卖协议书》;陈某夫妇退还李某母子房屋转让款及定金共 18 万元及利息;李某母子补偿陈某夫妇 6500 元。

⊙ **问题提出**

1. 合同一般包括哪些条款?
2. 合同义务有哪些分类?
3. 免责条款的特点和生效条件是什么?
4. 格式条款的特点和生效条件是什么?
5. 合同有哪些形式?
6. 合同条款有哪些解释方法?

第一节　合同的内容

合同的内容,因为对合同理解不同而有不同的含义。如果将合同理解为一种法律关系,合同的内容就是指合同权利与义务。如果将合同理解为一种法律文书,合同的内容就是指当事人约定的合同条款。

一、合同条款

根据《合同法》第12条的规定,合同的内容由当事人约定,一般包括以下条款。

(一)当事人的名称或者姓名和住所

合同的订立应先确定合同主体,在合同中应明确合同主体的姓名与住所。姓名的明确便于合同关系的进一步展开。住所的明确有利于决定债务的履行地、诉讼管辖、送达地等。合同条款中只有当事人的姓名或者名称,没有当事人住所,合同是否不成立?对此问题,根据《合同法司法解释二》第1条的规定,有当事人姓名或名称,没有住所的,合同仍然可以成立。

(二)标的

标的是指合同权利义务共同指向的对象。合同的标的是给付行为,该给付行为具体的内容因合同性质的不同而不同,例如买卖合同、赠与合同等转移财产所有权的合同,标的是转移所有权的行为;承揽合同、建筑工程合同等提供工作成果的合同,标的是提供符合要求的工作成果;运输合同等是以运送行为为标的的。

(三)数量

数量是衡量合同当事人权利义务大小的尺度,是以数字和计量单位来表示的尺度。数量是度量标的的基本条件,特别是在有偿合同中数量条款直接决定了合同当事人的基本权利和基本义务。数量条款不确定,合同将得不到履行。当事人在确定数量条款时,应当约定明确的计量单位和计量方法,可以规定合理的磅差和尾差。计量单位除国家明文规定外,当事人有权选择非国家或国际标准计量单位,但应当明确具体含义。

(四)质量

质量是检验标的内在素质和外观形态优劣的标志。质量条款的不明确很容易引发合同纠纷,因此当当事人未对质量条款予以约定时,允许当事人事后协商补充。协商不成的按照《合同法》第61条和第62条的规定予以漏洞的填补。

(五)价款或者报酬

价款是以物或者货币为标的物的有偿合同中取得利益的一方当事人作为取得利益的代价而应向对方支付的金钱,例如价金、租金、使用费、利息等。报酬是指以行为为标的的有偿合同中取得利益的一方当事人作为取得利益的代价而应向对方支付的金钱,例如运费、车票、工程款、保管费等。

(六)履行期限、地点和方式

履行期限是指当事人履行合同和接受履行的时间。履行期限有履行期日和履行期间两种。履行期日是指某一特定的时间,例如某年某月某日。履行期间有始期与终期,为一段时间,例如从某年某月某日至某年某月某日。

履行地点是指合同当事人履行合同义务或者接受履行的地方。履行地点的约定具有重大意义,是确定标的物验收地点的依据,是确定运费承担的依据,是确定风险承担和权利转移的依据。

履行方式是指当事人履行合同义务和接受履行的方式,包括交货方式、付款方式、验收方式、结算方式等。

(七)违约责任

违约责任是当事人不履行合同义务或者履行合同义务不符合约定而应承担的民事责任。违约责任是民事责任的重要内容,对于督促当事人正确履行义务,为非违约方提供法律救济具有重要意义。

(八)解决争议的方法

解决争议的方法是指合同当事人解决合同纠纷的手段、地点。发生合同纠纷时,当事人可以选择诉讼或者仲裁,可以选择纠纷解决管辖地,可以选择适用的法律。

以上八个条款不是合同的必备条款,仅仅是一般条款,也就是说,其中某些条款不具备,合同仍可成立,但某些条款的缺失会导致合同不成立。这意味着《合同法》第12条规定的八个条款,有些是主要条款,有些是次要条款。根据《合同法司法解释二》第1条的规定,合同主要条款是:当事人的姓名或名称、标的、数量。其他合同条款的不具备,可根据《合同法》第61条、第62条的规定予以规则填补。

此外,当事人还可以参照各类合同的示范文本订立合同。示范文本是指一定机关事先拟定的对当事人订立合同起到示范作用的合同文本。示范文本只是对当事人订立合同起到参考作用,不是格式合同,不要求当事人必须采用。

二、合同义务

合同权利和合同义务共同构成合同的内容。由于合同义务直接决定了债务人的履行内容,合同义务履行状况直接关涉到债权人的权利和合同订立的目的能否实现。因此,此处重在说明合同义务。

(一)法定义务与约定义务

法定义务和约定义务是根据义务产生的根据是源至于当事人的约定还是法律的规定。约定义务是当事人在合同中经双方协商确定的义务;法定义务是法律、行政法规规定的义务。根据合同自由原则,合同本质上是由当事人协商确定的,自主决定合同权利和合同义务。只要这些约定不违反法律、行政法规的强制性规定,不损失社会公共利益,不违反社会公德,法律便认可其效力。违反前述情形或者没有约定、约定不明的,适用法律的规定。法定义务主要是以下两大类:

1. 法律、行政法规等为合同当事人所设立的作为和不作为的义务

法律、行政法规等设置的义务可能是强制性义务,也可能是任意性义务。强制性义务要求当事人必须遵守,不允许当事人按照自行协议设定合同义务,只允许按照法律的规定,若当事人自行协议,会因违反法律规定而无效。即便当事人未在合同条款中加入法律、行政法规规定的强制性义务,也不影响该强制性义务的适用性。任意性义务只是给合同当事人提供一种示范性或建议性的规定,并不意味着其必须成为合同的内容。合同当事人在该规范范围内可自由地为一定的意思表示,当事人可以通过彼此间的协商约定来改变甚或排除该

任意性义务的适用性。但是任意性义务在一定条件下同样可以成为合同的内容,例如当当事人未作特别约定的情况下,任意性义务或可成为合同条款,或成为法律填补合同漏洞的规则。通常情况下,违反强制性义务的合同往往是无效的,违反任意性义务导致的是合同当事人的违约。

2.依据诚实信用原则所产生的附随义务

债务人于契约及法律所定内容之外,尚负有附随的义务。此附随义务,又可分为两种:一为辅助的或非独立的附随义务,并无独立目的,为保证主给付之义务履行。二为补充的或独立的附随义务,为达一定之附从的目的而担保债之效果完全实现。[①] 因此,附随义务便有了广义与狭义之分,广义的附随义务发生在合同订立、履行、变更、终止的整个过程。例如,缔约过失责任,其便是因违反了合同订立阶段基于诚实信用原则产生的附随义务而产生的责任。也有学者根据合同不同阶段附随义务的不同要求,将附随义务具体分为先合同义务、合同履行中的附随义务和后合同义务,分别对应于合同订立阶段、合同履行阶段以及合同终止后的阶段。狭义的附随义务仅指合同履行过程依据诚实信用原则所产生的义务。该分类以《合同法》第 60 条的规定为典型,该条规定:"当事人应当按照约定全面履行自己的义务。当事人应当遵循诚实信用原则,根据合同的性质和交易习惯履行通知、协助、保密等义务。"本书赞成广义的附随义务。由于附随义务产生的根据是诚实信用原则,而诚实信用原则内容本身就具有抽象性,因此附随义务的内容便相应地具有可变性与不确定性,一般有保护义务、照顾义务、通知义务、协助义务、保密义务、告知义务等。

确立广义的附随义务,一方面,有助于促进实现主给付义务,使债权人的给付利益获得最大化利益,例如,面包店的出租人不能在隔壁再开一家面包店,从事同业竞争;面馆的经营者应对汤类的外卖饮食妥善包装等。另一方面,最大化程度上维护合同当事人的人身和财产利益,例如,产品的使用说明、商品上的注意事项等。

(二)主要义务与次要义务

义务中主次之分应根据合同本身的性质和当事人的约定来判断。在当事人没有特别约定的情况下,应根据合同性质来确定哪些合同义务直接影响到合同的成立以及当事人的订约目的等,这些义务就会成为合同主要义务。如果当事人有特别约定的,当事人的约定便成为合同的主要义务,例如,当事人约定交付的鲈鱼每条应在一斤左右,这便成为卖方的主要义务。

据此,主要义务是指依合同性质所固有的、合同当事人应当承担的义务。次要义务是指依合同性质和当事人约定,并不影响合同成立和当事人订约目的的义务。

1.主要义务的特点

(1)主要义务是由合同性质决定的。合同性质不同,主要义务的内容也不同。例如,买卖合同中卖方的主要义务是交付货物,卖方的主要义务是支付价款;赠与合同中出赠人的主要义务是交付赠与物等。一般而言,合同主要义务缺乏的,极有可能导致合同关系不成立。同时,当事人也可以在合同中约定主要义务,例如,在私有房屋买卖合同中可将提供相应的办理过户登记手续的资料约定为主要义务。

(2)主要义务与缔约目的紧密结合。主要义务关系到债权人的债权能否得到实现,关系

---

① 史尚宽:《债法总论》,中国政法大学出版社 2000 年版,第 341 页。

到当事人订约目的能否实现。因此,主要义务与当事人的订约目的紧密相连,合同主要义务不履行,会构成债务人的根本违约。债权人可以根据自身的需求,要求债务人实际履行、赔偿损失或是解除合同等。

(3)只有对方不履行主要义务,才能行使同时履行抗辩权。在双务合同中,合同当事人的主要权利和主要义务是相互对应、互为对价的。只有合同一方当事人不履行其依据合同所负有的主要义务,另一方才有权通过同时履行抗辩权的行使来拒绝自身主要义务的履行。但是如果合同一方当事人只是对合同次要义务没有履行的,对方当事人就不能通过相关抗辩权的形式来拒绝自身主要义务的履行。

导读案例中的房屋买卖合同纠纷,卖方未告知买方房中死过人,是否构成对合同主要义务的违反,关键在于这一信息的告知与合同性质、缔约目的是否密切相联。自然人之间的私有房屋买卖合同,卖方的主要义务是交付私有房屋,并保证房屋质量无瑕疵、权利无瑕疵。导读案例中的卖方对这一主要义务并无违反。买卖双方订立合同的目的是为了婚后的长期居住,居住是合同的主旨。由此可知,卖方未告知买方房中死过人,不构成对合同主要义务的违反。一审法院判决解除合同值得商榷。

2.次要义务的特点

(1)次要义务在合同中约定与否不影响合同的成立。在合同中,主要义务决定合同的成立。没有次要义务,合同仍然存在,当事人可就该缺失部分进行协商补充,以便最终的履行确定。

(2)次要义务的违反与否不影响缔约目的。对次要义务的违反不会使债权人订立合同的目的丧失,例如,在房屋租赁合同中承租人要求出租人的出租房屋配备热水器,出租人没有配备的,不会影响房屋出租合同的订约目的。次要义务方没有履行自身义务的,不构成根本违约,对方当事人无权主张合同的解除。

(3)次要义务的履行是为保证债权人权利获得最大满足。次要义务本身不是由合同的性质所决定的,也不是合同自身固有的,而是为了配合主要义务,确保债权人权利获得最大化满足而存在的。

需要说明的是,主要义务与次要义务不同于主合同义务和从合同义务。主合同义务与从合同义务的划分是以合同主从划分为依据的,在若干个合同中能够独立存在的为主合同,不能独立存在而依附主合同存在的是从合同。主合同中的义务为主合同义务,从合同中的义务为从合同义务,各自义务中还存有主要义务与次要义务之分。因此,主合同义务与从合同义务是合同义务的另行分类。

(三)给付义务与受领义务

给付义务是指合同当事人约定,一方当事人应当作或不作一定行为的义务。应当为一定行为的为积极义务,不应当为一定行为的为消极义务。不论是积极义务还是消极义务均为给付义务,例如按期交付租金、不从事同业竞争等。给付义务是合同债务人的义务,合同具体内容的不同,给付义务的具体表现就有所不同,例如交付物、转让权利、给付智力成果等。受领义务是指债务人交付一定标的物时,债权人应当依据法律和合同的规定,及时接受标的物的义务。受领义务要求合同债权人应当及时受领,也就是在债务人为给付以后,债权人就应当及时接收。债权人无正当理由拒绝接受的,债权人需要承担因此产生的风险责任,债务人也可采取提存等方式来消灭其与债权人之间的合同权利义务关系。债权人的受领义务,债务人的给付义务,在这些义务履行时,对方当事人都应该予以协助。

给付义务和受领义务都是合同当事人所应当承担的义务,违反这些义务都会构成违约,但两者还是有一定的不同。一般而言,违反给付义务尤其是主给付义务,不仅仅是违约,而是根本违约,会导致合同目的的无法实现。违反受领义务在一般情况下不会构成根本违约,不会影响风险责任与权利移转。例如,《合同法》第103条规定:"标的物提存后,毁损、灭失的风险由债权人承担。提存期间,标的物的孳息归债权人所有。提存费用由债权人负担。"

(四)明示义务与默示义务

明示义务是指当事人以口头或书面等形式所约定的义务。当事人通过合同书确定的民事义务便是明示义务。除此之外,当事人也有通过口头方式约定合同义务的。默示义务是指依据合同的性质和交易习惯所确定的义务。默示义务产生的根据,一是合同性质,另一是交易习惯。例如旅客运输合同,很多时候除了车船票等外,没有其他的合同约定,但是将旅客安全、按时送达目的地是旅客运输合同内含的要求,不论是否通过某种形式将其加以规定,都不影响该义务成为旅客运输合同的主要义务。交易习惯在合同法中一直是被承认的,《合同法》较多的条文均承认交易习惯。所谓交易习惯,是指在交易行为当地或者某一领域、某一行业通常采用并为交易对方订立合同时所知道或者应当知道的做法或当事人双方经常使用的习惯做法。先付款再用餐或先用餐再付款等均是交易实务中的习惯性做法。但是交易习惯不得违反法律、行政法规的强制性规定。遇有纠纷时,对于交易习惯,由提出主张的一方当事人承担举证责任。

第二节　格式条款

一、格式条款的概念和特征

(一)格式条款的概念

随着社会交易节奏的加快,频率的增加,合同的订立不再纯粹地遵守要约、反要约、承诺的订立过程,有些时候为了节省缔约成本,针对同样性质的合同,当事人一方会事先拟订好合同的全部条款,另一方当事人对此不加以讨论和变更,只是选择接受或拒绝,例如供电合同、移动服务合同等。此种状况下成立的合同,不存在对合同具体内容进行协商谈判的过程。这显然与合同自由原则的精神相冲突,但是却符合交易的需求。为此,法律开始为其进行规范。我国的《消费者权益保护法》是最早对此类情形予以规定的法律,之后《合同法》也设立了三项条款对此加以调整。在《合同法》中对由当事人一方事先拟订了合同的全部条款,另一方当事人只能选择接受或拒绝的条款称为格式条款。根据该法第39条第2款的规定,格式条款是指当事人为了重复使用而预先拟定,并在订立合同时未与对方协商的条款。

(二)格式条款的特征

根据《合同法》关于格式条款的界定,格式条款具有如下特征。

1. 由一方当事人预先拟定

格式条款是由一方当事人预先拟定的,在拟定之时并没有征求对方当事人的意见。这种拟定既包括一方当事人单方亲自拟定,也包括当事人一方提供和准备。当事人的拟定,既包括一方亲自拟定的情形,也包括采用第三人拟定好的格式条款。实际生活中,为了规范交易活动,行政主管部门或者行业协会组织制定合同示范文本,虽其本身不具有强制力,供当事人在从事有关交易时选用,但是一旦为一方当事人采用,对于该当事人而言可以构成格式条款,其效果等同于当事人的预先拟定。

2. 目的是为了重复使用

格式条款的拟定其目的是为了重复使用,这种重复使用是指适用对象的广泛性和使用时间的持久性。当事人一方将其预先拟定的格式条款适用于与其交易的所有同类交易对象,此为使用对象的广泛性。当事人一方将其预先拟定的格式条款反复多次使用,而不仅仅是为了某次或某几次特定的交易专门拟定的条款,此为使用时间的持久性。现今的市场经济活动中,经常存在某一个交易主体不断地与不特定的对象进行性质相同的交易,为能节省谈判成本,降低交易费用,交易主体便把反复不断的交易内容固定下来,以便在今后的交易活动中直接使用。正是可以重复使用的特性,使格式条款能频频得到运用。

3. 在订立合同时未与对方协商

通常合同的订立,需要双方当事人反复协商,但是格式条款却未经协商,对于对方当事人而言,要么接受,要么拒绝。典型的有电信、供水、供电、供气、交通运输等公用企业以及银行、保险等依法具有独占地位的经营者给消费者或者其他交易对方所提供的格式条款。在这些合同关系中,相对方往往只能表示同意或拒绝。但实际上由于这些合同中所包含的服务通常对于相对人具有不可或缺性,因而都是接受的多。在有些合同关系中,并不要求相对方完全整体接受格式条款,当事人就其中的某些条款还可以进行协商。比如:价款、交货的时间等。实际商谈中,这些可以协商的条款都是先留白,待商量定后再填写上去。此种情况下,相对方还享有一定的谈判能力和余地。

二、格式条款的规章制度

(一)格式条款提供者的注意和说明的义务

为了平衡谈判能力不对等的当事人之间在合同订立过程之中的利益均衡,避免经济上的强者利用其优势地位将合同的订立变为强加其意志于相对人,《合同法》第39条确定了公平原则作为格式条款当事人权利义务衡量的准则。并且要求提供格式条款的一方应采取合理的方式提请对方注意免除或者限制其责任的条款,应按照对方的要求,对格式条款予以说明。格式条款提供者提请对方注意要以合理的方式。所谓以合理的方式提请对方注意,根据《合同法司法解释二》第6条的规定,是指提供格式条款的一方对格式条款中免除或者限制其责任的内容,在合同订立时采用足以引起对方注意的文字、符号、字体等特别标识,并按照对方的要求对该格式条款予以说明的。并且要求提供格式条款一方对已尽合理提示及说明义务承担举证责任。所谓按照对方的要求对有关条款进行说明,是指当相对方对免责条款涉及事项的内涵存有疑惑时,条款提供者应该明确解释该条款的含义,使对方明了情况。

格式条款提供者的注意和说明的义务属于法定义务,有关当事人必须遵守。如果格式条款的提供者未将该条款予以明显标注,或者文字晦涩无法理解,便是违反了法律的规定。根据《合同法司法解释二》第9条的规定,提供格式条款的一方当事人违反《合同法》第39条第1款关于提示和说明义务的规定,导致对方没有注意免除或者限制其责任的条款,对方当事人申请撤销该格式条款的,人民法院应当支持。第10条规定:"提供格式条款的一方当事人违反合同法第三十九条第一款的规定,并具有合同法第四十条规定的情形之一的,人民法院应当认定该格式条款无效。"其中《合同法》第40条是有关格式条款无效的规定。

(二)格式条款的无效

《合同法》第40条规定:"格式条款具有本法第五十二条和第五十三条规定情形的,或者提供格式条款一方免除其责任、加重对方责任、排除对方主要权利的,该条款无效。"《合同法》第52条是关于一般合同无效的情形的规定,第53条是关于一般合同中的免责条款无效的规定。具体来说,格式条款无效的情形主要有:

1.一方以欺诈、胁迫的手段订立合同,损害国家利益;恶意串通,损害国家、集体或者第三人利益;以合法形式掩盖非法目的;损害社会公共利益;违反法律、行政法规强制性规定。具有这些情形的,格式条款统统无效。

2.免除造成对方人身伤害的责任,或者免除因故意或者重大过失造成对方财产损失的责任,该格式条款无效。例如,"商品一旦售出,责任自负"的约定,该约定免除了条款制作人未来因商品质量问题而造成的人身或是财产损害责任,属于无效格式条款。需要注意的是,对于人身损害而言,不论责任人主观态度如何,一旦责任免除,该格式条款便绝对无效;对于财产损害而言,只要在责任人具有故意或重大过失时,责任免除才会无效。

3.免除条款制作人的责任,加重相对人的责任,排除对方的主要权利,该格式条款无效。格式条款双方当事人的权利义务应遵循公平原则,即双方当事人的利益应该是均衡的,不应存在格式条款提供者利用自身的谈判优势强加自己的意志于他人之上的状况。任何利用格式条款导致合同权利义务分配不均衡的约定均不受法律保护,一律无效。例如,商店与消费者约定:"本店售出的电视机保修期一律为三个月。"这个约定因违反了国家有关电视机实行"三包"的规定,排除了对方的主要权利而无效。

(三)格式条款的解释

《合同法》第41条规定:"对格式条款的理解发生争议的,应当按照通常理解予以解释。对格式条款有两种以上解释的,应当作出不利于提供格式条款一方的解释。格式条款和非格式条款不一致的,应当采用非格式条款。"本条规定了除按照通常理解解释格式条款外,还确定了不利于提供格式条款一方的解释规则,同时还规定了格式条款和非格式条款不一致时以非格式条款为准的规则。这种特殊的解释规则的目的在于保障相对方的利益。

按照通常理解予以解释,是指对于格式条款,应当以可能订约者平均、合理地理解为标准进行解释。[①] 当格式条款发生争议时,尽可能地探究合同当事人的真实意愿,超脱具体环境及特殊的意思表示,应该从平常的、通俗的、日常的、一般意义的角度予以解释。如果格式条款经过长期的使用,就某些条款消费者的理解与条款制作人的理解不同,应该以消费者的理解为准。

对条款制作人作不利的解释,源自于罗马法的"有疑义应为表意者不利之解释"。这种解释方法是为了限制提供格式条款的一方利用其优势地位损害另一方当事人的利益的情况

---

① 王利明、方绍坤、王轶:《合同法》(第三版),中国人民大学出版社2002年版,第99页。

发生。格式条款是由一方当事人预先设定提供的,条款的制作人会基于自己的意志作出有利于自身的条款,甚至会制定一些有歧义、意思含糊的条款以便维护自身的利益。为了保护谈判能力弱的一方,维护该方的利益,就应对条款制作人作不利的解释。

格式条款与非格式条款不一致的,采用非格式条款的解释,是因为格式条款没有经过双方当事人的协商讨论,是由一方当事人事先拟定的,是一般的普通规定的条款。非格式条款是由合同主体经过协商确定的,是特别约定。在同一合同中,特别优先于一般,特别商定的条款优先于一般的普通条款。因此格式条款与非格式条款不一致的,应采用非格式条款。

第三节 免责条款

一、免责条款的概念和特点

(一)免责条款的概念

免责条款有广义和狭义之分。广义的免责条款不仅包括完全免除当事人责任的条款,也包括限制当事人责任的条款。狭义的免责条款仅指完全免除责任的条款。本书认为,免责条款是指当事人双方在合同中事先约定的、旨在限制或免除其未来责任的条款。交易活动总会产生风险,风险的不可知性,使交易当事人总希望能通过一定的方式将未来的风险加以适当的控制,免责条款的运用,通过将风险在合同当事人之间进行分配,从而为一定程度上锁定风险提供了便利。同时免责条款也是合同自由原则的进一步体现。

(二)免责条款的特点

免责条款具有如下特点:

第一,免责条款是一种合同条款,它是合同的组成部分。由于免责条款事关将来民事责任的限制或是免除,直接影响到合同当事人的利益,因此只有免责条款已经构成合同的一部分,成为合同内容的有机组成,才能援引免责条款,否则不适用。

第二,免责条款是事先约定的。当事人约定免责条款是为了减轻或免除其未来发生的责任,因此只有在责任发生以前由当事人约定且生效的免责条款,才能导致当事人的责任的减轻或免除。若在责任产生以后,当事人之间通过和解协议而减轻责任,这属于权利的放弃,而不是根据条款的免责。

第三,免责条款旨在免除或限制当事人未来所应负的责任。基于不同的目的,免责条款有限制责任条款和免除责任条款。限制责任条款是指将当事人的法律责任限制在某种范围内的条款。例如,在合同中规定,一旦出现损失,合同任何一方当事人的赔偿责任不超过货款的总额。免除责任条款是指合同当事人不需要承担任何民事责任。例如,某些商店在其柜台上标明"货物出门,恕不退换",就属于免除责任条款。限制责任条款与免除责任条款对当事人未来民事责任的约定不同,严格意义上,对免责条款的有效条件应比对限责条款的有效条件要求要严格。

二、免责条款的有效条件

免责条款只要经过当事人的认可,不危及社会公共利益,法律是承认免责条款的效力的。具体来说,确认免责条款有效的要件有:

第一,必须是双方当事人真实的意思表示。合同的本质即是一种合意,合同的成立意味着双方当事人的意思表示达成一致。这个意思表示必须要明确且真实。合同中所约定的全部条款都必须是双方当事人经过深思熟虑后形成的真实的意思表示,对合同的条款和内容表示接受。如果不是当事人真实的意思表示,其效力可能被撤销,也可能是无效的。

第二,必须符合社会公共利益要求,不违反法律、行政法规的强制性规定。当事人订立的免责条款必须符合法律和社会公共利益的要求,不能通过自行约定的条款排除法律的强制性规范的适用。例如,在旅游合同中约定,游客在旅游期间一切人身损伤和财产损失一概与旅行社无关。该约定便严重违反了法律的规定,应归无效。同时,免责条款还得符合公序良俗原则的要求。公共秩序和善良的风险体现的是全体人民的共同利益,对此利益的维护直接关系到社会的安定与秩序的建立。

第三,必须公平分配合同当事人间的风险。公平分配双方当事人之间的风险是免责条款的主要功能,也是其合理性因素之所在。现实交易中大多数的免责条款是在既有的价格、保险等机制的背景下合理锁定风险的措施。通过对未来民事责任的公平分配,可使交易主体较为精确地预算交易成本,一定程度上减少了消耗,从而可以实现谋取利益的最大化。通过未来风险的公平分配可以平衡条款使用人、相对人乃至第三人之间的利益关系。

必须予以说明的是,有时候免责条款与格式条款是重合的,该条款既是格式条款,有时也是免责条款。例如,餐厅墙上用明显字体悬挂一告示:请注意保管好自己随身所带的物品,若有失窃,本店概不负责。该店堂告示既是格式条款,又是免责条款。此时,该条款的提供者还负有以合理地方式提请注意和说明的义务。此时的免责条款不是经过合同当事人协商,而是由一方当事人先拟定好的,条款制作人往往会从自身利益出发,唯恐自己承担过多的责任,想方设法地免除或者限制自己的责任,这在保险、航空、医院等行业比较常见,其中一些免责条款还会涉及专业知识。因此,当免责条款与格式条款重合时,该条款要同时遵守格式条款与免责条款的规定,必须以合理的方式提请对方当事人注意免除或者限制其责任的条款,并对这些条款予以说明。如果格式条款的提供者在订立合同时,未尽提请对方注意和说明的义务,属于强迫对方当事人接受不公平条款,则该免责条款无效。

三、免责条款的无效

《合同法》第53条规定:"合同中的下列免责条款无效:(一)造成对方人身伤害;(二)因故意或者重大过失造成对方财产损失的。"由此可知,免责条款无效情形有以下两种。

(一)造成对方人身伤害的

现今社会,以人为本位,人身利益是最重要的利益,尤其是生命健康是人身权的核心权利,保护自然人的人身安全是法律最重要的任务。如果允许限制或免除一方当事人对另一方当事人人身伤害的责任,那么就无异于纵容当事人利用合同这种形式合法地对另一方当事人的生命健康进行摧残,这不仅与保护公民的人身权利的法律相悖,更是与宪法原则相违背,并且会严重危及法律秩序和社会整体利益。

侵害人身权的行为不仅应受到道德和法律的否定,更应受到法律的制裁。此种制裁在民事领域内不是以人身惩罚为原则,而是以损失赔偿、精神抚慰为手段,若允许当事人事先约定免除人身伤害的责任,则无法使被侵害人得到应有的赔偿,使行为人得到应有的惩罚,从而使法律失去其应有的效用。造成对方人身伤害的,不问当事人主观意愿如何,只要有伤害事实,一旦有事先约定免责的,一律无效。

(二)因故意、重大过失致他人财产损失的

该一规定是由过错程度来控制免责条款效力的。因故意或重大过失造成他人财产损失,既触及了社会道德,又违反了法律对民事主体合法财产保护的规定,自然应该遭受否定性的评价,属于国家、社会所抑制的范畴,因此不允许当事人通过事先约定加以免责。对于因一般轻微过失而造成的损害,虽同样应受到否定性评价,但因其对社会秩序、社会公共利益触及不大,影响甚微,因而允许由当事人自行协调。司法实践中对一般轻微过失的损害的态度是:受害人请求赔偿的,予以支持;受害方愿意免除侵害方责任的,予以尊重。但是因故意或重大过失所产生的责任,不能够事先约定免除。因为即便当事人彼此之间没有合同关系,还可以通过侵权责任主张法律的救济,如果允许当事人事先加以免除,等于是用合同的方式剥夺了当事人合同以外的权利。

第四节　合同的形式

一、合同形式的概述

(一)合同形式的概念

合同的形式是合同当事人达成的合意的外在表现形式,是合同内容的客观载体。合同自由原则,使合同当事人有决定合同形式的自由。法律不对合同形式作强制性的要求,尊重当事人选择合同形式的自由,同时,为了保证在某些特殊类型的合同之中双方当事人的交易安全和合同内容的确定,法律特别规定其形式要求。法律的这一做法,可以在最大程度上实现交易的便捷和降低交易成本,同时将合同长生纠纷之后的举证问题加以妥善处理。当今大多数国家合同法的通常做法就是在承认当事人自由选择合同形式的自由的同时,对于涉及特殊交易关系的合同,法律做出特别的强制性的书面形式或其他形式要求。

(二)我国《合同法》关于合同形式的规定

《合同法》第10条规定:"当事人订立合同,有书面形式、口头形式和其他形式。法律、行政法规规定采用书面形式的,应当采用书面形式。当事人约定采用书面形式的,应当采用书面形式。"根据该规定可知:

1.当事人可以自由选择合同所采用的形式。在不违反法律强制性规定的前提下,当事人可以根据自己的需要选择合同的形式。据此,当事人可以自由选择合同的表现形式,如书面形式、口头形式或者其他形式等均可。

2. 当事人可以自由约定其合同应该采取的形式。这一规定允许当事人根据自己的判断,决定合同必须采用某种特殊的形式。一旦当事人作出这一约定,该特殊形式即成为强制性的形式要求,当事人的合同必须采用这一形式,满足这一要求。例如,当事人在合同中约定:本合同自公证之日起生效。如果没有办理公证手续的,该合同不发生效力。

3. 在法律、行政法规规定采用书面形式的,订立该有关合同的当事人就必须采用书面形式以满足法律对其形式的强制性要求。例如,《合同法》第 197 条规定:"借款合同采用书面形式,但自然人之间借款另有约定的除外。借款合同的内容包括借款种类、币种、用途、数额、利率、期限和还款方式等条款。"

4. 按照当事人的约定不得改变强制性法律规定的原则,当事人不得以特殊约定改变法律对合同形式的强制性规定。因此,所谓的当事人对合同的形式的约定应该限于法律没有特定形式要求的合同。

二、口头形式

口头形式是当事人以语言的方式达成协议,订立合同的形式。口头形式包括当面对话、电话联系等形式。口头形式的优点是简便易行,故在日常小额交易中经常被采用,如商店里的零售买卖。由于口头形式是最为传统,也是适用最为广泛的合同形式,所以在当事人采用口头形式订立合同时不需要特别指明。但是口头形式的不足之处在于"口说无凭",产生纠纷时不容易举证,不利于当事人明确各自的权利义务关系。口头形式一般适用于标的数额小,可以及时清结的合同。

三、书面形式

书面形式是指当事人以书面文字等符号有形地表现合同内容的方式。随着科技的发展,无纸化的电子数据交换和电子邮件普及迅速,成为一种新的书面形式,其与传统的书面形式有很大的不同。因此,法律所规定的柱面形式应该是通过确定的方式有形地表现当事人合同内容的方式。采用书面形式的最大优点在于,发生合同争议时有据可查,有利于减少纠纷,即使发生了纠纷也因举证简单而易于分清责任解决争议。

《合同法》第 11 条规定:"书面形式是指合同书、信件和数据电文(包括电报、电传、传真、电子数据交换和电子邮件)等可以有形地表现所载内容的形式。"根据这一规定,合同的书面形式主要是合同书、信件和数据电文三种形式。

合同书是指记载合同内容的文书。合同书必须记载有合同条款,特别是合同的主要条款,并且是以文字的方式予以表达。在合同书上应该由合同当事人或其代理人、授权人的签名、盖章或是摁手印。合同书可以参照示范合同文本制定,也可以在双方当事人相互协商一致的基础上制定。

信件是指合同当事人以传统的纸张为介质,就合同的内容进行往来协商的记载合同内容的信函。它经常在远途当事人之间订立合同时使用,是一种经常被采用的订立合同的书面形式。它与通过电脑及其网络手段传递的信件不同,后者称为电子邮件。

数据电文是电报、电传和传真与电子数据交换和电子邮件的统称。电报、电传和传真是传统的书面形式,已经被长期地广泛使用。但是电子数据交换和电子邮件是借助于先进的微电子技术,通过电磁手段来表达信息的,与传统手段有很大的不同。电子邮件(Electronic Mail,简称 E-mail;标志:@;也被大家昵称为"伊妹儿")又称电子信箱、电子邮政,是一种用电子手段提供信息交换的通信方式。电子邮件的传递是通过存在于多台计算机之间的互联网系统来完成的。它的介质是电磁讯号,其内容可以是各种电子文本格式的文本文件、数据文件以及传真、语音和图像文件等。

电子数据交换(Electronic Data Interchange,EDI) ,又称"电子资料通联",是一种在公司、企业间传输订单、发票等商业文件进行贸易的电子化手段。它利用一种国际公认的标准格式,通过计算机通信网络,将与某一项贸易活动相联系的厂商、运输、保险、银行和海关等部门的业务流程的全过程相连接,将各有关部门或者公司、企业之间的有关数据进行交换与处理,从而进行贸易的全部过程。

四、其他形式

《合同法司法解释二》第 2 条规定:"当事人未以书面形式或者口头形式订立合同,但从双方从事的民事行为能够推定双方有订立合同意愿的,人民法院可以认定是以合同法第十条第一款中的'其他形式'订立的合同。但法律另有规定的除外。"该条将推定作为一种形式。推定形式是指当事人不是通过语言、文字,而是通过行为向对方作出意思表示的方式。例如,房屋租赁合同约定的租赁期限已经届满,双方并未通过口头或者书面形式延长租赁期限,但承租人继续交付租金,出租人依然接受租金,从双方交付和接受租金的积极行为中就可以推断出双方有延长租赁期限的意思。

推定形式是以行为,并且是积极作为的行为为依据的。积极的作为尽管不是以口头或者书面形式表达当事人的意思,但它仍是一种积极的意思表示方式,主张权利或者接受义务的意思表示是明确的,可以直接根据积极的作为行为来认定意思。这种推定是法律推定,来源于法律的认可。

消极的不作为行为,又称默示形式,一般不能作为合同形式。这是因为当事人没有做出任何的表示仅仅是沉默。鉴于此种状况,为防止当事人一方自行强加义务给对方,损及对方当事人的权益,除非法律另有规定或者当事人另有约定,消极的不作为行为不是合同的形式。例如,《合同法》第 171 条规定的,试用买卖的买受人在试用期内可以购买标的物,也可以拒绝购买。试用期限届满,买受人对是否购买标的物未作表示的,视为购买。也就是说,只有在法律规定或者当事人约定消极的不作为能够产生某种法律效果的情况下,默示才构成意思表示的形式,产生相应的法律后果。

第五节　合同条款的解释

一、合同条款解释的概念

合同成立后,由于当事人自身能力以及语言文字本身固有的模糊性、多义性,往往导致不同的人对合同的条款会有不同的理解,从而导致纠纷的产生。因此需要对合同条款加以释明,这就是合同条款的解释,也称合同解释。合同解释有广义与狭义之分。广义的合同解释是人们对合同条款的含义在各自理解的基础上进行分析和说明,解释主体有合同当事人和其他人。狭义的合同解释是受理合同纠纷的法院或者仲裁机构对合同条款的含义所作的具有法律拘束力的理解和说明,又称为有权的合同解释。本书采用狭义的合同解释,是受理合同纠纷的法院或仲裁机构所作的解释。

二、合同条款解释的方法

《合同法》第125条规定:"当事人对合同条款的理解有争议的,应当按照合同所使用的词句、合同的有关条款、合同的目的、交易习惯以及诚实信用原则,确定该条款的真实意思。合同文本采用两种以上文字订立并约定具有同等效力的,对各文本使用的词句推定具有相同含义。各文本使用的词句不一致的,应当根据合同的目的予以解释。"据此规定,合同解释的方法有:

第一,文义解释。文义解释,是指通过对合同所使用的文字词句含义的解释来确定当事人的真实意思。由于语言文字本身的多音多义性,再加之当事人本身运用语言文字能力的差异,会导致合同条款的词句语义不清,含义不明,当事人的意思不能清楚地表达。因此需要从语法、语言逻辑等角度对合同条款加以说明。

第二,整体解释。整体解释,是指对合同各个条款作相互解释,以确定各个条款在整个合同当中所具有的正确的意思。合同是一个整体,孤立地看一个合同条款难免有断章取义之嫌,难明其义。因此有必要将该条款放置在合同的整体之中,从一个确定的背景出发给予其正确的解释。例如,(2005年司考真题)2003年甲向乙借款3000元,借据中有"借期一年,明年十月十五前还款"字样,落款时间为"癸未年九月二十日"。后来两人就还款期限问题发生争执,法院查明"癸未年九月二十日"即公元2003年10月15日,故认定还款期限为2004年10月15日。法院对还款期限的确定,采用的就是文义解释和整体解释这两种解释方法。

第三,目的解释。目的解释,是指解释合同条款时,如果合同所使用的文字或某条款可以作两种以上解释时,应采取最适于合同目的的解释。当事人总是为了实现某一目的才订立合同的,虽然这个目的在合同条款中并没有明确写明,但是从合同以及当事人订立合同时的具体情况以及合同履行情况一般都能分析出当事人的订约目的。

第四,习惯解释。习惯解释,是指按照当事人的交易习惯来解释合同条款。不论是在交易行为当地或者某一领域、某一行业通常采用并为交易对方订立合同时所知道或者应当知道的做法,还是当事人双方经常使用的习惯做法,在反复多次使用之后,合同当事人便会对这些习惯性做法产生依赖和信赖,除非另有特别的不同约定,合同当事人总会按照之前形成的习惯性做法继续下去。因此,习惯在一定条件下可以用来确定合同当事人的内心意思。

第五,诚信解释。诚信解释,是指按照《合同法》的诚实信用原则对合同条款加以解释。诚实信用原则本身就是一个极为抽象概括的原则,它与道德上的诚实、善意、公平等要求联系紧密,在合同的不同阶段,诚实信用原则有不同的要求和不同的表现。诚实信用原则就是因为其自身的内涵、外延的模糊,赋予法官以极大的自由裁量权。法官通过自由裁量以便使案件的裁决结果达到利益均衡的要求。

三、合同漏洞的填补

合同漏洞是指当事人在合同中就某些民事权利和民事义务没有作约定或者虽作了约定但是约定不明。合同条款是双方当事人协商一致的产物,为了便于实现订约目的,便于合同的履行,当事人对合同条款的约定应该是具体而明确的。但是有些时候会存在当事人认识上的错误、疏忽大意、相关知识的缺乏等情况,导致在合同订立的过程中,欠缺某些合同非必备条款,或者约定的某些合同非必备条款内容不明确,从而使合同履行无法顺畅进行。由于合同漏洞是发生在合同非必备条款上,因为合同必备条款的存在,不影响合同的成立。若仅仅是因为合同非必备条款的缺失或是约定不明而否认合同成立,这于理于法都难以行得通。因此实有必要对该合同漏洞进行填补,以确保合同关系的顺畅进行,维护交易安全,提高加以效率。

根据《合同法》第61条的规定,合同生效后,当事人就质量、价款或者报酬、履行地点等内容没有约定或者约定不明确的,可以协议补充;不能达成补充协议的,按照合同有关条款或者交易习惯确定。出现合同漏洞时,应先由合同当事人通过协商订立补充协议,该份补充协议应是对原合同内容的补充,是原合同的组成部分。如果当事人无法通过协商订立补充协议的,可以结合合同其他方面的内容规定来确定,或者是按照人们在同样交易中通常采用的合同内容来确定。

如果按照合同有关条款或者交易习惯仍然无法确定的,《合同法》第62条规定:"当事人就有关合同内容约定不明确,依照本法第六十一条的规定仍不能确定的,适用下列规定:(一)质量要求不明确的,按照国家标准、行业标准履行;没有国家标准、行业标准的,按照通常标准或者符合合同目的的特定标准履行。(二)价款或者报酬不明确的,按照订立合同时履行地的市场价格履行;依法应当执行政府定价或者政府指导价的,按照规定履行。(三)履行地点不明确,给付货币的,在接受货币一方所在地履行;交付不动产的,在不动产所在地履行;其他标的,在履行义务一方所在地履行。(四)履行期限不明确的,债务人可以随时履行,债权人也可以随时要求履行,但应当给对方必要的准备时间。(五)履行方式不明确的,按照有利于实现合同目的的方式履行。(六)履行费用的负担不明确的,由履行义务一方负担。"

第四章

4

合同的效力

⊙ **导读案例**

2011 年 3 月 17 日,危某与黄某签订"土地转让协议",将危某位于蒿坪镇恒紫路改线路口的一块承包地有偿转让给黄某用作开发建房,转让费 158000 元,合同签订后已一次性付清。黄某后到有关部门办理建房审批手续时,因公路建设需要,不能批准建房。黄某找到危某协商处理,危某不同意退还土地转让费用,为此双方产生纠纷。最后黄某起诉到法院,要求确认两人签订的土地转让协议无效;要求危某返还转让费 158000 元;诉讼费由危某负担。

法院经审理认为,《中华人民共和国土地管理法》第 63 条规定:"农民集体所有的土地的使用权不得出让、转让或者出租用于非农业建设。"本案原、被告签订的协议中明确了土地使用权转让的用途为开发建房,原、被告订立的合同违反了《中华人民共和国土地管理法》第 63 条的规定,且该规定属于强制性规定,所以双方订立的合同应属无效,被告对因该合同取得的土地转让收入,应当返还原告,对原告的诉讼请求,本院予以支持。被告辩称原告不能获得批准建房不是被告所造成的理由,因双方的行为都是违反法律、法规强制性规定的行为,其理由不能成立,本院不予采纳。依照《中华人民共和国合同法》第 52 条第(五)项、第 58 条的规定,判决如下:

一、原告黄某与被告危某订立的土地使用权转让合同无效。

二、被告危某于本判决生效后三日内返还原告黄某现金 158000 元。

案件受理费 1730 元,由原告黄某、被告危某各负担 865 元。

⊙ **问题提出**

1. 合同成立与合同生效有何区别?

2. 无效合同的种类有哪些?

3. 可撤销合同的种类有哪些?

4. 合同被宣告无效或撤销后有何法律后果?

5. 效力待定合同有哪些情形,如何进行效力补正?

6. 附条件合同中对所附的条件有何法律要求?

第一节　合同生效概述

合同生效,是指已经成立的合同在当事人之间产生一定的法律拘束力。法律拘束力就是法律以其强制力迫使合同当事人必须按照合同的约定完成一定的行为。合同是民事主体合意的产物,其本身并不具有法律约束力,只有当这种合意得到了法律的肯定性评价,才会因为法律的赋予具有拘束力。因此,合同生效以合同的存在为基础,也就是合同成立是合同生效的前提,但成立后的合同并不意味着必然产生当事人所追求的法律效果,只有符合法律规定的合同才会产生法律拘束力。所以,在合同成立之后随之而来的就是合同效力判断问题,也就是合同能否生效的问题。

一、合同成立与合同生效的联系与区别

《合同法》第44条规定:"依法成立的合同,自成立时生效。"据此规定,通常情况下合同在成立之时合同也随之生效,从而将合同成立与合同生效紧密联系在一起。但是毕竟合同成立与合同生效是两个不同的阶段,分属两个不同的概念,两者有联系的同时,亦是有区别的。

(一)合同成立与合同生效的联系

合同成立与合同生效的联系在于:合同成立是合同生效的前提条件,如果某一合同尚未成立,合同关系都不存在,自然谈不上合同生效的问题。只有合同成立后,才需要进一步衡量已经存在的合同关系是否符合法律规定的生效要件,能否得到法律的承认与保护。当事人订立合同的目的,就是要使已经存在的合同为法律所认可和保障,从而实现合同中所规定的权利和利益。如果合同因不符合法律规定的生效条件,被法律所否认和拒绝,合同的约定形同虚设,无任何法律约束力可言,当事人也就失去了订约的目的。所以合同成立在先,合同生效在后。合同生效以合同成立为前提。

(二)合同成立与合同生效的区别

两者的区别主要有:

1.着眼点不同。合同成立解决的是合同是否存在的问题,着眼于合同当事人表意行为的事实构成,合同成立制度主要表现了合同当事人的意思。合同生效解决的是合同效力问题,着眼于法律对当事人意思表示的效力评价,合同生效制度主要体现国家法律对合同的承认与保护。

2.判断标准不同。合同成立的条件一般要求具有订约主体,订约主体就合同主要条款达成了合意。也就是说,合同主体经过要约与承诺,就合同的主要内容已经协商一致。而合同生效要件一般要求具有合同主体民事能力适格,意思表示真实、合同内容合法等。即合同的各个构成要素均要达到法律规定的要求。

3.不成立或不生效的后果不同。合同不成立只要当事人不具有恶意,不具有主观上的过失,不需要对合同不成立承担任何责任,其仅仅是正常的交易风险。当事人主观有过错的

情况下,会构成缔约过失责任,承担赔偿责任。合同不生效,当事人除了承担返还财产、赔偿损失等民事责任外,还可能要承担行政责任乃至刑事责任。

4.国家干预力度不同。合同是否成立关涉的是合同当事人的合意问题,属于当事人意思自治的范畴,除非当事人主动寻求法律救济,就当事人之间合同是否成立的问题国家不会主动干预。但是合同生效涉及的是法律的品评问题,关涉到国家强制力的问题,在一些特定情况下,例如内容违法了法律的强制性规定,哪怕当事人没有主动要求法律救济,国家也会主动干预,宣告该合同的无效。

(三)区分合同成立与合同生效的法律意义

区分合同成立与合同生效的法律意义在于:有助于将长期以来合同成立混同合同生效的现象得到彻底的纠正。长期以来,在我国司法实践中,由于未正确区分合同成立与合同生效,从而将大量的合同不成立的问题,作为无效合同加以处理,从而混淆了合同不成立的法律后果与合同不生效的法律后果。错误地将一些已经成立但尚未生效的合同当作无效合同对待,取消了原本不应该取消的交易,同时也剥夺了当事人在合同成立后欠缺生效要件时的补救权利。正确区分合同成立与合同生效,有助于根据不同的情形而赋予不同的法律后果以及采取不同的补救措施,防止当事人的交易因此受到错误的阻碍,达到鼓励交易的目的。

二、合同生效的时间

《合同法》第44条规定:"依法成立的合同,自成立时生效。法律、行政法规规定应当办理批准、登记等手续生效的,依照其规定。"第45条规定:"附生效条件的合同,自条件成就时生效。"第46条规定:"附生效期限的合同,自期限届至时生效。"据此,合同生效的时间具体情形有:

第一,合同成立的同时,合同也就生效了。合同生效的时间就是合同成立的时间,两者是同步的。绝大多数的合同,成立的同时也就生效了。例如,甲、乙于6月20日签订一份火龙果买卖合同。该合同生效的时间就是6月20日,成立即生效。

第二,法律、行政法规规定应当办理批准、登记等手续生效的,自依法办理批准、登记等手续时生效。法律、行政法规规定应当办理批准、登记等手续,并以此为合同生效条件的,当事人仅就合同的内容达成合意的,只是合同成立,须等到批准、登记等手续的完成,该合同才会生效。例如,赵某将其一项专利转让给外商,两人在9月10日签订了合同,9月11日报国家专利局审核,国家专利局于10月20日批准并登记。此时,两人之间的专利权转让合同于9月10日成立,10月20日才生效。

《最高人民法院关于适用〈中华人民共和国合同法〉若干问题的解释(一)》(以下简称为《合同法司法解释一》)第9条第1款规定:"依照合同法第四十四条第二款的规定,法律、行政法规规定合同应当办理批准手续,或者办理批准、登记等手续才生效,在一审法庭辩论终结前当事人仍未办理批准手续的,或者仍未办理批准、登记等手续的,人民法院应当认定该合同未生效;法律、行政法规规定合同应当办理登记手续,但未规定登记后生效的,当事人未办理登记手续不影响合同的效力,合同标的所有权及其他物权不能转移。"

第三,附条件的合同,自条件成就时生效。例如,甲、乙约定:如果明年甲出国定居的话,甲便将自己的房子借给乙居住。甲、乙之间的约定便属于附条件的合同,只有等到明年甲出国定居既成事实,该合同才能发生效力。

第四,附生效期限的合同,自期限届至时生效。例如,张三与李四约定:如果张三之父去世,便将张三的房子卖给李四。张三、李四之间的房屋买卖合同只有等到张三之父死亡才会发生效力。

还需要注意的是,如果当事人之间存在采取特定形式或履行特定手续时合同才生效的特别约定时,自采取特定形式或履行特定手续时合同生效。例如,甲、乙约定两人之间的合同只有经过登记才能生效的,在没有登记之前,合同尚未发生效力。

第二节　合同生效要件

合同的生效要件,是指合同能够产生法律约束力并为法律所保障而必须具备的条件。已经成立的合同,必须具备一定的要件,才能产生法律拘束力。合同生效要件是判断合同是否具有法律效力的标准。合同作为一种民事法律行为,应该具备民事法律对民事法律行为生效要件的规定。按《民法通则》和《合同法》的有关规定,合同的一般生效要件包括以下内容。

一、订立合同的当事人应具有相应的民事行为能力

《合同法》第9条规定:"当事人订立合同,应当具有相应的民事权利能力和民事行为能力。当事人依法可以委托代理人订立合同。"此条是对合同订约资格的规定。合同是以当事人的意思表示为基础,因此要求订立合同的民事主体必须具备一定的独立表达自己的意思和理解自己的行为性质和后果的能力。这就要求订立合同的当事人应该具有相应的民事权利能力和民事行为能力。合同主体有自然人、法人和其他的社会组织,各个合同主体因其本身属性不同,在民事权利能力和民事行为能力方面要求也不同。

根据《民法通则》的规定,年满18周岁且不属于不能辨认自己行为性质的精神病人的,是完全民事行为能力人。16周岁以上不满18周岁的自然人,以自己的劳动收入为主要生活来源的,视为完全民事行为能力人。10周岁以上的未成年人和不能完全辨认自己行为性质的精神病人,是限制民事行为能力人。只能进行与其年龄、智力和精神状况相适应的民事活动,其他民事活动必须由其法定代理人代理,或者征得其法定代理人的同意。与其年龄、智力、精神状况相适应,根据《民法通则意见》第3条的规定,可以从行为与本人生活相关联的程度、本人的智力能否理解其行为,并预见相应的行为后果,以及行为标的数额等方面加以认定。10周岁以下的未成年人和完全不能辨认自己行为性质的精神病人是无行为能力人,一般不能自主进行民事活动,而必须由他的法定代理人代理进行民事活动。但是根据《民法通则意见》第6条的规定,无民事行为能力人、限制民事行为能力人接受奖励、赠与、报酬,他人不得以行为人无民事行为能力、限制民事行为能力为由,主张以上行为无效。由此可见,限制民事行为能力人和无民事行为能力人在纯获法律上的利益而不承担法律义务的合同中,可以自主作为当事人一方而订立合同。在这些合同中,无行为能力人和限制行为能力人只享受权利不承担义务,能获得利益而不会遭受损失。

法人和其他组织一般都具有订立合同的能力,但由于对于法人和其他组织法律往往都规定了各自的经营范围,因此,法人和其他组织在订立合同时应考虑自身的民事权利能力。在我国长期的司法实践中曾达成过共识,那就是法人只能在其核准登记的生产经营和业务范围内活动,法人的缔约能力也以此为限。法人超越其经营范围和业务范围所从事的民事行为是无效的民事行为,订立的合同也是无效的合同。但是随着对意思自治的尊重,本着鼓励交易的精神,对法人超越其经营范围和业务范围所从事的民事行为,不仅需要考虑法人本身的民事权利能力和行为能力,还需要考虑与之进行交易的相对人的权益。如果法人从事越权行为时相对人不知情,或者是知情但仍然愿意与之交易,且该交易不违反法律、行政法规的强制性规定,此种情况下仅仅因为超越经营范围而宣告合同无效,会使相对人遭受不公平的待遇,蒙受损失。从维护交易秩序,以及从鼓励交易和保障经济活动的自由来看,简单地宣告超越经营范围的合同无效,显然不合适。

我国《合同法》并未将法人超越经营范围而订立的合同规定为无效合同,显然是考虑到了不分缘由简单宣告无效的弊端所在,但是法不作出规定,会使司法实践中法官用法时出现诸多问题。为此《合同法司法解释一》第10条规定:"当事人超越经营范围订立合同,人民法院不因此认定合同无效。但违反国家限制经营、特许经营以及法律、行政法规禁止经营的除外。"由此可知,当有强制性规定时必须要遵守,违反者无效。当不具备强制性规定时,取决于合同当事人自身的意愿,既可以是有效的,也可以是无效的。

其他组织在民事权利能力和民事行为能力上,与法人并无实质性的差别。只不过在责任能力,其他组织不具有独立承担民事责任的能力,在其他组织不能清偿债务时,应由设立该组织的法人或者合伙人、投资人等负责。至于那些未领取营业执照的其他组织,如车间、企业的部门,不得以自己的名义独立从事民事活动,而只能以法人的名义订约,不具有独立的缔约资格。

二、意思表示真实

意思表示,是指行为人将其设立、变更、终止民事权利和民事义务的内在意思表达于外部的行为。意思表示需要有让其意思表示的内容具有一定法律效果的内在意思要素,还需要有将其内心效果意思表达于外部的行为。意思表示真实是指表意人的表示行为真实地反映其内心的效果意思,也即内心效果意思与外在表示行为相一致。法律只承认当事人真实的意思表示,并赋予其法律上的约束力,因此当事人意思表示真实便成为合同生效的要件之一。

在大多数情况下,行为人通过表示行为表达于外部的意思与其内心真实意思是一致的,但有时也会出现行为人表达于外部的意思与其内心真实的效果意思不相符的情况,这就产生了意思表示不真实的情形。根据意思表示不真实产生的原因,可将其分为意思表示的不一致和意思表示的不自由。前者是指由于表意人自己的故意或者过失所造成的内心效果意思与外部表示意思之间的不一致。这种不一致没有受到外力因素的影响,而是产生于表意人自己的行为。例如,当事人内心的意思是将某物出租,但是表达于外部时却说成出借,从而导致其内心意思与表示行为产生不一致。后者是指表意人的表示行为与内心效果意思虽然一致,但这种一致并不是表意人自愿作出的,而是他人不正当干涉的结果。因此,表意人的效果意思不是表意人真实的效果意思。例如,胁迫情况下,表意人作出的意思表示行为与其内心的意思是一致的,但是整个意思表示的效果根本违背了表意人的意愿,因为其是被迫作出的意思表示,而不是基于自身的完全自愿。

意思表示真实才能够得到法律的肯定与保护,法律只保护自愿的、真实的意思。如果当事人所作出的意思表示违反了法律的强行性规定和社会公共利益,则应当认定此种意思表示无效。如果仅仅是不真实的意思表示,不违反现行法律强行性规定和社会公共利益,那么原则上应将此种意思表示不真实的合同作为可撤销的合同对待,这样更有利于保护相对人的利益,维护交易的安全。

三、不违反法律或者社会公共利益

合同作为当事人自由协商订立的产物,不仅要反映当事人的意志,还要受到强制性法规的合法性审查。只有订立合同目的和合同的内容符合法律的强制性规定,符合社会公共利益,合同才能够得到法律的认可和保障。

不违反法律是指不违反法律、行政法规的强制性规定,不违反具有效力性强制的法律和行政法规。此种状况下当事人只能遵守法律法规的规定,不得通过任何方式加以变更甚至协商排除,否则行为会被宣告无效。例如,甲、乙之间签订一份买卖假烟的合同,因法律禁止销售假烟,甲、乙之间的合同自然便是无效的,并且还会产生行政责任甚或刑事责任。导读案例中土地使用权转让合同被确认为无效的原因就是因为该合同违反了《中华人民共和国土地管理法》的强制性规定。

合同除了要符合法律、行政法规的强制性规定外,还不得损害社会公共利益。需要指出的是,“社会公共利益”是一个不确定的概念,具有高度概括性与抽象性,在这一点上与“诚实信用”极为相像。这主要是为了尽可能地避免因立法者认识能力的局限性和成文法律的滞后性所产生的法律漏洞,防止立法后的新情况得不到及时有效的调整。通过不得损害社会公共利益要求的设定,即能保证当事人合同自由,维护交易的正常进行,又能够实现对合同自由的必要限制与干预,防止私人自由的任意扩大,保障社会利益和人民的共同福利。只是,对“社会公共利益”的内涵不得任意扩大。

以上所述为合同的一般有效要件。当事人之间达成的合同只有具备了以上要件,才会产生正常的法律效力。在此之外,关于合同的形式是否为有效要件,存在着争论。本书认为,基于现行《合同法》的相关规定,在合同欠缺法律要求的形式时,只要能够及时补正,合同仍然有效。例如,《合同法》第36条规定:“法律、行政法规规定或者当事人约定采用书面形式订立合同,当事人未采用书面形式但一方已经履行主要义务,对方接受的,该合同成立。”这说明,合同法在合同形式问题上采取了一种较为宽松的态度。当事人违反法律对合同形式的要求时,不会必然导致合同无效。

第三节　无效合同

一、无效合同的概念

无效合同是指合同虽然成立,但因欠缺法定生效要件而受到法律否定性的评价,未被赋予合法法律效果的合同。无效合同是相对有效合同而言的,是自始无效的、确定无效的、当然无效的不发生法律效力的合同。无效合同不发生法律效力是指合同当事人订立合同的目的无法实现,当事人约定的民事权利和民事义务得不到法律的认可与保护,并不意味着无效合同不发生其他意义上的法律效力,例如缔约过失责任,或者是行政责任、刑事责任等。自始无效是从合同成立那刻开始就不具有法律效力;确定无效是当然的、无疑问的无效;当然无效的意思是合同无效不以任何人的主张和法院、仲裁机构的确认为条件。当事人之间的合同只要符合法律无效情形的规定便是无效,司法实践中法院或仲裁机构对合同无效的确认,不是对合同效力的确认,而是对合同无效情形的确认。

合同无效不同于合同不成立,两者之间的区别类似于合同成立与合同生效之间的区别,具体为:

第一,构成条件不同。合同不成立是欠缺合同的成立要件,也就是合同当事人未就合同内容达成合意。合同无效是在合同已经成立的基础上,因欠缺法定有效要件,而得不到法律的认可,无法产生法律效力。

第二,法律后果不同。合同不成立,一般被视为交易活动中正常的商业风险,任何一个订约过程,都存在着成功与失败的风险。合同成立或者不成立就是成功与失败的有力证据。谈判当事人在为谈判活动时都已经做好了这两个方面的准备,只是在力争能够达成合意,从而最终能使合同成立。只要在符合法律规定情形时,才会构成缔约过失责任。而合同无效是在合同成立这一事实基础上的否定性法律价值判断,性质上是违法的,正因为如此,不仅会受到民事法律一系列有关无效合同的否定性规定,而且还会受到因违法触及公权力而产生的公法上的责任。

第三,国家干预力度不同。合同不成立,除非当事人主动向法院或是仲裁机构提出救济申请,否则法院或仲裁机构不能依照职权主动审查合同是否成立,需要尊重当事人的意愿和选择,实行的是"民不告,官不理"。无效合同因其性质上的根本违法,关涉到社会公共利益和社会福利,因此不论当事人是否主动提出,法院或仲裁机构一旦发现有可能构成合同无效情形的,有权依照职权主动予以审查,追究合同当事人的相关责任。

通过设立合同的无效制度,一方面有利于保障私人活动领域的正常秩序,贯彻保护正当合法利益,制裁非法侵害他人利益,严重违反自由交易、诚实信用原则的行为。另一方面实现国家对私人合同自由的控制,体现国家意志,保护公共利益不被私人活动所侵害。

二、无效合同的种类

根据《合同法》第 52 条的规定,无效合同有如下种类。

(一)一方以欺诈、胁迫的手段订立的损害国家利益的合同

所谓欺诈,法律上是指故意陈述虚假事实或者隐瞒真实情况,以使对方当事人陷于错误,并基于该错误而为意思表示为目的的行为。判断某一行为是否构成欺诈,主要考虑:

第一,在客观上是否有欺诈行为的存在。欺诈行为是指欺诈方将其欺诈的故意表示与外部的行为。例如,明明是人工钻石,却故意标示成天然钻石。欺诈行为大多数表现为虚假陈述或是隐瞒真实情况,其中隐瞒真实情况要求行为人有义务向对方如实告知某种真实的情况而故意不告知。

第二,欺诈人有欺诈故意。欺诈的一方明知自己的行为会让对方陷入错误的认识却追逐这样的结果发生,欺诈方具有主观恶意。欺诈方的主观故意不以是否为自己谋利或者为第三方谋利为准,只要其意识到自己的欺诈行为会使对方当事人遭受损害的,便可认定为具有欺诈故意。

第三,受欺诈人因欺诈而陷于错误。对方当事人因欺诈方的欺诈对合同的内容发生了错误的认识。例如,误信人工钻石为天然钻石,误信假药为真药等。这种错误的认识应该与合同内容紧密相关,关涉到合同是否订立。如果对欺诈方的欺诈没有构成错误认识的,不能认定为是欺诈。例如,作为老烟民的张某见一商贩正在卖 50 元一条的红塔山香烟,欣然买了一条。此时张某无权主张欺诈。这是因为张某并没有因为欺诈陷入错误的表示,而仅仅是因为贪图便宜所致。

第四,受欺诈人因该错误而为意思表示。基于欺诈形成的错误认识签订了合同,并使自己的利益遭受到损失。例如,误信人工钻石为天然钻石而予以购买;误信对方的假药宣传而将假药当成真药予以购买等。欺诈行为与受害人的不真实的意思表示之间具有因果关系。

胁迫是指一方以将来要发生的或是直接施加损害为要挟,使对方当事人产生恐惧而为一定意思表示的行为。用以威胁的损害既可以是将来发生的,例如私生活的不轨行为等;也可以是直接实施的,例如暴打、折磨等。被威胁的对象既包括合同当事人本人,也包括合同当事人的亲属和朋友。构成胁迫,一般包括以下几个要素:

第一,存在胁迫行为。胁迫者实施了让对方产生恐惧的行为便是胁迫行为。由于胁迫是针对特定的对象,因此是否构成胁迫行为不以一般人的感知为准,只要在当时的环境中能让特定当事人感到恐惧、害怕的,便可以确定为属于胁迫行为。

第二,胁迫人有胁迫的故意。胁迫者意识到自己的行为会给对方当事人造成心理上的恐惧与害怕仍然为之的就构成胁迫故意。例如,告知对方若不签订合同便会杀害对方年幼的孩子等。胁迫人在进行行为的时候是明知而为之的,并且目的明显就是想让对方签订合同。

第三,受胁迫人因恐惧而为意思表示。一方实施胁迫行为是另一方在心理上产生恐惧,在这种恐惧害怕心理支配下,与胁迫人签订了合同。由于受胁迫人是在受到恐吓的情况下订立的合同,因而其意思表示是不真实的。

第四,胁迫人所表示施加危害系属违法或不当。胁迫人给对方施加了一种强制和威胁

是非法的、没有法律依据的。如果施加的是有合法依据的则不构成胁迫。

法律对欺诈与胁迫的相关规定有所不同,在《民法通则》中,将因欺诈、胁迫而成立的合同规定为无效。但在《合同法》中以欺诈、胁迫的手段订立的合同,只有损害国家利益时才无效。毕竟,欺诈、胁迫属于当事人之间合意的瑕疵,应该赋予受到欺诈、胁迫的当事人一方以决定权。只有在损害国家利益这一特殊情形下,才需要国家的主动干预,宣告该合同无效。

(二)恶意串通,损害国家、集体或者第三人利益

恶意串通是指合同当事人在明知或者应当知道某种行为将会损害国家、集体或者第三人利益的情况下而故意共同实施该行为。恶意串通既可以是明示的恶意串通,例如双方当事人事先达成协议,互通声息;也可以是作为推定的恶意串通,即由一方当事人做出串通的意思表示,对方当事人明知其意图而默示接受。串通行为不是发生在合同当事人之间,而是发生在合同一方当事人与合同关系之外人之间。例如,主债权人与主债务人相互串通,骗取保证人签订保证合同。保证合同是发生在保证人与主债权人之间的,与主债务人无关。合同当事人的这种串通所导致的是国家、集体或者第三人利益的受损。

(三)以合法形式掩盖非法目的

以合法形式掩盖非法目的,包括两种情况:一是当事人通过实施合法的行为来达到掩盖非法的目的。二是当事人从事的行为在形式上是合法的,但是在内容上却是非法的。前者如无任何亲属关系的当事人之间签订了一份以私有房屋为标的物的赠与合同,后经了解赠与税要高于交易税,两人又签订了一份私有房屋买卖合同。此种情况中,同一合同当事人之间有两个合同关系的,并不是两个合同都无效,而应该按照合同当事人真正的意图加以认定,即应以赠与合同加以认定。后者如甲乙企业间签订了一份联营合同,约定乙企业出资300万元,甲企业负责联营企业全部的运作和管理,每年年底不论经营状况如何,甲企业应分给乙企业20万元的红利,三年后甲企业返还给乙企业300万元。甲乙之间名为联营合同实为借款合同,国家法律明确禁止企业之间的借款业务往来,因其内容违法而无效。以合法形式掩盖非法目的同样需要合同当事人之间的通谋,但是其有别于恶意串通的是这种通谋仅仅发生在合同当事人之间,与合同关系之外的人没有关联。

(四)损害社会公共利益

社会公共利益是相对个人利益而言的,关系到整个社会,是一个社会应有的一般的道德准则。私人利益与社会公共利益发生冲突时,优先保护公共利益是一项基本的价值判断。社会公共利益涉及面很广,例如国家公共安全与秩序、公共道德、公共健康与环境等。社会公共利益内涵具有不确定性,法律往往将对是否损及社会公共利益的判断权赋予法官,通过法官的自由裁量来保护社会公共利益。实务中,对婚外同居人所作出的赠与和遗赠等违反性道德的合同、赌博合同、违反人格尊严的合同、危害家庭关系的合同等,均认定为损害社会公共利益的合同,均是无效的。

(五)违反法律、行政法规的强制性规定

《合同法司法解释二》第14条规定:"合同法第五十二条第(五)项规定的'强制性规定',是指效力性强制性规定。"强制性规定区分为效力性强制规定和管理性强制规定,违反效力性强制规定,合同无效;违反管理性强制规定,合同未必无效。该区分原则的理论基础在于:效力性强制规范着重于违反行为之法律行为的价值,以否认其法律效力为目的,违反效力性

强制规范的,合同应被认定无效;而管理性强制规范着重于违反行为之事实行为价值,以禁止其行为为目的,违反管理性强制规范的,合同未必无效。[①] 例如,根据《商品房买卖合同司法解释》的规定,房地产开发企业未在起诉前取得商品房预售许可证明的,其与买受人签订的商品房预售合同应认定为无效。这便是一个效力强制性规定。又如,根据《最高人民法院关于审理城镇房屋租赁合同纠纷案件具体应用法律若干问题的解释》的规定,当事人以房屋租赁合同未按照法律、行政法规规定办理登记备案手续为由,请求确认合同无效的,人民法院不予支持。这便是管理性强制规范。

三、合同的部分无效

《合同法》第 56 条中规定:"合同部分无效,不影响其他部分效力的,其他部分仍然有效。"据此可知,当合同内容是可分时,无效的原因仅存在于合同内容的一部分,该部分与其他部分之间没有直接的、必然的联系时,无效部分只对该部分而言,合同其余部分内容仍然有效。例如,自然人之间的借款合同,其间约定的利息超过银行同期贷款利率 4 倍的,不是整个借款合同无效,也不是有关利息的约定无效,仅仅是超过法律规定限额的那部分无效而已。

第四节　可撤销合同

一、可撤销合同的概念和特征

(一)可撤销合同的概念

可撤销合同,是指因意思表示存在瑕疵,欠缺合同生效要件,但当事人一方可以依照自己的意思使合同内容变更或者通过行使撤销权溯及消灭合同效力的合同。可撤销的合同实则是可变更、可撤销合同的统称。

(二)可撤销合同的特征

可撤销合同具有如下特征:

第一,从撤销的对象看,主要是意思表示不真实的合同。我国《合同法》将因重大误解而成立的合同、因欺诈而成立的合同、因胁迫而成立的合同等纳入可撤销的范畴,说明撤销权针对的对象主要是意思表示不真实的合同。当事人的意思表示不真实而存在瑕疵,虽未满足意思表示真实这一合同生效要件,但只涉及当事人之间的利益关系状态,未违反法律、行政法规的强制性规定,也未违背公序良俗的要求,因此不宜直接否认合同的效力。通过赋予合同当事人变更权、撤销权的方式,既尊重了当事人的自由权,又体现了法律的态度与对合同的评价。

[①] 摘自 2009 年 7 月 16 日最高人民法院民二庭负责人就《关于当前形势下审理民商事合同纠纷案件若干问题的指导意见》答记者问。

第二，当事人权利选择的不同会导致可撤销合同的不同后果。如果撤销权人行使撤销权，该撤销权具有溯及既往的效果，原先成立的合同自始无效。如果撤销权人不行使撤销权，合同的效力正常进行，继续有效。如果当事人行使变更权，合同在变更之后，在变更的基础上继续有效。由此可撤销合同既不同于有效合同，也不同于无效合同。可撤销合同既存在变成有效合同的可能性，也存在变成无效合同的可能性。可撤销合同的效力取决于当事人的意志，是一种相对无效的合同。

第三，合同效力自决。合同是否存在可撤销原因由法律规定，但是权利人是否行使其变更权或是撤销权由其自主决定。这也是可撤销合同与无效合同的不同之处。合同存在无效原因的是自始的、当然的、确定的无效，即便当事人不主张，法官也会根据手中的职权主动干涉。但是可撤销合同则赋予了合同一方当事人的选择自由，可以不行使撤销权从而使合同继续有效，也可以行使撤销权使合同自始归于无效，更可以行使变更权使合同瑕疵得到纠正的情况下继续有效。

二、可撤销合同的种类

根据《合同法》第 54 条的规定，可撤销合同的类型有以下几种。

(一)重大误解的合同

重大误解，是指合同一方因自己的过错而对合同的主要内容发生了错误的认识所做的意思表示。误解人所表示出来的意思是错误的主观认识的产物，在正确认识的情况下，其根本不可能做出该意思表示。误解属于意思表示存在瑕疵的情形，与其他意思表示瑕疵的情形相比，其特殊之处在于，造成误解的原因是表意人自己的疏忽或过失，往往是因为其不注意、不谨慎所造成的。如果表意人是因为故意或是重大过失所致，其不享有选择自由权，例如，根本没有看合同就在合同书上签字盖章，此种情况下，当事人主张因误解的合同撤销或是变更不会被法律允许，法律不保护故意或重大过失下的当事人的权益。

根据《民法通则司法解释》的规定，重大误解包括：①对合同性质的误解，如误以出租为出卖，误以借贷为赠与。②对方当事人的误解，如把甲误认为乙而与之订立合同。③对标的物品种、质量、规格的误解，如把轧铝机误认为轧钢机，把临摹作品当作真迹等。④对标的物的数量、包装、履行方式、履行地点、履行期限等内容的误解。

一般来说，构成重大误解的因素必须与合同的内容有关，并且给误解人造成重大损失的，才构成重大误解。重大误解之中的当事人的意思表示与真实意思的不一致是表意人自身的原因所导致的，所以，法律在承认重大误解的当事人可以行使撤销权的同时，也保护相对人的正当利益。如果合同由于一方过错导致的重大误解而被撤销，对方当事人因此受到损失的，误解人应该承担缔约过失责任，赔偿对方当事人的损失。

(二)显失公平的合同

显失公平的合同，是指一方当事人在紧迫或缺乏经验的情况下订立的明显对自己有重大不利，权利义务的配置明显不对等的合同。例如，为了筹钱救人被迫低价转让财产。显示公平的合同往往是当事人双方的权利义务极不对等、经济利益上严重失衡，违反了公平合理原则。

根据《民法通则司法解释》的规定，一方当事人利用优势或者利用对方没有经验，致使双

方当事人的权利义务明显违反公平、等价有偿原则的,可以认定为显示公平。据此,显失公平的基本构成要件为:

第一,一方当事人利用了优势或者利用了对方没有经验。利用优势是指一方利用经济上的地位,使对方难以拒绝对其明显不利的合同。例如,占据垄断地位的大型企业借其垄断资源或地位订立不公平的合同条款,迫使消费者接受。没有经验是指欠缺一般的生活经验或交易经验。例如,购买某品牌笔记本电脑时,应该了解该型号笔记本的通常信息,包括配置、价格、功能等。具体到其中某一配置的具体构成,配置质量的优劣等则不属于需要知晓的范畴,这需要特殊的经验,而不是一般的经验。当事人订约时不细心、马虎,便不能构成没有经验的情况。

第二,双方当事人的权利义务明显不对等。显示公平一般适用于双务有偿合同中,只有在这样的合同中才会存在对待给付,单务无偿合同因不存在对待给付问题,不会出现双方利益不平衡的结果。当事人之间权利义务的明显不对等,是指合同一方当事人承担着更多的义务却鲜有权利,或者以较大的代价获取了极小的利益,例如,仅以市场价的 40% 购得交易物。当事人之间这种利益的失衡已经超出了法律允许的限度,国家不得不出面干预。

(三)因欺诈或胁迫而订立的合同

如前所述,现行《合同法》将导致损害国家利益的欺诈、胁迫规定为合同无效的原因,若未损及国家利益的则纳入可撤销的范畴。《合同法》之所以如是规定,主要是因为在不涉及国家公共利益的情况下,欺诈与胁迫因素主要只影响当事人之间的利益状态。当欺诈、胁迫与当事人利益发生联系时,应将判断权赋予合同当事人自己,由其对自身利益进行判断衡量更符合意思自治原则的要求。毕竟权利的救济需要考虑的因素较多,可能寻求权利的救济所支付的成本会远远大于被救济的权利本身,例如,为了讨回被骗的 5 元钱,花了 300 元的追讨成本。这对大多数有理性的人来说都是不恰当的做法,可能接受 5 元钱的教训比追讨损失更合理。可能一方当事人确实被欺诈、被胁迫了,但并没有导致该方当事人利益的损害,甚或该方当事人反而因此获利了。此种情况下,法律无法作出划一的判断。既然如此,不如赋予当事人权利,由其加以取舍,更能符合当事人的意愿。

(四)乘人之危的合同

乘人之危是指行为人利用对方当事人的急迫需要或危急处境,迫使对方违背本意接受于其明显不利的条件,并作出不真实的意思表示的情形。乘人之危的合同则是利用当事人出于危难之际,为了谋取不正当的利益,迫使对方违背自己真实的意思而与自己订立的合同。

所谓危难,是指因情势迫切需要对方提供某种财物、劳务、金钱等,也包括生命、健康、名誉等面临危险。例如,食盐供不应求时趁机抬高盐价;救人前和人谈报酬等。乘人之危的特点就在于一方利用他方的危难处境,而非主动实施胁迫行为。乘人之危者没有造成对方的危难处境,但是利用了这样的处境来获取不正当的利益。利用了他人的危难处境,在实际上就是剥夺了他人进行正常讨价还价的能力,合同的内容自然难以反映当事人真实的意思,合同关系中的权利义务配置也会严重不对等,利益会严重失衡,有悖公平原则。现行《合同法》将乘人之危的合同定性为可撤销合同,其理由与将因欺诈和胁迫而成立的合同规定为可撤销合同是相同的。前已述及,此处不再赘述。

三、撤销权的行使

撤销权在性质上属于形成权,通过撤销权的行使会使合同的法律效力溯及既往地消灭。撤销权的享有者通常是利益受损的当事人,例如受欺诈人、受胁迫人、处于危难境地之人等。依照《合同法》第54条的规定,拥有撤销权的一方当事人仅向对方当事人为通知撤销合同的意思表示的不能产生撤销合同效力的法律后果,而是必须向法院或仲裁机构提出请求,由法院或仲裁机构审查是否符合可撤销合同的条件,在符合的情况下才会宣告撤销合同。

《合同法》第55条规定:"有下列情形之一的,撤销权消灭:(一)具有撤销权的当事人自知道或者应当知道撤销事由之日起一年内没有行使撤销权;(二)具有撤销权的当事人知道撤销事由后明确表示或者以自己的行为放弃撤销权。"据此,撤销权的行使应在自知道或应当知道撤销事由一年内,一年是除斥期,属于法定的不变期。撤销权可以抛弃,既可以通过明示的方式,也可以通过行为的推定。放弃撤销权的意思表示不得撤回,因为一旦放弃原本可撤销的合同便绝对有效了,已不存在可以撤销的情形。

《合同法》第54条第2款规定:"当事人请求变更的,人民法院或者仲裁机构不得撤销。"因为,当事人仅提出变更合同而没有要求撤销合同,说明当事人希望该份合同能继续有效,本着对当事人意愿的尊重,本着鼓励交易的精神,法院或仲裁机构不得撤销合同。

第五节　效力待定合同

一、效力待定合同的概念

所谓效力待定合同,是指合同成立后是否发生法律效力尚不可知,有待其他行为的作出方能确定效力的合同。这类合同虽然成立了,但是欠缺合同生效的条件,因而合同效力处于不确定状态,只有经过有权追认才能补足欠缺的有效要件,是合同发生当事人预期的法律效力。效力待定合同与无效合同和可撤销合同的区别在于欠缺的生效要件的不同,效力待定合同的缺陷是合同当事人缔约能力有瑕疵,或是民事行为能力不足,或是缺乏合法正当的权源。而当事人缔约能力的瑕疵没法通过合同自身来补正,只能经过权利人的行为来最后确定该合同的效力。

效力待定的合同往往并不具有积极的侵害社会公共利益的情形,不违反法律强制性的规定,与合同制度的目的未根本性地相抵触,并且在被追认前处于有效抑或无效的不确定的状态,因而需要明确该类合同的最终效力。对效力待定合同的补正,需要权利人明确表示同意该效力待定的合同有效的行为。

根据《合同法》的规定,效力待定的合同一般包括限制民事行为能力人依法不能独立订立的合同、无权代理人订立的合同、无处分权人订立的合同等。

二、限制行为能力人依法不能独立订立的合同

根据《合同法》第 47 条第 1 款的规定,限制民事行为能力人有权订立纯获利益的合同或者与其年龄、智力、精神健康状况相适应的合同。这些合同的订立不需要限制民事行为能力人的法定代理人追认,限制民事行为能力人不仅可以本人订立,而且不因自身的民事行为能力受限制合同效力会被否定。但是超出法律允许范畴的,限制民事行为能力人在订立合同时要征得其法定代理人的事先同意或由其法定代理人代理。

如果限制行为能力人没有得到其法定代理人的事先的允许,订立了依法不能独立订立的合同,就产生了缔约资格上的瑕疵。法律规定针对此种情形"相对人可以催告法定代理人在一个月内予以追认。法定代理人未作表示的,视为拒绝追认。合同被追认之前,善意相对人有撤销的权利。撤销应当以通知的方式作出。"(《合同法》第 47 条第 2 款)也就是法定代理人即享有追认权,也享有拒绝权。追认权的行使会使效力待定的合同成为有效合同,拒绝权的行使会使效力待定合同成为绝对无效合同。与此同时,为了尽快结束这种权利义务关系不确定的状态,法律上规定了相对人催告制度。所谓相对人,是指与该限制民事行为能力人订立合同的人。其可以催告法定代理人尽快作出权利的选择,是追认还是拒绝。为了确保催告制度的效果,法律还设置了催告期,为期一个月。在催告之后的一个月之内,法定代理人是否表态取决于自身,但是法律规定到期未作表示的,视为拒绝追认,合同即确定不发生法律效力。这一个月的期限是法律规定的除斥期间,期限届满,追认权消灭。

实际交易中,鉴于时下生活条件大为改善,信息交流充分,资源较之前极大丰富,相对人对限制民事行为能力人的判断有时很难进行,若非限制民事行为能力人主动表示,相对人容易产生善意的信赖,相信该限制民事行为能力人是有完全民事行为能力的。此种情况下,应该对相对人予以一定的保护。为了平衡保护限制民事行为能力人与维护交易安全两者的关系,合同法赋予善意相对人撤销权。撤销应当以通知的方式作出。

值得注意的是,善意相对人的撤销权应在法定代理人行使追认权或拒绝权之前行使,反之,法定代理人的追认权或是拒绝权应在善意相对人行使撤销权之前。理由是法定代理人对合同追认或是拒绝时,合同效力已经确定,有效的情况下相对人无权单方撤销有效合同,无效的情况下自没有撤销的必要。合同被撤销,效力自始无效,合同效力已经明确,已经没有追认或拒绝的必要。

三、无权代理人订立的合同

《合同法》第 48 条规定:"行为人没有代理权、超越代理权或者代理权终止后以被代理人名义订立的合同,未经被代理人追认,对被代理人不发生效力,由行为人承担责任。相对人可以催告被代理人在一个月内予以追认。被代理人未作表示的,视为拒绝追认。合同被追认之前,善意相对人有撤销的权利。撤销应当以通知的方式作出。"从该条规定可知,无权代理是指行为人没有代理权却以他人的名义进行活动的行为。无权代理有广义和狭义之分,此处所规定的是狭义无权代理,不包括表见代理。《合同法》第 49 条规定了表见代理,但处理结果不同于第 48 条的狭义的无权代理。

无权代理人是以名义上的被代理人的名义与相对人订立合同,所以,该合同法律上的主体是名义上的被代理人。在这样的情况下,合同不经过该被代理人追认,自然不能对其具有法律效力。法律之所以将该种情形的合同规定为效力待定,是因为无权代理人订立的合同不一定都违背被代理人的意志,有时候甚至是为被代理人谋利益的,若不加分析武断地宣布合同无效,在被代理人事后追认时,反而要增加缔约成本。毕竟更多的时候关涉的是被代理人以及与无权代理人为交易行为的相对人的利益。因此,法律将该类合同最终的效力品评权赋予了被代理人和相对人。

被代理人可以进行追认,也可以拒绝。《合同法司法解释二》第12条规定:"无权代理人以被代理人的名义订立合同,被代理人已经开始履行合同义务的,视为对合同的追认。"根据《合同法司法解释二》第11条的规定,追认的意思表示自到达相对人时生效,合同自订立时起生效。经过追认合同有效,被代理人便成为名副其实的合同主体,受到合同的约束。一旦拒绝,合同无效,无法律效力可言。相对人可向被代理人进行催告,催告期为一个月,被代理人未作表示的,视为拒绝追认。同时,为了保护善意相对人的利益,法律赋予其撤销权。撤销应以通知的方式作出。善意相对人的撤销权应在被代理人行使追认权拒绝权之前行使,反之,被代理人的追认权或是拒绝权应在善意相对人行使撤销权之前。理由与前述情形相同。

《合同法》第49条规定:"行为人没有代理权、超越代理权或者代理权终止后以被代理人名义订立合同,相对人有理由相信行为人有代理权的,该代理行为有效。"此条是有关表见代理的规定。所谓表见代理,是指善意的相对人通过被代理人的行为足以相信代理人有代理权,基于此项信赖与无权代理人订立合同,由此造成的法律效果由被代理人承担的代理。例如,(2007年司考真题)甲公司业务经理乙长期在丙餐厅签单招待客户,餐费由公司按月结清。后乙因故辞职,月底餐厅前往结账时,甲公司认为,乙当月的几次用餐都是招待私人朋友,因而拒付乙所签单的餐费。此题中甲公司无权拒绝付款,这是因为长期的业务往来,使丙对乙产生善意信赖,认为乙代表甲公司。在乙辞职后,甲公司亦未对丙告知,丙的善意信赖未受影响,基于此种信赖所为的行为应受到法律的保护,此时便构成表见代理。

表见代理设立的目的是为了保护善意相对人的信赖利益和交易的安全。表见代理具备如下构成要件:

第一,代理人并没有代理权。代理人在与相对人订立合同时是没有代理权、超越代理权或者代理权终止后的代理。在表见代理的情况下,代理人并没有得到被代理人的授权,却以被代理人的名义订立合同。

第二,客观上存在着使善意相对人相信的理由。相对人产生信赖是因为其有合理的理由,与之订立合同的代理人具有拥有代理权的权利外观,例如,盖有单位公章的空白合同书、被代理人多次在相对人面前的授权表态等。

第三,相对人是善意且无过失的。相对人凭借客观上产生的合理信赖,不知道或不应该知道与之订立合同的代理人属于无权代理,并且不知代理人属于无权代理的情况并非是因相对人疏忽大意或懈怠造成。

正因为大多数的表见代理是因为被代理人的原因所导致,例如没有及时收回代理权凭证、未及时告知相关人其与代理人代理关系已经结束等,使被代理人的行为与相对人的合理信赖产生了紧密的联系,故而法律有保护善意相对人的必要,维护交易安全和交易秩序的必要,要求由被代理人来承担相应的法律后果。《合同法司法解释二》第13条规定:"被代理人依照合同法第四十九条的规定承担有效代理行为所产生的责任后,可以向无权代理人追偿因代理行为而遭受的损失。"

四、无权处分人订立的合同

《合同法》第51条规定:"无处分权的人处分他人财产,经权利人追认或者无处分权的人订立合同后取得处分权的,该合同有效。"根据这一规定,无权处分行为是指无处分权人以自己的名义对于他人权利标的所实施的处分行为。无权处分人与相对人订立的处分他人财产的合同,在成立之时属于效力待定的合同。如果经权利人事后追认或行为人于合同成立后取得处分权时,合同自始有效。如果行为人在合同成立之后未取得处分权,权利人又不追认的,合同无效。无权处分行为违反了法律上保护财产权的原则,但又考虑到权利人可能会接受该行为,或者行为人可能在合同成立之后取得处分权,因此,将该类合同的效力确定为待定。例如,甲将自己的电脑借给乙使用,乙却将该电脑卖给了丙。乙的处分构成无权处分,但丙不一定会拒绝乙的处分行为。因此,将该合同效力确定为待定,以便利害关系人予以权衡。

无权处分人事后没有得到处分权或权利人不进行追认,合同并不必然无效。相对人若构成善意取得的,可向权利人主张财产的善意取得。具体地说,无权处分人已经根据该合同完成了物的交付,并办理了相关的手续,例如,动产已经发生了占有的移转,不动产已经完成了登记手续。相对人为此支付了合理的价格,即无权处分人与相对人之间订立的合同应该是有偿合同,并且价格应属合理范畴。相对人是善意的,也就是相对人不知或不应当知道存在无权处分的情形。此种情形下,相对人可根据善意取得制度主张物权的取得,以此对抗权利人的主张。如果相对人没有取得物的交付,或没有支付合理的价格,或是恶意的,均不能根据善意取得制度,取得物权。此种情况下,合同归于无效。

第六节　合同无效和被撤销的法律后果

《合同法》第56条规定:"无效的合同或者被撤销的合同自始没有法律约束力。"由此可知,合同一旦被确认为无效或者被撤销,就将产生溯及力,使合同从订立之时起就不具有法律约束力,以后也不能转化为有效合同。但是,合同被确认无效或者被撤销后,虽然不能产生当事人所预期的法律效果,但并非不产生任何法律后果。

一、解决争议方法的条款继续有效

《合同法》第57条规定:"合同无效、被撤销或者终止的,不影响合同中独立存在的有关解决争议方法的条款的效力。"该规定说明解决争议方法的条款具有相对独立性,不受合同无效、被撤销或者终止的影响。这是因为该条款本来在合同之中就具有特殊的性质。在当事人订立的合同正常产生效力,当事人正常履行合同义务时,该条款并不发挥作用,只有当合同出现无效、被撤销或者当事人发生争议时,该条款才开始发挥作用。所以,这种条款与合同其他条款相比具有一定的特殊性。但是,只有独立存在的有关争议解决方法的条款才具有相对的独立性。这种条款一般表现为解决争议的手段和解决争议的地点,例如选择诉讼手段解决争议,由合同履行地法院具有管辖权等约定。如当事人违反《中华人民共和国民事诉讼法》中有关级别管辖和专属管辖规定的所作的约定无效。

二、返还财产

《合同法》第 58 条规定:"合同无效或者被撤销后,因该合同取得的财产,应当予以返还;不能返还或者没有必要返还的,应当折价补偿。"这是关于合同被确认无效或者被撤销后返还财产的规定。返还财产是指一方当事人在合同被确认无效或被撤销后,对其已经交付给对方的财产享有返还请求权,而已经接受对方财产交付的一方当事人负有返还对方财产的义务。这是因为合同无效或者被撤销时,合同自始无效,受领人取得给付物的法律依据自始从未存在,此时的占有为无权占有,构成不当得利,在法律上负有返还所得利益的义务,对方也享有要求返还的权利。

返还的财产是因合同取得的财产,是指合同成立后,一方当事人在准备履行合同和实际履行合同过程中取得的财产。返还财产可分为单方返还与双方返还。单方返还的情形主要适用于只有一方当事人取得财产的情形;双方返还主要适用于双方均从对方处获得财产的情形。返还财产应以恢复原状为原则,也就是恢复到当事人订立合同之前的财产状态。通过返还财产使当事人恢复其对原物的占有,使当事人之间在财产利益方面完全达到合同成立之前的状态。合同成立之前的状态与当事人现有的财产状况之间的差距,就是当事人所应返还的范围。

返还的财产仅限于原物及原物产生的孳息。如果原物已不复存在,造成财产不能返还,或者财产没有必要返还时,则应当折价补偿。"不能返还"包括事实上的不能返还和法律上的不能返还两种情形。事实上不能返还主要是指标的物已经变形、毁损等发生质的变化。例如,木材已经做成了家具,布料已经做成了衣服等。法律上的不能返还是法律规定因合同取得的某种财产不能返还,例如,已给付的财产已由取得财产的当事人转让给了善意第三人。"没有必要返还"是指根据实际情况的需要,返还经济上极不合理或是经当事人协商认为不必要采取返还原物的方式的。例如,当事人接受的是劳务性利益,在性质上便不能恢复原状。不能返还或是不必要返还的,采用折价补偿的方式,即国家规定有价格的,按照国家规定的价格计算;没有国家规定的价格的,则以市场价格或者同类劳务的报酬标准计算,当事人在折价补偿给对方时,其补偿的标准仍然是其获得利益的价值。

三、赔偿损失

根据《合同法》第 58 条规定:"有过错的一方应当赔偿对方因此所受到的损失,双方都有过错的,应当各自承担相应的责任。"合同被确认无效或者被撤销以后,有过错的一方应当赔偿对方因此所受到的损失,双方都有过错的,应当各自承担相应的责任。赔偿责任的构成要件有:

第一，损失的存在。当事人因合同无效或者撤销而遭受损失，这种损失必须是实际发生的损失。其包括两个方面：一是在订立合同过程当中所遭受的损失，例如，恶意谈判给对方当事人造成的损失。二是在履行合同中所遭受的损失，例如，乘人之危订立合同给人造成的损失。

第二，赔偿人有过错。只有赔偿义务人有过错，才负有赔偿损失的责任。过错的形式有多种，例如，违法了法律的效力强制性规定、重大误解、乘人之危、显示公平、恶意串通等。如果一方有过错就该方赔偿，如果合同当事人均有过错的，双方均负有赔偿责任。

第三，过错与损失之间有因果关系。一方当事人或双方当事人的过错与当事人所遭受的损失具有因果联系，是因过错导致了损失。如果不存在因果关系，即便一方存有过错，只要该过错不是引起损失的原因，该方就不需要负担赔偿责任。例如，所购的商品因为自身使用方法不当而毁损，即便该买卖合同被撤销，也不能主张毁损商品的赔偿。因为商品的毁损与当事人过错没有因果关系。

合同被确认无效或者被撤销以后，当事人的赔偿请求是基于对方的过错，导致自身信赖利益受损，属于缔约过失责任。因此，赔偿的范围主要限于因信赖合同将有效而支付的各种定约和履行费用，而不包括合同在有效情况下获得的利益损失，例如，标的物的丧失、利润的丧失、机会的丧失等。

四、收归国有和返还集体、第三人

《合同法》第 59 条规定："当事人恶意串通，损害国家、集体或者第三人利益的，因此取得的财产收归国家所有或者返还集体、第三人。"当事人恶意串通，损害国家、集体或者第三人利益的，是指合同当事人在明知或者应当知道某种行为将会损害国家、集体或者第三人利益的情况下而故意共同实施该行为。此类合同因明显违法而无效，导致合同无效的当事人理应受到法律的制裁。损害国家利益的要将当事人实际取得的财产和约定尚未取得的财产收缴而归入国库。损害集体或是第三人利益的，返还给该集体或第三人。除此之外，可能还需要承担相应的行政责任，如吊销营业执照、吊销生产许可证等；情节严重的，甚至要追究当事人的刑事责任。

第七节　附条件和附期限的合同

一、附条件的合同

（一）附条件合同的概念

《合同法》第 45 条第 1 款规定："当事人对合同的效力可以约定附条件。附生效条件的合同，自条件成就时生效。附解除条件的合同，自条件成就时失效。"此条款便是关于附条件合同的规定。附条件的合同是指合同当事人约定把一定条件的成就与否作为合同效力是否发生或者消灭的依据的合同。例如，甲乙约定，如果甲考上大学，乙便送一台笔记本给甲。

在两人约定中,甲考上大学就是一个条件,只要该条件实现,乙对甲的赠与合同就发生效力。除非法律有明确规定,例如,法律规定继承权的放弃或是接受不能附条件外,其他的民事法律行为均可以由当事人设定条件。

附条件合同中的条件是指合同当事人选定的,用来控制合同效力发生或消灭的,某种具有不确定性的将来的事实。条件仅仅是一种事实,不是一项义务,条件的实现或是不实现不涉及是否违约问题。

一方面,附条件的合同可以把当事人的订约动机反映到合同中,使其具有一定的法律意义。而一般合同关系中,当事人的订约动机根本不在考虑范围之内,法律对其不闻不问,订约动机不具有丝毫的法律意义。另一方面,附条件的合同能够充分尊重当事人的意愿,使合同的实施能更好地满足当事人的需求。

(二)附条件合同中的条件要求

附条件合同中的条件具有使合同生效或使合同效力消灭的功能,因此有必要对条件做些要求,具体如下:

1.条件必须是将来的事实。能够作为附条件合同的条件,必须是当事人从事法律行为时尚未发生的事实,过去的、已经发生的事实不能作为条件。以过去的、已经发生的事实作为条件,没有任何法律意义,例如,甲已经考上大学,此时乙与其约定,考上大学的话便送一台笔记本,这样的约定已经没有实际意义。当事人将已知的事实作为条件的,视为未附条件。

2.条件是不确定的事实。所谓不确定,是指到底能否发生不可预知,既有发生的可能,也有不发生的可能。如果将确定发生的事实作为条件加以约定,实际上不是附条件而是附期限。例如,甲乙约定,天若下雨,甲给乙买把高级天堂伞。天下雨不是一个不确定的事实,而是确定的,因此只要等到天下雨,甲乙之间的赠与合同便会生效,是一个期限的约定。

3.条件是由当事人约定的。作为条件的事实是由当事人自己选定的,是当事人意思表示一致的结果,而不应该是法律的规定,法律的规定更多的时候影响的是民事法律关系。如果合同以法定条件为条件的,视为未附条件。

4.条件必须合法。附条件合同的条件,应该符合法律的规定,符合社会公共道德。违反法律效力强制性规定的、有悖公序良俗的、损害社会公共利益的约定都是不法条件,例如,许以高报酬雇凶伤人等。一般情况下,附有不法条件的应当宣告整个合同无效。

5.条件不得与合同主要内容相矛盾。在附条件合同中,条件是用以限定当事人逾期的法律效果发生或是不发生的,属于当事人效果意思的组成部分,当事人的意思表示的内容不能自相矛盾。例如,张三与李四约定,张三若将自己的自行车借给王五用,则应将自行车卖给李四。此处借用与买卖的内容是相互矛盾的,其中一种情况成立,另一种情况必然无法实现。

(三)附条件合同的分类

理论上,一般将附条件合同作两种区分:

1.附生效条件与解除条件的合同

根据条件对合同所起的作用,限制合同效力发生的条件为生效条件,导致合同效力消灭的条件为解除条件。《合同法》第45条中规定的:附生效条件的合同,自条件成就时生效。

附解除条件的合同,自条件成就时失效。生效条件又称为停止条件、延缓条件,解除条件又称为消灭条件。附生效条件的合同是指合同生效以某种事实的发生作为条件的合同,如果这种事实发生了合同就生效,否则不生效。附生效条件的合同,事实发生即为条件的成就,事实不发生为条件的不成就。附解除条件的合同,是指已经发生效力的合同,当条件成就时,该合同失效,合同解除,当条件不成就时,合同继续有效。

2.附积极条件与消极条件的合同

根据条件的成就是否会发生某种事实,以某种事实发生为内容的是积极条件,以某种事实不发生为内容的是消极条件。例如,班级排名前十的约定就是积极条件;一个星期不迟到的约定就是消极条件。在附积极条件合同中,作为条件的事实没有发生的,视为条件没有成就;作为条件的事实已经发生的,视为条件成就。附消极条件的合同恰恰相反,作为条件的事实没有发生的,视为条件成就;作为条件的事实已经发生的,视为条件不成就。

(四)条件的法律拟制

《合同法》第45条规定:"当事人为自己的利益不正当地阻止条件成就的,视为条件已成就;不正当地促成条件成就的,视为条件不成就。"此条就是有关附条件合同的法律拟制的规定。附条件的合同一经成立,在条件成就之前,当事人对于所约定的条件是否成就,应听其自然发展,而不能为了自己的利益,恶意地促成或者阻碍条件的成就。因而法律规定:凡因条件成就可受益的当事人,如果以不正当的行为恶意促成条件成就的,应视为条件不成就;凡因条件成就对其不利的当事人,如果以不正当的行为恶意促成条件不成就的,应视为条件成就。例如,(2008年司考真题)甲打算卖房,问乙是否愿意购买,乙一向迷信,就跟甲说:"如果明天早上7点你家屋顶上来了喜鹊,我就出10万元钱买你的房子。"甲同意。乙回家后非常后悔。第二天早上7点差几分时,恰有一群喜鹊停在甲家的屋顶上,乙正要将喜鹊赶走,甲的不知情的儿子拿起弹弓把喜鹊打跑了,至7点再无喜鹊飞来。则甲乙之间的买卖合同并未生效。此题中"明天早上7点你家屋顶上来了喜鹊"是一个生效条件,虽然乙有恶意阻碍条件成就的意图,但是却没有相应的行为,条件的未成就不能归于乙,因此视为条件不成就,所以买卖合同未生效。

二、附期限的合同

《合同法》第46条规定:"当事人对合同的效力可以约定附期限。附生效期限的合同,自期限届至时生效。附终止期限的合同,自期限届满时失效。"此条是有关附期限合同的规定。附期限合同,是指合同当事人约定一定的期限作为合同效力发生或是终止的条件的合同。其中"期限",是指合同当事人选定的、用以控制合同效力发生或是终止的、将来确定发生的事实。期限应该是当事人自行选定的,不是法律的规定。法律有关时间的规定多是诉讼时效、除斥期等,影响的是利害关系人的民事权利,而不是影响合同的效力。期限虽同样以将来的事实为要求,但是其与条件的最大不同在于,期限中的将来的事实应该是确定发生的,而条件中的将来的事实是不确定发生的。期限中将来的事实的发生在时间上是明确可知的。

期限的设置既可以是日历上的某个日期,也可以是一定期间,例如从某年某月某日到某年某月某日,还可以是某种肯定会发生的事实,例如人的死亡、天下雨等。根据期限对合同效力所起的作用不同,可以将合同分为附生效期限的合同与附终止期限的合同。附生效期限的合同,是指合同虽已经成立,但在期限到来之前暂不发生效力,待到期限到来时合同才发生法律效力。附生效期限的合同又称为附延缓期限的合同、附始期的合同。在附生效期限的合同中,使合同得以生效的期限称为始期,始期关涉合同的生效。

附终止期限的合同,是指已经发生法律效力的合同,在合同约定的期限到来时,合同效力归于消灭,合同解除。附终止期限的合同又称为附解除期限的合同。在附终止期限的合同中,使合同终止效力的期限称为终期,决定合同正在发生的效力是否结束。

此外,合同中所附的期限还可以分为确定期限与不确定期限。作为期限内容的事实能够准确确定的为确定期限;反之,则为不确定期限。例如,天下雨、人死亡便是不确定期限;某月某日便是确定期限。

第五章

合同的履行

⊙ 导读案例

用攒了半辈子的钱买了套房,居然发现有地面塌陷现象,多次修缮无效还损坏了家具。房主王某对此非常气愤,将房地产公司诉至法院,要求将地面恢复原状,并赔偿因房屋不能入住造成的各项经济损失 5 万元。近日,北京市房山区人民法院开庭审理了此案,部分支持了王某的诉讼请求。

王某诉称,2007 年,用其积攒了多年的钱购买了位于房山区长阳镇某处的房屋。但在装修后却发现卧室地面下沉,当时王某并不认为是大问题。2009 年 6 月,王某经物业公司找到被告,将卧室内地面拆除后进行了重新铺装,但 9 月发现地面又下沉了。

前前后后经过三次修复,王某忍无可忍,要求房地产公司必须进行彻底修复。2011 年 7 月份,房地产公司将卧室地面破拆,混凝土浇筑后重新铺装地面。结果问题更加严重,王某家外墙开始渗水,室内地面积水,只好又找到被告,将卧室地面凿开一洞口维修下面的水管,至今这个洞还没有被补上。

房地产公司辩称,同意对王某家房屋卧室地面修复,但家具有的还能使用,只同意赔偿损失 1 万元。

法院认为,王某购买房屋装修后出现地面塌陷,属于房屋质量问题,房地产公司多次进行维修,造成王某未能很好入住以及家具损坏,房地产公司应当赔偿。

最终法院依据相关证据,判决房地产公司赔偿王某各项损失共计 16000 元,并将王某家卧室地面恢复原状,对房屋外墙面进行修缮。

⊙ 问题提出

1.合同履行有哪些原则? 各自的内涵是什么?

2.情势变更原则的构成条件是什么?

3.同时履行抗辩权的成立条件是什么?

4.不安抗辩权的成立条件和效力是什么?

第一节 合同履行的原则

合同的履行是依法成立的合同所必然发生的法律效果,也是构成合同法律效力的主要内容。合同履行是债务人按照合同的约定所为的特定行为。该特定行为可以是积极的作为,也可以是消极的不作为。合同履行的目的是使债权人的债权得到实现,债权人得到给付的结果。合同的履行是债权人实现债权的给付行为与给付结果的统一,是完成合同义务的过程。合同履行的原则,是指债务人履行合同债务时应遵守的基本准则。一般而言,合同履行的原则仅指那些只适用于合同履行阶段的基本准则。但是,还需要贯彻民法和合同法的基本原则。

一、实际履行原则

实际履行原则是指当事人应当按照合同的标的履行合同义务。这意味着合同的标的是什么,当事人就应该履行什么,不能任意用其他标的代替。当事人如果可以任意用其他标的代替,就会严重影响债权人订立合同的目的,扰乱交易秩序,破坏交易安全。例如,以女装为标的物订立的买卖合同,在合同履行时卖方并不能擅自将标的物变更为男装。

只有当实际履行为不可能时,当事人才无须实际履行。例如,标的物的毁损灭失,这种情况下,合同目的无法达到,只能用其他方法加以代替。

二、适当履行原则

适当履行原则是指当事人应依合同约定的标的、质量、数量,由适当主体在适当的期限、地点,以适当的方式,全面完成合同义务的原则。《合同法》第60条规定:"当事人应当按照约定全面履行自己的义务。"该条便是有关适当履行原则的规定,其不仅要求全面履行合同义务,而且要求正确适当履行合同义务。

根据适当履行原则,当事人对合同履行的各个要素,例如履行标的、履行主体、履行期限、履行地点等都应当是正确的、适当的。当事人是否适当履行了合同,是决定当事人是否承担违约责任的界限。导读案例中房地产公司就是违反了适当履行原则,交付的标的物质量有瑕疵,属于履行不当。

三、协作履行原则

协作履行原则是指在合同履行过程中,双方当事人应互助合作,不仅要履行自己的义务,而且还应当协助对方履行义务。合同是双方民事法律行为,不仅仅是债务人一方的事情,债务人实施给付,需要债权人积极配合受领给付,才能达到合同目的。由于在合同履行的过程中,债务人比债权人应更多地受诚实信用、适当履行等原则的约束,因此,协作履行往往是对债权人所提出的要求。

协作履行原则要求:第一,债务人履行合同债务时,债权人应适当地、及时地受领给付。第二,债务人履行合同债务时,债权人应创造必要条件,为债务人债务的履行提供方便。第三,债务人因故不能履行或不能完全履行合同义务时,债权人应积极采取措施防止损失扩大;否则,应就扩大的损失自负其责。

四、经济合理原则

经济合理原则是指在合同履行过程中,应讲求经济效益,以最少的成本取得最佳的合同效益。在市场经济社会中,交易主体都是理性地追求自身利益最大化的主体,因此,如何以最少的履约成本完成交易过程,一直都是合同当事人所追求的目标。由此,交易主体在合同履行的过程中应遵守经济合理原则自不待言。例如,供需双方应商定选择最快、合理的运输方法;仓储人及时处理临近失效期或有异状的货物等。

一般来说,按照当事人的约定所设立的合同,其内容本身就已经充分考虑到了各自的利益。但是在一些特殊情况下,由于客观情况的变化或者当事人的约定不明,就会产生要求当事人的履行秉承经济合理原则的要求,最大限度地维护对方的利益。

第二节　情势变更原则

一、情势变更原则的概念

《合同法司法解释二》第 26 条规定:"合同成立以后客观情况发生了当事人在订立合同时无法预见的、非不可抗力造成的不属于商业风险的重大变化,继续履行合同对于一方当事人明显不公平或者不能实现合同目的,当事人请求人民法院变更或者解除合同的,人民法院应当根据公平原则,并结合案件的实际情况确定是否变更或者解除。"此条规定确定了合同履行的又一原则——情势变更原则。

按照《合同法》的要求,当事人应该按照约定全面履行自己的义务,即所谓的"契约必须严守"。但是,在合同成立生效之后,发生了当事人在订约时无法预料的经济、社会的重大变化,例如价格剧烈波动、市场需求关系的变化、流动资金不足、货币严重贬值、市场行情发生了巨大的变化等,这些重大变故使合同权利和合同义务比配严重失衡,甚或于导致合同根本无法履行。此种状况下仍严格要求当事人忠于合同的约定,显然有悖公平与正义。为了能对当事人预料不到的重大变化作以适当的介入,情势变更原则应运而生。

情势变更中的情势,是指合同赖以成立的客观情况,例如,合同订立时的经济政策、经济体制、法律制度等。变更则是指合同赖以成立的客观情况发生了异常或重大的变化,例如限购令或限贷令的出台。情势变更原则是在司法实践中得以确立的原则,其是指合同依法成立以后,非归因于双方当事人的原因导致合同赖以成立的客观情况发生变更,仍维持合同的效力显失公平,则受不利影响的一方当事人可请求法院或仲裁机关予以变更或解除合同的原则。情势变更原则赋予了法官直接干预合同关系的自由裁量权,从而使法律能够适应社会经济状况的变化,更好地协调当事人之间的利益冲突。

二、情势变更原则的适用要件

(一)具有情势变更的客观事实

合同成立后,作为合同订立时的该合同赖以成立的客观情况发生了异常变动。变动的情况不论是自然的或是人为的,永久的或是暂时的,普遍的或是局部的,剧变的或是缓变的,都可以称为变更。[①]

(二)情势变更的事实发生于合同依法成立以后、履行完毕以前

情势变更的事实只有发生在合同有效期内,才会影响到当事人的合同权利与合同义务。如果情势变更的事实在合同订立过程中就已经发生,双方当事人无视此事实,仍在原客观基础上订立合同的,不需要适用情势变更原则。这是因为订约时已发生情势变更,合同当事人仍以变化前的客观情况为基础订约,表明双方当事人甘冒风险,属于意思自治,法律对其没有必要加以保护。如果情势变更的事实在合同订立过程中就已经发生,受不利影响的当事人确实不知已发生情势变更,可依重大误解主张合同的变更或是解除。如果在合同履行完毕以后发生情势变更,则因合同关系已消灭,对双方的利益不产生任何影响,也没有必要适用情势变更原则。

(三)情势变更是订约时当事人不可预见的

如果订约时当事人预见将来要发生情势变更,而当事人仍以现在的客观情况为基础订约的,表明当事人愿意承担风险,应使当事人自负后果,不应适用情势变更原则。如果当事人应当预见将要发生情势变更而未预见,说明其主观上具有过错,也不应适用情势变更原则。最高人民法院《关于当前形势下审理民商事合同纠纷案件若干问题的指导意见》中规定:"人民法院在适用情势变更原则时,应当充分注意到全球性金融危机和国内宏观经济形势变化并非完全是一个令所有市场主体猝不及防的突变过程,而是一个逐步演变的过程。在演变过程中,市场主体应当对于市场风险存在一定程度的预见和判断。人民法院应当依法把握情势变更原则的适用条件,严格审查当事人提出的'无法预见'的主张,对于涉及石油、焦炭、有色金属等市场属性活泼、长期以来价格波动较大的大宗商品标的物,以及股票、期货等风险投资型金融产品标的物的合同,更要慎重适用情势变更原则。"

(四)情势变更事实的出现不可归因于双方当事人

情势变更事实的出现是不可归责于双方当事人的事由。不可归责于双方当事人表明当事人主观上没有过错,对情势变更的发生无法预见,无法防止,也无法克服。例如,政府发布限购令,使限购令发布之后不符合政策的购买房无法办理产权的过户登记,这样导致房屋买卖合同的目的无法实现,此种情况下,当事人不能向政府请求救济,此时应该允许当事人申请情势变更对合同关系加以解除。如果由于可归责于当事人的事由发生情势变更,当事人应自负其责。

(五)因情势变更使原合同的履行显失公平

情势发生变更之后,常常会导致当事人之间的利益失衡,如果继续要求当事人按照合同

---

① 王利明、崔建远:《合同法新论·总则》,中国政法大学出版社 1996 年版,第 325 页。

的约定履行,将会对当事人产生不公平的结果。因此才需要对合同采用一定的措施加以处理。显示公平的出现必须是情势变更所导致的,而不是其他原因。如果情势变更导致的利益不是严重失衡,而是轻微的失衡,则不能适用情势变更原则。只有双方当事人的利益严重失衡,履行过于艰难或必须付出高昂的代价时,才能适用情势变更原则。

三、情势变更原则的效力

情势变更原则的效力表现为,受不利影响的一方当事人可请求法院或仲裁机关变更或解除合同。至于合同能否变更或解除,取决于法院或仲裁机关的裁决。最高人民法院《关于当前形势下审理民商事合同纠纷案件若干问题的指导意见》中规定:"在调整尺度的价值取向把握上,人民法院仍应遵循侧重于保护守约方的原则。适用情势变更原则并非简单地豁免债务人的义务而使债权人承受不利后果,而是要充分注意利益均衡,公平合理地调整双方利益关系。在诉讼过程中,人民法院要积极引导当事人重新协商,改订合同;重新协商不成的,争取调解解决。为防止情势变更原则被滥用而影响市场正常的交易秩序,人民法院决定适用情势变更原则作出判决的,应当按照最高人民法院《关于正确适用〈中华人民共和国合同法〉若干问题的解释(二)服务党和国家工作大局的通知》(法〔2009〕165 号)的要求,严格履行适用情势变更的相关审核程序。"

具体而言,情势变更原则适用的效力表现在:

第一,变更合同。法院或仲裁机关一般采取增减履行标的物的数额、变更标的物、将履行期延期或将一次履行变为分次履行、将先履行变为后履行等方式变更原合同的内容,使原合同在公平的基础上得到履行。

第二,解除合同。如果采用变更合同的方式不能消除显失公平的后果或当事人一方认为变更有悖于订约目的时,法院或仲裁机关应解除合同。法院或仲裁机关解除合同后,考虑到因情势变更原则解除合同时,双方当事人均未违约,所以一般情况下不存在损害赔偿请求权。

四、情势变更与相关概念的区别

(一)情势变更与不可抗力的区别

情势变更与合同法上的法定免责事由之一不可抗力有相似之处,但并不相同。不可抗力是指不能预见、不能避免、不能克服的客观情况。它包括自然现象与社会现象,前者如洪水、地震、台风等自然灾害,后者如国家政策调整等政府行为以及战争、罢工、骚乱等社会异常事件。它们的主要区别体现在:

第一,功能不同。不可抗力属于法定免责事由,可适用于违约责任与侵权责任。在社会生活中,一方当事人致对方损害或违约,如果是由于不可抗力造成的,该当事人将免于承担民事责任。而情势变更所产生的情势变更原则,属于合同履行的原则,其功能在于指导合同的履行。根据该原则,在合同履行的过程中若发生了情势变更的,当事人有权请求合同变更或解除。

第二,不可抗力导致合同不能履行或不能完全履行。发生了情势变更的事由以后,合同依然能够履行,只是履行显失公平,即履行过于艰难或必须付出高昂的代价,当事人之间利益严重失衡。

第三,发生了不可抗力以后,当事人只要依法取得确切的证据,履行诸如通知、防止损失扩大等有关义务,即可免于承担违约责任。而发生了情势变更的事由以后,当事人必须向法院或仲裁机关提出请求,只有在法院或仲裁机关作出变更或解除的裁判以后,才发生变更或解除的效果。

(二)情势变更与商业风险的区别

最高人民法院《关于当前形势下审理民商事合同纠纷案件若干问题的指导意见》中规定:"商业风险属于从事商业活动的固有风险,诸如尚未达到异常变动程度的供求关系变化、价格涨跌等。情势变更是当事人在缔约时无法预见的非市场系统固有的风险。人民法院在判断某种重大客观变化是否属于情势变更时,应当注意衡量风险类型是否属于社会一般观念上的事先无法预见、风险程度是否远远超出正常人的合理预期、风险是否可以防范和控制、交易性质是否属于通常的'高风险高收益'范围等因素,并结合市场的具体情况,在个案中识别情势变更和商业风险。"

第三节　合同履行规则

对于依法生效的合同而言,在其履行期限届满以后,债务人应当根据合同的具体内容和合同履行的基本原则实施履行行为。债务人在履行的过程中,应当遵守以下合同履行的基本规则。

一、履行主体

合同的履行主体,是指履行合同债务和接受债务的人。在一般情况下,合同是债务人向债权人履行,债权人接受债务人的履行,因此,合同履行的主体是指债务人和债权人。在某些情况下,合同也可以由第三人代替履行,只要不违反法律的规定或当事人的约定,或者符合合同的性质,第三人也可以成为合同履行的主体。第三人成为履行主体,主要是两种情况:一是向第三人履行;二是第三人代为履行。

《合同法》第64条规定:"当事人约定由债务人向第三人履行债务的,债务人未向第三人履行债务或者履行债务不符合约定,应当向债权人承担违约责任。"此条是有关向第三人履行债务的规定。原本应是债务人向债权人履行债务,基于债务人与债权人之间的约定,现由债务人向债权人指定的第三人履行,视为向债权人履行。虽是向第三人履行,但是债权人的合同地位不受影响。例如,乙按照甲的指示将货款打入甲指定的银行账户。向第三人履行债务具有如下法律特征:

第一,第三人不是订立合同的当事人。合同关系不变,仍然是合同中的债权人和债务人,第三人只是作为接受债权的人而不是合同的当事人。第三人与债权人之间的关系与此无关,只要示明代表债权人即可。

第二,合同当事人对此均表示同意。向第三人履行债务更多的时候是因为债权人的原因。因此不仅债权人同意向第三人履行,更要征得债务人的同意。经过合同当事人的协商同意由第三人代替债权人接受债务的履行,并且只能是债权人指定的第三人。

第三,向第三人履行原则上不能增加履行难度、履行费用等。与直接向债权人履行相比,向第三人履行所产生的履行费用,所遇到的难度,原则上应该相差不大。如果确实增加了费用,增加的费用原则上由债权人承担,除非当事人另有约定。

向第三人履行,第三人可以请求债务人履行,这种请求实际上是代替债权人行使权利。如果债务人的履行不符合约定的要求,或者是根本没有履行,第三人无权向债务人主张违约责任,债务人只向债权人承担违约责任,因为第三人不是合同关系的主体,不享有合同权利和合同义务。向第三人履行仅仅是履行方式发生了变化,并未导致合同内容的实质性变化。

《合同法》第 65 条规定:"当事人约定由第三人向债权人履行债务的,第三人不履行债务或者履行债务不符合约定,债务人应当向债权人承担违约责任。"此条是有关第三人代为履行的规定。第三人代为履行,是指经合同当事人约定由第三人代替当事人履行债务,第三人并没有因履行债务而成为合同当事人。通常情况下,合同义务应该由债务人自己来完成,这是由合同目的所决定的。但如果第三人代替履行不影响该目的的,不违反债权人的意志的,符合法律的要求,是应该被许可的。例如,(2004 年司考真题)甲、乙双方约定,由丙每月代乙向甲偿还债务 500 元,期限 2 年。丙履行 5 个月后,以自己并不对甲负有债务为由拒绝履行。甲向法院起诉,要求乙、丙承担违约责任。在本题中,甲乙之间存有债的关系,乙应当向甲履行债务。但经双方约定,乙的债务由丙代为履行,从而构成了第三人代替履行。因此,在丙不履行债务的情况下,应当由乙承担违约责任,而丙不构成违约。

第三人代替履行与向第三人履行的情况一样,该第三人都不是合同关系的主体,都不是合同当事人,并不取得合同主体的地位,仅仅是债务人的履行辅助人。同样,第三人代替履行应该由合同当事人进行约定,尤其是债权人的同意。第三人代为履行时,债权人应该接受该第三人的履行,如果第三人的履行不符合约定或者第三人没有履行,由债务人向债权人承担违约责任。

二、履行标的

合同的标的是合同债务人必须实施的特定行为,它是合同的核心内容,也是合同当事人订立合同的目的所在。合同的标的不同,合同的类型也就不同。如果当事人不按照合同的标的履行合同,合同利益就无法实现。债务人的债务性质不同,对债的履行标的的正确性要求也就不同。

标的的质量是衡量合同标的的基本指标,因此,在标的的质量上的履行应严格按照合同的约定。如果合同对标的的质量没有约定或者约定不明确的,当事人可以补充协议,协议不成的,按照合同的条款和交易习惯来确定。如果仍然无法确定的,按照国家标准、行业标准履行;如果没有国家标准、行业标准的,则按照通常标准或者符合合同目的的特定标准履行。

在标的数量上,全面履行原则的基本要求便是全部履行,而不应当部分履行。但是,在不损害债权人利益的前提下,也允许部分履行。《合同法》第 72 条规定:"债权人可以拒绝债务人部分履行,但部分履行不损害债权人利益的除外。债务人部分履行债务给债权人增加的费用,由债务人负担。"

取得标的的当事人必须严格按照合同的约定向另一方支付该标的的价款或者报酬。如果价款或者报酬约定不明确的,当事人可以补充协议;协议不成的,应当按照合同的有关条款和交易习惯确定,如果还无法确定的,根据《合同法》第 62 条的规定,应当按照订立合同时履行地的市场价格履行。依法应当执行政府定价或者政府指导价的,则按照规定履行。此外,《合同法》第 63 条规定:"执行政府定价或者政府指导价的,在合同约定的交付期限内政府价格调整时,按照交付时的价格计价。逾期交付标的物的,遇价格上涨时,按照原价格执行;价格下降时,按照新价格执行。逾期提取标的物或者逾期付款的,遇价格上涨时,按照新价格执行;价格下降时,按照原价格执行。"

三、履行期限

合同履行的期限是指债务人履行合同义务和债权人接受履行行为的时间界线。作为合同的主要条款,合同的履行期限一般应当在合同中予以约定,当事人应当在该履行期限内履行债务。如果当事人不在该履行期限内履行,则可能构成迟延履行而应当承担违约责任。履行期限不明确的,根据《合同法》第 61 条的规定,双方当事人可以另行协议补充;如果协议补充不成的,应当根据合同的有关条款和交易习惯来确定。如果还无法确定的,债务人可以随时履行,债权人也可以随时要求履行,但应当给对方必要的准备时间。

《合同法》第 71 条规定:"债权人可以拒绝债务人提前履行债务,但提前履行不损害债权人利益的除外。债务人提前履行债务给债权人增加的费用,由债务人负担。"这意味着早于履行期限提前履行和晚于履行期限迟延履行,一般而言均是不允许的,尤其是迟延履行。但是提前履行不损害债权人利益的可以认可。例如,(2003 年司考真题)合同规定甲公司应当在 8 月 30 日向乙公司交付一批货物。8 月中旬,甲公司把货物运送到乙公司。此时乙公司可以拒绝接受货物,或者接受货物并要求甲公司支付增加的费用,因为甲公司属于提前履行。

四、履行地点

履行地点是债务人履行债务、债权人受领给付的地点,履行地点直接关系到履行的费用和时间。如果合同中明确约定了履行地点的,债务人就应当在该地点向债权人履行债务,债权人应当在该履行地点接受债务人的履行行为。如果合同对履行地点约定不明确的,依据合同法的规定,双方当事人可以协议补充;如果不能达成补充协议的,则按照合同有关条款或者交易习惯确定。如果履行地点仍然无法确定的,则根据标的的不同情况确定不同的履行地点:给付货币的,则在接受货币一方所在地履行;交付不动产的,则在不动产所在地履行;交付其他标的的,就在履行义务一方所在地履行。

五、履行方式

履行方式是合同双方当事人约定以何种形式来履行义务。合同的履行方式主要包括运输方式、交货方式、结算方式等。履行方式由法律规定或者合同约定或者是根据合同的性质来确定,不同性质、内容的合同有不同的履行方式。根据合同履行的基本要求,在履行方式上,履行义务人必须首先按照合同约定的方式进行履行。如果约定不明确的,当事人可以协议补充;协议不成的,可以根据合同的有关条款和交易习惯来确定;如果仍然无法确定的,则按照有利于实现合同目的的方式履行。

六、履行费用

履行费用是指债务人履行合同所支出的费用。如果合同中约定了履行费用,则当事人应当按照合同的约定负担费用。如果合同没有约定履行费用或者约定不明确的,双方当事人可以协议补充;如果不能达成补充协议的,则按照合同的有关条款或者交易习惯确定;如果仍然无法确定的,则由履行义务一方负担。因债权人变更住所或者其他行为而导致履行费用增加时,增加的费用由债权人承担。

第四节　双务合同履行中的抗辩权

抗辩权的功能在于阻却或是消灭请求权的效果,一般认为,双务合同履行中的抗辩权包括同时履行抗辩权、不安抗辩权和后履行抗辩权三种类型。

一、同时履行抗辩权

(一)同时履行抗辩权的概念

同时履行抗辩权,是指在双务合同中,未规定何方先履行的,一方在他方未为履行对待给付义务前,有拒绝履行自己合同义务的权利。我国《合同法》第66条规定:"当事人互负债务,没有先后履行顺序的,应当同时履行。一方在对方履行之前有权拒绝其履行要求。一方在对方履行债务不符合约定时,有权拒绝其相应的履行请求。"该条所确立的权利就是同时履行抗辩权。

(二)同时履行抗辩权的构成要件

1.当事人因同一双务合同互负债务

同时履行抗辩权只适用于双务合同,是因为双务合同具有牵连性。双方当事人根据同一合同相互负担债务,即双方当事人债务系由一个合同产生。双务合同中合同权利和合同义务互为对价,一方当事人的履行与对方当事人的对待履行互为条件、互相依存。

2.双方债务没有先后顺序之分且均已届清偿期

双方应当同时履行,不存在履行时间上的先后问题,即不存在一方先履行、一方后履行的情况。在异时履行的情况下,负有先履行义务的一方应当先履行义务,不得要求对方同时履行。双方债务均已到期。履行期到来之前,对方请求权尚不成立,一方可以拒绝对方的履行请求,也不构成同时履行抗辩。

3.对方未履行债务或未按约定履行债务

对方未履行债务即请求一方当事人履行债务,则被请求方可主张同时履行抗辩权,拒绝履行自己的义务。如果一方当事人已经按照合同约定履行了自己的义务,则被请求方不得主张行使同时履行抗辩权。如果合同一方当事人已作出履行了,但是属于债务的部分履行,被请求方可就未履行部分主张行使同时履行抗辩权。如果合同当事人交付的标的物的质量或债务履行的其他方面不符合合同约定时,另一方当事人有权主张行使同时履行抗辩权。

4.须对方的对待给付是可能履行的

同时履行抗辩权的制度价值在于促使双务合同当事人同时履行债务。如果一方当事人所负的债务已经没有履行的可能性,则同时履行的目的已经不可能实现,这种情况下不发生同时履行抗辩权的问题。例如,标的物不复存在,此时对方提出履行请求的,可以通过主张解除合同来否定请求权的存在,而不能主张同时履行抗辩权。

(三)法律效力

同时履行抗辩权属于延期抗辩权,不具有消灭请求权的效力,仅仅是使对方的请求权延期。具体为:当事人一方要求履行债务时,该请求方必须同时履行;该方没有履行的,被请求方可拒绝履行自己的义务。请求方履行了自己的债务的,同时履行抗辩权人也必须履行自己的义务。

二、不安抗辩权

(一)不安抗辩权的概念

《合同法》第68条规定:"应当先履行债务的当事人,有确切证据证明对方有下列情形之一的,可以中止履行:①经营状况严重恶化;②转移财产、抽逃资金,以逃避债务;③丧失商业信誉;④有丧失或者可能丧失履行债务能力的其他情形。当事人没有确切证据中止履行的,应当承担违约责任。"此条是有关不安抗辩权的规定。双务合同在一方当事人有先为履行债务的情况下,当事人无法主张同时履行抗辩权的行使。但是,在合同成立后,如果后履行一方当事人履约能力大为减弱,先履行一方如果为先行给付,可能会使自身的合同权利难以实现,在此种状况下仍然强迫先履行一方履行自身的债务有失公平。因此,法律赋予先履行一方不安抗辩权,以防后履行一方难以履行自身债务时,对先履行一方合同权利的保护。例如,甲乙订立合同,规定甲应于2011年9月20日交货,乙应于同年10月9日付款。9月初,甲发现乙财产状况恶化,无支付货款的能力,并有确切证据,遂提出终止合同,但乙未允。此种状况下,甲便可以行使不安抗辩权,不按照合同规定交货,除非乙提供了相应的担保。

不安抗辩权,又称为先履行抗辩权,是指在双务合同中,先履行方有确切证据证明后履行方于合同成立后丧失或可能丧失履行能力时中止履行合同的权利。不安抗辩权的设立在于预防因情况变化致使一方遭受损害,公平地权衡了双方当事人的利益。

(二)不安抗辩权的构成条件

1.因同一双务合同互负债务

就这一适用条件而言,不安抗辩权与同时履行抗辩权完全相同,由于上文已有阐述,于此不赘。

2.该合同必须属于异时履行,且先履行方的债务已届清偿期

双务合同的履行属于异时履行时才会发生一方当事人的不安抗辩权。异时履行是指双

方履行存在时间上的顺序,即一方先履行,另一方后履行。异时履行可因约定、法律规定而产生。同时先履行方的债务已届清偿期,若尚未届清偿期,先履行方的履行义务尚未发生,该先履行方根本无须作出履行,也无须担心因后履行方的履约能力问题而影响到自身的权利,自无行使不安抗辩权的必要。

3. 先履行方有确切证据证明后履行方于合同成立后丧失或可能丧失履行能力

根据《合同法》第 68 条的规定,后履行方丧失或可能丧失履行能力的事由有:

(1)经营状况严重恶化。后履行债务一方经营状况发生恶劣的变化从而导致财产大量减少,引起履行债务的能力丧失或是可能丧失。

(2)转移财产、抽逃资金以逃避债务。后履行一方为了逃避债务,将自己的财产转移到别的地方或者将自己的相关投资撤回等。

(3)丧失商业信誉。后履行一方的商业行为已经不再让人感到可以相信,可以信赖,失去了诚实信用的品评。

(4)其他情形。

对于以上情形,不安抗辩权人均负有提供证据的义务,否则不仅不得主张不安抗辩权的行使,而且还应当承担违约责任,从而有效防止不安抗辩权的滥用。

(三)法律效力

《合同法》第 69 条规定:"当事人依照本法第六十八条的规定中止履行的,应当及时通知对方。对方提供适当担保时,应当恢复履行。中止履行后,对方在合理期限内未恢复履行能力并且未提供适当担保的,中止履行的一方可以解除合同。"据此,不安抗辩权有两次效力:

第一次效力:不安抗辩情形出现后,先履行方应当及时通知对方,将中止履行的事实、理由以及恢复履行的条件及时地告知后履行一方。不安抗辩权的行使只要符合法定条件,当事人主张即可行使,不取决于后履行一方的同意。要求不安抗辩权人为及时的通知义务,目的是为了避免后履行一方因先履行一方中止合同履行而受到损害,也便于后履行一方在得到通知后及时提供担保以消灭不安抗辩权。

后履行一方在为及时通知时,还应给对方留有一个合理的期限,使其恢复履行能力或者提供适当的担保。合理期限的确立,法律未作规定,交易实践中常常根据具体情况予以确定。合理期限的确定应兼顾双方当事人利益,不能太短使先履行方能轻易地解除合同,也不能太长使后履行方迟迟不提供担保。

合理期限内后履行方提供担保或者恢复履行能力的,先履行方应当继续履行合同。后履行方提供担保或者恢复履行能力后,先履行方不获得对待履行的危险消失,因此,应当恢复履行合同。此时,不安抗辩权具有一时抗辩权性质。

第二次效力:如果合理期限届满,后履行方未提供适当担保且未恢复履行能力,则先履行方有权解除合同并要求损害赔偿,这便是不安抗辩权的二次效力。此时,不安抗辩权具有永久抗辩权性质,导致请求权的消灭。

(四)同时履行抗辩权与不安抗辩权的区别

同时履行抗辩权与不安抗辩权虽然均要求发生于同一双务合同中,但是仍有较大的差别:

第一,适用条件不同。不安抗辩权适用于异时履行的双务合同,同时履行抗辩权适用于同时履行的双务合同。

第二,在同时履行抗辩权中,权利人对相对人的债务已经届临清偿期,只是尚未履行;而在不安抗辩权中,权利人的相对人的债务尚未到清偿期,其只是丧失或者可能丧失清偿能力有不能对待给付的危险。

第三,性质不同。不安抗辩权为兼有抗辩权与形成权性质的混合性权利,同时履行抗辩权为延缓性质的抗辩权。

第四,一方行使同时履行抗辩权不能成立,该当事人应当履行同时履行的义务,并不因抗辩权不成立而构成违约;先履行方行使不安抗辩权,必须承担违约责任,若举证不能,则构成违约。

三、后履行抗辩权

(一)后履行抗辩权的概念

《合同法》第67条规定:"当事人互负债务,有先后履行顺序,先履行一方未履行的,后履行一方有权拒绝其履行要求。先履行一方履行债务不符合约定的,后履行一方有权拒绝其相应的履行要求。"据此,在异时履行中,后履行一方有权要求先履行一方先行履行自己的义务,如果先履行一方没有履行债务或者虽为履行但是债务的履行不符合约定的,后履行一方有权拒绝先履行一方的履行请求,此抗辩权称为先履行抗辩权。例如,甲乙之间订立一份买卖合同,约定甲应于8月5日交货,乙应于8月18日付款。8月6日,甲未交货便要求乙付款,乙对此要求予以拒绝。此时乙所行使的就是先履行抗辩权,因为甲没有先履行自己的义务。所谓后履行抗辩权,是指依照合同约定或者法律规定负先履行义务的一方当事人,届期未履行义务或者履行义务严重不符合约定条件时,后履行方应拒绝自身债务履行的权利。

(二)后履行抗辩权的适用条件

1.因同一双务合同互负债务

对该要件的理解与前述同时履行抗辩权、不安抗辩权的相应要件相同,于此不赘。

2.必须属于异时履行

只有双务合同的履行属于异时履行的时候才能发生一方当事人的后履行抗辩权。异时履行是指在合同订立后,合同有效期限内,依照合同的约定、法律的规定或是交易习惯,双方当事人按照先后顺序的履行。如果是同时履行,当事人可以援用同时履行抗辩权。如果是异时履行,由于履行有先后顺序之分,前手的履行直接关系到后手的权利。

3.先履行一方到期未履行债务或者未适当履行债务

在合同异时履行的情况下,负有先履行义务的一方应当先履行义务。如果先履行义务方的债务已届清偿期而其不履行债务,就构成违约,后履行方有权拒绝先履行方的履行要求。如果先履行方的履行不符合合同约定,则后履行方有权拒绝先履行方的相应的履行要求,即与先履行方履行债务不符合约定部分的相应部分。

(三)法律效力

与同时履行抗辩权一样,后履行抗辩权也属于延缓的抗辩权,不具有消灭对方请求权的效力,只是暂时阻止先履行方请求权的行使。如果先履行方完全履行了合同义务,则后履行抗辩权归于消灭,后履行方应当恢复履行。后履行方因行使后履行抗辩权致使合同履行迟延的,该方当事人不承担迟延履行责任。

(四)后履行抗辩权与不安抗辩权的区别

第一,适用条件不同。不安抗辩权是异时履行的双务合同先履行方享有的权利;后履行抗辩权为异时履行的双务合同的后履行方享有的权利。

第二,在不安抗辩权中,权利人的相对人的债务尚未届临履行期,只是存在不能对待给付的危险;在后履行抗辩权中,权利人之相对人的债务已经届临履行期,而不为给付或者虽为给付但不符合合同约定。

第三,两者的性质不同。后履行抗辩权在性质上与同时履行抗辩权相同,其行使的目的仍在于维持既存的权利义务关系,而不是消灭合同关系,否则就应当诉诸合同解除制度。

第四,在不安抗辩权中,权利人行使中止履行的权利负有通知义务;后履行抗辩权中,当负有先履行义务的一方当事人的履行有重大瑕疵时,或者只履行一部分时,另一方当事人行使抗辩权应当通知对方;当因不履行合同义务而行使抗辩权时,可以不通知对方。

第六章
合同的保全

⊙ **导读案例**

原告覃某与第三人罗某原系同事关系,第三人罗某以资金短缺为由,于 2010 年 4 月 29 日、2010 年 9 月 10 日分别向原告覃某借款 100000 元、50000 元,共计 150000 元,并立下借据。其中 2010 年 4 月 29 日所借 100000 元没有约定还款期限,2010 年 9 月 10 日所借的 50000 元,约定 5 个月后归还,在约定的 5 个月还款期限到期后,原告覃某向第三人罗某追讨时,第三人罗某未予偿还。另查明,2010 年 4 月 26 日被告吴某向第三人罗某借款 250000 元,双方签订了个人抵押借款合同,并在慈利县房管局办理了抵押登记和房屋他房权证,双方约定的借款期限为 2010 年 4 月 26 日至 2010 年 10 月 26 日,借款到期后,被告吴某也未给第三人罗某予以偿还。第三人罗某也未通过诉讼方式或仲裁方式主张该 250000 元债权。故原告于 2011 年 6 月 23 日向法院提起诉讼,要求被告吴某偿还借款 150000 元,其利息原告覃某在庭审中明确表示放弃。

法院认为,第三人罗某所借原告覃某 150000 元未偿还,第三人罗某对被告吴某享有 250000 元到期债权,被告吴某不履行对第三人罗某的到期债务,第三人罗某也未通过诉讼方式或者仲裁方式向被告吴某主张该 250000 元的债权,故原告覃某可以行使代位权。现原告覃某行使代位权要求被告吴某偿还 150000 元的诉讼请求,证据充足,本院予以支持,对原告覃某自愿放弃利息的请求,是其对实体权利的处分,且不违反法律规定,本院予以支持。被告吴某、第三人罗某经本院合法传唤无正当理由未到庭,可依法缺席判决。依据《中华人民共和国合同法》第七十三条、最高人民法院关于适用《中华人民共和国合同法》若干问题解释(一)第十一条、第十三条、第十九条、第二十条、第二十一条和《中华人民共和民事诉讼法》第一百三十条之规定,判决如下:

被告吴某自本判决生效后十日内将所欠第三人罗某欠款中的 150000 元偿付给原告覃某。

本案案件受理费 3300 元,由被告吴某负担。

⊙ **问题提出**

1. 合同保全有何特点?

2. 债权人的代位权有何特点?

3. 债权人的代位权的构成条件是什么?

4. 债权人的撤销权与可撤销合同中的撤销权有何不同?

5. 债权人的撤销权的构成条件是什么?

第一节　合同保全概述

一、合同保全的概念和特点

（一）合同保全的概念

所谓合同保全，是指法律为了防止债务人财产的不当减少或不增加而给债权人的债权实现带来损害，允许债权人行使撤销权或代位权，以保护其债权。债权人债权的实现是以债务人债务的履行为条件的，债务人的全部财产是债务履行的保障，因此，债务人财产的不当变化，都会直接影响到债权人债权的实现。例如，（2007 年司考真题）甲公司欠乙公司货款20 万元已有 10 个月，其资产已不足偿债。乙公司在追债过程中发现，甲公司在一年半之前作为保证人向某银行清偿了丙公司的贷款后一直没有向其追偿，同时还将自己对丁公司享有的 30％的股权无偿转让给了丙公司。此种状况下，乙公司便可以以自己的名义向丙公司主张债权的实现，行使代位权，从而实现合同的保全。

（二）合同保全的特点

合同保全主要有如下特点：

第一，合同保全是合同相对性规则的例外。根据合同相对性规则，合同具有主体相对、内容相对、责任相对的特点。但是在一些特殊情况下，合同效力也针对第三人发生。在合同履行中，债务人怠于行使到期债权，或者债务人与第三人实施的行为导致债务人用以保障债权实现的财产减少或是不增加，这样均会使债权人的债权难以实现。法律为了保护债权人的权利，允许债权人通过代位权或是撤销权的行使，否定债务人对自身财产的不当处分行为或是债务人与第三人之间不当的财产处分行为。这种对第三人发生效力的债权效果，属于合同相对性规则的例外。

第二，合同保全主要发生在合同有效成立期间。合同成立并生效后，尚未履行完毕之前，债务人应以其所有的财产来保障债权人债权的实现，学理上将此时的债务人财产称为责任财产。当在合同履行阶段，债务人的责任财产发生不当变化时，才会影响到债权人债权的实现。如果合同尚未生效，债务人的债务尚未届满，不存在债务人对财产的处分影响到债权人的权利。如果合同已经履行完毕了，债务人对财产的处分行为更是与债权人无关。如果合同被宣告无效或是可撤销，合同自始无效，自不存在合法有效的债务和债权。

第三，合同保全的基本方法是赋予债权人代位权或撤销权。这两种措施都旨在通过防止债务人的财产不当减少或者恢复债务人的财产，从而保障债权人的权利实现。合同保全针对的是债务人不当减少财产的行为，与债务人是否违约无关，关心的是债权人的债权在实现上是否受影响。

二、合同保全与其他保障债权形式的区别

合同保全与民事诉讼中的财产保全是不同的。民事诉讼中的财产保全，是指人民法院

在案件受理前或诉讼过程中,为了保证判决的执行或避免财产遭受损失,而对当事人的财产和争议的标的物采取查封、扣押、冻结等措施。民事诉讼中的财产保全是程序法所规定的措施,一般都需要由当事人提出申请。而合同的保全,只是实体法中的制度,它是通过债权人行使代位权、撤销权而实现的。

合同保全与合同担保的目的是相同的,都是为了保护债权的实现,但是两者之间仍存有较大的差别,具体为:

第一,合同相对性规则遵守方面:合同担保是在主债权债务合同的基础上,再订立一个担保合同,因担保而产生的合同权利和合同义务是以担保合同为基础的,因此合同担保仍然遵循合同相对性规则,没有超出合同对内效力的范畴。合同保全是法律为了防止因债务人财产不当减少或是不增加而给债权人的债权造成损害,允许债权人行使撤销权或是代位权来保护自身的债权。由于债务人对财产的处分行为涉及合同关系之外的第三人,本着保护债权人债权的目的,法律允许债权人对债务人与第三人的行为施加影响来保障自身的债权。合同保全可以针对第三人,已经超出了合同对内效力的范畴,是债的对外效力的体现,属于合同相对性规则的例外。

第二,在债权保障作用方面:合同担保较之合同保全,对债权的保障作用更为重要。合同担保是在主合同成立之时随之成立的从合同,一旦主合同债务人出现违约情况,不能履行合同债务的,基于从合同而产生的担保手段立即发生效力,主债权人也就是担保权利人可就担保物主张优先受偿,可向保证人主张债权的实现,可就金钱主张定金罚则。合同保全由于涉及的是第三人,往往还需要考虑第三人可能享有的权利,例如善意抗辩权、有效交易的抗辩等。如此一来债权人债权的维护与合同担保相比,费周折,费成本,费精力,不如合同担保来得直接。

第三,产生依据方面:合同担保既可以基于当事人的约定产生,例如抵押、质押、保证、定金等;也可以基于法律的规定,例如留置。而合同保全只能是基于法律的规定,因为是合同相对性规则的例外,这种例外只能通过法律来规制,而不能由当事人加以约定。

第四,适用的情形方面:合同担保通常是在债务人不履行债务的情况下,担保权人才能行使其担保权;合同保全是在债务人的行为导致其自身财产的不当减少或是不增加时,债权人才能行使代位权或是撤销权。

第二节 债权人的代位权

一、债权人代位权的概念和特点

(一)债权人代位权的概念

《合同法》第 73 条规定:"因债务人怠于行使其到期债权,对债权人造成损害的,债权人可以向人民法院请求以自己的名义代位行使债务人的债权,但该债权专属于债务人自身的除外。代位权的行使范围以债权人的债权为限。债权人行使代位权的必要费用,由债务人负担。"该条是有关债权人代位权的规定。所谓债权人的代位权,是指在债务人不积极行使自己的权利而危及债权人债权实现时,债权人可以向人民法院请求以自己名义行使债务人债权的权利。例如,乙欠甲债务10万元到期未归还,乙无其他财产,但丙欠乙11万元的货款,乙一直没有催讨。此种状况下,甲可以以自己的名义对丙主张代位权的行使。

赋予债权人以代位权,是因为债务人对其享有的财产权利不积极行使,势必使其财产总额应增加而不增加,就会危及债权人债权的实现。所以法律允许债权人代替行使属于债务人的权利,使债务人的财产增加,承担财产责任的能力得以增强,从而达到保障债权实现的目的。

(二)债权人代位权的特点

代位权具有如下特点:

第一,代位权针对的是债务人的消极不行使权利的行为。代位权行使的目的是为了保持债务人的财产,增强债务人的财产责任能力。由于债务人的懈怠行为,不积极向其自身的债务人主张权利,如此一来,债务人原本应该增加的财产没有增加,承担财产责任的能力下降,就会影响到债权人权利的实现。因此,代位权是对债务人消极不行使权利的行为所采取的措施,旨在保持债务人的财产。

第二,代位权是一种法定权利。代位权是一种法律规定的权利,也是一种法定债权的权能,无论当事人是否约定,债权人都享有此种权能。代位权是法律为了保障债权而赋予债权人的权利,与债务人主观意志无关,只要代位权行使的条件具备,就会产生代位权,该权利不因当事人的约定而发生改变。因而代位权是法定权而不是约定权,是从属于债权的一种特别权利。

第三,代位权是债权人以自己的名义行使债务人的权利。代位权是债权人向债务人的债务人(即次债务人)提出的,而不是向债务人提出,债权人是以自己的名义而不是以债务人名义行使债务人权利的,因而不是代理。正因为债权人行使的权利不是自己的,而是自己债务人的,所以才称为代位。正因为债权人在行使债务人权利的时候,不需要借助于债务人任何的行为,而可以直接用自己的名义,所以才有了以保障债权安全为目的的债权人的代位权。

第四,代位权的行使应向人民法院提出。我国《合同法》第73条严格要求债权人行使代位权必须要在法院提起诉讼,请求法院保全其债权。不允许债权人通过诉讼外的请求方式来行使代位权,究其原因是防止债权人以保全债权的名义,采取不正当的手段夺取债务人的财产,从而影响社会的安定。故而代位权的行使必须在法院提起诉讼,请求法院允许债权人行使代位权。但是需要注意的是,代位权的行使虽然必须经过诉讼的途径,但并不意味着代位权是一项诉权。代位权是由实体法所规定的由债权人享有的一项法定权利,依附于债权人的债权,不是对债务人财产进行扣押或就收取的债务人财产优先受偿,而是实现债务人的债权,以最终实现自身的债权,是一项实体权利。

二、债权人代位权的成立要件

《合同法司法解释一》第11条规定:"债权人依照合同法第七十三条的规定提起代位权诉讼,应当符合下列条件:(一)债权人对债务人的债权合法;(二)债务人怠于行使其到期债权,对债权人造成损害;(三)债务人的债权已到期;(四)债务人的债权不是专属于债务人自身的债权。"据此,代位权的成立要见有如下几方面。

(一)债权人对债务人的债权合法、确定,且必须已届清偿期

债权人对债务人的债权合法,是指债权人与债务人之间必须有合法的债权债务关系,其间的合同关系受到法律的肯定性评价,受到法律的保护。如果债权人对债务人的债权不具有合法性,因其不受法律的认可与保护,自然也就无所谓代位权的可能。债权人与债务人之间的合同关系被宣告无效或是被撤销,因其自始无效,债权本身便是不存在的。债权的确定,是指债务人对于债权的存在以及内容没有异议;或者虽有异议,但是已经法院或是仲裁机构的有效裁判确认。债权人对债务人的债权已届清偿期,也就是债务人负有履行债务的义务,债务人应将其所有的财产作为债务履行的保证,应通过义务的履行来实现债权人的债权。

债权人对债务人的债权合法、确定,且必须已届清偿期,只是要求债权人对债务人,而并不要求债务人对次债务人。《合同法司法解释一》第18条规定:"在代位权诉讼中,次债务人对债务人的抗辩,可以向债权人主张。"据此可知,只要求债权人对债务人的债权是合法、确定的,已届清偿期的,至于债务人与次债务人之间的债权不作要求,原因是债权人对债务人的债权是债权人行使代位权的基础,基础不合格自然就不能主张代位权的行使。所以只要求债权人对债务人的债权,而不对债务人对次债务人的债权作要求。

(二)债务人怠于行使其到期债权

《合同法司法解释一》第13条规定:"合同法第七十三条规定的'债务人怠于行使其到期债权、对债权人造成损害的',是指债务人不履行其对债权人的到期债务,又不以诉讼方式或者仲裁方式向其债务人主张其享有的具有金钱给付内容的到期债权,致使债权人的到期债权未能实现的。次债务人(即债务人的债务人)不认为债务人有怠于行使其到期债权情况的,应当承担举证责任。"之所以如此规定,是因为债务人是否通过诉讼或仲裁方式以外的方式向次债务人主张权利,债权人很难举证,反倒是债务人可以随便举出一个事例来说明其曾向次债务人主张过债权。如此一来,难以说明债务人的懈怠,债权人的代位权很难成立。另外,还存有的可能是次债务人通过编造事由来说明债务人已经向其主张过权利,从而摆脱债权人向其代位权主张。故而,司法解释从保护债权人角度出发,为了能使代位权真正发挥功效,便规定了懈怠行为的推定情况,那就是债务人不履行其对债权人的到期债务,又不以诉讼方式或者仲裁方式向其债务人主张其享有的具有金钱给付内容的到期债权。导读案例中第三人罗某对吴某到期债权的行使便属于懈怠状态。

(三)债务人怠于行使其到期债权,对债权人造成损害

在债权成立之后,如果债务人实施了减少其财产的行为,就会导致其财产总额减少,这是财产的积极减少;如果债务人不积极行使其财产权利,就会使其财产应增加而未能增加,造成事实上的财产总额的减少,这是财产的消极减少。不论是财产的积极减少还是消极减少,均会影响到债权人的权利能否实现。代位权的设定是以增加债务人财产进而增强债务人的责任能力为目的,以此来保障债权人债权的实现。

如果债务人现有的财产足以清偿其对债权人的所有债务,此时债务人发生的财产的积极减少或是消极减少,都不会危及债权人债权的实现,对债权无任何损害,债权人也没有行使代位权的必要。如果债务人现有的财产已经不足以清偿其对债权人的所有债务,此时债

务人发生的财产的积极减少或是消极减少,都会危及债权人债权的实现,损害到债权,债权人便有了行使代位权的必要。因此,是否对债权造成损害,就是看债务人的财产是否足为债务之清偿。债务人的责任财产本身已不足以清偿全部债务,则应增加而未增加财产的行为就是对责任财产的损害,进而是对债权人债权的损害。

(四)债务人的债权非专属债务人自身债权

能够使债权人行使代位权的应该是非专属于债务人自身的权利。《合同法司法解释一》第12条规定:"合同法第七十三条第一款规定的专属于债务人自身的债权,是指基于抚养关系、扶养关系、继承关系产生的给付请求权和劳动报酬、退休金、养老金、抚恤金、安置费、人寿保险、人身伤害赔偿请求权等权利。"例如,甲欠乙债务2000元到期未还,乙无其他财产,但是丙尚欠乙退休金3000元,乙到期未主张。此时甲不能对丙行使代位权,因为退休金是专属于债务人的债权。

三、代位权的行使范围和费用负担

(一)代位权的行使范围

根据《合同法》第73条的规定,代位权的行使范围以债权人的债权为限。何为"债权人的债权为限",对此《合同法司法解释一》第21条规定:"在代位权诉讼中,债权人行使代位权的请求数额超过债务人所负债务额或者超过次债务人对债务人所负债务额的,对超出部分人民法院不予支持。"由此可知,债权人的债权为限,是指债权人代位行使债务人的权利所获得的价值应该与所需要保全的债权的价值相当。如果超出保全债权的范围时,应分割债务人的权利行使。不能分割行使的,方可行使全部的权利。如果债权人行使债务人的一项或若干项债权就足以保全自身债权的,那就不用就债务人的其他权利或全部权利行使代位权。例如,甲欠乙货款2万元,到期未还。丙欠甲借款4万元,到期未还。此时乙只需要就自身的2万元主张代位权即可。如果甲欠乙货款4万元,到期未还。丙欠甲借款2万元,到期未还。此时乙只能就次债务人对债务人所负债务也就是2万元主张代位权。导读案例中法院判决支持的也仅仅是债权人覃某自身对债务人罗某的债权数额。

(二)代位权的费用负担

债权人对代位权的行使,会产生相关的费用,对于产生的费用,《合同法》第73条的规定是,债权人行使代位权的必要费用,由债务人负担。债权人行使代位权产生的费用,也就是实现债权的费用,或者说是债务人履行债务所产生的费用。这些费用因属于债务人清偿债务过程中的费用,原本就应该由债务人来承担。但是考虑到债权人的代位权行使只能通过诉讼的途径。根据《合同法司法解释一》第16条的规定,债权人以次债务人为被告向人民法院提起代位权诉讼,未将债务人列为第三人的,人民法院可以追加债务人为第三人。两个或者两个以上债权人以同一次债务人为被告提起代位权诉讼的,人民法院可以合并审理。由此可知,代位权诉讼中原告是债权人,被告是次债务人,债务人是第三人。

由于债务人不是作为诉讼被告出现的,所以《合同法司法解释一》第19条规定:"在代位权诉讼中,债权人胜诉的,诉讼费由次债务人负担,从实现的债权中优先支付。"次债务人承担完毕诉讼费用后,最终仍然应该是由债务人来承担。例如:甲欠乙货款2万元,到期未还。

丙欠甲借款 4 万元,到期未还,甲未主张。乙将丙诉至法院,标的为 2 万元。诉讼中,乙举证为代位权诉讼共花费诉讼费用 2000 元。则该笔费用应由丙来承担。之后甲起诉丙追讨剩下的债权数额,丙应给付甲不是 2 万元,而应该是 1.8 万元。

四、代位权行使的效力

代位权行使的效力,涉及三方面的当事人,即债权人、债务人和次债务人。因此,代位权行使的效力具体表现在对这三方当事人所产生的效力之上。

(一)对债权人的效力

《合同法司法解释一》第 20 条规定:"债权人向次债务人提起的诉讼经人民法院审理后认定代位权成立的,由次债务人向债权人履行清偿义务,债权人与债务人、债务人与次债务人之间相应的债权债务关系即予消灭。"由此可知,代位权行使的直接效果归属于债权人。如此规定一则激励债权人积极主张自身的债权,二则防止债权人搭便车现象的出现。所谓搭便车,是指将代位权人行使代位权后所取得的财产完全在债权人中间平均分配,由全体债权人共享代位权诉讼的成果。将代位权行使的直接效果归属于债权人,是为了确保对代位权人的公平待遇,也是为了与破产还债制度与参与分配制度相区别。但是如此规定也有其不妥之处,一是代位权的直接效果归属于债权人,实质具有了优先受偿性。但代位权毕竟是债权的一项权能,不是物权,不具有物权的优先性。债权人行使代位权不能优先受偿。二是如此做法会有损债权的平等性规则。当债务人的债权人人数较多时,后设立的债权抢先发动代位权诉讼,通过行使代位权实现自身的债权,会损及其他债权人的合法权益。

(二)对债务人的效力

对于债务人而言,次债务人向债权人履行清偿义务,而不是向自身履行清偿义务,代位权的直接效果归属于债权人,因此,债务人与债权人之间的债权债务关系因清偿而消灭。债务人与次债务人之间的债权债务关系相应消灭。如果债权人的债权范围与债务人的债权范围相等,随着次债务人向债权人的债务履行,债权人与债务人、债务人与次债务人之间的债权债务关系均消灭。如果债权人的债权范围小于债务人的债权范围的,随着次债务人向债权人的债务履行,债权人与债务人之间的债权债务关系消灭,债务人与次债务人之间剩余的债权债务关系仍然继续存在,债务人可就剩余部分的债权向次债务人主张权利。如果债权人的债权范围大于债务人的债权范围的,随着次债务人向债权人的债务履行,债务人与次债务人之间的债权债务关系消灭,债权人与债务人之间剩余的债权债务关系,只能另觅他径解决。

(三)对次债务人的效力

对次债务人而言,代位权的行使并不影响其原有的法律地位和利益,其应对抗债务人的抗辩权,均可用来对抗债权人。次债务人不得以其与债务人之间没有合同关系为由,拒绝参与诉讼或是以此提出抗辩。代位权请求一旦被法院认可成立的,次债务人应向债权人为债务的履行,进行清偿,实现债权。

第三节　债权人的撤销权

一、撤销权的概念

《合同法》第74条规定："因债务人放弃其到期债权或者无偿转让财产,对债权人造成损害的,债权人可以请求人民法院撤销债务人的行为。债务人以明显不合理的低价转让财产,对债权人造成损害,并且受让人知道该情形的,债权人也可以请求人民法院撤销债务人的行为。撤销权的行使范围以债权人的债权为限。债权人行使撤销权的必要费用,由债务人负担。"该条规定的是债权人的撤销权。债权人的撤销权,是指债权人对于债务人实施的减少财产的行为危及债权人的债权实现时,有请求法院撤销其行为的权利。简言之,就是请求撤销债务人不当处分自身财产行为的权利。例如,(2006年司考真题)甲欠乙20万元到期无力偿还,其父病故后遗有价值15万元的住房1套,甲为唯一继承人。乙得知后与甲联系,希望以房抵债。甲便对好友丙说:"方正房子我继承了也要拿去抵债,不如送给你算了。"两人遂订立赠与协议。此时乙可对甲的行为行使撤销权,以确保自身债权的实现。

债权人的撤销权是一种实体法上的权利而非诉讼法上的权利,只是其行使仍要通过诉讼的形式来进行。法律设立撤销权的目的,是通过对债务人不当处分财产行为的撤销,产生恢复原状的后果,从而增加债务人责任财产的总额,增强债务人债务清偿的能力。恢复原状是撤销权行使的必然结果,撤销权的行使只依赖于债权人的意思表示,由此撤销权具有形成权的特点。同时,债权人的撤销权是一项债权的权能,源于法律的规定,不是与物权、债权相对应的独立的民事权利。

债权人的撤销权与可撤销合同中的撤销权是不同的,主要区别如下:

第一,两者分属于两种不同的合同制度。债权人的撤销权属于债的保全制度,可撤销合同中的撤销权属于合同效力制度。债权人的撤销权设立的目的是保障债权人债权的实现,撤销债务人不当的财产处分行为。可撤销合同中的撤销权设立的目的是贯彻意思自治原则,针对意思表示不真实的行为予以撤销,实现撤销权人的利益。

第二,权利享有的主体的不同。债权人的撤销权,顾名思义,享有者应该是债权人。可撤销合同中的撤销权的享有者应该是意思表示不真实,利益受到重大影响的人,例如重大误解人、受欺诈者、被胁迫者等。

第三,撤销对象的不同。债权人的撤销权,针对的对象是债务人不当处分自身财产的行为,例如放弃到期债权、明显不合理的低价转让财产等。可撤销合同中的撤销权,针对的对象是意思表示不真实的合同,例如显示公平订立的合同、乘人之危订立的合同等。

第四,效力的不同。债权人的撤销权针对债务人,或债务人与第三人之间实施的有害于债权人权利的财产处分行为。撤销权的效力不仅针对债务人本人,而且也针对债务人与第三人之间的行为,因此债权人的撤销权打破了合同相对性规则,是合同对外效力的体现。与可撤销合同中的撤销权针对的是意思表示不真实的行为,仍然是在合同关系内,对意思表示不真实的一方当事人的行为予以撤销,撤销的是合同主体的行为,仍然遵守合同相对性规则。

第五,权利存续时间的不同。两种撤销权的行使都要求从撤销权人知道或应该知道撤销事由之日起1年内行使。但是,《合同法》第75条规定:"自债务人的行为发生之日起五年内没有行使撤销权的,该撤销权消灭。"该规定不适用于可撤销合同的撤销权。

二、撤销权的成立要件

根据《合同法》的相关规定,债权人撤销权的成立,须符合客观和主观两方面的要件,至于行为是否有偿在所不论。

（一）客观要件

客观要件是指债务人客观上实施了一定的危害债权人债权的行为。这一要件由三个要素构成:

1.债务人实施了法律上的财产处分行为。根据《合同法》第74条的规定,该种行为包括:

（1）放弃到期债权。债权到期后,债务人明确表示免除其债务人的债务。例如,乙欠甲8万元债务到期未还,乙无其他财产,但尚有丙的欠款8万元,已经到期。一日,乙向丙发出通知,免除丙的债务。此时甲便可行使撤销权,撤销乙的免除债务的行为。根据《合同法司法解释二》第18条的规定,债务人放弃其未到期的债权或者放弃债权担保,或者恶意延长到期债权的履行期,对债权人造成损害,债权人同样享有撤销权。

（2）无偿转让财产。主要是指将财产赠与他人。需要注意的是,此时的赠与应该是已经实际发生,赠与人已经将赠与物交付给受赠人。如果仅仅是存有赠与合同,还没有为实际的赠与物的交付,债务人还不能够行使撤销权。

（3）以明显不合理的低价转让财产。《合同法》第19条规定:"对于合同法第七十四条规定的'明显不合理的低价',人民法院应当以交易当地一般经营者的判断,并参考交易当时交易地的物价部门指导价或者市场交易价,结合其他相关因素综合考虑予以确认。转让价格达不到交易时交易地的指导价或者市场交易价百分之七十的,一般可以视为明显不合理的低价;对转让价格高于当地指导价或者市场交易价百分之三十的,一般可以视为明显不合理的高价。债务人以明显不合理的高价收购他人财产,人民法院可以根据债权人的申请,参照合同法第七十四条的规定予以撤销。"

但是,并不是所有债务人处分财产的行为都可以申请撤销,在下列情况下,债权人不能行使撤销权:

第一,债务人从事的可能减少其财产的具有身份性质的行为。撤销权所针对的只能是处分财产的行为,不能针对具有身份性质的行为。例如放弃继承、增加抚养费、增加赡养费等。这些具有人身性质的行为,虽然可能会使债务人的财产减少或是未能增加,但是债权人不能撤销。

第二,债务人拒绝接受赠与、拒绝从事一定的行为而获得利益。这种行为虽然使债务人应该增加的财产没有增加,但是其不能构成债务人既有的责任财产,不符合撤销权行使的条件。

第三,债务人在财产上设立负担的行为,该行为影响到债务人的财产的。例如,将自己的房屋借给他人使用、在自己的不动产上设置无偿的役权等。这些行为,在债务人自身的财产上设立负担,但是没有获取任何利益,便会影响到债务人的履行能力和责任财产。这些行为,债权人可以撤销。

2.债务人处分财产的行为已经发生法律效力。债权人之所以要行使撤销权,是因为债务人处分财产的行为已经生效,财产已经发生了转移,债务人的责任财产已经发生了减少或是应增加而未增加的变化,债务人的履行能力已经减弱。对债权人而言实有撤销的必要。如果债务人处分财产的行为没有发生效力,财产尚未发生变化,债务人的责任财产和履行能力尚未有任何不利于债权人的变化,债权人自无行使撤销权的必要。如果债务人处分财产的行为无效或是可撤销,无须债权人行使保全手段,合同自始无效。

3.债务人的行为危及债权实现。债务人积极减少财产,如无偿转让财产,消极减少财产,如放弃到期债权,都会使债务人的责任财产减少而危及债权实现。当然,无论是积极减少财产还是消极减少财产,如果减少后的责任财产均足以清偿债务,其行为对债权人债权也不会有害。因此,有害债权的行为程度是以债务人现有的财产无力清偿债务或无法清偿全部债务为限,即债务人处于无资力或弱资力状态。例如,乙欠甲债10万元,到期未还。一日,乙将其价值15万元的私家车赠与丙,尚有银行存款12万元。此时,甲不能行使撤销权。原因是虽然债务人乙为了财产处分行为,但是该处分行为并没有导致债务人偿债能力的减弱,剩下的银行存款仍足以保障债权的实现,没有危及债权。

(二)主观要件

主观要件是指债务人和第三人具有主观上的恶意,即在实施行为时明知有害于债权而仍进行。对于主观要件的适用,因债务人行为的有偿无偿不同而有异。当债务人的行为是无偿时,只要债务人具备主观恶意即可,也就是债务人在为相关财产处分行为时,明知自己的处分行为会极大地影响现有的财产状况,继而会损失债权,但仍然为之。实务中,对于无偿情况下债务人的主观恶意往往不会过于追究,只要具备客观要件,债务人便被认为具有主观恶意,债权人即可撤销。根据我国《合同法》及相关司法解释的规定,无偿行为包括无偿转让财产、放弃到期债权、放弃其未到期的债权、放弃债权担保以及恶意延长到期债权的履行期这五种情况。之所以债务人的财产处分行为是无偿时,只需债务人具有主观恶意即可,是因为无偿行为的撤销并不损害第三人原有的其他利益。

债务人的财产处分行为是有偿行为时,主观要件是债务人和第三人均具有主观恶意,只有债务人的恶意而没有第三人的恶意,或只有第三人恶意而无债务人恶意,撤销权均不能成立。该要求在《合同法》第74条中有体现,该条规定:"债务人以明显不合理的低价转让财产,对债权人造成损害,并且受让人知道该情形的,债权人也可以请求人民法院撤销债务人的行为。"根据该条规定,债权人对债务人和第三人的主观恶意负有举证责任。实践中,债务人因为对自身的财产状况非常明晰,任何危及债权实现的不当处分均会被认为具有主观恶意。关键是第三人的恶意如何判定的问题。对此学术界有两种不同的观点:一种观点认为,受让人只需要知道债务人以明显不合理的低价转让,便构成恶意;另一种观点认为,受让人不仅要知道债务人是以明显不合理的低价转让,而且要知道此种行为对债权人造成损害,才构成恶意。本书认为,在债务人所谓的财产处分为有偿时,涉及的是第三人善意取得制度。根据《物权法》第106条对善意取得构成要件的规定,有"以合理的价格转让"的要求。据此反推,不知情但是未以合理价格转让的不构成善意取得,因而第三人的主观恶意只要求受让时知道债务人以明显不合理的低价转让即可。

三、撤销权的行使

（一）债权人撤销权的行使方式

撤销权的行使必须是债权人以自己的名义，通过诉讼的方式在债权人债权的范围内进行。一方面，如果以债务人的名义而不是以债权人自己的名义行使撤销权，这与债务人自己行使无区别，而且易与代理相混淆，违反了撤销权的债权保全目的，因而撤销权只能以债权人自己的名义来行使。另一方面，因为撤销权行使的结果可能导致债务人与第三人之间的行为被撤销，对第三人具有重大的利害关系，撤销与否应由法院加以审查之后才定，因而撤销权的行使须通过诉讼的方式进行。

在以诉讼方式行使撤销权的过程中，根据《合同法司法解释一》第 24 条的规定，债权人提起撤销权诉讼时应以债务人为被告，受益人或者受让人为第三人。债权人未将受益人或者受让人列为第三人的，人民法院可以追加。

撤销权的行使范围以债权人的债权为限，债权人因行使撤销权而得到的财产价值与债权人的债权价值相当。不论有多少债权人就同一债务人主张行使撤销权，各个债权人只能就自身的债权行使撤销权。

至于撤销权诉讼中所产生的费用，根据《合同法司法解释一》第 26 条的规定，债权人行使撤销权所支付的律师代理费、差旅费等必要费用，由债务人负担；第三人有过错的，应当适当分担。

（二）债权人撤销权行使的效力

撤销权行使的效力就是行使撤销权产生的法律后果，它需要由撤销权判决来确定。《合同法司法解释一》第 25 条第 1 款规定，债务人的行为被撤销后，自始无效。据此可知，撤销权行使的效力是绝对无效，对债权人、债务人、第三人而言，撤销权行使的后果具体为：

1. 对债务人的效力。被撤销的债务人的行为自始无效，放弃的债权视为从未放弃，无偿或有偿转让的财产视为未转让。不仅如此，还会产生无效行为的后果，也就是对返还财产的接收、接受赔偿的损失等。

2. 对第三人的效力。债权视为继续存在的，第三人负有向债务人履行债务的义务，以增加债务人的责任财产，增强债务人的履行能力。第三人已受领债务人财产的，负有返还不当得利的义务，不能返还的财产应折价赔偿；已支付的代价可要求债务人返还。

3. 对债权人的效力。行使撤销权的债权人应将行使所得财产加入到债务人的责任财产中，作为一般债权人的共同担保，而无优先受偿的权利。实践中，法院审理撤销权案件，程序上没有要求法院发出公告要求债务人的其他债权人申报债权的规定，行使撤销权的债权人也不可能知道债务人的其他债权人。为能保障撤销权人的利益，法院往往在认定撤销权成立的同时，会将通过行使撤销权所获得的财产用以清偿对债权人的债务。

（三）债权人撤销权行使的法律限制

法律一方面赋予债权人一定的撤销权，以保护其债权不受侵害，另一方面又对债权人行使权利进行时间上的限制。根据《合同法》第 75 条的规定，在债权人知道撤销事由的情形下,债权人撤销权行使的时间为 1 年,自债权人知道或应当知道撤销事由存在之日起计算。在债权人不知或不应知道撤销事由存在的情形下,债权人撤销权行使的时间为 5 年,自债务人实施行为之日起计算。如果债权人未能在法律规定的时间内行使撤销权的,该撤销权消灭,债权人无权就债务人侵害其债权的行为请求法律的救济。

第七章

合同的变更和转让

⊙ 导读案例

2004年7月20日,城建四公司(甲方)与博鑫源公司(乙方)、冀东公司(丙方)签订债权债务转让协议书,约定:一、甲方同意乙方对甲方债权7649552元,把其中5253072.20元直接转让给丙方,丙方对甲方的债权为5253072.20元;二、丙方同意甲方从2004年8月份开始,在每月的28日前,每月向丙方还款30万元至付清之日止。协议签订后,城建四公司开始按月陆续向冀东公司付款,其中包括以房抵款3294820元,尚欠458252.20元未付。后经冀东公司多次催要但城建四公司未再支付任何款项,故诉至法院要求城建四公司给付欠款。

法院经审理认为,冀东公司与博鑫源公司、城建四公司之间签订的债权转让合同未违反法律规定,应属有效。城建四公司未按约定向冀东公司支付全部款项,应属违约,城建四公司应立即向冀东公司支付款项458252.20元及相应的利息损失。冀东公司的诉讼请求本院予以支持。城建四公司经本院合法传唤未到庭参加诉讼,视为其自动放弃答辩权利,不影响本院依据现有证据依法作出判决。据此,本院依照《中华人民共和国民事诉讼法》第一百三十条、《中华人民共和国合同法》第八条、第一百零七条之规定,判决如下:

北京城建四建设工程有限责任公司给付三河冀东水泥有限责任公司458252.20元及从2006年1月28日起按中国人民银行同期贷款利率计算至该款付清之日止的利息,于本判决书生效之日起10日内付清。

⊙ 问题提出

1. 合同变更须具备什么条件?

2. 合同权利的转让须具备什么条件?

3. 合同权利转让会产生怎样的效力?

4. 合同义务移转须具备什么条件?

5. 合同义务移转会产生怎样的效力?

第一节　合同的变更

一、合同变更的概念和特征

（一）合同变更的概念

一般而言，合同的变更有广义与狭义之分。广义的合同变更，是指合同内容的变更和合同主体的变更。合同内容的变更，是指合同主体不变的情况下，合同的内容发生变动。合同主体的变更，是指在不改变合同内容的情况下变动合同的债权人或债务人。在合同主体变更的情形下，无论是更换债权人，还是改变债务人，都发生合同权利义务的移转，即合同债权债务被移转给新的债权人或债务人。因此，合同主体的变更实际上是合同债权债务的转让。合同主体的变更将作为合同的转让专门加以探讨。

狭义的合同变更仅指合同内容的变更，是指合同在成立之后但尚未履行或尚未完全履行以前，当事人不变而仅变动合同内容的情况。根据《合同法》第 77 条、第 78 条的规定，合同变更是指狭义的合同变更，也就是合同主体保持不变的情况下，当事人就合同内容达成修改或是补充的协议。

（二）合同变更的特征

合同变更主要具有以下特征：

第一，合同的变更既可以基于当事人的约定，也可以根据法律的规定。《合同法》第 77 条规定："当事人协商一致，可以变更合同。"据此规定，有关合同的任何变化都需要双方当事人协商一致，在原合同基础上达成新的协议。任何一方未经对方同意，无正当理由擅自变更合同内容的，不仅不会对对方当事人产生法律约束力，而且会构成违约。合同的变更必须经过合同当事人的协商，在未达成一致意见之前，原合同关系继续有效。

合同的变更除了当事人的约定外，还可根据法律的规定。之前在合同效力章节所提到的可变更、可撤销合同，其中变更就是在保持合同主体不变的情况下，就原合同内容予以修改和补充。《合同法司法解释二》第 26 条确定的情势变更原则，其中规定确实构成情势变更的，可对原合同进行变更。此时的变更体同样是在保持合同主体不变的情况下，就原合同内容予以修改和补充。这两种合同变更的情形，不是基于合同当事人的约定，而是基于法律的直接规定。只要出现法律允许当事人申请变更的情形，当事人可诉请法院或仲裁机构确认变更请求，对合同加以变更。在法定变更情况下，当事人必须向法院或是仲裁机构提出变更申请，不得不经诉讼或仲裁单方行使变更权。

第二，合同内容的变更仅仅是合同内容的部分变化，而不是合同内容的全部变更，只是在原合同的基础上就部分内容做些修改或是补充。例如履行期限的改变、交货地点的改变、增加标的数量、修改标的价款等。合同变更如果是就整个合同内容予以变化，实际上是原合同的消灭，新合同的产生。需要注意的是，如果合同内容的变更涉及的是合同标的的变更，就不属于合同变更的范畴。因为标的是合同权利义务所共同指向的对象，标的发生变更，合同权利义务也就随之发生变更,原合同关系便已经结束了。所以合同变更不涉及合同标的的变化。合同标的变化的,在理论上称为合同的更新,是指合同主体协议变更原合同的标的,从而使变更后的合同与变更前的合同在内容上失去同一性与连续性,导致原合同关系消灭,新合同关系发生。

合同变更与合同更新的区别在于:首先,合同构成要素变化不同。合同变更是指标的之外的要素变更,合同的更新则仅为标的要素的变更。其次,发生的法律后果不同。合同变更是在原合同基础上为之,变更前后的合同仍保持同一性和连续性,原合同关系继续存在。合同更新则是合同内容的实质性变化,发生原合同关系消灭和新合同关系产生的效果。再次,合同变更可以是当事人双方协议的产物,也可能是司法裁判的结果,但合同更新只能是当事人双方协商一致的产物。最后,合同的更新已使合同关系失去同一性,因此,附着于原合同的利益和瑕疵归于消灭;而合同的变更并未使合同关系失去同一性,附着于原合同的利益与瑕疵继续存在。

第三,合同的变更,主要是使合同内容发生变化。合同主体在变更合同以后,需要增加新的内容或是改变合同的某些内容。合同变更以后,不能完全按照之前的合同内容履行,而应按照变更后的权利义务关系来履行。合同变更之后,变更之外的合同内容继续有效,当事人应按照变更后的合同的内容履行义务,任何一方违反变更后的合同都将构成违约。在变更范围内,原债权债务关系消灭。

二、合同变更的条件

合同变更只有具备以下要件才能发生变更合同的效果。

(一)原已存在有效的合同关系

合同变更建立在原来有效存在的合同关系的基础上,无原合同关系就无变更的对象。当事人之间通过协商改变原合同内容。因此,当事人之间原存有有效的合同关系。但是需要注意的是,根据《合同法》第 54 条的规定,对于可撤销合同,当事人可以请求法院或仲裁机构变更。此类合同属于意思表示有瑕疵的合同,效力不完全,经变更后即成为完全有效的合同。针对此类合同的变更,原合同的有效不作严格的要求。

(二)须有合同内容的变化

合同变更既然仅指合同内容的变化,则合同内容发生变化是合同变更不可或缺的条件。鉴于我国《合同法》,理论上有合同变更与合同更新之分,因而合同变更就有了合同要素的变更和合同非要素的变更之别。合同内容变更仅指合同标的要素之外的要素变更。但是,根据《合同法》第 78 条的规定,当事人对合同变更内容的约定必须明确,约定不明确的会被推定为未变更。所谓当事人约定不明确,是指当事人对合同变更的内容约定含糊,让人难以判断约定的新内容与原合同内容有何区别。合同的变更必须是明确的,否则会影响到当事人权利的实现和义务的履行。

(三)合同的变更须依当事人的协议或法院、仲裁机构的裁决

当事人协商一致变更原合同是合同自由原则的体现,因此,当事人的合意是引起合同关系变更的重要法律事实。合同当事人在原合同关系基础上,通过对合同内容的修正或是补

充来完成合同变更,这种变更实际上是以合意变更合同的程序,应遵循关于合同订立的要约承诺规则。这里所谓的要约,应为变更原合同的要约,须包含变更原合同内容这一要点,而承诺则是指对该要约的完全接受。

因法定情况的出现而由法院或仲裁机构裁决的合同变更,可称为合同的司法变更。这种变更涉及司法权力对合同当事人意思自治的干预,因而只有在法律有明文规定或当事人有此请求时,法院方可为之。在我国《合同法》上,合同变更须经法院或仲裁机构裁决程序的,一是因意思表示有瑕疵可被撤销的合同;二是可适用情事变更原则的合同。

此外,根据《合同法》第 77 条第 2 款的特别规定,依照法律、行政法规规定,变更合同应当办理批准、登记等手续的,须办理批准、登记等手续,否则合同变更不生效力。

三、合同变更的效力

合同一经变更,即产生以下法律效力:

第一,合同变更部分取代被变更的部分,但原合同未变更部分仍继续有效。因此,在合同变更后,当事人应按照变更后的合同内容进行履行,否则将构成违约。

第二,合同变更原则上仅向将来发生效力,对已履行的部分没有溯及力,已经履行的债务不因合同的变更失去其法律根据。因此,除当事人另有约定外,任何一方不得因合同的变更而要求对方返还已为的给付。

第三,合同变更,合同仍保持其同一性,不对合同当事人的基本权利义务产生影响,附着于原合同的利益和瑕疵继续存在,原合同有对价关系的也仍保有同时履行抗辩权。

第四,合同的变更并不影响当事人要求赔偿的权利。《民法通则》第 115 条明确规定:"合同的变更或者解除,不影响当事人要求赔偿损失的权利。"这种情况一般发生在合同的司法变更之中。

第二节　合同权利的转让

一、合同权利转让的概念和特征

(一)合同权利转让的概念

《合同法》第 79 条规定:"债权人可以将合同的权利全部或者部分转让给第三人。"此条是有关合同权利转让的规定。合同权利转让,是指在不改变合同内容的基础上,债权人通过与第三人订立合同的将自身享有的债权全部或是部分转让给第三人的行为。其中的债权人称为让与人,第三人称为受让人。合同权利转让,也称为债权让与。

(二)合同权利转让的特征

第一,合同权利的转让是在不改变合同内容的基础上,就合同权利的主体发生变化。合同权利转让的当事人是债权人和第三人,债务人不是也不可能是合同权利转让的当事人。

债权人将其在合同关系中的权利全部或是部分转让给第三人,合同的内容不被触及,继续有效。

第二,合同转让的对象是合同权利,即合同债权。债权是一种财产权,能为权利人带来利益,因此可以成为转让的标的。债权的转让与物权的转让在性质上是不同的。例如,甲、乙之间订立买卖合同,甲先给付货物,乙尚未付款 30 万元。甲与丙达成协议,将甲对乙的债权让与丙。此时成立的就是债权让与,也就是合同权利的转让。甲、乙之间达成土地使用权转让合同,虽然也是权利的转让,但是转让的不是合同债权,而是用益物权——土地使用权,因此不属于合同权利的转让。债权的转让一般适用合同法的调整,物权的转让既受合同法的调整,又受物权法的调整。

第三,合同权利的转让既可以是全部的,也可以是部分的。债权人将自己在合同关系中的债权转让给第三人,可以是全部合同权利的,也可以是部分的合同权利。当转让全部的合同权利时,第三人取代债权人的地位,成为新的合同关系当事人;转让部分合同权利时,第三人加入到合同关系中,与债权人一起成为合同关系的当事人,与债权人一起共享债权。合同债权人的改变,并不改变合同债权的内容,亦即须保持合同内容的同一性。

二、合同权利转让的条件

(一)须有有效的债权存在

债权的有效存在,是债权让与的基本前提。以不存在或已消灭的合同债权让与他人的,为让与合同的自始履行不能,受让人因此受到的损害,应由让与人承担赔偿责任。有效存在的合同债权,是指该债权真实存在且未消灭,但这并不要求它一定能得到实现。因此,让与人仅对让与的债权负有保证其确实存在的义务,而并无义务保证其债务人现实清偿债务。

诉讼时效已经届满的债权,债权本身仍然是确实存在的,债务人仍有可能履行债务,且债务人履行以后也不得以不当得利为由请求返还,因此诉讼时效已经届满的债权可以成为合同权利转让的标的。有效的债权存在,只要求债权的存在是确实的,是受到法律保护与肯定的。

(二)让与人和受让人须就合同权利的转让达成合意

合同权利的转让,必须要由让与人与受让人之间订立权利转让合同,债权让与属于合同行为,应该具备合同生效的条件。需特别注意的是,作为权利的处分行为,合同权利的转让要求让与人对该债权具有处分权。除无记名债权外,债权的让与不适用善意取得制度。

(三)被让与的合同权利应具有可让与性

在绝大多数的情况下,合同权利是应该可以转让的。但合同权利毕竟是特定人之间自由创设的权利,它有时建立在当事人相互信赖或特定利益的基础之上,其可转让性往往受到此种债权之性质的限制;此外,法律基于社会政策和保护社会公共秩序的考虑,又不得不禁止一些合同权利的可转让性。所以,并非一切合同权利均可作为让与的标的。根据我国《合同法》第 79 条的规定,下列债权合同权利不得转让:

1.依照合同性质不得转让的。这种债权是指根据合同性质只能在特定当事人之间发生才能实现合同目的的权利,如果转让给第三人,将会使合同的内容发生变更。这种债权常见的有三种：①根据个人信任关系，必须由特定人受领的债权，例如雇佣、委托等关系而产生的债权。②以特定的债权人为基础发生的合同权利，例如以某个特定演员的演出活动为基础订立的演出合同而产生的债权。③从权利，例如，因担保而产生的权利，从权利不得与主权利相分离而单独转让。

2.按照当事人的约定不得转让的。根据合同自由原则，当事人在订立合同时或者订立合同后约定禁止任何一方转让合同权利，只要此约定不违反法律的禁止性规定和社会公共道德，就具有法律效力。任何一方违反此约定而转让合同权利的，将构成违约行为。禁止合同权利转让的约定，既可以是禁止转让给某一个人，也可以是禁止转让给一切不特定人；既可以在合同有效期限内不得转让，也可以是在某个时期不得转让。

此外，受合同相对性规则的约束，当事人关于债权不得让与的约定，仅在当事人之间具有效力，对第三人一般不具有效力，条件构成的情况下，第三人可主张善意取得。

3.依照法律规定不得让与的。这种债权是法律规定禁止转让的，常见的有三种：①以特定身份为基础的债权，例如抚养费请求权、赡养费请求权等。②公法上的债权，例如抚恤金债权、退休金债权、劳动保险金债权等。③因人身权受到侵害而产生的损害赔偿请求权，例如因身体健康、名誉受侵害而产生的赔偿金、抚慰金债权等。

(四)须通知债务人

合同权利转让不具有公示性，且只在债权人与第三人之间进行，如果不告知债务人合同权利已经发生转让，债务人基于合同相对性的要求，仍然会对原债权人履行合同义务，如此一来，合同权利转让的目的就实现不了了。为此，《合同法》第80条规定："债权人转让权利的，应当通知债务人。未经通知，该转让对债务人不发生效力。债权人转让权利的通知不得撤销，但经受让人同意的除外。"

合同权利转让，应该通知债务人，也就是原合同债权人，即让与人应向债务人作出有关合同权利转让的意思表示。这种意思表示具体采用什么方式，合同法未作限制，口头形式、书面形式均可。原则上以书面形式订立的合同，合同的权利转让应当采用书面形式。法律、行政法规有特别规定的，应当遵照其规定。例如，我国票据法规定汇票债权转让的，以背书方式进行。通知原则一方面尊重了债权人处分其债权的自由，另一方面也顾全了债务人的利益，以免因债务人不知合同权利转让而遭受损失。

合同权利转让的通知到达债务人时发生效力，债务人接收到通知后，不再向原债权人履行合同义务，应以受让人为债权人，向受让人为合同清偿。合同权利的通知一旦发生效力，债权人不得撤销，但是受让人同意的除外。这种情况实际上是受让人变为让与人将其受让的合同权利再转让给原合同权利人。

三、合同权利转让的法律效力

合同权利转让有效成立后，即在让与人和受让人之间产生法律效力，并在已为让与通知后，对债务人也产生一定的法律效果。其中，在让与人和受让人之间的效力，称为合同权利转让的对内效力；对债务人的效力，则称为合同权利转让的对外效力。

(一)合同权利转让的对内效力

1.合同权利由让与人转让给受让人。合同权利转让如果是全部转让的，受让人便作为新的债权人成为合同权利的主体,转让人脱离合同关系,由受让人取代其地位。如果是部分转让的,受让人加入到现有的合同关系中,与转让人一起成为合同权利的主体。

2.非专属于债权人的从权利随同主权利一起移转。《合同法》第81条规定:"债权人转让权利的,受让人取得与债权有关的从权利,但该从权利专属于债权人自身的除外。"从权利,是指以主权利的存在为前提的权利。常见的从权利除了担保权外,还有利息债权、违约金债权、损害赔偿请求权等。从权利依附于主权利,主权利移转时,从权利一般也随之转移。债权人转让权利的,受让人取得与债权有关的从权利,正是基于主从权利关系而要求的。合同主权利发生转移,从属于主权利的从权利也随主权利转移给受让人。但从权利随之移转只是一般原则,专属于让与人自身的从权利并不随之移转。

3.让与人的权利瑕疵担保责任。由于债权让与本身即为一种合同,因而在有偿让与时,在瑕疵担保问题上应准用买卖合同的有关规定。也就是说,在有偿让与债权时,让与人应保证所转让的债权没有瑕疵,亦即不受第三人的追索,但受让人明知权利有瑕疵或当事人限制或免除权利瑕疵担保责任的除外。

(二)合同权利转让的对外效力

1.债务人不得再向转让人即原债权人履行债务。合同权利发生移转后,债务人应当将受让人作为债权人而履行债务,其对让与人即原债权人的履行不能构成债的清偿,合同债务不能免除,仍须向受让人即新债权人履行债务。让与人如果受领债务人的给付,则属不当得利,债务人可以要求返还。

2.债务人应向受让人即新债权人作出履行的义务。合同权利不论是全部转让,还是部分转让,受让人均取得了债权人的地位,成为新债权人,享有和原债权人同样的权利。债务人向原债权人履行合同义务的债务被免除。

3.凡债务人可对抗原债权人的一切抗辩,均可用以对抗受让人。根据《合同法》第82条规定,债务人接到债权转让通知后,债务人对让与人的抗辩,可以向受让人主张。为了保护债务人不因合同权利转让而处于不利地位,法律规定债务人得以对抗原债权人的抗辩权,亦得对抗新的债权人即受让人,例如同时履行抗辩权、债权无效抗辩权、时效完成的抗辩等。

4.债务人的抵销权。《合同法》第83条规定:"债务人接到债权转让通知时,债务人对让与人享有债权,并且债务人的债权先于转让的债权到期或者同时到期的,债务人可以向受让人主张抵销。"该条规定了债务人对让与人的抵销权可以向受让人行使。既然受让人接受了让与人的债权,那么,为了保护债务人的利益不受侵害,受让人对于让与人基于同一债权而应该承担的义务也应承受,包括债务人的清偿抵销权。

第三节　合同义务的移转

一、合同义务移转的概念

合同义务的移转,又称为债务承担,是指不改变合同的内容,债权人或债务人通过与第三人订立转让合同债务的协议,将债务全部或部分地移转给第三人承担。合同义务移转可因法律的直接规定而发生,也可以因法律行为而发生,因而合同义务移转一般是指依照当事人之间的协议将债务人的债务移转于第三人承担。

合同义务移转,包括两种情形:第一种情形是指原债务人的债务全部移转于第三人,由该第三人代替原债务人的地位,而原债务人脱离债务关系。此为免责的债务承担。第二种情形是指第三人加入债务关系,原债务人并不脱离债务关系,而是与第三人一起对同一内容的债务负连带责任。此为并存的债务承担。根据《合同法》第 84 条的规定,合同义务移转包括全部或部分的义务移转,也就是既有免责的债务承担,又有并存的债务承担。

合同义务移转与第三人代为履行挺相似,但两者的制度不同,彼此之间的区别主要表现为:

第一,在合同义务移转中,债务人将与第三人达成债务移转的协议,要取得债权人的同意,否则不发生合同义务的移转。在第三人代为履行中,第三人并没有与债权人或债务人达成债务移转的协议。

第二,在合同义务移转中,债务人已经成为合同关系的当事人,如果义务是全部移转的,债务人退出合同关系,由第三人代替债务人取得合同主体的地位。如果义务是部分移转的,第三人与债务人一起成为合同关系的当事人。第三人代为履行中,第三人始终不是合同关系的当事人,仅仅是合同的履行主体。

第三,在合同义务移转中,第三人已经成为合同关系的当事人,因此其未能按照合同约定履行债务的,债权人可以直接请求其履行义务和承担违约责任。第三人代为履行中,对于第三人的不适当履行,债务人应当承担债务不履行的民事责任。债权人只能向债务人而不能向第三人请求承担责任。

二、合同义务移转的条件

合同义务的移转只有符合一定条件,才能产生效力。根据我国法律的规定,合同义务移转须具备如下条件。

(一)须有有效的合同义务存在

就本来不存在的债务订立合同义务移转合同,不发生合同义务移转的效力。当事人已转的合同义务只能是有效存在的债务。将来可发生的债务虽然在理论上可由第三人承担,但仅在该债务有效成立后,合同义务才会发生移转。例如,附停止条件的合同义务,自合同义务有效发生时,转移协议才能生效。此外,合同义务移转的标的应当是合法债务,不法债务不能成为合同义务移转的标的。

(二)移转的合同义务应具有可转让性

不具有可移转性的债务,不能成为合同义务移转合同的标的。不得移转的债务主要包括:

第一,法律规定不得移转的债务,例如,因扶养请求权而发生的债务,仅可由第三人代为履行(即履行承担),而不得以合同义务移转合同于第三人。

第二,性质上不可移转的债务,除非经债权人同意,否则不得移转。这种债务是指与特定债务人的人身具有密切联系的债务,其他或者以特定债务人的特殊技能为基础,或者以特别的人身信任关系为基础,需要债务人亲自履行,因此不得移转。例如,以某著名演员的表演为标的的债务,以及委托合同中受托人的义务。

第三,债权人和债务人特别约定不得移转的债务,原则上不得移转。但这种特别约定也可因债权人同意债务人移转债务而失其效力,此时债务人移转债务的行为和债权人同意移转的行为,可视为他们取消该约定的行为。

第四,合同中的不作为义务,只能由特定合同关系当事人承担,而不能移转他人。

（三）须存在合同义务移转的协议

合同义务移转,须由当事人达成移转的协议。该合同义务移转协议的订立有两种情况,既可以通过债权人与第三人订立,也可以通过债务人与第三人订立。债务人与第三人之间订立合同义务移转协议的,欲发生债务移转效果的,尚需债权人的同意。债权人与第三人之间订立合同义务移转协议的,可认为债权人已经同意由该第三人履行债务,因此债权人与第三人之间订立的转让协议,一旦成立即生效。

（四）须经债权人的同意

根据《合同法》的规定,合同义务的移转不同于合同权利的转让,必须经债权人同意。由于合同关系通常建立在债权人对债务人的履行能力有所信任的基础之上,如果未经债权人同意而将债务移转于第三人,该第三人是否有足够资力和信用履行债务,往往不能确定,债权人的利益也就难以得到保障。为了保护债权人的利益不受债务人和第三人之间的合同义务移转合同的影响,我国《合同法》第84条规定合同义务的移转需经债权人的同意。如果未征得债权人同意,合同义务的移转无效。债权人的同意可以采取口头形式或是书面形式。如果债权人没有明确表态,但是已经将第三人作为其债务人向该第三人主张债务履行的,可以推定债权人已经对合同义务的移转表示同意。

此外,根据《合同法》第87条的规定:"法律、行政法规规定转让权利或者转移义务应当办理批准、登记等手续的,依照其规定。"法律由此方面要求的,应遵循该规定。

三、合同义务移转的效力

第一,合同义务全部移转的,债务人脱离债务关系,第三人成为新的债务人,取代原债务人而成为合同关系的当事人,新债务人直接向债权人承担债务。如果新债务人不履行或是履行不当的,债权人只能向新债务人而不能向原债务人请求债务的履行或是要求其承担违约责任。合同义务部分移转的,第三人加入到原合同关系当中,与债务人一起成为合同关系的主体,与债务人一起向债权人承担债务的履行。具体第三人与债务人之间的债务份额按照合同义务移转协议的约定处理。约定有份额的,按照彼此的份额向债权人承担相应的责任;没有约定或是约定不明的,视为债务人与第三人为连带债务,向债权人承担连带责任。

第二,合同义务移转后,新债务人可以主张原债务人对债权人的抗辩。根据《合同法》第85条的规定,债务人转移义务的,新债务人可以主张原债务人对债权人的抗辩。合同义务的移转使债务以移转时的状态转移给新债务人,因此,为了不让新债务人的利益受到损害,基于原债务而产生的抗辩权对于新债务人应继续有效。例如,债务具有无效原因,新债务人可就此向债权人主张无效。但专属于合同当事人的解除权和撤销权,只能由原债务人行使,新债务人不得享有。值得一提的是,合同义务的移转具有无因性,没有特别约定,新债务人不能基于原因行为的事由对抗债权人,只能基于所承担的债务本身所具有的抗辩事由向债权人行使抗辩权。

第三,非专属于原债务人的从义务移转于新债务人。《合同法》第 86 条规定:"债务人转移义务的,新债务人应当承担与主债务有关的从债务,但该从债务专属于原债务人自身的除外。"从债务与主债务联系在一起的,当主债务转移时,从债务一般也要随之转移,因为从债务不能脱离主债务而独立存在。合同义务发生移转后,当事人如果没有约定从债务由谁来承担的,根据从跟主规则,从债务也应由新债务人承担。如果经债权人同意的,主从债务可以分开,主债务由新债务人承担,从债务由原债务人承担。但是专属于原债务人自身的从债务不能跟随主债务的转移而转移。此外,担保的从债务必须经担保人同意方能生效,例如保证期间,债权人许可债务人转让债务的,应当取得保证人的书面同意。

第四节 合同权利和义务的概括移转

一、合同权利和义务概括移转的概念

《合同法》第 88 条规定:"当事人一方经对方同意,可以将自己在合同中的权利和义务一并转让给第三人。"此条是有关合同权利和义务概括移转的规定。所谓合同权利和义务的概括移转,是指合同当事人一方将其债权债务一并移转给第三人,由该第三人概括地接受这些债权债务。

合同权利和义务的概括移转,可为全部合同权利和义务的概括移转,也可为部分权利和义务的概括移转。部分债权债务概括移转时,出让人和承受人应确定各自享有的债权和承担的债务的份额和性质,如无约定或约定不明,则视为连带之债。

合同权利和义务的概括移转,第三人取得合同主体的法律地位,成为债的关系的当事人。一般而言,合同权利和义务的概括移转包括根据当事人的合意而发生的合同承受,以及根据法律规定而发生的财产继承、企业的合并和分立。

二、合同权利和义务概括移转的类型

(一)合同承受

合同承受,是指合同的当事人一方和第三人订立合同,经他方当事人同意后,将其合同当事人地位转让给该第三人。《合同法》第 89 条规定:"权利和义务一并转让的,适用本法第七十九条、第八十一条至第八十三条、第八十五条至第八十七条的规定。"合同权利和义务的概括移转,既有合同权利的转让,又有合同义务的移转,因此适用合同权利转让和合同义务移转的相关法律规定,同样适用于合同权利和义务的概括移转。

一般而言,合同承受的法律要件包括:

1.合同承受须经合同当事人一方和第三人合意,并取得对方当事人的同意。这是因为概括承受包含了债务的移转,所以未经合同另一方当事人的同意,转让无效。

2.被转让的合同应为双务合同。单务合同中不存在概括的债权债务,所以只能发生特定承受,即债权让与或合同义务移转,不能产生概括承受。只有双务合同,存有对待给付,当事人互负债务,互享债权,才会产生合同权利和义务的概括移转。

3.依照法律、行政法规必须采取特定形式的合同,合同转让时应遵循法律的规定。

(二)法人或其他组织的合并与分立

《合同法》第90条规定:"当事人订立合同后合并的,由合并后的法人或者其他组织行使合同权利,履行合同义务。当事人订立合同后分立的,除债权人和债务人另有约定的以外,由分立的法人或者其他组织对合同的权利和义务享有连带债权,承担连带债务。"此条规定了法人、其他组织合并和分立引起的债权债务概括转让问题。该条规定要比《民法通则》第44条①的规定更为具体。

法人或其他组织的合并与分立不同于企业破产,为了避免相对人和合并、分立企业的利益受到损害,保护交易安全,根据主体的承继性原则,企业合并或分立之前的债权债务应由合并或分立后的企业承担。企业合并或分立后,原企业的债权债务的概括移转,属于法定移转,因而不需要取得相对人的同意,依合并或分立后企业的通知或者公告发生效力。通知的方式既可以是单独通知,也可以是公告通知。公告通知的,应当保证在一般情形下能为相对人所知悉。

法人或其他组织的分立,其债权债务由分立后的法人或其他组织承担,这种承担有两种情况:一种情况是约定承担,就是债权人与债务人约定债权债务由哪个法人或其他组织承担,既可以约定由分立后的某一个法人或其他组织承担,也可以约定由分立后的法人或其他组织按份承担。另一种情况是法定承担,就是债权人与债务人没有约定或是约定不明的情况下,根据法律的规定,由分立后的法人或其他组织对合同权利和义务承担连带关系。

三、合同权利和义务概括移转的效力

合同权利和义务概括移转是债权债务的一并移转,因而根据《合同法》第89条的规定,其效力适用关于合同权利转让、合同义务移转的一般规定。但债权债务的概括移转并非是债权让与和合同义务移转的简单相加。在债权让与或合同义务移转的场合,由于第三人作为债权的受让人或债务的承担人并非原合同的当事人,因而与原债权人或原债务人的利益不可分离的权利,并不随之移转于受让人或承担人。但在债权债务概括移转的场合,由于承受人完全取代了原当事人的法律地位,合同内容也就原封不动地移转于新当事人,所以,和债权让与、合同义务移转不同,依附于原当事人的一切权利和义务。如解除权、撤销权等,都将移转于承受人。

---

① 《民法通则》第44条规定:企业法人分立、合并,它的权利义务由变更后的法人享有或者承担。

8

第八章
合同权利义务的终止

⊙ 导读案例

2003 年 3 月 12 日,原告卫某以贸易大厦银河家具店名义与被告韩某签订承包协议书,经营期限自 2003 年 4 月 1 日至 2008 年 8 月 31 日,在该承包协议书中,约定被告不得出租原告的场地,每个卷闸门的经营场地每个月的承包费(房费)为 1800 元,韩某向卫某一次性支付,可享受五个月的赠送免费承包期。2003 年 4 月 1 日,被告韩某一次性支付原告承包费用 320000 元整。2003 年 3 月 28 日原告又以贸易大厦银河家具店名义与被告签订了联营协议书,约定联营期限自 2003 年 4 月 1 日至 2008 年 8 月 31 日,以韩某为负责人,申请登记领取营业执照,韩某确保卫某的所有税后纯收入不低于柳爱荣承包费标准(以每个卷闸门为准)。2008 年 1 月 6 日,被告韩某又再次支付原告 60000 元整。2006 年 2 月 23 日原告卫某又以焦作市工合煤炭转运站的名义与被告韩某签订合作经营协议书,经营期限自 2008 年 9 月 1 日至 2016 年 8 月 31 日,协议第三条约定:本协议签订后,乙方同意提前给甲方两年固定纯利润 182400 元(从中扣除 7600 元纯利息)。第一次乙方给甲方的实际款额为 174800 元(本协议签订后两个月内乙方将款全额付给甲方,甲方同时出具收据)。2010 年 9 月 1 日,乙方仍按上述标准和办法将两年的固定纯利润提前给甲方。协议第四条约定甲乙双方因乙方违反协议条款,给对方造成损失和伤害应向对方赔偿违约金 50000 元。协议签订后于 2006 年 4 月 23 日,原告以焦作市工合煤炭转运站的名义收取固定利润 174800 元。2008 年 8 月 9 日原告卫某以其丈夫的名义向韩某发出解除 2006 年 2 月 23 日签订的合作经营书的通知,通知将于 2008 年 9 月 1 日解除该合作经营协议书。被告收到该解除通知书后,未向人民法院提起诉讼。1995 年 11 月 8 日焦作市工合煤炭转运站位于解放区解放中路贸易大厦 1 楼 44 号的房产卖给卫某。2010 年 7 月 27 日焦作市房产管理局给卫某颁发的焦房权证解放字第 201002622 号房产证。另查明:自 2010 年 9 月 1 日起,被告韩某未向原告卫某支付任何费用。

本院认为:原告持有的焦作市房产管理局颁发的焦房权证解放字第 201002622 号房产证合法有效,原告对该房产权证载明的位于解放区解放中路贸易大厦 1 楼 44 号的房产拥有所有权,对该房产拥有收益权利,原告是本案适格主体。原告在 2003 年 3 月 12 日,2003 年 3 月 28 日,2006 年 2 月 23 日分别以其他名义与被告韩某签订协议书合法有效,系原告的合法行为,原被告双方均应按照协议内容履行义务。2008 年 8 月 9 日,原告卫某向被告发出通知后,确定将在 2008 年 9 月 1 日解除 2006 年 2 月 23 日双方签订的《合作经营协议书》,被告未在法定期限内主张权利,视为被告对解除《合作经营协议书》没有异议。被告于 2006 年 4 月 23 日交纳的固定利润 174800 元可作为实际使用房屋的费用。被告于 2008 年 1 月 6 日交纳的 60000 元费用,系原被告在实际履行《合作经营协议书》前的行为,不能认定该 60000 元与履行《合作经营协议书》有关,故对被告辩称的理由本院不予采信。自 2010 年 9 月 1 日起,被告韩某未依照合同约定向原告卫某支付费用,是以自己的行为表明不履行主要义务,故对原告的主张本院予以支持。依据《中华人民共和国合同法》第 94 条第(二)项、第 97 条之规定,判决如下:

一、解除原告卫某与被告韩某于 2006 年 2 月 23 日签订的《合作经营协议书》;

二、自本判决下达之日起十日内,被告韩某将位于解放区解放中路贸易大厦 1 楼 44 号的房产清空并归还原告卫某;

三、自 2010 年 9 月 1 日起,被告韩某应按照 3 个卷闸门,每个卷闸门 30400 元/年的标准向原告支付费用至实际归还房屋之日止;

四、自本判决生效之日起十日内,被告韩某支付原告卫某违约金 50000 元整。

如果未按本判决指定的期间履行金钱给付义务,应当依照《中华人民共和国民事诉讼法》第 229 条的规定,加倍支付延迟履行的债务利息。

本案诉讼费 3700 元,由被告韩某承担,先由原告垫付待执行时由被告一并支付。

⊙ **问题提出**

1.合同终止的原因与效力为何?

2.清偿抵冲的成立条件是什么?

3.合同解除有哪些种类?

4.抵销成立的条件和效力为何?

5.提存的成立条件和效力为何?

第一节　合同终止概述

一、合同终止的概念和原因

(一)合同终止的概念

合同的终止,又称合同的消灭,是指合同当事人之间的权利义务于客观上不复存在。

合同关系是基于一定的法律事实而产生、变更的,同时也是基于一定的法律事实而终止的。我国《合同法》第 91 条,将合同终止的原因归纳为:①债务已经按照约定履行;②合同解除;③债务相互抵销;④债务人依法将标的物提存;⑤债权人免除债务;⑥债权债务同归于一人;⑦法律规定或者当事人约定终止的其他情形。

(二)合同终止的原因

综合起来,合同终止的原因基本上可以分为以下几类:

第一,因合同目的实现而消灭。合同目的的实现就是债权人的债权得以实现,债权人的利益得到了满足。当事人订立合同的目的就是为了获取某种利益,而利益的取得必须通过债权的实现才能完成。债权一旦实现,意味着债务人全面地、适当地履行了自己的义务。由此义务履行完毕,权利得以实现,合同关系消灭,权利义务终止。例如,清偿、提存等都是使合同目的实现的原因。

第二,因当事人的意思而终止。合同当事人之间的权利义务关系,可以因为当事人的意思而终止。当事人的意思,既可以是当事人一方的意思表示,例如债务的免除、抵销等;也可以是当事人双方的意思表示,例如合同的协议解除等。

第三,因法律的规定而终止。合同虽然是当事人意思自治,协议一致的产物,但是并不排斥法律的适当干预。当法律直接规定了合同终止的原因时,合同的权利和义务也会归于消灭。例如,合同的法定解除、当事人的死亡或丧失行为能力、法人终止等,都属于此种情形。

二、合同终止的效力

合同终止的效力表现为:

第一,合同当事人之间的权利义务消灭,债权人不再享有债权,债务人也不再负担债务。

第二,合同之债消灭后,依附于主权利义务关系的从权利和从义务,如担保权、违约金债权、利息债权等,一并消灭。

第三,负债字据的返还。负债字据为合同权利义务的证明。合同权利义务关系终止后,债权人自应将负债字据返还给债务人;债权人如因字据灭失而不能返还的,则应向债务人出具债务消灭的字据。

第四,合同当事人之间发生后合同义务。《合同法》第92条规定:"合同的权利义务终止后,当事人应当遵循诚实信用原则,根据交易习惯履行通知、协助、保密等义务。"此条便是有关后合同义务的规定。后合同义务是依据诚实信用原则和交易习惯而产生的,发生在合同权利义务关系终止之后,其目的是为了维护给付效果或者妥善处理合同终止的事宜。

第五,合同终止不影响合同中结算和清理条款的效力。该效力是源于《合同法》第98条的规定。结算和清理条款往往是与合同终止密切相关,是为了合同终止而约定的,因此不能因合同终止而失去效力。

第二节　清　偿

一、清偿的概念

清偿,在《合同法》中称为"债务已经按照约定履行",是指债务人按照合同约定向债权人履行义务,实现债权目的的行为。清偿是能达到债权消灭效果的给付行为。

当事人订立合同的目的,就是通过合同义务的履行,实现合同权利,从而获得目标利益。只有债务人履行了债务,债权人的权利才能得到实现。通过债务人的履行满足债权实现合同目的,最终满足债权从而使合同终止,合同关系消灭。清偿是合同消灭的最正常、最常见的原因。

二、清偿的基本要求

(一)清偿的主体

1.清偿人

清偿人是清偿债务的人。清偿人包括债务人、债务人的代理人以及第三人。

债务人负有清偿的义务,必须为清偿,否则构成违约。债务人为清偿义务时,除非法律规定、当事人约定或是合同性质决定,否则必须由债务人本人亲自实施,既可以由债务人的代理人进行清偿,也可以由第三人代为清偿。需要注意的是,第三人代为清偿时应该注意其与合同义务移转的区别,两者的区别在合同义务移转章节已经详细说明,此处不再赘述。

债务人的代理人或是第三人为清偿义务后,清偿的效果归属于债权人,如果代理人或是第三人履行不适当或没有履行的,不是由代理人或是第三人承担违约责任,而是由债务人本人来承担。

2.清偿受领人

清偿受领人也就是受领清偿利益的人,一般是债权人,除此之外,债权人的代理人、债权人的破产管理人、代位权人等也可以成为清偿受领人。

清偿若是向第三人所为,应该注意区分向第三人履行与合同权利转让的区别:首先,合同权利的转让中受让人成为合同关系的当事人;向第三人履行中的第三人并没有成为合同关系的主体,仅仅是接受债务履行的人。其次,合同权利转让中因受让人已成为合同主体,受让人接受债务的履行是为了自己的利益;向第三人履行中,第三人接受债务的履行不是为了自己,而是为了债权人。最后,合同权利转让中债务人履行不当或是没有履行,受让人有权追究其违约责任;向第三人履行中,债务人履行不当或是没有履行,第三人无权追究债务人的违约责任,只能由债权人来主张。

(二)清偿的标的

清偿的标的,亦即履行标的、给付内容。依诚实信用和实际履行原则,债权人应按照合同约定的标的履行,完全清偿自己的债务,不得为部分清偿。但是在有些情况下,债务人可以部分清偿和代物清偿。

1.部分清偿

《合同法》第72条规定:"债权人可以拒绝债务人部分履行债务,但部分履行不损害债权人利益的除外。"可见,在两种情况下,债务人可以为部分清偿:一是双方当事人的同意;二是不损害债权人的利益。此外,《民法通则》第108条规定:"债务应当清偿。暂时无力偿还的,经债权人同意或是人民法院判决,可以由债务人分期偿还。有能力偿还而拒不偿还的,由人民法院判决强制偿还。"

2.代物清偿

代物清偿是指以他种给付代替原定给付,债权人受领该给付而使合同关系消灭。

代物清偿须具备以下要件:①须有债权债务的存在,而标的如何,在所不问。②须以他种给付代替原定给付,例如以马代牛、以金钱代替劳务。在代物清偿中,有时原定给付和他种给付在价值上并不相同,应允许当事人在达成代物清偿合意时,对原定给付和代替给付价值差额的处理予以约定。如无约定的,则视原定给付和他种给付在价值上无区别。③须当事人之间就代物清偿达成合意。这里所谓的当事人,是指清偿人(包括代为清偿的第三人)和清偿受领人(包括其他有受领权的人)。④须清偿人现实受领他种给付。如果受领权人未受领债务人的给付,自然不能发生代物清偿。

代物清偿成立时,便发生合同关系消灭的效力。

(三)清偿期、清偿地、清偿费用

债务人清偿债务应于当事人约定的履行地点、履行期限内为之;当事人没有约定的,按照法律规定的补缺性规定为之;清偿费用,依照法律规定或是当事人的约定处理。法律没有规定,当事人也没有约定的,按照合同有关条款或交易习惯确定。据此仍不能确定的,清偿费用由债务人承担。

三、清偿抵充

(一)清偿抵充的概念

清偿抵充,是指债务人对同一债权人负担数宗同种类债务,而债务人的履行不足清偿全部债务时,确定该履行抵充其中某宗或某几宗债务。

在债务人对同一债权人所负的数宗债务中,可能有附利息的,也有不附利息的;有附条件的,也有未附条件的;有设定担保的,也有未设定担保的;等等。如果债务人的履行不足以消灭所有的债务,那么究竟使哪宗债务消灭,对债权人和债务人就有不同的利害后果。为妥善解决这一问题,设置了清偿抵充规则。

(二)清偿抵充的构成要件

清偿抵充的构成要件如下:

1. 必须是债务人对同一债权人负担数宗债务。如果对债权人仅仅负有一宗债务,即使债务人的给付不能为全部清偿,也属于部分清偿,不发生清偿抵充问题。债务人对同一债权人负担数宗债务,不问是自始存在于当事人之间,还是嗣后由他人处承担而来;也无须考虑该数宗债务是否均已届清偿期。

2. 数宗债务种类相同。各宗债务种类不同的,可依所为给付的种类确定其清偿的是何宗债务,不能发生清偿抵充问题。例如,同一债权人向债务人先后订购100本笔记本和50个计算器,债务人交付100本笔记本,便不发生抵充问题。如果就某项债务的给付,清偿人提出的给付超出规定的数额,当事人同意以多余部分代替其他项债务清偿的,属于代物清偿。只有债务人负担的数宗债务种类相同的情况下,才能发生清偿抵充,例如,甲先后向乙借款1万元、3万元、5万元和10万元。之后,甲向乙还款8万元。此时便会发生清偿抵充。

3. 必须是债务人的给付不足以清偿全部债务。虽然有数项同种类给付的债务,但是清偿人提出的给付不足以清偿全部的债务,之前的例子,总共欠款19万元,债务人给付8万元,不足以清偿全部债务,有清偿抵充的必要。

（三）清偿抵充的确定方法

债务人对同一债权人所负担的数宗同种类的债务中，履行期限、数量、价款等都有可能不同。为此，我国《合同法司法解释二》第 20 条规定："债务人的给付不足以清偿其对同一债权人所负的数笔相同种类的全部债务，应当优先抵充已到期的债务；几项债务均到期的，优先抵充对债权人缺乏担保或者担保数额最少的债务；担保数额相同的，优先抵充债务负担较重的债务；负担相同的，按照债务到期的先后顺序抵充；到期时间相同的，按比例抵充。但是，债权人与债务人对清偿的债务或者清偿抵充顺序有约定的除外。"

考虑到债务人自身的履行能力可能无法满足全部的债权和利息以及相关的履行费用，为此，《合同法司法解释二》第 21 条规定："债务人除主债务之外还应当支付利息和费用，当其给付不足以清偿全部债务时，并且当事人没有约定的，人民法院应当按照下列顺序抵充：（一）实现债权的有关费用；（二）利息；（三）主债务。"

《合同法司法解释二》第 20 条、第 21 条确定的是法定抵充方法，也就是由法律规定清偿人的清偿应抵充的债务。

此外，根据《合同法司法解释二》第 20 条的规定，允许债权人与债务人对清偿的债务或者清偿抵充顺序进行约定，此乃约定抵充的方法。当事人之间就债务人的履行用来抵充何宗债务有约定时，应从其约定。此种约定应在给付之时或给付之前为之。

第三节　合同的解除

一、合同解除的概念和特点

（一）合同解除的概念

合同解除是指在合同依法成立后，尚未全部履行完毕之前，因当事人一方的意思表示，或者双方的协议，或者法律的规定，使基于合同而发生的债权债务关系归于消灭的行为。

（二）合同解除的特点

合同解除具有如下特点：

第一，合同的解除以当事人之间存有有效合同为基础。当事人之间自始就不存在合同关系的，不存在合同解除问题。当事人之间存在的合同关系被宣告无效或是被撤销的，也不发生合同解除问题。合同关系已经消灭的，更是与合同解除无关。只有在当事人之间存有合法有效的合同关系时，才会涉及合同效力提前结束的合同解除问题。

第二，合同的解除必须具备一定的条件。合同依法成立后，便具有法律约束力，任何一方不得擅自解除合同，提前终止合同的效力。只有出现了合同解除事由，才允许合同效力的提前结束。合同解除事由可以是法定的，也可以是约定的。

第三，合同解除是一种消灭合同关系的法律行为。当具备合同解除的条件时，当事人可以解除合同，但是当事人解除合同必须实施一定的解除行为。这种解除行为是一种法律行为。如果仅有合同解除的条件，没有当事人解除合同的行为，合同不能自动解除。

合同解除不同于合同撤销,两者的区别主要有两个方面:一是合同撤销一般适用于意思表示有瑕疵的合同;而合同解除适用合法有效的合同。二是合同撤销的事由均是由法律规定的;而合同解除的事由可以是法律规定的,也可以是当事人约定或协商的。

二、合同解除的种类

根据《合同法》第 93 条和第 94 条的规定,合同解除的种类有以下几种。

(一)协议解除

协议解除,是指在合同依法成立后尚未全部履行完毕之前,当事人通过协商将合同解除的行为。《合同法》第 93 条中规定:"当事人协商一致,可以解除合同。"协议解除的特点在于:其是通过订立一个新合同来解除原合同的。当事人通过协商一致达成一个统一解除原合同的协议。

(二)约定解除

《合同法》第 93 条中规定:"当事人可以约定一方解除合同的条件。解除合同的条件成就时,解除权人可以解除合同。"此为约定解除。所谓约定解除,是指当事人在合同中为一方或各方约定的解除权产生条件具备,由取得解除权的当事人行使解除权,从而解除合同的行为。简言之,是当事人约定为一方或各方保留解除权的解除。约定的解除权可以保留给当事人一方,也可以保留给当事人各方。保留解除权,可以在当事人订立合同时约定,也可以在以后另行订立约定解除权的合同。合同当事人约定的解除权产生条件,遵循合同自由原则,只要不违反法律或者行政法规效力性的禁止性规范,只要不损害国家利益或者社会公共利益,都可生效。约定解除属于单方解除。

协议解除与约定解除,虽然都是用合同形式把原订的合同加以解除,但它们是两种不同的方式,其区别在于:

第一,约定解除属于事先约定的解除,在发生解除需要之前就已经在合同中约定好了解除权行使的条件;而协议解除属于事后解除,是在发生解除需要时经过当事人的协商来加以确定的。

第二,约定解除,不一定真正导致合同关系的消灭,只有在解除权行使条件成就的时候,合同才会因解除权的行使而终止;协议解除应是当事人协商决定的合同解除,必定导致合同关系的终止。

第三,约定解除往往是约定在违约情况下的解除;而协议解除并不一定以违约为前提,即便合同当事人都严格遵守合同规定的情况下,仍然可以通过协商来解除合同。

第四,约定解除属于单方解除,行使解除权的往往是合同一方当事人;协议解除需要合同当事人的协商一致,因此属于双方解除,是双方共同行使解除权的结果。

(三)法定解除

法定解除,是指当法律直接规定的解除权产生条件具备时,解除权人行使解除权解除合同的行为。在实践中,存在合同的一方当事人由于主客观原因不履行或不能完全履行自己的合同义务,此时设置法定解除制度,主要是为了保护合同债权人的利益,让债权人借助法定解除权来摆脱自己负担的合同义务,结束合同关系。

三、合同法定解除的条件

根据《合同法》第 94 条的规定,合同法定解除的条件有以下几方面。

(一)因不可抗力致使不能实现合同目的

根据《民法通则》的规定,不可抗力是指不能预见、不能避免、不能克服的客观情况。不可抗力事件的发生,会对合同履行产生不同程度的影响,可能会导致合同部分不能履行,可能导致合同全部不能履行,可能导致合同暂时不能履行,可能导致合同永久不能履行,等等。若欲以不可抗力主张合同解除,须得证明不可抗力的发生导致的是合同目的的无法实现。合同目的是合同当事人订立合同时所想要发生的或是想要得到的结果,是一种经济利益。合同目的不能实现,当事人想要的结果无法取得,合同自没有继续存在的必要。例如,洪水暴发,作为买卖标的物的房屋被冲塌,合同目的实现不了,房屋买卖合同便没有存在的必要。由于不可抗力并不是合同当事人的过失所造成的,因此合同的任何一方当事人都有权行使解除权。

(二)在履行期限届满之前,当事人一方明确表示或者以自己的行为表明不履行主要债务

该种情形在《合同法》理论上称为预期违约。当事人在履行期限到来之前,明确表示不履行合同的,称为明示预期违约;当事人在履行期限届满前,以自己的行为表示不履行合同的,称为默示预期违约。在合同的履行期限届满之前,当事人还没有履行合同的义务,一般不产生违约问题。但是,在履行期限届满前,当事人一方明确表示或者以自己的行为表明不履行主要债务,合同目的将不能实现。在这种情况下,如果要求另一方当事人在履行期限届满后才能主张救济,将会给其造成损害,不利于对当事人的利益保护。所以,在预期违约的情况下,法律允许当事人解除合同。

(三)当事人一方迟延履行主要债务,经催告后在合理期限内仍未履行

迟延履行,是指当事人在合同规定的履行期限届满后没有履行合同。主要债务是指合同规定的具有重要地位的、决定合同性质的合同义务。主要债务不履行将导致合同根本没有履行、合同目的根本没有实现。当事人迟延履行主要债务,并不必然导致合同的解除,从鼓励交易目的出发,法律要求债权人进行催告,也就是债权人应向债务人发出请求履行的通知,并给债务人留有合理的期限,以便债务人有充足的准备履行债务的时间。当事人一方迟延履行主要债务,经催告后在合理期限内仍未履行,表明债务人根本就没有履行合同的打算,或者根本不具备合同履行的能力。所以,应当允许债权人解除合同。

(四)当事人一方迟延履行债务或者有其他违约行为致使不能实现合同目的

在合同履行中,除了当事人一方迟延履行合同会导致合同目的无法实现外,其他违约行为,例如履行不能、履行不当等,也会导致合同目的的无法实现。此外,具体合同,其间的构成要素对合同影响不同,一些时效性强的合同,履行期限便成为至关重要的因素,例如节日的供应销售,未在合同约定的履行期限履行,嗣后的履行,对需方而言已经不具有任何的利益,无法实现合同的目的,这就构成了合同解除的需要。

（五）法律规定的其他情形

《合同法》通过列举的方式规定了合同法定解除的条件,但并没有穷尽所有的能适用法定解除的情况,通过该项规定对于其他的法定解除情形予以概括。例如,双务合同中的不安抗辩,当产生二次效力时,便能产生合同解除的后果。

四、合同解除的程序

合同解除的方式不同,合同解除的程序也就不同,总体上,合同解除程序有以下两种。

（一）协议解除的程序

协议解除的程序,是当事人各方经过协商同意,将合同关系终止的程序。合同的解除取决于当事人各方意思表示一致,而不是基于当事人一方的意思表示,也不需要有解除权,完全是以一个新的合同解除原合同。因此,协议解除合同的程序必须遵循合同订立的程序,即经过要约和承诺两个阶段。这里的要约,是解除合同的要约,其内容是要消灭既存的合同关系,甚至包括已经履行的部分是否返还,责任如何分担等问题。这里的承诺,是解除合同的承诺,是完全同意解除要约的意思表示。协议解除合同按照法律规定需办理批准、登记等手续的,办完这些手续的日期为合同解除的日期。不需要办理批准、登记等手续的,双方当事人协商一致之时就是合同解除生效之时,也可以由双方当事人商定解除生效的日期。

（二）行使解除权的程序

行使解除权终止合同关系,必须以当事人享有解除权为前提。行使解除权的程序适用于法定解除和约定解除。

《合同法》第96条规定:"当事人一方依照本法第九十三条第二款、第九十四条的规定主张解除合同的,应当通知对方。合同自通知到达对方时解除。对方有异议的,可以请求人民法院或者仲裁机构确认解除合同的效力。"据此条规定,行使解除权解除合同,应该以通知的方式。通知是一方当事人向另一方当事人发出的解除合同的意思表示。通知原则上应采用书面形式。通知到达对方,是指解除合同的通知送达到了对方当事人,具体送达的要求与要约、承诺的送达要求相同。通知一旦送达到对方当事人便发生合同解除的效果,合同关系消灭,合同权利和义务终止。

对方当事人对一方当事人是否享有解除权以及解除权的行使方式是否合法持有不同意见的,认为合同不应该被解除或者合同解除的行为是无效的,可以请求人民法院或是仲裁机构予以确认。如果人民法院或仲裁机构判定解除合同有效,那么原合同效力终止;如果人民法院或仲裁机构判定解除合同无效,那么原合同继续有效。

当事人对解除权的行使应该在确定的期限内或是合理的期限内。《合同法》第95条规定:"法律规定或者当事人约定解除权行使期限,期限届满当事人不行使的,该权利消灭。法律没有规定或者当事人没有约定解除权行使期限,经对方催告后在合理期限内不行使的,该权利消灭。"解除权的行使期限属于除斥期,法律之所以规定解除权的行使期限,是为了维护交易的稳定,以防当事人享有合同解除权长期不行使而带来的交易混乱。

五、合同解除的效力

合同解除的效力,是指合同被解除后所发生的法律效果。根据《合同法》的相关规定,关于合同解除的效力,主要涉及以下两个问题。

(一)合同解除的溯及力问题

合同解除的法律后果是由合同解除的效力决定的。合同解除具有使现存的合同权利和合同义务归于消灭的效力。对于合同解除前的合同权利和合同义务应如何处理,这便是合同解除是否具有溯及力的问题。合同解除的溯及力,是指解除使合同关系溯及既往地终止,合同如同自始未成立。

合同解除是否具有溯及力,《合同法》对此作了较为灵活的规定,该法第 97 条规定:"合同解除后,尚未履行的,终止履行;已经履行的,根据履行情况和合同性质,当事人可以要求恢复原状、采取其他补救措施,并有权要求赔偿损失。"据此,合同解除是否有溯及力,取决于两个方面:

一是当事人是否请求。正如合同法中所规定的,当事人可以要求恢复原状。言下之意,当事人是否恢复原状由其自身决定。如果当事人要求恢复原状的,自是要求将合同的状态恢复到合同订立之前状态,合同关系自始未存在过。恢复原状是合同解除具有溯及力的表现。例如,甲乙之间订立了一份充电宝买卖合同,约定甲应该向乙交付充电宝 100 只。后甲交付了 50 只充电宝后,不再交货。经乙多次催讨,甲仍未交货。乙解除合同,要求甲返还已支付的价款 1500 元。此处乙要求恢复原状,合同的解除便具有溯及力。

二是履行情况和合同性质。也就是说,根据履行情况和合同性质来看是否能够恢复到订立合同之前的状态。如果根据履行情况和合同性质能够恢复原状的,当事人可以要求恢复原状。如果根据履行情况和合同性质不可能恢复原状的,则当事人不能要求恢复原状。一般而言,继续性合同解除后,不能恢复原状,不具有溯及力。例如雇佣合同、长期供货合同等。非继续性合同作为解除的标的,为解除具有溯及力提供了一种可能性,但是还需要合同当事人的表态,视其是否要求恢复原状。以之前充电宝为例,如果乙解除合同,只要求返还多支付的 50 个充电宝的价款,那么合同的解除就不具有溯及力。

(二)合同解除与损害赔偿

根据《合同法》第 97 条的规定,合同解除后,当事人是有权要求赔偿损失。由此可知,合同解除与损害赔偿是可以并存的。在合同解除前,合同是合法有效的,当事人一方违反合同规定的,就应该根据法律的规定承担债务不履行的责任。这种责任客观存在,无论当事人是否解除合同都不受影响。合同一方当事人的违约,因存在有合同约定的或者法律规定的免责事由,或者虽然符合违约责任的构成条件,但当事人的违约并未给债权人造成损害的,法定解除不与损害赔偿并存。合同一方当事人的违约,符合违约责任的构成条件,且其违约行为给债权人造成损害的,法定解除和损害赔偿并存,违约方应赔偿因违约给对方造成的全部损害。

第四节　抵　销

一、抵销的概念

抵销,是指两人互负给付债务时,各以其债权充当债务的清偿,而使其债务和对方的债务在对等额内相互消灭。在抵销中,主张抵销的债务人的债权称为主动债权;被抵销的权利称为被动债权。例如,甲欠乙货款 10 万元,乙欠甲借款 10 万元,均已到期,甲便可向乙主张抵销。其中甲的债权为主动债权,乙的债权为被动债权。一旦抵销,甲乙均不负有向对方履行还款的义务。

抵销有广义和狭义之分,广义的抵销包括法定抵销与合意抵销两种;狭义的抵销则仅指法定抵销。我国《合同法》第 99 条对法定抵销作了规定,第 100 条对合意抵销作了规定。可见,《合同法》中的抵销是指广义抵销。

抵销一方面可免去双方交互给付的麻烦,节省履行费用,降低交易成本;另一方面可确保债权的效力,以免先为清偿的债务人有蒙受损害的危险。因此,抵销便成为合同消灭的原因之一。

二、法定抵销

(一)法定抵销的构成条件

法定抵销,是指按照法律的规定,在两人互负同种类债务,且债务均已届清偿期时,依当事人一方的意思表示而成立的抵销。在法定抵销中,依当事人一方的意思表示即可发生抵销效力的权利,称为抵销权,它在性质上属于形成权。

根据《合同法》第 99 条的规定,法定抵销的构成要件为:

1.必须是双方当事人互负债务、互享债权。抵销是以在对等额内使双方债权消灭为目的,因而以双方互负债务、互享债权为必要前提。只有债务而无债权或者只有债权而无债务,均不发生抵销问题。因此,当事人双方存在的两个债权债务关系,均须为合法有效。其中任何一个债权债务关系为不法的,例如赌债,就不能主张抵销。如果有合同不成立或无效情形的,因债权不能有效存在,所以无法抵销。附解除条件的债权在条件成就前为有效债权,可用以抵销,并且其条件成就没有溯及力,故在行使抵销权后条件成就的,抵销仍为有效;附停止条件的债权,在条件成就前,因其尚未存在,故不得以之抵销。超过诉讼时效期间的债权,不能作为主动债权而主张抵销,但可以作为被动债权予以抵销。需要说明一点的是,当事人互负债务、互享债权不是基于一个合同关系而发生的,至少应该有两个合同关系。在同一双务合同中不涉及抵销,而是涉及抗辩权问题。

2.须双方债务的给付为同一种类。双方债务的给付为同一种类,是指标的物的种类和品质相同。标的物的种类是根据物的性质或者特点进行分类的。例如金钱、种类物便是最常见的种类相同的物。品质,是指标的物的质量、规格、性能等方面的综合评定。标的物的种类和品质相同,当事人才具有相同的经济目的,采用抵销的方法来消灭双方对等额度内的互负债务,才能使合同当事人的合同目的得以实现。

3.必须双方的债务均届清偿期。抵销实际上就是相互清偿,如果双方债务未届清偿期而允许抵销的话,无异于强求对方提前履行。而根据合同履行规则,在合同履行期限未满之前,债务人不负有履行义务。要求当事人提前履行还可能会损失债务人的期限利益。但是,履行期限尚未届满一方主动提出抵销的,可视为债务人对期限利益的抛弃,因而即使债务人未届清偿期,也可与已届清偿期的债务抵销。

此外,当两项债务中有一项债务没有规定履行期限的,根据合同履行规则,未规定履行期限的视为随时,既然是随时,自然可以抵销。两项债务均未规定履行期限的,因为随时,所以可以抵销。

4.必须双方的债务均属可抵销的债务。抵销是合同消灭的原因,只有允许抵销的债务,才能适用抵销。一般而言,以下债务不能抵销:

第一,根据合同性质不得抵销的债务。某些合同债务由其性质决定,非清偿不能达到合同目的,因此,此类债务必须相互清偿,不得抵销。例如不作为债务、提供劳务的债务等。

第二,法律规定不得抵销的债务。主要包括有禁止强制执行的债务,例如被执行人及其所负担家属的生活必需费用不得强制执行;有故意实施侵权行为引起的债务,例如伤残补助金、精神抚慰金等。债务人不得主张抵销,如果允许债务人抵销,就意味着其可任意侵害债权人的人身和财产权利。

第三,当事人约定不能抵销的债务。遵循合同自由原则,只要不违反法律的强制性规定,符合社会公共利益和社会公德,当事人约定债务不能抵销,按其约定。

(二)法定抵销权的行使方法和效力

《合同法》第99条第2款规定:"当事人主张抵销的,应当通知对方。通知自到达对方时生效。抵销不得附条件或者附期限。"可见,抵销应当采用通知的形式。通知的形式法律未作规定,既可以是书面的,也可以是口头的。

法定抵销权在性质上属于形成权,因而只要有一方当事人的意思表示即可发生效力,无须对方同意。除法律另有规定外,当事人不得撤回抵销。抵销的效力主要表现为:

1.双方的债权债务在对等额度内消灭。一旦抵销,双方债务额相同时,其互负债务均归消灭。一方的债务额大于对方的债务额时,前者仅消灭一部分债务额,后者则全部消灭,债务人在余额部分仍然负有履行义务。

2.抵销的意思表示溯及至抵销之时。抵销的意思表示具有溯及力,即溯及得为抵销时,发生消灭合同的效力。双方的债务在抵销权发生之时消灭。双方债务清偿期限不一致的,以主动抵销的一方发生抵销权的时间为抵销时间。抵销权的溯及力包括:①自可为抵销之时起,就消灭的债务不再发生支付利息的债务。②自可为抵销之时起,不再发生迟延履行责任。③自可为抵销之时起,债务人发生的损害赔偿及违约金责任免除。

3.抵销不得附条件或是期限。抵销附条件或是期限,会使抵销效力不确定,有违抵销设立的目的,有碍抵销制度功能的发挥。

三、合意抵销

合意抵销,是根据当事人之间的合同消灭相互所负债务的法律行为。达成抵销合意的合同称为抵销合同。合意抵销与法定抵销在构成要件上唯一的不同是:合意抵销不要求标的物的种类、品质相同。只有在标的物的种类、品质不相同时,当事人才有必要经过协商将两项债务予以抵销,在相等额度内消灭债务。

合意抵销与法定抵销的效力基本相同,但因合意抵销更多地体现当事人的意思自治,因此,根据合同自由原则,合意抵销的发生条件及效力,可由当事人双方自由商定。当事人可以以协议排除法定抵销要件、效力以及其他限制条件的适用。法定抵销中对抵销意思表示不得附条件或期限的限制,当事人也可排除其适用。

第五节　提　存

一、提存的概念

提存,是指债务人将无法清偿的标的物交由提存机关保存,从而消灭合同关系的行为。提存制度设立的目的,主要在于保护债务人的利益。因为债务的履行往往需要债权人的协助,而在债权人无正当理由拒绝受领或不能受领时,债权人虽然构成受领迟延,但债务人的债务并未因此而消灭,债务人仍应为合同的履行,这对债务人显然不利。通过提存,能将无辜的债务人从债务的约束中解脱出来。

司法部1995年6月2日发布的《提存公证规则》,将提存区分为以消灭债务为目的提存和以担保为目的提存两种类型。前者由《合同法》第101条至第104条加以规定,后者由《担保法》等法律加以规定。

二、提存的条件

根据《合同法》及《提存公证规则》的有关规定,提存须具备如下条件。

（一）提存主体合格

提存的主体,又称提存的当事人,包括提存人、提存受领人、提存机关。我国《合同法》对提存人未作规定,一般情况下,提存人就是债务人。但是,根据《提存公证规则》的有关规定,提存人是对提存受领人负有清偿义务的人,包括债务人本人及其合法代理人、作为合同履行人的第三人。由于提存是一种民事法律行为,所以需要提存人在提存时具有行为能力,并且其所为的提存意思表示真实自愿。否则,提存不发生效力。提存受领人,是指提存之债的债权人。同时,得为受领清偿的第三人也可以为提存受领人。对于提存机关,我国目前还没有专门的提存机关。根据《提存公证规则》的规定,提存机关是标的物所在的公证处。如果有关法律法规中有明确规定的,银行等组织体也可以成为提存机关。

（二）提存的合同之债有效且已届履行期

提存的合同之债就是提存人与债权人之间基于合同而发生的债权债务关系。提存引发的是合同关系的终止，因而意欲被终止的合同应该具有有效性。没有合同关系，或者合同关系不受法律的保护，都不会产生提存。

提存的合同之债有效时债务人为提存的前提。债务人的债务已经到了履行期，债务人负有履行合同的义务，而该义务受到债权人不当阻扰不得履行时，才会产生提存的需要。如果债务人的债务尚未到履行期就提存债务的履行，会对债权人产生不利，因为提存之后，标的物的风险以及提存费用都是由债权人承担的。

（三）提存原因合法

根据《合同法》第101条的规定，有下列情形之一，难以履行债务的，债务人可以将标的物提存。

1.债权人无正当理由拒绝受领。这主要是指债权人客观上能够受领却拒绝受领，或因可归责于自己的事由不受领。债权人无正当理由拒绝受领，构成债权人受领迟延。如果债权人拒绝受领是因为债务人的履行不适当，例如交付的标的物有瑕疵、数量不符等，此种情况下债权人拒绝受领构成瑕疵履行抗辩，实属正当。由于债务人的履行需要债权人的协助，债权人拒不协助，债务人已经无法向债权人清偿，因此便构成提存的合法原因。

2.债权人下落不明。此种情形是指债权人的住所地、居住地不固定或者不被外人知晓，以至于债务人想履行债务却因为不知道履行地点或者无债权人的必要协助而无法履行。债权人下落不明有债权人不能确定、债权人地址不详、债权人失踪后未确定财产代管人等情况。

3.债权人死亡未确定继承人或者丧失民事行为能力未确定监护人。在债权人死亡的情况下，债权人的财产由其继承人继承，债务人应当向债权人的继承人为债务的履行。但是，债权人死亡尚未确定继承人的，债务人意欲履行的对象不明，债务无法履行。债权人丧失民事行为能力的，需要确定法定代理人，通过债权人的法定代理人来受领债务人的履行。法定代理人尚未确定的，同样会导致债务人无法履行债务。因此，债权人死亡未确定继承人或者丧失民事行为能力未确定监护人的情况下，债务人可以通过提存来消灭其余债权人之间的合同关系。

4.法律规定的其他情形。通过该规定，目的是使其他法律、行政法规的提存原因成为适用的依据。例如，《担保法》第49条第3款规定，抵押人转让抵押物所得的价款，应向抵押权人提前清偿所担保的债权或向与抵押权人约定的第三人提存，该规定也属于提存的原因。

（四）提存客体适当

提存的标的，是债务人依合同约定应当交付的标的物。提存物应和合同标的相符。《提存公证规则》规定，提存标的和合同标的不符，或在提存时难以判明两者是否相符的，提存部门应告知提存人，如果提存受领人因此原因拒绝受领提存物，则不能产生提存的效力。

提存的标的物，以适于提存者为限。根据《提存公证规则》第7条的规定，适于提存的标的物有：①货币、有价证券、票据、提单、权利证书；②贵重物品；③担保物或其替代物；④其他适于提存的标的物。标的物不适于提存或提存费用过高的，例如易燃易爆的危险品，需人照料或需有特殊设备的禽兽、鱼肉蔬菜等新鲜且易变质的食品等，根据《合同法》第101条第2

款的规定,债务人依法可以拍卖或变卖标的物,提存所得的价款。《合同法司法解释二》第25条规定:"依照合同法第一百零一条的规定,债务人将合同标的物或者标的物拍卖、变卖所得价款交付提存部门时,人民法院应当认定提存成立。提存成立的,视为债务人在其提存范围内已经履行债务。"

三、提存的效力

因提存涉及三方当事人,提存效力在提存人、提存受领人和提存部门之间存在三方面的关系,分述如下。

（一）提存人与债权人之间的效力

根据《合同法》第102条和第103条的规定,提存在提存人和债权人之间的效力主要有:

第一,自提存之日起,债权人和债务人之间的合同关系终止,债权人不得再向债务人请求履行合同,此为提存的主要法律效力。

第二,标的物提存后,债务人应及时通知债权人或债权人的继承人、监护人,但债权人下落不明的除外。由于提存不是直接向债权人作出,因而债务人负有通知的义务。债务人为通知义务,一来可以向债权人说明债务人已经履行了合同债务,与债权人之间的债权债务关系已经消灭。二来可以催促债权人及时到提存机关领取提存物。《合同法》仅规定了债务人应当及时通知,但并没有对何谓及时通知予以明确规定。《提存公证规则》第18条规定:"提存人应将提存事实及时通知提存受领人。以清偿为目的的提存或提存人通知有困难的,公证处应自提存之日起七日内,以书面形式通知提存受领人,告知其领取提存物的时间、期限、地点、方法。提存受领人不清或下落不明、地址不详无法送达通知的,公证处应自提存之日起六十日内,以公告方式通知。公告应刊登在国内或债权人在国内住所在地的法制报刊上,公告应在一个月内在同一报刊刊登三次。"

第三,标的物提存后,债权人便成为提存物的所有人,提存物上所附着的利益以及意外灭失的风险应由债权人承担。《合同法》第103条规定:"标的物提存后,毁损、灭失的风险由债权人承担。提存期间,标的物的孳息归债权人所有。提存费用由债权人负担。"

（二）在提存人和提存机关之间的效力

提存人按照法定条件申请提存并由提存部门审查接受后,提存机关负有保管的义务,根据《提存公证规则》的规定,提存部门应采取适当的方法妥善保管提存物;对不宜保存的,提存受领人到期不领取,或对超过保管期限的提存物,提存部门可以拍卖,保存其价款。

提存物交付提存后,原则上提存人不得取回提存物,但根据《提存公证规则》第26条的规定,有两种情况除外:一是提存人凭法院生效的判决、裁定或提存之债已经履行的公证证明,可以取回提存物。二是提存受领人以书面形式向提存部门表示抛弃提存受领权的,提存人可取回提存物。提存人取回提存物的,视为未提存。因此,提存物的孳息归提存人所有,由此产生的费用由提存人承担。提存人未支付提存费用前,提存部门有权留置价值相当的提存物。

（三）债权人与提存机关之间的效力

《合同法》第104条规定:"债权人可以随时领取提存物,但债权人对债务人负有到期债务的,在债权人未履行债务或者提供担保之前,提存部门根据债务人的要求应当拒绝其领取提存物。债权人领取提存物的权利,自提存之日起五年内不行使而消灭,提存物扣除提存费用后归国家所有。"据此规定,债权人有随时领取提存物的权利,但是债权人对债务人负有到期债务的,在债权人未履行债务或者提供担保之前,提存部门有权拒绝债权人领取提存物的请求。债权人领取提存物的权利,自提存之日起 5 年内不行使而消灭,提存部门在扣除提存费用后,将提存物或相应价值上交国家所有。

提存机关未按法定或当事人约定的条件交付提存物,给当事人造成损失的,提存部门负有连带赔偿责任;提存部门及其工作人员挪用提存物的,除应承担相应责任外,对直接责任人员要追究行政责任或刑事责任。

第六节　债务免除和混同

一、债务免除

(一)债务免除的概念和性质

《合同法》第 105 条规定:"债权人免除债务人部分或者全部债务的,合同的权利义务部分或者全部终止。"此条即是债务免除的规定。债务免除,简称免除,是指债权人以消灭债务人的债务为目的而抛弃债权的意思表示。债务免除一旦成立,债务人便不再负有向债权人履行债务的义务,债权人的债权也不复存在。理论上对债务免除属于单方法律行为还是双方法律行为仍存有争议,但是从《合同法》第 105 条的规定来看,债务免除仅仅取决于债权人,不需要债务人的表态,因而亦定性为单方法律行为为宜。

债务免除除为单方法律行为外,还具有以下性质:

1.免除为无因行为。免除仅依债权人作出免除债务的意思表示便发生效力,其原因如何,法律并不过问,亦不作要求,属于一种无因行为。免除的原因或动机,可能形形色色,也可能古古怪怪,但是不论何种状况,均不影响免除的效力。

2.免除为无偿行为。债务人因免除而取得利益时,无须为此支付对价。债权人免除债务人债务后,并没有因此而获得利益。所以债务免除属于无偿行为。

3.免除为不要式行为。免除的意思表示无须特定方式,只要是法律允许的行为表现方式均可。法律对此也未作特别的规定。因而债务免除属于不要式行为。

(二)债务免除的成立条件

债务免除虽属单方民事法律行为,但是仍应具备法律行为成立的一般条件,具体为:

1.免除的意思表示只能向债务人作出。免除为有相对人的单方行为,因而须向债务人或其代理人为之。如果债权人向第三人表示要免除债务人的债务,债的关系并不消灭。如果当事人订立有免除协议的,则免除协议自达成协议时生效。

2.债权人得有处分能力。债权人免除债务人全部或是部分的债务,就等同于放弃自己全部或是部分的债权。债权的放弃属于对自身财产权益的处分,债权人必须具有处分能力。

债权人处分能力不适格的,债务不能发生当然的免除效果。

3.免除不得损害第三人利益。债权人免除债务人的债务,虽然是债权人对自身权利的处分,但是该处分行为不得损害第三人的利益,如果存在损害第三人利益情形的,该免除行为会被撤销。例如,合同保全制度中的债权人的撤销权。其中债务人放弃到期债权就能引发撤销权的行使。

(三)债务免除的效力

免除发生债务绝对消灭的效果。全部免除债务的,合同关系全部终止;免除部分债务的,合同关系仅在该部分的范围内终止。因合同关系终止的结果,从债务如利息债务、保证债务等,也归于消灭。但免除从债务的,主债务并不消灭。

二、混同

(一)混同的概念与原因

《合同法》第105条规定:"债权人免除债务人部分或者全部债务的,合同的权利义务部分或者全部终止。"此条为混同的规定。混同,是指债权和债务同归一人,致使合同关系归于消灭的事实。

混同为债权和债务归属于同一人的事实,属于法律事件。所以,混同的成立仅以债权债务同归于一人的事实为要件,无须任何人的意思表示。混同成立的原因有二:一是债权债务的概括承受。也就是合同关系的当事人概括承受他方的权利义务。例如,企业法人的合并,法人合并以后,合并前的债权债务便由合并后的法人承受。合并前的法人至少有两个,合并以后的法人只有一个,合并之后,债权人债务人均为一人,合同关系消灭。二是特定承受。即债权人承受债务人对自己的债务,或债务人受让债权人对自己的债权。

(二)混同的效力

混同的效力,在于绝对地消灭债权债务关系以及由合同关系所产生的从债权和从债务。但《合同法》第106条强调"涉及第三人利益的除外"。一般而言,涉及第三人利益,是指作为债权债务的标的上设有他人的权利。例如,债权上设定有抵押权,即债权作为他人抵押权的标的,在此种情况下,即使债权债务发生混同,为保护抵押权人的利益,债权也不因此而消灭。

第九章

违约责任

⊙ 导读案例

被告龙山置业公司为延津县金隆花园小区的开发商。2007年1月23日,原、被告签订了《商品房买卖合同》,原告袁某以114016元的价格购买了被告龙山置业公司开发的某小区房一套。约定:于2007年1月31日前交付房屋。该合同第十四条:"出卖人关于基础设施、公共配套建筑正常进行的承诺"一项中约定:出卖人承诺与该商品房正常使用直接关联的下列基础设施、公共配套建筑按以下日期达到使用条件:1.水、电、道路交房之日同时交付使用。2.天然气、暖气交房之日同时交付使用。如果在规定日期内未达到使用条件,双方同意按以下方式处理:按合同第九条处理。该合同第九条规定违约责任为按交付房价款的日万分之五支付违约金。被告龙山置业公司于2007年11月份向该小区供暖,原告袁某称为2007年11月25日供暖,被告龙山置业公司称具体开始供暖日期说不清。因天然气未交付使用原告袁某起诉法院,要求被告龙山置业公司按合同约定的房价日万分之五的标准支付违约金自交房之日延长一个月即2007年3月1日算至2008年8月31日,计30780元。

另查明,被告龙山置业公司原曾名为新乡市隆基房地产开发有限责任公司第一分公司,该公司于2004年9月24日与延津县人民政府签订了《延津县人民路休闲广场商住园区项目开发建设协议书》,该协议书第五项约定:由延津县人民政府(甲方)负责项目出让宗地达到场地平整和周围基础设施七通(到小区),即排污、煤气等。被告龙山置业公司与新乡市新长燃气有限公司签订了有关民用燃气工程安装协议,被告龙山置业公司将天然气管道铺设并安装到户,但因天然气气源问题未解决,未能按与购房户的约定将天然气交付使用。

法院经审理认为,违约责任是合同当事人因过错不履行合同或者履行合同不符合合同约定条件而应当承担的民事责任。被告龙山置业公司作为开发商未按合同约定的期限将天然气于交房之日交付买受人使用,属未按照合同约定履行义务,构成违约,负有按照商品房买卖合同约定承担违约责任的义务。但本案被告龙山置业公司积极予以作为,将天然气管道铺设安装到户,主观上在履行合同中不存在消极不作为现象,被告龙山置业公司系因客观存在的气源问题不能实现保证天然气按约定交付使用的合同目的。按日常生活常识及当地天然气使用情况,燃烧使用能源每户按每月使用两罐液化气计算,费用为160元左右,实际使用天然气每户为40元左右。原、被告约定天然气未交付使用的违约金按房价的日万分之五明显过高,根据《中华人民共和国合同法》第114条第2款:"约定的违约金低于造成的损失的,当事人可以请求人民法院或者仲裁机构予以增加,约定的违约金过分高于造成的损失的,当事人可以请求人民法院或者仲裁机构予以适当减少。"及最高人民法院《关于审理商品房买卖合同纠纷案件适用法律若干问题的解释》第16条:"当事人以约定的违约金过高为由请求减少的,应当以违约金超过造成的损失30%为标准适当减少;当事人以约定的违约金低于造成的损失为由请求增加的,应当以违约造成的损失确定违约金数额。"之规定,被告龙山置业公司以违约金约定过高的抗辩理由成立,从违约金以补偿性为主及公平原则方面考虑,因被告龙山置业公司未按约定将天然气交付使用的违约金按每户每月140元的标准予以支持。另因天然气未交付使用给购房户带来了生活上的不便,由被告龙山置业公司提供液化气灶及罐(2个)供购房户使用,折合现金500元予以补偿。被告龙山置业公司以与延津县人民政府签订有开发协议,天然气源未解决造成违约予以抗辩,因开发协议系被告龙山置业公司与延津县人民政府之间的合同关系,根据合同相对性原则,属另一法律关系本案不予审查。被告龙山置业公司于2007年11月供暖保证了冬季取暖不构成供暖方面的违约。案经调解无效。依照《中华人民共和国合同法》第一百一十四条第二款、最高人民法院《关于审理商品房买卖合同纠纷案件适用法律若干问题的解释》第十六条之规定,判决如下:

限被告龙山置业公司于本判决生效后十日内支付原告袁某使用液化气用具费用500元;支付违约金每月140元,自2007年3月1日至2008年8月31日计18个月为2520元。

⊙ 问题提出

1. 违约责任有何特点?

2. 违约行为有哪些种类?

3. 违约责任有哪些具体形态? 各有何要求?

4. 违约责任与侵权责任如何竞合?

第一节　违约责任概述

一、违约责任的概念

违约责任,又称违反合同的民事责任,是指合同当事人不履行合同义务或者履行合同义务不符合约定时所承担的法律后果。违约意味着合同当事人对合同规定的违反,是对双方当事人合意的破坏。违约会使正常的交易中断,给守约方造成损失。违约责任便是对违约者的制裁和守约者的保护。

违约责任制度在《合同法》中占有举足轻重的地位,仅从《合同法》关于违约责任条文的数目就可见一斑。《合同法》总则关于违约责任设有16个条文,再加上分则中的规定,这个数目相当庞大。违约责任制度的重要地位,是因为其是当事人的合意能够产生法律拘束力的保障。正因为违约责任制度的存在,违约责任的强制性,才能使基于当事人合意而产生的合同权利和合同义务具有法律约束力,才能确保合同义务的履行,合同债权的实现。合同若失去了责任很难被遵守,合同目的也就难以实现。

二、违约责任的特点

违约责任是民事责任的一种,在具有民事责任的独立性、财产性、平等性等一般特点时,还具有自身的特点,具体有以下几方面。

（一）违约责任的产生以当事人不履行合同债务为前提

违约责任的产生以合同有效存在为基础,以当事人不履行合同债务为前提。违约责任与合同债务密不可分,合同债务是产生违约责任的前提,无义务便无责任,违约责任是当事人不履行或不适当履行合同债务的结果。如果合同不成立或合同被宣告无效、被撤销,合同关系自始不存在,无合同债务,自然便不会产生违约责任。

违约责任是国家强制债务人履行债务和承担法律责任的表现。一旦债务人无正当理由不履行合同债务或不适当履行合同债务,此债务便转化为由国家强制力保障实施的法律责任,该责任的承担与实现不再取决于债务人的意志,不论违约者意愿如何,均得承担该责任。

债务人不履行债务或者不适当履行债务均可引发违约责任。在这一点上,其与缔约过失责任具有明显的不同。缔约过失责任是缔约人因其过失违反先合同义务致使对方财产权益遭受损害,依法应承担的民事责任。这一责任的发生以合同尚未有效成立为前提。

（二）违约责任具有相对性

由于合同关系只存在于特定的当事人之间,违约责任作为对债务不履行行为的补救措施,其主要功能在于填补守约当事人的损失,因此一般也只发生在债权人和债务人之间。合同关系之外的第三人一般不负担违约责任,而合同当事人一般也不对第三人承担违约责任。违约责任的相对性是"合同相对性"或"债的相对性"规则的体现。

除了债务人对自己违反合同义务的行为承担责任外,违约责任的相对性还表现在两个方面:一是债务人为其履行辅助人的行为向债权人负责。债务人应为其履行辅助人辅助履行债务的行为负责。履行辅助人是根据债务人意思事实上辅助债务人履行债务的人,一般包括两类:债务人之代理人以及代理人以外辅助债务人履行债务的人,如履行承担中的第三人。由于履行辅助是根据债务人的意思而为的行为,其目的是帮助债务人履行债务,非为自己履行债务或从事其他性质的行为。因而债务人对其行为应予负责。二是债务人为第三人的行为向债权人负责。因第三人的行为造成债务人不能履行债务时,债务人仍然要向债权人承担违约责任,债务人承担违约责任后有权向第三人追偿。

（三）违约责任主要具有补偿性

违约责任的补偿性,是指违约责任旨在填补或弥补受害人因违约方的行为所受的损失。在一方违约从而使他方遭受损失的情况下,通过使违约方支付赔偿金、违约金或其他方式使受害人的损失得以赔偿。其中,损害赔偿是违约责任最主要的形式。违约责任的补偿性表现在一方赔偿应相当于对方所受的损失;在多种责任形式并存时,应与违约行为所致的后果大致相当。一个合法有效的合同,其间权利义务分配是均衡的,一方若是违反了合同规定,原本的平衡关系就会遭受破坏,当事人之间权利义务失衡,此时法律有必要通过违约责任的方式要求违约方对受害人所遭受的损失予以填补,从而将失衡的利益关系恢复到原先的平衡状态。

当然,违约责任还具有强制性。法律责任的本质决定了法律责任具有强制性,违约责任作为法律责任也不例外,其强制性表现为违约时,法律强使违约方支付违约金或承担其他责任形式,如实际履行合同义务,不以违约方意志为转移。

(四)违约责任是一种财产责任

财产责任是指具有经济内容的责任,或者说对其内容可以用货币来衡量的责任。违约责任是一种财产责任,其原因在于合同关系为财产关系。合同债务主要是以金钱给付为内容的债务,有些行为债务或是劳务债务最终也可以转化为以金钱给付为内容的债务。合同关系、债务的财产性决定了违约责任的财产性。根据《合同法》的有关规定,违约责任的形式有赔偿损失、支付违约金、强制履行等,这些责任形式均属于财产责任范畴。

值得一提的是,虽然理论界通说认为,违约行为一般不引起非财产上损害。但是在某些合同关系中,违约不仅会造成当事人财产上的损失,同时也可能会引发精神上的损害,例如旅游合同,该类合同含有精神愉悦的要求与目的,旅行社的违约可能会导致精神利益的受损。

(五)违约责任可以由当事人约定

违约责任可以由当事人在法律规定的范围内事先作出约定。《合同法》第 114 条规定:"当事人可以约定一方违约时应当根据违约情况向对方支付一定数额的违约金,也可以约定因违约产生的损失赔偿额的计算方法。"不仅如此,合同当事人还可以通过设定免责条款来限制或是免除其将来可能产生的违约责任。

对违约责任的约定,是合同自由原则的体现,允许当事人就违约责任事先予以约定,既确立了违约责任的计算方法或标准,又有利于当事人对未来可能承担的风险进行预计与有效控制,同时又有利于合同纠纷的及时解决。当然,违约责任可由当事人进行约定,并不意味着违约责任强制性的减弱,当当事人的约定有失公正合理时,法律会对该约定进行干预,使其符合法律的规定。

第二节　违约行为的形态

《合同法》第 107 条规定:"当事人一方不履行合同义务或者履行合同义务不符合约定的,应当承担继续履行、采取补救措施或者赔偿损失等违约责任。"此条规定采用的民事责任的归责原则,按照通说,是无过错责任原则。在我国《合同法》有关违约责任的 16 个条文设计中,无过错责任原则被贯彻始终。只是在一些有名合同中,才作了一些特别的规定,以过错责任原则作为违约责任的归责原则,例如,《合同法》第 189 条规定:"因赠与人故意或者重大过失致使赠与的财产毁损、灭失的,赠与人应当承担损害赔偿责任。"此外还有《合同法》第 303 条第 1 款之规定、第 374 条之规定、第 394 条之规定、第 406 条之规定等。总体而言,我国《合同法》有关违约责任的归责原则是以无过错责任原则为主,过错责任原则为例外。鉴于无过错责任原则为违约责任的主要归责原则,因而违约责任的构成只需有违约行为即可。所以对违约行为的研究关系着违约责任是否承担,至关重要。

一、违约行为的概念和特征

（一）违约行为的概念

违约行为是合同当事人不履行或者不适当履行合同义务的行为。违约行为的发生以合同关系的有效存在为前提。违约行为是构成违约责任的唯一条件，无违约行为即无违约责任。任何违反合同义务的行为均构成违约行为，不论该义务是法定的、约定的，还是根据诚实信用原则所产生的，只要是对合同义务的违反，均为违约。

（二）违约行为的特征

违约行为是一种民事违法行为。与其他民事违法行为相比，它具有以下几个方面的特征：

第一，违约行为的主体是合同当事人。违约行为的主体具有特定性，这是由合同相对性规则所决定的。合同产生在特定的当事人之间，只有合同主体才有权向对方当事人提出履行合同义务的请求，只有合同主体才有权要求对方当事人承担合同某种义务。即便是第三人的介入，也不影响合同主体之间违约责任的承担。

第二，违约行为是以有效的合同关系的存在为前提的。没有有效的合同关系，就没有合同义务，也就不存在当事人一方不履行合同义务或履行合同义务不符合约定的问题。所以，只有有效的合同关系的存在，才有违约行为的存在和可能。

第三，违约行为违反了合同义务。合同义务主要基于当事人的约定而产生，具有任意性，对该约定义务的违反构成违约行为。此外，法律为了维护公共秩序和交易安全，也会为合同当事人设置一些必须履行的义务，此为法定义务。对法定义务的违反同样构成违约。同时，应诚实信用原则的要求，将根据诚实信用原则所产生的义务称为附随义务，例如注意义务、告知义务、照顾义务、忠实义务、说明义务等。对附随义务的违反，也会构成违约行为。可见，违约行为是在不同程度上导致了对合同义务的违反。

第四，违约行为在后果上导致了对合同债权的侵害。与合同义务相对应的是合同债权，对合同义务的违反必然导致对合同债权的侵害。债权是一种相对权，它的实现有赖于债务人切实、积极地履行合同义务，而违约行为导致债权人的债权无法实现或无法完全实现。因而违约行为侵害的是债权，是一种相对权。在这一点上违约行为不同于侵权行为，侵权行为是对绝对权的侵害。

需要注意的是，违约行为并不等同于损害。违约行为仅仅是对合同义务的不遵守，这种不遵守并不必然会产生损害。例如，卖方没有按照合同约定交付货物，结果该类货物在市面上的价格每日剧降，此时卖方的违约行为便不会给买方造成损害。所以违约行为的衡量标准是合同义务是否履行，而损害是赔偿损失的前提。

违约行为形态，是根据违约行为违反合同义务的性质和特点，对违约行为所作的分类。依照我国《合同法》有关"违约责任"章节的规定，依据违约行为是在履行期限前发生，还是在履行期限后发生，将违约行为形态分为预期违约与实际违约，现分述如下。

二、预期违约

《合同法》第108条规定:"当事人一方明确表示或者以自己的行为表明不履行合同义务的,对方可以在履行期限届满之前要求其承担违约责任。"此条是有关预期违约的规定。预期违约(Anticipatory Breach of Contract)是英美法系从判例中发展而来的制度。它与实际违约的主要区别在于,两者违约的时间不同,预期违约是在履行期届满前的违约,而实际违约则是在履行期届满时或届满后的违约。预期违约,是指在履行期限到来之前,合同一方当事人无正当理由地表示,其在履行期限到来后不会履行合同义务的行为。根据预期违约表示的方式不同,可分为明示预期违约与默示预期违约。

（一）明示预期违约

明示预期违约,又称为明示毁约,是指在合同有效成立后至合同约定的履行期届满前,一方当事人明确肯定地向另一方当事人明示其将不按约定履行合同义务。明示预期违约的构成,必须具备以下要件:

第一,必须发生在合同有效成立后至合同约定的履行期届满前这段时间内。预期违约与实际违约的最大区别就是违约行为发生的时间不同。在履行期限之前的违约才可能构成预期违约,在履行期限之后的违约构成的是实际违约。预期违约作为一种违约行为形态,其本质仍然是对合同义务的违反,因而须有合法有效的合同关系。由前述可知,预期违约须发生在合同有效成立后至合同约定的履行期届满前这段时间内。

第二,当事人明确、肯定地作出将不履行合同义务的意思表示。也就是说,当事人毁约的意图是十分明确的,不附有任何条件。例如,明确告知对方将不会交货、不会付款等。这种明确的毁约,是通过口头或是书面形式表达出来的,不会产生任何歧义,表示毁约的意思不会含混不清。这种明确的毁约是否需要加以催告予以进一步确定,《合同法》中未作要求,只要求合同当事人对毁约方的毁约意图有证据证明即可。

第三,当事人表示不履行的合同义务必须是合同主要义务。正是由于一方当事人表示其在履行期到来之后,将不履行合同的主要义务,从而会使另一方当事人订约的目的不能实现,或严重损害另一方的期待利益。因此,明示毁约方应负违约责任。如果行为人只是表示其将不履行合同的次要义务,不影响合同权利人债权的实现,则不构成明示毁约。当事人不履行的合同义务根本影响到了债权人债权的实现,以至于合同目的实现不了,合同当事人无法通过合同的履行获得预期的利益,此为合同主要义务的不履行。

第四,不履行须无正当事由。只有当事人不履行合同义务无正当事由,才构成明示毁约。例如,因债权人违约而使债务人享有解除合同的权利;因合同具有无效因素而被确认无效;合同根本未成立;债务人享有抗辩权以及因发生不可抗力而使合同不能履行等均能构成债务人不履行合同义务的正当理由。在具有正当理由的情形下,债务人的不履行不构成明示毁约。

在明示毁约的情况下,另一方可以根本不考虑对方所作出的毁约要求,而单方面坚持合同的效力,等到履行期到来后要求毁约方继续履行合同或承担违约责任;也可以根据《合同法》第108条的规定立即提出请求,要求对方在履行期到来前承担违约责任。

（二）默示预期违约

默示预期违约，又称为默示毁约，是指在履行期到来之前，一方当事人以自己的行为表明其将在履行期限到来之后不履行合同义务，另一方当事人有足够的证据证明一方将不履行合同，对方当事人又不愿意提供必要的履行担保。例如，在履行期限届临前，负有交货义务的一方将作为合同标的的货物以高价转售给第三方，该自身行为就构成默示预期违约。默示毁约与明示毁约的主要区别是用以毁约的表示方式不同。明示毁约采用的是口头或是书面等意思表示非常确定的方法，而默示毁约采用的是行为这种意思表示方法，这种方法具有不确定性，需要通过证据加以证明。

默示预期违约的构成，必须具备以下要件：

第一，债权人有确切的证据证明债务人在履行期到来时将不履行或不能履行合同义务。虽然与明示毁约不同，债务人未明确表示在履行期届满时不履行合同义务，但根据债务人的行为和财产状况等客观情况来判断，在履行期到来时，该债务人将不履行或不能履行合同义务，这同样使债权人面临着一种因债权不获清偿而受损的危险。

第二，债务人被要求提供履行担保，而其在合理的期间内不能提供充分的担保。债权人虽然有证据证明债务人可能于清偿期届满时不履行义务，但这毕竟是一种猜测，猜测不能代替债务人自身的语言和行为表示。因此，只有在债权人要求债务人提供担保而债务人又拒绝提供或不能提供担保时，才能确信其行为构成违约。

在默示毁约的情况下，非违约方既可以在履行期到来以后要求毁约方实际履行或承担违约责任，也可以不必等待履行期限的到来而直接要求毁约方实际履行或承担违约责任。

三、实际违约

履行期限到来后，合同当事人不履行或是不适当履行合同义务的，均会构成实际违约。实际违约行为具有如下几种类型。

（一）不履行

债务人不履行，是指合同当事人不能履行或者拒绝履行合同义务。不能履行合同义务，是指债务人由于标的的不复存在而无法履行合同债务。标的的不存在可能是在合同订立时就已经发生，也可能是在合同有效成立后才发生。理论上将标的在合同订立时就不存在的情形称为自始不能；将合同有效成立后标的不复存在的情形称为嗣后不能。由于合同成立需要合同主体、标的及当事人的意思表示三大要素，其中标的的不存在，当事人意思表示没有对象，合同权利义务没有载体，合同关系自不能成立。因而，自始不能导致的是合同的不成立，而不是合同债务人的实际违约。毕竟违约的是否构成是以合同有效存在为前提的。嗣后不能，合同债务人无法按照合同约定履行债务，构成实际违约。所以债务人的履行不能只有嗣后不能才会构成实际违约。

拒绝履行又称为毁约，是指债务人能够履行其债务而在履行期届满时对债权人表示不履行债务。拒绝履行以债务履行的可能为基础，是债务人能为履行而不履行。债务人以明示方式或行为表明其虽有履行能力，但是不会履行，也不愿意履行。例如，甲欠乙借款5万元，甲有20万元的银行存款，借款到期后，甲明确对乙说明其不会还款。此便构成拒绝履行。债务人拒绝履行债务是出于故意,也就是债务人明知自己有到期的债务需要履行,但是无正当理由拒绝履行。债务人拒绝履行的正当理由是指用以对抗债权人请求的抗辩权,例如同时履行抗辩权、不安抗辩权、先诉抗辩权以及时效完成、期限届满之抗辩权等。

(二)迟延履行

迟延履行,又称为逾期履行,是指合同当事人的履行违反了履行期限的规定。迟延履行在广义上包括债务人的履行迟延和债权人的受领迟延。狭义的履行迟延仅指债务人的履行迟延。我国《合同法》采用的是广义说,即迟延履行是指债务人履行迟延和债权人受领迟延两种情况。

债务人履行迟延,是指债务人能够履行,但在履行期届满时却没有按时履行债务。债务的履行可以分为定有履行期限的债务和未定有履行期限的债务。定有履行期限的债务,期间的履行期限是明确的,例如某年某月某日,或是某几日、某段时间等。定有履行期限的债务,到期未履行的便构成履行迟延。未定有履行期限的,债权人和债务人均可随时要求履行,但是法律要求债权人要求履行的,应给债务人留有必要的准备时间。该准备时间届满,债务人仍然未履行的,构成履行迟延。

债务人的履行迟延一般具有如下构成要件:第一,存在着有效的债务,并且债务的履行是可能的。第二,债务人能够履行。如债务已不可能履行,则属于履行不能而不构成迟延履行。第三,债务已届履行期。即债务履行期限已届满。债务的履行期限对于迟延履行的认定有重要意义。合同明确约定有履行期限的,债务人在履行期届满时未履行债务的,构成履行迟延。第四,债务人无正当理由未履行债务。债务人迟延履行,应当承担迟延履行的违约责任,但如果债务人行使各种抗辩权或债权人未协助等均为不履行债务有正当理由,此时债务人的不履行不能构成迟延履行。

债权人受领迟延,是指债权人对于债务人之履行应当且能够受领而不受领。受领迟延的构成,必须包括以下要件:第一,债务已届履行期。合同定有履行期的,在履行期届满之前,债务人原则上不得提前履行,如果提前履行,债权人有权拒绝,而不导致受领迟延,但履行期届满债务人提出履行,债权人拒绝的,则为受领迟延;未定有履行期的,债务人提出履行应确定一个合理的期限,未提出合理期限而向债权人履行的,债权人可拒绝受领,不构成受领迟延;合理期限届满,债务人履行,债权人拒绝受领的,构成受领迟延。第二,债务人已提出履行或实际履行。提出履行如通知债权人前往领取标的物,实际履行如债务人已经将标的物送至债权人处,使债权人处于可受领状态。如果债务人未使标的物处于可受领状态,则债权人无受领的可能,从而不构成受领迟延。第三,债权人不为受领。债权人不为受领表现为无任何正当理由拒绝接受债务人的给付。

(三)不完全履行

不完全履行,又称为不完全给付或不适当履行,是指当事人虽以适当的履行的意思进行了履行,但履行的内容不符合法律的规定或者合同的约定,即不符合债务的本旨。不完全履行主要有三种情形:一为瑕疵履行;二为加害履行;三为部分履行。

瑕疵履行,又称为瑕疵给付,是指债务人交付的标的物或者提供的服务不符合质量标准,或者产品在规格、包装方面不符合标准,或者不具备应当具备的使用性能。瑕疵履行的后果是导致减少或者丧失该履行本身的价值或者效用,其所侵害的是债权人对于正确履行所能获得的利益,即债权人的履行利益。也就是说,若债务人严格依照合同约定履行时,债权人从中可得到的利益为履行利益。如果债务人未依合同规定履行,债权人依合同本来可得到的利益未得到,会给债权人造成损失,此种损失就是履行利益受损失。

《合同法》第 111 条规定:"质量不符合约定的,应当按照当事人的约定承担违约责任。对违约责任没有约定或者约定不明确,依照本法第六十一条的规定仍不能确定的,受损害方根据标的的性质以及损失的大小,可以合理选择要求对方承担修理、更换、重作、退货、减少价款或者报酬等违约责任。"此条就是有关质量瑕疵履行的规定。期间根据标的物的性质以及损失的大小,是指在决定有瑕疵的标的物时进行修理、更换、重作还是减价、退货时,应当根据标的物的性质和损失的大小来确定。修理、更换、重作是对标的物的补正,如果补正对债权人实现合同目的没有影响,不会给债权人带来什么损失的,债权人可采用补正的方式。如果不经对标的物的补正标的物仍可以使用,债权人也同意使用标的物的,可以减少价款或者报酬。如果标的物补正或者减少价款等对债权人已经没有任何意义的,也就是合同目的实现不了的,债权人有权要求退货。

加害履行,又称为加害给付,是指债务人交付的标的物,因存在危及人身、财产安全的不合理危险,从而造成标的物以外的财产利益和人身利益损害。该种损害是债权人履行利益以外的其他利益的损失。例如,交付不合格的药品导致服用人死亡;偷工减料的豆腐渣工程倒塌导致多人死伤等。履行利益以外的其他利益,又称为固有利益或维护利益,是指债权人享有的不受债务人和其他人侵害的现存财产利益和人身利益,或者称为履行标的物以外的财产利益和人身利益。加害给付对固有利益的侵害,同时侵犯了债权人的绝对权和相对权,而这两种权利分别受到合同法与侵权法的保护,因而加害给付的行为同时构成违约行为与侵权行为,受害人既可以要求违约责任,也可以要求侵权责任,从而出现了责任的竞合。受害人可以任选一项请求权,以寻求法律的救济。

部分履行,是指合同虽然得到履行,但是履行的数量不符合合同规定的要求,或者说履行数量上存有不足。在部分履行的情况下,非违约方有权要求违约方按照合同规定的数量条款继续履行,例如,合同约定甲方应该向乙方交付货物 100 件,到了合同履行期,甲方只向乙方交付货物 30 件,此种状况下,乙方有权要求甲方交付剩下的 70 件货物。非违约方也有权要求违约方承担其他的违约责任,例如支付违约金、赔偿损失等。在一般情况下,部分履行,债务人可以补足剩余部分履行的,债权人无必要解除合同。若债权人确已不存在履行的需要,虽是部分不履行但已经导致合同目的不能实现时,债权人亦有权解除合同。

(四)其他违约行为

根据适当履行原则,债务人应该按照合同的规定全面、适当地履行合同债务。因此除了在标的、质量、数量、期限上的履行应该符合合同规定和法律规定外,在履行地点、履行方式等方面同样如此。履行地点、履行方式的不适当,也会构成违约。例如,本应一次履行却分次履行,本应选择最近运输路线却选择了较远路线履行等。

四、免责事由

在合同履行过程中,因出现了法定或是约定的免责条件而导致合同不履行的,债务人将被免除合同债务的履行义务。其中法定或是约定的免责条件就是免责事由,也就是依据法律规定或当事人约定,当事人对其不履行合同的行为不承担违约责任的条件。

约定的免责事由就是免责条款。法定的免责事由,根据《合同法》第 117 条的规定,为不可抗力。该条规定:"因不可抗力不能履行合同的,根据不可抗力的影响,部分或者全部免除责任,但法律另有规定的除外。当事人迟延履行后发生不可抗力的,不能免除责任。本法所称不可抗力,是指不能预见、不能避免并不能克服的客观情况。"据此可知,凡属不可预见、不可避免并不能克服的客观情况都属于不可抗力。具体而言,属于不可抗力的情况有:第一,自然灾害,即天灾人祸的事实,例如洪水、台风、海啸、地震等。第二,某些政府行为。在当事人订立合同以后,因政府颁发新法律和行政法规导致合同不能履行的情形。第三,社会异常事件,例如罢工、疾病的大范围传播等。根据《合同法》的规定,不可抗力导致合同全部不能履行的,就免除债务人全部的责任;如果仅仅是导致合同部分不能履行的,就只能免除债务人部分的责任。当然,如果法律、行政法规规定不可抗力不能免除当事人的违约责任的,按该规定处理。

实际生活中,合同当事人会在法律规定的基础上对不可抗力作一明确的约定,只要当事人对不可抗力所作的约定与法律对不可抗力所作的规定不冲突时,该约定应该是有效的。当事人的这一约定可以较为清楚地说明在不同环境中不可抗力对合同的作用和影响,补充法律对不可抗力规定的抽象,又有利于合同纠纷的解决,避免合同当事人滥用不可抗力的免责权。

此外,根据一些有名合同的相关条款规定,债权人的过错、货物自身的合理损耗也能成为特定情况下的法定免责事由。例如,《合同法》第 311 条规定:"承运人对运输过程中货物的毁损、灭失承担损害赔偿责任,但承运人证明货物的毁损、灭失是因不可抗力、货物本身的自然性质或者合理损耗以及托运人、收货人的过错造成的,不承担损害赔偿责任。"《合同法》第 370 条规定:"寄存人交付的保管物有瑕疵或者按照保管物的性质需要采取特殊保管措施的,寄存人应当将有关情况告知保管人。寄存人未告知,致使保管物受损失的,保管人不承担损害赔偿责任。"

第三节　违约责任的形式

违约责任的形式就是违约方当事人承担违约责任的具体方式,根据《合同法》的有关规定,违约责任主要包括以下几种形式。

一、实际履行

（一）实际履行的概念与特征

1.实际履行的概念

实际履行,又称为强制实际履行、依约履行、继续履行,是合同一方当事人不履行合同债务或履行合同债务不符合约定时,另一方当事人有权要求其依据合同的规定继续履行。如果当事人拒不履行的,可以强制履行。由法院运用国家强制力,达到迫使债务人履行债务的效果,以实现保护民事权利之目的。实际履行,就债务而言,是不履行债务的效果;就债权而言,是对债权的救济。只是对债权的救济需要通过法院行使司法审判权来实现。

2.实际履行的特征

实际履行具有以下特征:

第一,实际履行是一种违约后补救方法。实际履行是一种可供选择的违约救济方法。在违约出现后,只要实际履行尚属可能,非违约方便可选择行使之。与支付违约金、赔偿金等违约责任方法相比,实际履行更强调违约方按合同约定标的物履行义务,而不仅仅强调弥补受害方的损失,从而更有利于实现非违约方的订约目的。

第二,是否请求实际履行是当事人的权利。在一方违约后,非违约方既可以请求解除合同并要求赔偿损失,也可以要求债务人继续履行;若当事人未提出请求,则不得强制违约方继续履行,法院不得主动援引这一责任形式。

第三,实际履行可以与支付违约金、支付赔偿金、定金责任并存,但不得与解除合同并存。因为解除合同使合同关系不复存在,债务人不再负有履行合同的义务,其与实际履行是相对立的补救方法。

(二)实际履行的适用要件

实际履行作为一种违约责任形式,其适用条件为:

1.须存在违约行为

实际履行为合同义务不履行的后果,只有合同一方当事人不履行合同或者不适当履行合同时才会产生的一种违约责任形式。实际履行以存在当事人不履行合同义务或履行不适当行为即违约行为为前提。若当事人已依约履行合同,则对方不得请求实际履行,亦无实际履行的必要。

2.非违约方须在法律规定的期限内提出继续履行的请求

我国《合同法》从保护债权人的利益出发,将是否请求实际履行的选择权交给非违约方当事人,由非违约方当事人根据自身的利益来决定是否采取实际履行的方式。如果非违约方不提出此种请求,则不得适用实际履行的责任形式。在许多情况下,当事人订立合同的目的主要不是为了在违约后寻求金钱赔偿,而是为了实现合同的订约目的。实际履行如果具有现实需要的,则有请求实际履行的必要。如果采用实际履行在经济上不合理,或确实不利于维护非违约方的利益,则可以采用其他的违约责任形式,而不必非得请求实际履行。

3.实际履行不违反合同性质以及法律规定

一般来说,在金钱债务中,当事人一方不支付价款或是报酬的,另一方有权要求其实际履行。《合同法》第109条规定:"当事人一方未支付价款或者报酬的,对方可以要求其支付价款或者报酬。"以给付货币形式履行的金钱债务,因为金钱是一般等价物,无其他替代履行方法,守约方要求违约方实际履行金钱债务的,违约方不得以任何理由拒绝。

在非金钱债务中,债务的履行涉及金钱以外的物、行为、智力成果、劳务等,不是所有的债务均适合实际履行,例如基于人身信赖关系所产生的合同、提供个人服务的合同等便不能实际履行的,否则将会对对方的人身自由构成侵害。因而,非金钱债务中,依据法律的规定和合同性质不能实际履行的,即便非违约方要求违约方实际履行,违约方也有权拒绝非违约方的实际履行请求。当事人不能请求实际履行的情况包括:

第一,法律上不能继续履行。根据法律的规定,违约方不需要实际履行,但是得支付违约金、赔偿损失等。例如,在债务人破产时,如果强制其履行与某个债权人所订立的合同,实际上就是赋予了该债权人以某种优先权,使其优先于违约方当事人的其他债权人而受偿,这显然是不符合破产法规定的。

第二,依据合同性质不能实际履行。一些具有人身信赖关系的合同,往往是因信任对方的特殊技能、业务水平等而产生的,具有严格的人身性质,例如委托合同、合伙合同等。如果强制此类合同的债务人履行合同义务,则与合同本身的性质相违背。

4. 实际履行必须是客观可行

《合同法》第 111 条规定:"当事人一方不履行非金钱债务或者履行非金钱债务不符合约定的,对方可以要求履行,但有下列情形之一的除外:(一)法律上或者事实上不能履行;(二)债务的标的不适于强制履行或者履行费用过高;(三)债权人在合理期限内未要求履行。"据此,非金钱债务,如果事实上不能实际履行,或者债务的标的不适合实际履行或履行费用过高的,则不能强制实际履行。

所谓法律上或者事实上不能,是指违约方的违约使合同丧失了履行的可能性,例如合同的特定标的毁损灭失,债务人实际履行债务已经丧失了可能。如果债务人采取一定的行为或做出一定的努力仍然可以履行合同则可要求债务人继续履行。实际履行要求履行合同必须在经济上合理,履行在经济上不合理者不得强制履行。经济上的合理与否,一般是指造成经济上的损失和浪费。如果采取损害赔偿等方式可以充分弥补债权人的损失,尤其是债权人能够在得到一笔金钱后从市场上获得与合同标的物同种类的商品,而采取实际履行方式所需费用又过高的,则没有必要采取实际履行的方式。

二、损害赔偿

(一)损害赔偿的概念和特征

1. 损害赔偿的概念

损害赔偿,又称为赔偿损失、违约损害赔偿,是指违约方不履行合同而给他方造成损失时,为了弥补受害人的损失而向受害人支付一定数额金钱的违约责任方式。

2. 损害赔偿的特征

一般而言,违约损害赔偿具有以下特征:

第一,损害赔偿是因债务人不履行合同债务所产生的责任。因债务人的违约,使债权人因此遭受损失,当事人之间的原合同债务转化为损害赔偿的债务关系。违约损害赔偿基于有效合同而发生,如果合同关系不存在,或者合同关系自始无效,不适用违约损害赔偿,更适合用缔约过失责任。

第二,损害赔偿原则上仅具有补偿性而不具有惩罚性。损害赔偿的主要目的在于弥补或者填补债权人因违约行为所遭受的损失,因此具有补偿性。损害赔偿的这一特性是符合等价交换的交易原则的,因为任何民事主体一旦造成他人财产损害,都必须以等量的财产予以补偿,损害与补偿之间具有等价性。惩罚性损害赔偿要求加害人支付给受害人超过其财产损害范围的一种金钱补偿。惩罚性损害赔偿,受害人的损失不仅得到了弥补,而且还会因此而多得财产。此种损害赔偿过多适用,即打破了等价交换的交易原则,又会给当事人带来极大的不确定的风险。所以,我国《合同法》对惩罚性损害赔偿予以严格的规定,如无法律明确规定的,不得适用惩罚性损害赔偿。

第三,损害赔偿具有一定程度的任意性。当事人在订约时可以在合同中预先约定一方当事人在违约时应向对方当事人支付一定数额的金钱,也可以约定损害赔偿额的计算方法。同时,当事人还可以在法律规定的范围内事先约定免责条款,以限制或者免除未来可能要承担的包括损害赔偿责任在内的违约责任。这都使得损害赔偿责任具有一定程度的任意性。

第四,损害赔偿以赔偿当事人实际遭受的全部损失为原则。损害赔偿责任的这一特征就是完全赔偿原则。《合同法》第113条规定:"当事人一方不履行合同义务或者履行合同义务不符合约定,给对方造成损失的,损失赔偿额应相当于因违约所造成的损失,包括合同履行后可以获得的利益,但不得超过违反合同一方订立合同时预见到或者应当预见到的因违反合同可能造成的损失。"

（二）损害赔偿的种类

损害赔偿根据赔偿产生的依据,可将损害赔偿分为法定损害赔偿与约定损害赔偿。

《合同法》第114条中规定:"当事人可以约定一方违约时应当根据违约情况向对方支付一定数额的违约金,也可以约定因违约产生的损失赔偿额的计算方法。"此便是约定损害赔偿的有关规定。约定损害赔偿,是合同当事人在订立合同时,预先约定一方在违约时向对方支付一定金钱或是约定损害赔偿的计算方法。约定损害赔偿,对合同当事人而言,便于明确合同未来承担责任的范围,能够促使当事人履行合同,鼓励交易。并且在发生纠纷时,能够大大减轻合同当事人的举证责任,有利于法院对损害赔偿额度的确定。例如,甲乙之间签订一份承揽合同,双方在合同中约定,如果任何一方违约,均应支付给另一方5万元的赔偿金。合同履行过程中,乙违约,甲只要证明乙的违约行为即可,不需要证明自己的损失数额,就可以要求乙支付约定损害赔偿金5万元。当然,如果当事人仅仅约定的是损害的计算方法,非违约方还得证明实际损害的存在。

法定损害赔偿的规定体现在《合同法》第113条,该条规定:"当事人一方不履行合同义务或者履行合同义务不符合约定,给对方造成损失的,损失赔偿额应当相当于因违约所造成的损失,包括合同履行后可以获得的利益,但不得超过违反合同一方订立合同时预见到或者应当预见到的因违反合同可能造成的损失。经营者对消费者提供商品或者服务有欺诈行为的,依照《中华人民共和国消费者权益保护法》的规定承担损害赔偿责任。"据此,法定损害赔偿分为补偿性损害赔偿与惩罚性损害赔偿。补偿性损害赔偿以填补非违约方损失为要旨,由实际损失和可得利益损失两部分构成。惩罚性损害赔偿超出了非违约方受损的范围,根据《中华人民共和国消费者权益保护法》第49条的规定,经营者提供商品或者服务有欺诈行为,应当按照消费者的要求增加赔偿其受到的损失。增加赔偿的金额为消费者购买商品的价款或者接受服务的费用的1倍。因此,惩罚性损害赔偿为双倍赔偿。

（三）完全赔偿原则

完全赔偿原则,是指违约方应赔偿受害人因其违约行为所遭受的全部损失。《合同法》第113条规定:"损失赔偿额应当相当于因违约所造成的损失,包括合同履行后可以获得的利益,但不得超过违反合同一方订立合同时预见到或者应当预见到的因违反合同可能造成的损失。"便采用的是完全赔偿原则。完全赔偿包括实际损失的赔偿和可得利益的赔偿。实际损失是指现有财产的灭失、损坏和费用的支出,是一种现实的财产损失。例如,甲乙之间订立1000吨大白菜买卖合同,约定如有违约,应支付1000元违约金。乙又与丙订立了1000

吨的大白菜买卖合同。因丙违约,导致乙与甲之间的买卖合同无法履行,乙因此向甲支付违约金1000元。此1000元属于实际损失。

可得利益损失,是指合同履行后可以获得的利益。一般来说,可得利益具有以下特点:

第一,未来性。可得利益是一种未来利益而非现实利益,在违约行为发生时并没有为合同当事人所实际享有,而是必须通过合同实际履行才能实现的。

第二,期待性。可得利益是合同当事人订立合同时期望通过合同的履行所获得利益,是当事人订立合同时能够合理预见的利益,而可得利益的损失也是当事人所能够预见到的损失。

第三,具有一定的现实性。合同如果如期履行,可得利益就会被当事人所得到,此便是可得利益的一定现实性。可得利益的损失虽然不是实际的财产损失,但它是可以得到的利益的损失,如果没有违约行为发生,合同当事人能够实际得到财产利益。

可得利益损失与实际损失不同,实际损失是现实的利益损失,包括现有财产的减损灭失、费用支出,如买方拒不付款使卖方蒙受货物损失,卖方不交付货物使买方蒙受货物损失。可得利益是非现实利益损失,是未来期待利益的损失。并且实际损失与可得利益损失相比较,更为确定。对实际损失法律规定一般应予赔偿;对可得利益的损失,因其在一定程度上具有不确定性,对其赔偿立法上通常有一定的限制。例如,甲乙之间订立1000斤大白菜买卖合同,每斤1.2元,约定乙应该在11月20日向甲交付大白菜,如有违约,应支付1000元违约金。后乙又与丙以每斤1元的价格订立了1000斤的大白菜买卖合同,约定丙应该在11月5日向乙交付大白菜。乙和丙订立合同时,乙向丙告知过其与甲之间的合同。后丙告知乙无法交付大白菜。由于丙不能交付,乙不能履行与甲之间的大白菜买卖合同,向甲支付违约金1000元。则对乙来说,1000元属于实际损失,两份合同的差价$(1.2-1) \times 1000 = 200$(元),属于可得利益,200元的可得利益丙在订立合同时是可以预见的。

(四)赔偿损失的限制

1.损害的可预见性规则

所谓损害的可预见性规则,是指违约方承担赔偿责任的范围不得超过其订立合同时预见或应当预见的损失的规则。根据《合同法》第113条的规定,损害赔偿不得超过违反合同一方订立合同时预见或者应当预见到的因违反合同可能造成的损失。据此,只有当违约所造成的损害是违约方在订约时可以预见的情况下,才能认为损害结果与违约行为之间具有因果关系,违约方才应当对这些损害负赔偿责任。如果损害不可预见,则违约方不应赔偿。可预见性规则旨在防止合同当事人漫天要价,正确确定交易风险和责任。只有在已发生的损失是违约方能够合理预见时,才表明该损失与违约行为之间存有因果关系,并且违约方比一般人更能了解非违约方的情况,也会在违约时尽可能地减少可能再遭受的损失。此外,采用可预见性规则有利于订约当事人对其未来的风险和责任作出预测,便于计算合同费用和利润,并能够正常地从事交易活动。如果未来的风险过大,则当事人就难以从事交易活动。所以,可预见性规则将违约当事人的责任限制在可预见的范围之内,这对于促进交易活动的发展,保障交易活动的正常进行,具有重要意义。

2.过失相抵规则

过失相抵规则,是指受害人对损失的发生、扩大有过错的,可以减轻、免除违约方赔偿责任的规则。我国《合同法》第119条规定:"当事人一方违约后,对方应当采取适当措施防止损失的扩大；没有采取适当措施致使损失扩大的，不得就扩大的损失要求赔偿。"据此，非违约方有减损义务，也就是在一方当事人违约并造成损害后，另一方应及时采取合理的措施以防止损失的扩大，否则无权就扩大部分的损害要求赔偿。合同债权人对自己的债权，对自己的利益有维护照顾的义务，债权人未尽此义务，会使权利遭受损失或者丧失，但不会发生损害赔偿的问题。损失的发生虽然是由于债务人的违约行为所致，但是债权人对自己的权利或者事务应照顾维护，因懈怠而导致的损失，不能归责于债务人，而应由债权人自担。因而就扩大的损失，债权人无权要求违约方赔偿损失。当然，当事人因防止损失扩大而支出的合理费用，由违约方承担。

三、支付违约金

(一)违约金的概念

违约金，是指合同当事人通过预先协商确定的，在违约发生后作出的独立于履行行为之外的给付。即合同当事人可事先在合同中约定一方如果违约应向另一方支付一定数额的违约金。

(二)违约金的特征

《合同法》第 114 条便规定了"当事人可以约定一方违约时应当根据违约情况向对方支付一定数额的违约金"。可见，违约金具有如下特点：

第一，违约金是由当事人协商确定的。当事人约定违约金的权利是合同自由原则的体现。允许当事人自有约定违约金对充分发挥合同当事人的自主性，鼓励当事人广泛从事交易活动具有十分重要的意义。在合同订立过程中，当事人订立合同的条件各不相同，合同在今后的履行中风险具有不可知性，为了能够有效地控制风险，确保债权人对自身利益的保护，法律允许并尊重合同当事人自由约定违约代价。一般而言，违约金以合同有效存在为必要条件，当合同不成立、无效或被撤销时，约定的违约金条款也不能发生效力。合同消灭，约定的违约金责任也消灭。

第二，违约金的数额是预先确定的。违约金作为预先确定的赔偿数额，在违约后对损失予以补偿，免去举证责任，也避免计算损失的困难，相对简单明确。违约金预先确定数额，事先向合同当事人指明违约后所应承担的责任范围，能有力地督促合同当事人履行合同。违约金的预先确定不是确定违约金的计算方法，而是确定违约金的具体数额，这点上其与约定损害赔偿不同。通过数额的确定，可以把风险和责任限制在预先确定的范围内，有利于确定合同未来利益。

第三，违约金是一种违约后生效的责任方式。违约金在合同订立时并不生效，只是在一方发生违约后才能产生法律效力。由于违约金的设立旨在督促当事人履行债务，在一定程度上具有担保作用。违约金的适用对违约行为具有一定的制裁作用，这表明违约金是一种违约后的责任形式。

(二)违约金的国家干预

当事人约定违约金是其享有的合同自由的体现，但是这种自由不是绝对的，而是受到限制的。我国《合同法》第 114 条第 2 款规定："约定的违约金低于造成的损失的，当事人可以请求人民法院或者仲裁机构予以增加;约定的违约金过分高于造成的损失的,当事人可以请求人民法院或者仲裁机构予以适当减少。"实际生活中,合同当事人为了防止合同主体违约给自身的利益带来损害,也为了保证合同能够得到履行,往往会约定高数额的违约金。而这高数额的违约金可能与非违约方的实际损失不符,远远超过非违约方的实际损失,这显然与违约责任的填补功能相违背。也可能合同当事人约定的违约金,由于对未来风险估计的不足,违约金的数额远远低于非违约方实际遭受的损失。不论哪种情况均有失公平,违约金过低,难以起到制裁违约行为和补偿费违约方损失的作用;违约金过高,会在一定程度上鼓励当事人依靠这一方式获取收益,变相赌博,法律成为当事人牟取非法利益的工具。因而,法律允许法院或仲裁机构对当事人约定的违约金加以调整。

具体调整,《合同法司法解释二》第29条规定:"当事人主张约定的违约金过高请求予以适当减少的,人民法院应当以实际损失为基础,兼顾合同的履行情况、当事人的过错程度以及预期利益等综合因素,根据公平原则和诚实信用原则予以衡量,并作出裁决。当事人约定的违约金超过造成损失的百分之三十的,一般可以认定为合同法第一百一十四条第二款规定的'过分高于造成的损失'。"

(三)违约金、定金、损害赔偿金的关系

1.违约金与定金

《合同法》第115条规定:"当事人可以依照《中华人民共和国担保法》约定一方向对方给付定金作为债权的担保。债务人履行债务后,定金应当抵作价款或者收回。给付定金的一方不履行约定的债务的,无权要求返还定金;收受定金的一方不履行约定的债务的,应当双倍返还定金。"此是有关定金的规定。定金是指合同当事人一方预先支付给另一方一定数额的款项以保证合同的履行。定金给付的目的在于担保合同债权的实现。合同当事人按照合同约定完全并适当地履行了合同规定的义务,定金可以抵作价款,也可以返还给定金的支付人。当合同当事人没有履行合同或没有适当地履行合同的,适用定金罚则,即给付定金的一方不履行约定的债务的,无权要求返还定金;收受定金的一方不履行约定的债务的,应当双倍返还定金。

定金罚则体现了对违约方的制裁,适用这种制裁会给违约方的经济上带来不利的后果,特别是定金罚则与违约金、实际履行等违约责任形式可以并用,若不对定金罚则加以一定的限制,会给违约方造成极大的经济负担,非违约方会因此而得到远远超过自身损害的赔偿,有悖公平。因此,《合同法》第116条规定:"当事人既约定违约金,又约定定金的,一方违约时,对方可以选择适用违约金或者定金条款。"

2.违约金与损害赔偿金

《合同法司法解释二》第28条规定:"当事人依照合同法第一百一十四条第二款的规定,请求人民法院增加违约金的,增加后的违约金数额以不超过实际损失额为限。增加违约金以后,当事人又请求对方赔偿损失的,人民法院不予支持。"根据此解释和《合同法》第114条第2款的规定,得出违约金与损害赔偿金的适用规则:当违约金低于实际损失时,当事人可以请求增加违约金;当违约金过分高于实际损失时,当事人可以请求适当的减少;当违约金不是过分高于实际损失时,适用违约金。例如,甲乙之间订立总价值为100万元的合同,约定一方违约应承担10万元的违约金。后甲违约,致乙损失8万元。乙便可向甲请求支付违约金10万元。在此题中,虽然违约金的数额高于实际损失,但是尚未超过实际损失的30%,

可直接适用违约金的约定。

违约金与损害赔偿均是以补偿性为基本功能,由于两者功能的重合性决定了原则上两者不能同时并用。又由于违约金是源于合同当事人的约定,损害赔偿是法律的规定,由于损害赔偿的法定性不具有效力的强制性,按照约定优先于法定规则,应当优先适用违约金。

(四)违约金与实际履行、解除合同的关系

1.违约金与实际履行

根据《合同法》第114条第3款的规定,当事人就迟延履行约定违约金的,违约方支付违约金后,还应当履行债务。由此可知,违约金的支付与实际履行是可以并用的。违约金责任是为了担保债务的履行而存在的,其主要目的是督促债务人履行债务并制裁违约行为。但是违约金的支付并没有使非违约方获得基于订立合同所预期的利益,即便在客观上能够补偿非违约方损失,但是并没有使非违约方实现合同目的,尤其是在合同履行对非违约方至关重要的情形下。例如,甲极喜欢乙的小提琴,几经交涉,乙终于同意割爱。合同订立之后,乙反悔不愿给付小提琴。此时乙就是支付了违约金,也未能实现甲订立合同的目的,甲无法获得合同履行后的利益。因此,违约金的支付应独立于实际履行之外,由非违约方决定违约金和实际履行的具体适用。

2.违约金与解除合同

合同解除后非违约方是否能够要求支付违约金,我国《合同法》对此未作明文规定。最高人民法院《印发〈关于当前形势下审理民商事合同纠纷案件若干问题的指导意见〉的通知》(2009年7月7日,法发〔2009〕40号)中规定:"为减轻当事人诉累,妥当解决违约金纠纷,违约方以合同不成立、合同未生效、合同无效或者不构成违约进行免责抗辩而未提出违约金调整请求的,人民法院可以就当事人是否需要主张违约金过高问题进行释明。人民法院要正确确定举证责任,违约方对于违约金约定过高的主张承担举证责任,非违约方主张违约金约定合理的,亦应提供相应的证据。合同解除后,当事人主张违约金条款继续有效的,人民法院可以根据合同法第九十八条的规定进行处理。"根据最高人民法院的司法观点,违约金类似于合同的结算和清理条款,具有相对独立性。因此,合同解除后,违约金条款仍能够继续适用。

第四节　违约责任和侵权责任的竞合

一、民事责任竞合的概念和特征

(一)民事责任竞合的概念

《合同法》第122条规定:"因当事人一方的违约行为,侵害对方人身、财产权益的,受损害方有权选择依照本法要求其承担违约责任或者依照其他法律要求其承担侵权责任。"此规定的是民事责任的竞合。所谓民事责任的竞合,是指民事主体实施某一违法行为导致多个民事责任发生,这些责任彼此之间相互冲突,但受害人仅能实现其中一项请求权。因加害人承担责任与受害人行使请求权是不可分割的。因此,责任竞合从受害人角度而言,又称为请求权竞合。在民事责任竞合中,违约责任和侵权责任的竞合最为常见。

(二)民事责任竞合的特征

民事责任竞合具有以下特征:

第一,存在某一个违反义务的行为。义务是责任前提,责任是违反义务之后果,只有违反义务才能导致责任产生。一个不法行为产生数个民事法律责任,是责任竞合构成的前提条件。如果同一个行为人实施了数个不法行为,分别触犯了不同法律的规定,便不符合民事责任竞合的构成条件,不能按照民事责任竞合来处理。

第二,该违反义务的行为符合两个或两个以上民事责任的构成要件。也就是同一行为人实施了同一不法行为,该行为符合数个民事责任的构成条件。例如,甲为乙保管彩电,因甲自己不当使用而使彩电损坏,则甲的行为因违反保管合同的约定构成违约行为;同时甲的行为又导致乙合法财产受损构成侵权行为。甲的行为既符合违约责任的构成要件,又符合侵权责任的构成要件,因此发生责任竞合。若同一行为不符合两个或两个以上民事责任的构成要件,则不存在责任竞合的问题。

第三,数个责任之间相互冲突。数个在内容上不同的责任,在责任后果上也不同,对于这些不同的责任,既不能相互吸收、包容,又不能同时并存。因为并存将导致受害人享有双重请求权,取得不当得利,加害人则要承担双重负担,违反公平原则。

二、违约责任和侵权责任的区别

如果违约责任与侵权责任不具有任何差别,那么,无论受害人提起何种之诉都不会影响其利益,但事实上,违约责任与侵权责任之间却存在重大区别,受害人选择其中不同的请求权,将对其利益产生不同的影响。侵权责任与违约责任具有如下区别:

第一,归责原则不同。侵权法采用多元归责原则体系,其中以过错责任为主,无过错责任、过错推定责任、公平责任为辅;而在合同法中,以无过错责任为主,过错责任为辅。

第二,责任构成要件不同。在侵权责任中,损害事实是侵权损害赔偿责任成立的前提条件,无损害事实,侵权责任就无从产生。而在违约责任中,违约责任的承担不以损害的发生为条件,即使违约行为并未致相对人损害,只要存有违约行为,违约方便要承担违约责任。

第三,举证责任不同。侵权责任中,受害人欲获得侵权损害赔偿须举证证明侵权人有过错,即举证责任由受害人承担;而在违约责任中,受害人仅就存在违约行为事实举证,违约方要免责,就必须举证证明存在法定免责事由。

第四,免责条件不同。在侵权责任中,免责条件皆由法律规定,当事人不能事先约定免责条件,也不能对不可抗力的范围作出约定。在违约责任中,除法定免责事由如不可抗力外,当事人可以事先约定免责事由,如当事人可以事先约定不承担责任的情况,也可约定不可抗力的范围。

第五,责任形式不同。侵权责任可分为财产责任和非财产责任,后者包括消除影响、赔礼道歉、恢复名誉等形式;违约责任主要是财产责任,包括强制实际履行、支付违约金、赔偿金等。因此,如果受害人主张修理、替换、重作或继续履行,要求对方支付违约金、承担定金责任,则只能适用合同责任。

第六,损害赔偿的范围不同。违约责任的损害赔偿主要是财产损失的赔偿,不包括对人身伤害、精神损害等的赔偿,并且要受合理预见规则即可预见性规则的限制;而侵权责任的损害赔偿范围则包括财产损失、人身伤害、精神损害赔偿等。

第七,对第三人的责任不同。违约责任中,因第三人原因导致违约的,债务人仍应向债权人承担违约责任,然后再向该第三人追偿。而在侵权责任中,实行的是自己的行为自己负责原则,行为人仅对自己的行为承担责任,而不需要对第三人的行为负责。

此外,在诉讼时效、法院管辖等方面,违约责任与侵权责任也存有区别。正是因为区别的存在,受害人选择不同的责任,将会影响到其对自身利益的保护。

三、民事责任竞合的解决

根据《合同法》第 122 条的规定,我国法律允许违约责任和侵权责任的竞合,当事人可以依其自由意志选择请求权的行使。只是当当事人选定其中一项请求权时,另一项请求权便不得再主张行使。毕竟每一项请求权对应着一个利益,多个请求权的存在,自然便有多个利益的存在,但是当事人的实际损失的利益只有一个,多个请求权同时实现的话,会出现不当得利的结果。而且,民事责任的竞合意味着民事责任彼此之间的冲突,实现其中一项请求权,另一项请求权并被排斥了,不再享有。不过需要注意的是,当事人依照其意志自由选择请求权的行使,并不意味着完全放任当事人的选择而不作任何限制。如果法律直接规定在特定情形中只能产生一种民事责任,排除民事责任竞合的发生,则应遵守这种法律规定。

分 论

10 第十章

买卖合同

⊙ **案例导读**

高某从事饲料销售业务。自 2009 年起,张某多次向高某购买饲料,并给付部分货款,至 2011 年 1 月 24 日双方结算,张某尚欠高某饲料款 11640 元未付,张某于当日向高某出具欠条一份。后高某多次向张某催要欠款未果,向法院提起诉讼,要求张某给付其欠款 11640 元。案件审理过程中,张某对其所欠高某饲料款 11640 元并无异议,但认为高某所供饲料存在质量问题,其所饲养的生猪食用高某所供饲料后出现生病及死亡现象,致其经济损失 6900 元,并反诉要求高某赔偿其该部分经济损失。高某则否认其所供饲料存在质量问题及张某所主张损失与自己所供应饲料有关。庭审中,张某除仅仅提供部分书面证人证言证明其所饲养的生猪曾出现生病及死亡现象外,未提交任何能够证明高某所供饲料存在质量问题及其曾向高某提出饲料质量异议的证据。

法院经审理后认为:高某与张某之间买卖饲料的合同关系成立,且系双方当事人的真实意思表示,亦不违背法律、法规的规定,合法有效。张某在收到高某提供的饲料后应当及时检验,并在发现质量问题后及时通知高某,然其并未履行该通知义务,其所提交的证人证言亦不足以证明高某所供饲料存在质量问题及其所饲养生猪出现的生病及死亡现象与高某所供应饲料的质量有关,且在张某与高某结算并出具欠条时,张某仍未说明高某所供饲料存在质量问题及其因高某所供饲料导致损失存在。故张某反诉要求高某赔偿其因经济损失 6900 元的主张,证据不足,法院不予支持。然张某欠高某饲料款 11640 元未付,事实清楚,证据充分,法院予以确认,张某应承担向高某付款的责任。一审宣判后,张某不服,提出上诉。二审法院经审理作出判决,驳回了张某上诉,维持原判决。

⊙ **问题提出**

1. 买卖合同生效条件是什么?
2. 买卖合同标的物所有权转移的规则是什么?
3. 买卖合同的风险负担是如何处理的?
4. 买卖合同的瑕疵担保责任是什么?
5. 买卖合同的孳息归属如何确定?

第一节　买卖合同概述

买卖是动态财产关系中最常见、最基本的交易方式,因此买卖合同便成为商品交换最基本、最重要、最具代表性的法律形式。合同法对买卖合同所设置的法律规则,成为动态财产流转中交易形式的基本规则。

一、买卖合同的概念和特征

(一)买卖合同的概念

根据《合同法》第130条的规定,买卖合同是出卖人转移标的物的所有权于买受人,买受人支付价款的合同。其中依照约定交付标的物并转移标的物所有权的一方称为出卖人,支付价款的一方称为买受人。

(二)买卖合同的特征

按照《合同法》对买卖合同的相关规定,买卖合同具有如下法律特征。

1.买卖合同是一方当事人转移标的物的所有权,另一方当事人支付价款的合同

作为出卖人负有转移标的物所有权于买受人的义务,作为此义务的对价,买受人得向出卖人支付价款。买卖合同设立的目的便是通过对价的支付取得对方当事人标的物的所有权。因此转移标的物的所有权和支付价款成为买卖合同当事人的主合同义务。这两项主合同义务既是买卖合同有别于其他以转移财产所有权为目的的合同,例如赠与合同、互易合同,又有别于以转移财产使用权为目的的合同,例如租赁合同。

2.买卖合同是双务合同

买卖合同的双方当事人在享有合同权利的同时,都负担相应的合同义务。出卖人负有转移标的物所有权的义务,同时也享有主张价款的权利。买受人负有支付价款的义务,同时也享有主张标的物所有权的权利。在同一个合同中存在两组以上彼此相对应的权利义务关系,符合双务合同的特征,属于典型的双务合同。

3.买卖合同是有偿合同

买受人对标的物的取得应支付相应的价款,因此买受人对所取得的权益要付出一定的代价,属于典型的有偿合同。《合同法》第174条规定:就买卖合同所设置的法律规定,在其他类型的有偿合同未作特别规定时,适用于其他的有偿合同。

4.买卖合同是诺成合同

除法律另有规定或当事人另有约定外,买卖合同自双方当事人意思表示一致之时起成立,并不以一方当事人标的物的交付或一定行为的进行作为合同的成立要件。因此,买卖合同为诺成合同。

5.买卖合同为不要式合同

法律和行政法规并未一般要求当事人之间的买卖合同关系采用书面形式。因此,买卖合同通常为不要式合同。

二、买卖合同的当事人及标的物

（一）买卖合同的当事人

买卖合同的当事人包括出卖人和买受人。对于买受人，依据《合同法》的规定，须具备相应的民事行为能力，除此以外，并无特别要求。但基于民法通则以及其他法律的规定，某些具有特别身份的人不得成为特定买卖合同中的买受人。如监护人[①]、拍卖人[②]、公司的董事[③]等。

对于出卖人，除须具备相应的民事行为能力之外，根据《合同法》第 1 条第 1 款的规定，应当是买卖合同标的物的所有权人或其他有处分权人。但是《最高人民法院关于审理买卖合同纠纷案件适用法律问题的解释》第 3 条规定："当事人一方以出卖人在缔约时对标的物没有所有权或者处分权为由主张合同无效的，人民法院不予支持。出卖人因未取得所有权或者处分权致使标的物所有权不能转移，买受人要求出卖人承担违约责任或者要求解除合同并主张损害赔偿的，人民法院应予支持。"《最高人民法院关于适用〈中华人民共和国合同法〉若干问题的解释（二）》第 15 条规定："出卖人就同一标的物订立多重买卖合同，合同均不具有合同法第五十二条规定的无效情形，买受人因不能按照合同约定取得标的物所有权，请求追究出卖人违约责任的，人民法院应予支持。"由此可知，要求出卖人为标的物的所有权人或是其他有处分权人之规定不影响买卖合同的效力认定，影响的仅仅是买卖合同的履行，因此该规定不具有强制性。

（二）买卖合同的标的物

我国《合同法》并未对买卖合同的标的物进行任何明确的规定。考虑到专利权申请权转让、专利权转让、土地使用权转让等涉及财产权利转让的合同，均未在买卖合同中加以规定，而是在其他的合同类型中出现，例如技术合同等。再根据《合同法》第 130 条的规定，应该将买卖合同的标的物认定为实物。

作为实物的标的物是否需要现实存在？此问题《合同法》同样未作规定。在《最高人民法院关于审理商品房买卖纠纷案件适用法律若干问题的解释》中允许开发商进行商品房的预售，因此，买卖合同的标的物可以是现实存在的物，也可以是将来产生的物。

在民法理论研究中，将物根据流通程度的不同，分为流通物、限制流通物和禁止流通物。如果买卖合同的标的物是禁止流通物，该买卖合同应认定为无效合同。如果买卖合同的标的物是限制流通物，关键在于合同当事人的资格问题。若当事人能够事后取得相关经营资

---

① 根据民法通则及其司法解释的规定，监护人负有保护被监护人、维护被监护人合法利益的责任。如果监护人购买被监护人的财产，就很难确保监护人的利益。因此，监护人不得成为被监护人财产的买受人。

② 《中华人民共和国拍卖法》第 22 条规定："拍卖人及其工作人员不得以竞买人的身份参与自己组织的拍卖活动，并不得委托他人代为竞买。"

③ 《公司法》第 149 条规定："公司的董事、高级管理人员不得违反公司章程的规定或者未经股东会、股东大会的同意，与本公司订立合同或者进行交易，成为特定买卖合同的买受人。"

格的,合同可以认定为是有效的①。若当事人不能够事后取得相关经营资格的,由于合同主体的不适格,合同应为无效。

三、买卖合同的内容

买卖合同的内容主要由当事人约定,除了标的、数量和质量、价款、履行期限、履行地点、履行方式、违约责任、解决争议的方法等条款以外,买卖合同的当事人还可就包装方式、检验标准和方法、结算方式以及合同使用的文字及其效力等内容进行约定。

（一）标的

标的是买卖合同双方当事人权利义务指向的对象。买卖合同不规定标的,就会失去目的,失去意义。《最高人民法院关于适用〈中华人民共和国合同法〉若干问题的解释（二）》第1条规定:“当事人对合同是否成立存有争议,人民法院能够确定当事人名称或者姓名、标的和数量的,一般应当认定合同成立。但法律另有规定或者当事人另有约定的除外。”因此,标的是买卖合同的必备条款。标的条款必须清楚地写明标的物的名称。

（二）数量

标的物的数量是确定买卖合同标的物的具体条件之一。标的物的数量要确切,应选择双方共同接受的计量单位。一般应采用通用的计量单位,也可以采用行业或者交易习惯认可的计量单位。要确定双方认可的计量方法,同时应允许规定合理的磅差或尾差。标的物的数量同样属于买卖合同成立应当具备的必要条款。

（三）质量

标的物的质量是确定买卖合同标的物的具体条件。标的物的质量《合同法》未作规定,主要是当事人的约定。标的物的质量一般包括两个方面的要求:一是标的物的品种和规格,通常指标的物的型号、批号、尺码、级别等;二是标的物的内在品质,通常指标的物的构成、含量比例、性能、功效等。欠缺质量条款,并不影响买卖合同的成立。当事人没有约定质量条款或者约定不明确,可以依照《合同法》第61条以及第62条第1项补充确定。

（四）履行期限、地点和方式

履行期限直接关系到买卖合同义务完成的时间,涉及当事人的期限利益,也是确定违约与否的因素之一。履行期限可以规定为即时履行,也可以规定为定时履行,还可以规定为一定期限内履行。如果是分期履行,还应写明每期的准确时间。

履行地点是确定验收地点的依据,是确定运输费用由谁负担、风险由谁承受的依据;有时是确定标的物所有权是否转移、何时转移的依据;还是确定诉讼管辖的依据之一;对于涉外买卖合同纠纷,它是确定法律适用的一项依据。因而它十分重要,应在合同中写明。

履行方式,例如是一次交付还是分批交付,是交付实物还是交付提取标的物的单证,是

---

① 例如《最高人民法院关于审理商品房买卖纠纷案件适用法律若干问题的解释》第2条规定:出卖人未取得商品房预售许可证明,与买受人订立的商品房预售合同,应当认定无效,但是在起诉前取得商品房预售许可证明的,可以认定有效。此条规定虽然不涉及限制流通物,但是对于当事人经营资格缺乏的情形却是允许事后补正的,并且承认事后补正的效力。该种做法更多的是为了鼓励交易。

铁路运输还是空运、水运等,同样事关当事人的物质利益。因此,应在合同中写明。

履行期限、履行地点和履行方式属于指导性条款,当事人未约定或约定不明的,可以依照《合同法》第 61 条、第 62 条第 3 项至第 5 项以及第 141 条第 2 款、第 160 条、第 161 条补充确定。

(五)价款

价款是买受人取得标的物所应支付的代价,买卖合同应当对价款的数额作出明确的约定。在民商事交易中还会产生运费、保险费、装卸费、报关费等一系列费用,该些费用不属于价款本身。价款是指标的物本身的费用。运费等费用属于履行合同所产生的费用,该费用的承担有约定的则按照约定,没有约定或是约定不明的,按照《合同法》第 62 条第 6 项的规定,由履行义务一方承担。如果当事人在买卖合同中对价款没有约定或是约定不清的,依照《合同法》第 159 条补充确定。

(六)违约责任

买卖合同当事人可以约定违约的计算方法、违约金的多少、赔偿范围等,但是违约责任毕竟是法定责任,即便当事人没有在合同中作出约定,违约方仍需承担。买卖合同中的违约责任可依照《合同法》第 9 章关于买卖合同当事人违约责任承担的特别规定以及第 7 章关于违约责任的一般规定处理。

(七)包装方式

包装方式并非每一个买卖合同都会涉及,一般情况或是包装材料或是包装流程,具体应采用何种标准应视买卖合同的具体标的物而定。惯常要求包装方式应当按照国家标准或专业(部)标准执行。如果没有这些标准的,则可按承运、托运双方商定并在合同中写明的标准进行包装。有特殊要求或采用包装代用品的,应征得运输部门的同意,并在合同中明确规定。对该项条款未作约定的,不影响买卖合同的成立。依照《合同法》第 156 条的规定,出卖人应当按照约定的包装方式交付标的物。对包装方式没有约定或者约定不明确,依照本法第 61 条的规定仍不能确定的,应当按照通用的方式包装,没有通用方式的,应当采取足以保护标的物的包装方式。

(八)检验标准和方法

《合同法》第 157 条规定,买受人收到标的物时应当在约定的检验期间内检验。没有约定检验期间的,应当及时检验。第 158 条规定,当事人约定检验期间的,买受人应当在检验期间内将标的物的数量或者质量不符合约定的情形通知出卖人。买受人怠于通知的,视为标的物的数量或者质量符合约定。当事人没有约定检验期间的,买受人应当在发现或者应当发现标的物的数量或者质量不符合约定的合理期间内通知出卖人。买受人在合理期间内未通知或者自标的物收到之日起两年内未通知出卖人的,视为标的物的数量或者质量符合约定,但对标的物有质量保证期的,适用质量保证期,不适用该两年的规定。出卖人知道或者应当知道提供的标的物不符合约定的,买受人不受前两款规定的通知时间的限制。

(九)结算方式

结算方式是指出卖人向买受人交付标的物后,买受人向出卖人支付包括标的物价款、运费等所有费用的方式。买卖合同的结算方式应遵守中国人民银行结算办法的规定,除法律或者行政法规另有规定的以外,必须用人民币计算和支付。同时,除国家允许使用现金履行义务以外,必须通过银行转账或者票据结算。对该项条款未作约定的,不影响买卖合同的成立。当事人未约定结算方式条款或者约定不明确的,依照《合同法》第 61 条补充确定。

此外在涉外买卖合同及跨民族买卖合同中还有一个重要的条款就是合同使用的文字及其效力。由于涉及不同文字与语言,为确保合同内容不发生歧义,避免文字理解上的偏差,从而影响到买卖合同的履行,在涉外买卖合同及跨民族买卖合同中双方当事人应就合同所使用的文字作出明确约定,当事人应当使用约定的文字订立合同。当事人未约定合同使用的文字及其效力条款或者约定不明确的,依照《合同法》第 61 条补充确定。

第二节　买卖合同的效力

买卖合同的效力是指在买卖合同双方当事人间产生的权利与义务。由于买卖合同是典型的双务有偿合同,买受人的权利便是出卖人的义务,因此本节主要是通过买卖双方的义务来说明买卖合同的效力。

一、出卖人的合同义务

(一)交付标的物,并转移标的物的所有权于买受人

该项义务是出卖人的主合同义务,它由两个方面的内容组成:交付标的物;转移标的物的所有权于买受人。

1.交付标的物

(1)交付标的物的方式

交付通常是现实交付,即直接占有的转移,也就是出卖人将对标的物的占有实际移转给买受人,由买受人直接占有该标的物。完成现实交付必须具备两个条件:一是对标的物的实际控制发生移转,即由交付的一方移转给另一方,由另一方实际控制。二是必须得有转移占有的合意。如果交付一方将标的物置于受让人控制的范围内,但未作通知,受让人未接受交付,主观上也无占有的意思,就不能构成交付。例如,(2008 年司考真题)甲将自己收藏的一幅名画卖给乙,乙当场付款,约定 5 天后取画。丙听说后,表示愿出比乙高的价格购买此画,甲当即决定卖给丙,约定第二天交货。乙得知此事,诱使甲 8 岁的儿子从家中取出此画给自己。该画在由乙占有期间,被丁盗走。此时该名画的所有权属于甲,因为对乙而言缺乏移转占有的合意。对丁而言构成侵权。所以虽然名画在占有上发生了变化,但是均未改变所有权的归属,仍应属于甲所有。当然,在一些特殊情况下,根据原有的交易习惯也能构成交付,例如邮递员将信件投放在收信人的信箱内。

除了现实交付外,为了交易上的便利,还有观念交付。所谓观念交付,是指法律允许当事人通过特别的约定,不现实交付标的物,而采用一种变通的交付方法来代替实际交付,主要有交易交付、指示交付和占有改定。[①]

---

① 我国《物权法》第 25 条到第 27 条规定的就是三种观念交付的形式。

简易交付是指标的物在合同订立之前已经依法被买受人占有的,出卖人无须再行实际交付,合同生效的时间为交付的时间(《合同法》第140条的规定)。例如,(2004年司考真题)某宾馆为了8月8日的开业庆典,于8月7日向电视台租借一台摄像机。庆典之日,工作人员不慎摔坏了摄像机,宾馆决定按原价买下,以抵偿电视台的损失,遂于8月9日通过电话向电视台负责人表明此意,对方表示同意。8月15日,宾馆依约向电视台支付了价款。则摄像机的所有权在8月9日双方达成合意之时便发生了所有权转移。

指示交付是指标的物由第三人占有时,出卖人将其对第三人的返还请求权让与买受人,以代替交付。例如,甲将其出租的电视机卖给乙,由于租赁期未满,暂时无法收回电视机,甲可以把电视机的返还请求权让与乙,以代替电视机的实际交付。

占有改定是指买卖双方特别约定,标的物仍由出卖人继续占有,但是在买卖合意成立时视为交付,买受人取得间接占有。例如,甲将其所有的一套参考文献卖给乙,但是甲还想留这套书籍用一段时间,这时甲可以与乙再订立一份租赁或借用协议,由甲继续占有、使用该套书籍,乙对该套书籍进行间接占有,以此来代替现实交付,乙取得该套书籍的所有权。也有人将占有改定称为继续占有。

此外,还有以交付提取标的物的单证,以代替标的物现实交付的交付方式。比如:交付仓单、提单以及可转让的多式联运单据等。《最高人民法院关于审理买卖合同纠纷案件适用法律问题的解释》第5条规定,标的物为无须以有形载体交付的电子信息产品,当事人对交付方式约定不明确,且依照《合同法》第61条的规定仍不能确定的,买受人收到约定的电子信息产品或者权利凭证即为交付。

如果同一标的物订立有多重买卖合同的,在买卖合同均有效的情况下,买受人均要求实际履行合同的,标的物为普通动产的,按照下列情形处理:

1)先行受领交付的买受人请求确认所有权已经转移的,人民法院应予支持。

2)均未受领交付,先行支付价款的买受人请求出卖人履行交付标的物等合同义务的,人民法院应予支持。

3)均未受领交付,也未支付价款,依法成立在先合同的买受人请求出卖人履行交付标的物等合同义务的,人民法院应予支持。

标的物为同一船舶、航空器、机动车的,按照以下情形分别处理:

1)先行受领交付的买受人请求出卖人履行办理所有权转移登记手续等合同义务的,人民法院应予支持。

2)均未受领交付,先行办理所有权转移登记手续的买受人请求出卖人履行交付标的物等合同义务的,人民法院应予支持。

3)均未受领交付,也未办理所有权转移登记手续,依法成立在先合同的买受人请求出卖人履行交付标的物和办理所有权转移登记手续等合同义务的,人民法院应予支持。

4)出卖人将标的物交付给买受人之一,又为其他买受人办理所有权转移登记,已受领交付的买受人请求将标的物所有权登记在自己名下的,人民法院应予支持。

(2)交付标的物的时间

出卖人应当按照约定的期限交付标的物。约定交付期间的,出卖人可以在该交付期间内的任何时间交付,但应当在交付前通知买受人。出卖人提前交付标的物的,应取得买受人的同意,否则买受人有权拒收,但出卖人的提前是交付不损害买受人利益的除外(《合同法》

第 71 条第 1 款）。出卖人提前交付给买受人增加的费用,由出卖人负担（《合同法》第 71 条第 2 款）。当事人未约定标的物的交付期限或者约定不明确的,可以协议补充;不能达成补充协议的,按照合同有关条款或交易习惯确定;仍不能确定的,可以随时交付,但应当给买受人必要的准备时间。

（3）交付标的物的地点

出卖人应当按照约定的地点交付标的物。当事人未约定交付地点或者约定不明确,根据《合同法》第 141 条的规定,依照《合同法》第 61 条的规定进行确定;仍不能确定的,适用下列规定:

1）标的物需要运输的,出卖人应当将标的物交付给第一承运人,以运交给买受人。

2）标的物不需要运输,出卖人和买受人订立合同时知道标的物在某一地点的,出卖人应当在该地点交付标的物;不知道标的物在某一地点的,应当在出卖人订立合同时的营业地交付标的物。

（4）交付标的物的数量

出卖人应当按照约定的数量交付标的物。出卖人多交标的物的,《合同法》第 162 条规定,买受人可以接收或者拒绝接收多交的部分。买受人接收多交部分的,按照合同的价格支付价款;买受人拒绝接收多交部分的,应当及时通知出卖人。《最高人民法院关于审理买卖合同纠纷案件适用法律问题的解释》第 6 条规定,买受人拒绝接收多交部分标的物的,可以代为保管多交部分标的物。买受人主张出卖人负担代为保管期间的合理费用的,人民法院应予支持。买受人主张出卖人承担代为保管期间非因买受人故意或者重大过失造成的损失的,人民法院应予支持。

此外,合同中约定分批交付的,出卖人应按照约定的批量分批交付。出卖人未按照约定的时间和数量交付的,应就每一次的不适当交付负违约责任。

2.转移标的物的所有权于买受人

取得标的物的所有权是买受人的主要交易目的。转移标的物的所有权,是在交付标的物基础上实现的。《合同法》第 133 条规定,标的物的所有权自标的物交付时起转移,但法律另有规定或者当事人另有约定的除外。这表明,标的物所有权的转移方法应视标的物具体的性质而定。按照《物权法》的相关规定,物一般是指动产与不动产。就动产而言,除法律有特别规定或当事人另有约定的以外,所有权依交付而转移。船舶、航空器、车辆等特殊类型的动产,根据《物权法》第 24 条规定,未经登记的,不得对抗善意第三人。

至于不动产,根据《物权法》第 9 条的规定,经依法登记,发生效力;未经登记的,不发生效力,但法律另有规定的除外。同时,《合同法》第 137 条规定,出卖具有知识产权的计算机软件等标的物的,除法律另有规定或当事人另有约定的以外,该标的物的知识产权并不随同标的物的所有权一并转移于买受人。①

（二）物的瑕疵担保义务

物的瑕疵担保义务是指质量担保义务,要求出卖人应该保证标的物具有通常的品质或

---

① 法律之所以这样规定,一则考虑标的物的知识产权与所有权是可以并行于标的物上,也是可以分离的,标的物的知识产权与所有权是两项独立的权利。而买卖合同中发生转移的仅仅是所有权。二则考虑到如果同时发生转移,会涉及无权处分的问题。毕竟不是每一个出卖人都是知识产权权利人。此外,基于标的物的同种类性,还会产生同一客体的知识产权有无数个主体的问题,这显然是不可能的。

是特别保证的品质。《合同法》第153条规定,出卖人应当按照约定的质量要求交付标的物。出卖人提供有关标的物质量说明的,交付的标的物应当符合该说明的质量要求。该义务履行是否适格,关键在于是否达到标的物的质量标准。出卖人交付的标的物不符合质量要求的,买受人可以依照《合同法》第111条的规定要求承担违约责任(《合同法》第155条)。也就是说,买受人可以根据标的物的性质以及损失的大小,合理选择请求修理、更换、退货或者减少价款等违约责任。如果当事人主张以符合约定的标的物和实际交付的标的物按交付时的市场价值计算差价的,人民法院应予以支持。价款已经支付,买受人主张返还减价后多出部分价款的,应予以支持(《最高人民法院关于审理买卖合同纠纷案件适用法律问题的解释》第23条)。

同时根据《合同法》第164条、第165条、第166条的规定,因标的物的主物不符合约定而解除合同的,解除合同的效力涉及从物。因标的物的从物不符合约定被解除的,解除的效力不涉及主物。

标的物为数物,其中一物不符合约定的,买受人可以就该物解除,但该物与他物分离使标的物的价值显受损害的,当事人可以就数物解除合同。

出卖人分批交付标的物的,出卖人对其中一批标的物不交付或者交付不符合约定,致使该批标的物不能实现合同目的的,买受人可以就该批标的物解除。出卖人不交付其中一批标的物或者交付不符合约定,致使今后其他各批标的物的交付不能实现合同目的的,买受人可以就该批以及今后其他各批标的物解除。买受人如果就其中一批标的物解除,该批标的物与其他各批标的物相互依存的,可以就已经交付和未交付的各批标的物解除。

瑕疵担保义务允许买卖双方予以约定,根据《最高人民法院关于审理买卖合同纠纷案件适用法律问题的解释》第32条规定,合同约定减轻或者免除出卖人对标的物的瑕疵担保责任,但出卖人故意或者因重大过失不告知买受人标的物的瑕疵,出卖人主张依约减轻或者免除瑕疵担保责任的,人民法院不予支持。该《解释》第33条还规定,买受人在缔约时知道或者应当知道标的物质量存在瑕疵,主张出卖人承担瑕疵担保责任的,人民法院不予支持,但买受人在缔约时不知道该瑕疵会导致标的物的基本效用显著降低的除外。

(三)权利的瑕疵担保义务

买卖合同订立的目的在于通过对价取得标的物的所有权,如果出卖人转移的所有权具有瑕疵,最终导致买受人无法取得所有权,将会使买受人订立合同的目的落空。因此《合同法》第150条规定,出卖人就交付的标的物,负有保证第三人不得向买受人主张任何权利的义务,但法律另有规定的除外。由此确立了出卖人的权利瑕疵担保义务。也就是说,出卖人应保证所出卖的标的物不存在第三人享有全部或是部分所有权情形,不存在第三人享有抵押权、质权、留置权等他物权情形,没有侵害第三人的知识产权。鉴于善意取得制度、他物权保护规则等相关规定,不是所有买受人无法主张所有权的情形均构成出卖人权利瑕疵担保义务的违反。例如:甲将乙委托其保管的数码相机卖给了丙,丙不构成善意取得并且乙行使拒绝权的情况下,甲、丙之间的买卖合同属于无效合同,而不存在丙向甲主张权利瑕疵担保的违约责任。

依据《合同法》第151条的规定,买受人订立合同时知道或者应当知道第三人对买卖的标的物享有权利的,出卖人不承担权利瑕疵担保义务。另外,出卖人在买受人取得标的物所有权前除去权利瑕疵的以及第三人基于相邻关系就标的物主张相邻权的,也不负有权利瑕疵担保义务。例如:甲将私房抵押给乙并办理了登记手续,在抵押期间,甲将房屋卖给了丙但未告知丙抵押的事实,在甲、丙办理房产过户登记的前一天,甲清偿了对乙的债务,则甲对丙不负有权利瑕疵担保的义务。又如:张某将自己的私房卖给李某后,邻居因为原先空调安装过低影响自身对自家阳台使用而向李某主张相邻权救济的,张某对李某不负有权利瑕疵担保义务。当然买受人有确切证据证明第三人可能就标的物主张权利的,可以在出卖人未提供适当担保时,行使合同履行的抗辩权,中止支付相应的价款(《合同法》第 152 条)。

(四)交付有关单证和资料

出卖人应当按照约定或者交易习惯向买受人交付提取标的物单证以外的有关单证和资料。"提取标的物单证以外的有关单证和资料",主要应当包括保险单、保修单、普通发票、增值税专用发票、产品合格证、质量保证书、质量鉴定书、品质检验证书、产品进出口检疫书、原产地证明书、使用说明书、装箱单等。

此外,出卖人还应遵循诚实信用原则,根据合同的性质、目的负担通知、协助、保密等附随义务。

二、买受人的义务

(一)支付价款

支付价款是买受人的主要义务。在合同履行过程中,买受人支付价款义务会涉及下列方面的事项:

1.价款数额的确定

买受人应当按照约定的数额支付价款。对价款没有约定或约定不明确的,可以协议补充;不能达成补充协议的,按照合同有关条款或者交易习惯确定。如果仍不能确定,按照订立合同时履行地的市场价格履行;依法应当执行政府定价或者政府指导价的,在合同约定的交付期限内政府价格调整时,按照交付时的价格计价。逾期交付标的物的,遇价格上涨时,按照原价格执行;价格下降时,按照新价格执行。逾期提取标的物或者逾期付款的,遇价格上涨时,按照新价格执行;价格下降时,按照原价格执行。

2.价款的支付时间

买受人应当按照约定的时间支付价款。对支付时间没有约定或者约定不明确的,可以协议补充。不能达成补充协议的,按照合同有关条款或者交易习惯确定。仍不能确定的,买受人应当在收到标的物或者提取标的物单证的同时支付。

3.价款的支付地点

买受人应当按照约定的地点支付价款。对支付地点没有约定或者约定不明确,可以协议补充;不能达成补充协议的,按照合同有关条款或者交易习惯确定;仍不能确定的,买受人应当在出卖人的营业地支付,但约定支付价款以交付标的物或者交付提取标的物的单证为条件的,在交付标的物或者提取标的物单证的所在地支付。

4.价款的支付方式

当事人可以在合同中约定价款的支付方式,但这种约定以不违反国家金融法律法规为限。

（二）受领标的物

买受人有依照合同约定或者交易惯例受领标的物的义务。当然，买受人受领标的物以出卖人交付标的物符合合同约定为条件。如果出卖人交付的标的物不符合合同约定的，买受人有权拒绝接受。同时，根据我国《合同法》第 101 条的规定，买受人无正当理由拒绝受领标的物的，出卖人可以以提存的方式交付。

（三）及时检验出卖人交付的标的物

根据《合同法》第 157 条、第 158 条之规定，买受人收到标的物时应当在约定的检验期间内检验。没有约定检验期间的，应当及时检验。当事人约定检验期间的，买受人应当在检验期间内将标的物的数量或者质量不符合约定的情形通知出卖人。买受人怠于通知的，视为标的物的数量或者质量符合约定。当事人没有约定检验期间的，买受人应当在发现或者应当发现标的物的数量或者质量不符合约定的合理期间内通知出卖人。买受人在合理期间内未通知或者自标的物收到之日起两年内未通知出卖人的，视为标的物的数量或者质量符合约定，但对标的物有质量保证期的，适用质量保证期，不适用该两年的规定。出卖人知道或者应当知道提供的标的物不符合约定的，买受人不受前两款规定的通知时间的限制。

《最高人民法院关于审理买卖合同纠纷案件适用法律问题的解释》第 15 条规定，当事人对标的物的检验期间未作约定，买受人签收的送货单、确认单等载明标的物数量、型号、规格的，人民法院应当根据《合同法》第 157 条的规定，认定买受人已对数量和外观瑕疵进行了检验，但有相反证据足以推翻的除外。在该司法解释中还规定，在具体认定"合理期间"时，应当综合当事人之间的交易性质、交易目的、交易方式、交易习惯、标的物的种类、数量、性质、安装和使用情况、瑕疵的性质、买受人应尽的合理注意义务、检验方法和难易程度、买受人或者检验人所处的具体环境、自身技能以及其他合理因素，依据诚实信用原则进行判断。并且"两年"是最长的合理期间。该期间为不变期间，不适用诉讼时效中止、中断或者延长的规定。

约定的检验期间过短，依照标的物的性质和交易习惯，买受人在检验期间内难以完成全面检验的，应当认定该期间为买受人对外观瑕疵提出异议的期间，并根据本《解释》第 17 条第 1 款的规定确定买受人对隐蔽瑕疵提出异议的合理期间。约定的检验期间或者质量保证期间短于法律、行政法规规定的检验期间或者质量保证期间的，应当以法律、行政法规规定的检验期间或者质量保证期间为准。同时该司法解释还规定检验期间、合理期间、两年期间经过后，买受人主张标的物的数量或者质量不符合约定的，人民法院不予支持。出卖人自愿承担违约责任后，又以上述期间经过为由反悔的，人民法院不予支持。

出卖人依照买受人的指示向第三人交付标的物，出卖人和买受人之间约定的检验标准与买受人和第三人之间约定的检验标准不一致的，应当根据《合同法》第 64 条的规定，以出卖人和买受人之间约定的检验标准为标的物的检验标准。

导读案例中涉及的便是及时检验标的物的问题，由于买受人未能及时说明质量异议，怠于通知的，最终导致对标的物的质量履行视为符合约定。

此外，买受人还应遵循诚实信用原则，根据合同的性质、目的负担通知、协助、保密等附随义务。

第三节　买卖合同中标的物的风险负担与利益承受

一、买卖合同中标的物的风险负担

现代民商事交易,从缔约到交付要历经众多的环节,合同双方当事人各自义务的履行大多数是不同步的,此种情况下,货物毁损灭失所造成的损失并存在一个承受的问题。买卖合同中标的物的风险是指买卖合同的标的物由于不可归责于买卖合同双方当事人的事由毁损、灭失所造成的损失。风险负担是指损失应由谁来承担。

风险负担主要有以下几种情况:

我国《合同法》第 142 条规定:"标的物毁损、灭失的风险,在标的物交付之前由出卖人承担,交付之后由买受人承担,但法律另有规定或者当事人另有约定的除外。"该条规定所确立的是风险负担的一般规则。当事人对风险负担没有约定,标的物为种类物,出卖人未以装运单据、加盖标记、通知买受人等可识别的方式清楚地将标的物特定于买卖合同,买受人主张不负担标的物毁损、灭失的风险的,应予支持。[1] 出卖人根据合同约定将标的物运送至买受人指定地点并交付给承运人后,标的物毁损、灭失的风险由买受人负担,但当事人另有约定的除外。[2]

在有承运人的情况下,《合同法》第 145 条规定,当事人没有约定交付地点或者约定不明确,依照该法 141 条第 2 款第一项的规定,标的物需要运输的,出卖人将标的物交付给第一承运人后,标的物毁损、灭失的风险由买受人承担。其中"标的物需要运输的",是指标的物由出卖人负责办理托运,承运人系独立于买卖合同当事人之外的运输业者的情形。标的物毁损、灭失的风险负担,按照《合同法》第 145 条的规定处理。[3]

出卖人出卖的是交由承运人运输的在途标的物,《合同法》第 144 条规定,除当事人另有约定的以外,毁损、灭失的风险自合同成立时起由买受人承担。但是出卖人出卖交由承运人运输的在途标的物,在合同成立时知道或者应当知道标的物已经毁损、灭失却未告知买受人,买受人主张出卖人负担标的物毁损、灭失的风险的,应予支持。[4]

买卖合同当事人违约的情况下,《合同法》第 143 条规定,因买受人的原因致使标的物不能按照约定的期限交付的,买受人应当自违反约定之日起承担标的物毁损、灭失的风险。第 146 规定,出卖人按照约定或者依照本法第 141 条第 2 款第 2 项的规定将标的物置于交付地点,买受人违反约定没有收取的,标的物毁损、灭失的风险自违反约定之日起由买受人承担。第 147 条规定,出卖人按照约定未交付有关标的物的单证和资料的,不影响标的物毁损、灭失风险的转移。第 148 条规定,因标的物质量不符合质量要求,致使不能实现合同目的的,买受人可以拒绝接受标的物或者解除合同。买受人拒绝接受标的物或者解除合同的,标的物毁损、灭失的风险由出卖人承担。

---

[1] 《最高人民法院关于审理买卖合同纠纷案件适用法律问题的解释》第 14 条。
[2] 《最高人民法院关于审理买卖合同纠纷案件适用法律问题的解释》第 12 条。
[3] 《最高人民法院关于审理买卖合同纠纷案件适用法律问题的解释》第 11 条。
[4] 《最高人民法院关于审理买卖合同纠纷案件适用法律问题的解释》第 13 条。

二、买卖合同中的利益承受

《合同法》第 163 条规定:标的物在交付之前产生的孳息,归出卖人所有,交付之后产生的孳息,归买受人所有。该条规定的是有关买卖合同订立后的所生孳息归属,也就是利益承受的确定。利益与风险共存,标的物于合同订立后所生孳息的归属与风险的负担是密切相联的。从现行《合同法》的规定可以得知,孳息的归属与风险的负担遵循同一原则,即以交付为标准,交付前标的物产生的孳息,归出卖人所有;交付后标的物产生的孳息,由买受人承受。风险负担现行合同法是允许买卖合同当事人进行约定的,自然作为关系密切的利益承受同样允许买卖合同当事人进行约定。

第四节　特种买卖合同

在我国《合同法》上,特种买卖合同包括分期付款买卖合同、样品买卖合同、试用买卖合同、招标投标买卖合同和拍卖合同等。

一、分期付款买卖合同

分期付款,是指买受人将应付的总价款在一定期间内至少分三次向出卖人支付。分期付款买卖作为一种特殊的买卖形式,在一定程度上缓和了买受人资金不足的问题。时下分期付款买卖已经成为一种常态的交易方式。然而在分期付款中出卖人面临着较大的风险,虽然买受人的价款支付义务可以在一定期限分批履行,但是出卖人交付标的物的义务却是在第一期付款时就应该履行了,如此一来出卖人很有可能会收不到全部的价款。因此《合同法》第 167 条规定,分期付款的买受人未支付到期价款的金额达到全部价款的 1/5 的,出卖人可以要求买受人支付全部价款或者解除合同。出卖人解除合同的,可以向买受人要求支付该标的物的使用费。当事人对标的物的使用费没有约定的,可以参照当地同类标的物的租金标准确定。但买受人已经支付标的物总价款的 75％ 以上的,出卖人主张取回标的物的,不予支持。[①] 即便如此,防患于未然总是较佳的选择。因此,分期付款买卖当事人往往会有个特别约定——所有权保留[②]。

所谓所有权保留,是指在分期付款买卖合同中,买受人虽先占有、使用标的物,但在双方当事人约定的特定条件(通常是价款的一部或全部清偿)成就之前,出卖人仍保留标的物所有权,待条件成就后,再将所有权转移给买受人。这种特约,一般仅适用于动产的买卖[③]。根据《最高人民法院关于审理买卖合同纠纷案件适用法律问题的解释》第 35 条规定,当事人约

[①] 《最高人民法院关于审理买卖合同纠纷案件适用法律问题的解释》第 36 条。

[②] 《合同法》第 134 条规定,当事人可以在买卖合同中约定买受人未履行支付价款或者其他义务的,标的物的所有权属于出卖人。

[③] 《最高人民法院关于审理买卖合同纠纷案件适用法律问题的解释》第 34 条规定:买卖合同当事人主张合同法第一百三十四条关于标的物所有权保留的规定适用于不动产的,人民法院不予支持。

定所有权保留,在标的物所有权转移前,买受人有下列情形之一,对出卖人造成损害,出卖人主张取回标的物的,人民法院应予支持:①未按约定支付价款的;②未按约定完成特定条件的;③将标的物出卖、出质或者作出其他不当处分的。取回的标的物价值显著减少,出卖人要求买受人赔偿损失的,人民法院应予支持。但是出卖人取回标的物后,买受人在双方约定的或者出卖人指定的回赎期间内,消除出卖人取回标的物的事由,主张回赎标的物的,人民法院应予支持。买受人在回赎期间内没有回赎标的物的,出卖人可以另行出卖标的物。出卖人另行出卖标的物的,出卖所得价款依次扣除取回和保管费用、再交易费用、利息、未清偿的价金后仍有剩余的,应返还原买受人;如有不足,出卖人要求原买受人清偿的,人民法院应予支持,但原买受人有证据证明出卖人另行出卖的价格明显低于市场价格的除外(《最高人民法院关于审理买卖合同纠纷案件适用法律问题的解释》第 37 条)。

在实际交易中,分期付款买卖合同当事人还会约定出卖人在解除合同时可以扣留已受领价金。一般而言,合同解除,合同双方当事人应将其从对方取得财产予以返还,有过错的承担损害赔偿责任。在分期付款买卖合同中,因买受人的原因导致合同解除时,标的物已经交付给了买受人,买受人对标的物的占有、使用会构成出卖人利益的损失,因此事先约定在解除合同时出卖人可以扣留已受领价金,自是对出卖人利益的维护。但这种约定过于苛刻的话反倒会损及买受人的利益。为此出卖人扣留的金额不应超过标的物使用费以及标的物受损赔偿额,超过部分买受人有权请求返还。

二、样品买卖合同

样品买卖,又称货样买卖,是指当事人双方约定一定的样品,以该样品决定标的物质量,出卖人应交付与所保留的样品具有相同品质标的物的买卖。所谓看样订货,就是指样品买卖。在该类买卖中,样品具有根本性的作用,样品一旦确定,不得随意更改,样品是衡量买卖合同履行是否得当的主要依据。由于样品与买卖标的物应为同一种类的物,所以样品买卖只适用同种类标的物的买卖。

样品买卖除适用普通买卖的规定外,由于出卖人交付的标的物必须具有样品的品质,因此还有如下的效力:

1.样品买卖的当事人,应当封存样品,保证样品不受损害,以免影响当事人对样品的认识。当事人还可对样品的品质进行说明,以特定的形式固定样品品质来确定出卖人交付的标的物的品质是否与样品一致。这种说明,应当由双方当事人共同进行或者经过双方同意。合同约定的样品质量与文字说明不一致且发生纠纷时当事人不能达成合意,样品封存后外观和内在品质没有发生变化的,应当以样品为准;外观和内在品质发生变化,或者当事人对是否发生变化有争议而又无法查明的,应当以文字说明为准。

样品买卖的出卖人交付的标的物与样品及其说明的品质不相一致的,即应承担瑕疵担保责任。但品质好于提供的样品的除外。如果买受人以标的物的品质与样品不符而拒绝受领标的物时,应由出卖人证明标的物的品质与样品的品质相符,否则应负迟延履行的责任;买受人受领标的物后主张瑕疵担保请求权时,应由买受人就标的物的品质不符样品的品质负举证责任。

2.样品存在隐蔽瑕疵,买受人无法从表面看清样品有无瑕疵的,为保护买受人的利益,

《合同法》第 169 条对此作出特别规定："凭样品买卖的买受人不知道样品有隐蔽瑕疵的,即使交付的标的物是与样品相同,出卖人交付的标的物仍然应当符合同种物的通常标准。"据此,在样品有隐蔽瑕疵而买受人不知道时,出卖人交付的标的物有国家标准、行业标准的,应符合该标准;没有国家标准、行业标准的,应当符合通常标准或者符合合同目的的特定标准。否则,即使交付的标的物与样品的质量相同,出卖人也应承担瑕疵担保责任。

三、试用买卖合同

试用买卖是指约定买受人先行试用标的物,然后在一定期间内再决定是否购买的买卖合同。这种买卖常见于某些新产品的推销销售领域。但是买卖合同存在下列约定内容之一的,不属于试用买卖:①约定标的物经过试用或者检验符合一定要求时,买受人应当购买标的物;②约定第三人经试验对标的物认可时,买受人应当购买标的物;③约定买受人在一定期间内可以调换标的物;④约定买受人在一定期间内可以退还标的物。

由于是先试再决定是否购买,试用买卖与一般买卖相比,具有以下法律特征:

1.试用买卖约定由买受人享有先行试用标的物的权利。出卖人于买卖成立前有义务将标的物交付给买受人试用。试用买卖中出卖人的这一义务不是履行行为,也不是一般买卖合同当事人的基本义务,而是与买卖相关的出卖人的一项独立的义务。出卖人不按约定让买受人试用时,买受人有权要求出卖人交付标的物并由其试用,否则试用合同不能生效。

2.试用买卖以买受人试用标的物后在一定期限内表示认可为买卖合同的生效条件。试用买卖合同经当事人双方意思表示一致即可成立,但合同并未生效。只有合同成立后出卖人将标的物交付买受人试用并经买受人认可,买卖合同才可生效。因此,试用买卖是一种附条件的买卖合同。买受人认可标的物,则为条件成就;买受人不认可标的物,则为条件不成就。根据试用买卖合同,出卖人有允许买受人试用的义务,买受人则享有自由决定是否购买的权利,在其决定购买前,标的物所有权仍属于出卖人。

试用期往往是由合同当事人自行约定的,对试用期间没有约定或约定不明确的,可以协议补充;不能达成补充协议的,按照合同有关条款或者交易习惯确定;如果仍不能确定,则由出卖人确定。

试用人在试用期内可以购买标的物,也可以拒绝购买。试用期间届满,试用人对是否购买标的物未作表示的,视为同意购买。买受人在试用期内已经支付一部分价款的,应当认定买受人同意购买,但合同另有约定的除外。在试用期内,买受人对标的物实施了出卖、出租、设定担保物权等非试用行为的,应当认定买受人同意购买。

试用人拒绝购买标的物的,出卖人主张使用费支付的应有事先约定。当事人没有约定使用费或者约定不明确,则出卖人无权主张买受人支付使用费。但是试用人负有返还标的物的义务。因可归责于试用人的事由,造成标的物毁损、灭失时,试用人负赔偿责任。由于不可归责于出卖人和试用人的原因导致标的物毁损、灭失的,当事人之间如没有特别约定或特殊的交易习惯,由标的物的所有权人即出卖人负担损失。

招标投标买卖和拍卖根据《合同法》第 172 条、第 173 条的规定,当事人的权利和义务以及相关程序等,依照有关法律、行政法规的规定[①]。

---

① 详见《中华人民共和国招投标法》、《中华人民共和国拍卖法》的相关规定。

第五节　互易合同

一、互易合同的概念和种类

（一）互易合同的概念

《合同法》第 175 条规定，当事人约定以货易货的，转移标的物所有权的，参照买卖合同的有关规定。由此可知，互易合同与买卖合同最为相似，都是转移合同标的物所有权的合同。不同点在于买卖合同是买卖标的物与价金的交换，买受人需向出卖人支付价金，而互易合同是标的物的交换，无须价金的支付。互易合同是早期商品交换的合同形态，货币产生后，买卖合同渐居主导地位，互易合同的重要性下降。但考虑到当今社会仍有互易合同的存在余地，现行合同法用一个条文为其留下一席之地。

（二）互易合同的种类

实际生活中存在附补足金的互易。不等价的互易可附补足金。不等价互易的互易人互易后，尚有差额，差方可以用金钱补足，此为附补足金互易。附补足金互易实为互易与买卖的混合合同，补足金不够部分应当按买卖合同进行。

互易合同可分为一般互易与补足价金的互易。一般互易是指当事人双方约定互相交付给对方标的物并移转所有权。一般互易又有单纯互易与价值互易之分。单纯互易是指当事人双方并不考虑对方给付的标的物价值的一种互易。例如：张三用自己的一辆自行车换李四的一部手机，双方并不计算各自财产的价值。价值互易是指当事人双方以标的物的价值为标准，互相交换标的物并移转所有权的一种互易。这种互易特点在于当事人双方以两个价值相同的物进行交换。补足价金互易是指当事人约定一方向另一方移转金钱以外标的物所有权，而另一方除移转金钱以外的标的物所有权外并应支付一定的金钱，以补足互换两物的差价的互易。它不同于买受人向出卖人支付价款，但可以给付一定的实物作价的买卖。

二、互易合同的效力

互易合同参照的是有关买卖合同的相关规定，因此为诺成合同。双方当事人互易意思一旦达成，互易合同就成立了，同时也就生效了，即在当事人之间发生效力。互易当事人主要的义务有：

第一，按照合同约定向对方交付标的物并转移标的物所有权。当事人未在约定时间履行交付标的物的义务的，应承担违约责任。标的物因不可归责于当事人的原因而毁损灭失的，当事人双方免除相互给付义务；如果一方已经交付的有权请求返还。

第二，当事人相互就自己交付的标的物向对方负瑕疵担保责任。互易合同的当事人应保证向对方交付的标的物无瑕疵，所交付的标的物既要符合约定的品质，又能将标的物的所有权完全转移给对方。

第三，约定补足价金的，负补足价金义务的一方除交付标的物并转移所有权外，还应按照约定的时间、地点、方式支付价金。当事人不履行补足价差义务的，应承担违约责任。

第十一章
供用电、水、气、热力合同

⊙ 案例导读

2009年3月17日,宾阳供电公司与个人独资企业宾阳县黎塘升华塑料编织厂签订供用电合同一份,双方约定宾阳供电公司以大工业用电分类向宾阳县黎塘升华塑料编织厂供电,合同有效期自2009年3月17日起至2011年3月16日止。2010年4月2日,负责人林城注销宾阳县黎塘升华塑料编织厂,并在原厂址和经营范围不变的情况下,将个人独资企业宾阳县黎塘升华塑料编织厂变更为个体工商户宾阳县黎塘昆源塑料编织厂,业主为杨文丽。2010年7月15日,杨文丽又将宾阳县黎塘昆源塑料编织厂个体工商户企业类型变更为个人独资企业,负责人为杨文丽。在这变更过程中,宾阳县黎塘升华塑料编织厂与宾阳供电公司签订供用电合同,其权利和义务继续由宾阳县黎塘昆源塑料编织厂行使和履行,双方没有重新签订供用电合同,宾阳县黎塘昆源塑料编织厂按约向宾阳供电公司履行了缴纳电费的义务直至2010年11月15日。自2010年11月16日起至2010年12月18日止,共计33天,宾阳县黎塘昆源塑料编织厂使用宾阳供电公司电量抄见电量读数正有功电量为158110.35千瓦时、正无功电量为6431.59千瓦时,无功电量为27930千瓦时,计算有功电量为165910千瓦时,每度电价为0.66元,电度电费为109500.60元,基本电费为9515.00元,力调电费为一850.56元,合计电费为118165.04元。由于2010年12月17日宾阳县黎塘昆源塑料编织厂发生了严重火灾,造成很大损失,致使宾阳县黎塘昆源塑料编织厂未能履行缴纳电费的义务。2010年12月21日,宾阳供电公司向宾阳县黎塘昆源塑料编织厂发出了2010年12月电费缴费通知,但宾阳县黎塘昆源塑料编织厂至今仍未缴拖欠的电费,双方多次协商未果,宾阳供电公司遂于2011年2月24日向法院起诉,请求法院依法判决:被告宾阳县黎塘昆源塑料编织厂偿还原告宾阳供电公司的电费款118165元。

受理法院认为:宾阳县黎塘升华塑料编织厂与宾阳供电公司签订的供用电合同是双方当事人的真实意思表示,内容合法有效。宾阳县黎塘升华塑料编织厂变更为宾阳县黎塘昆源塑料编织厂后,其与宾阳供电公司签订供用电合同,一直由宾阳县黎塘昆源塑料编织厂履行,因此该合同对宾阳县黎塘昆源塑料编织厂和宾阳供电公司具有约束力。在合同履行过程中,宾阳供电公司按约向宾阳县黎塘昆源塑料编织厂履行了供电义务,宾阳县黎塘昆源塑料编织厂因火灾未能按规定履行支付电费义务,其行为构成了违约,应承担相应的违约责任。宾阳县黎塘昆源塑料编织厂拖欠宾阳供电公司的电费共计118165元,事实清楚,证据充分,本院予以确认。对于宾阳供电公司的诉讼请求,本院予以支持。根据《中华人民共和国合同法》第76条、第182条、《中华人民共和国民事诉讼法》第130条的规定,判决如下:被告宾阳县黎塘昆源塑料编织厂向原告宾阳供电公司支付电费118165元,限于本判决发生法律效力之日起五日内履行完毕。如果未按本判决指定的期间履行给付金钱义务,应当按照《中华人民共和国民事诉讼法》第229条的规定,加倍支付迟延履行期间的债务利息。权利人可在本案生效判决规定的履行期限最后一日起两年内,向本院申请执行。案件受理费2660元,其他诉讼费600元,由被告宾阳县黎塘昆源塑料编织厂负担。

⊙ 问题提出

1.供用电合同的特点是什么?

2.供用电、水、气、热力合同的特点是什么?

3.供用电合同的效力是什么?

第一节　供用电、水、气、热力合同概述

一、供用电、水、气、热力合同的概念

供用电、水、气、热力合同是指一方提供电、水、气、热力给另一方使用,另一方利用这些资源并支付报酬的合同。该类合同的本质与买卖合同是一致的,均为转移物所有权的合同,只是标的物具有特殊性,并且该类合同在日常生活和生产中具有特别的作用,因此我国《合同法》将供用电、水、气、热力合同作为独立于买卖合同的一类有名合同加以规定。

二、供用电、水、气、热力合同的特点

供用电、水、气、热力合同的主要特征如下。

(一)公益性

电、水、气、热力的使用人是社会公众,而供应人往往是独此一家,具有垄断性质,因此,供应人不得拒绝使用人通常、合理的供应要求,负有强制缔约的义务。同时这类公共供用合同设立的目的不只是供应方从中获利,更主要的是为了满足人民生活的需要。其中公用供用企业并非纯粹以营利为目的,还应具有促进公共生活水平等公益事业的目的。正因为如此,国家对于这类供用合同的收费标准都有一定的限制,供应人不得随意将收费标准提高。

(二)持续性

电、水、气、热力的提供不是一次性的,而是在一定时间内持续、不间断的。因此,与经由义务人的一次交付行为即可完成合同履行的合同不同,供用电、水、气、热力合同为继续性合同。在供用电、水、气、热力合同因各种原因终止之时,其效力仅能向将来发生,而不能溯及过去。使用人也是按期支付使用费。

(三)格式性

供用电、水、气、热力合同是格式合同,适用法律对格式合同的规定。

第二节　供用电合同

一、供用电合同的法律特征

根据《合同法》第 176 条规定,供用电合同是指供电人向用电人供电,用电人支付电费的合同。供用电合同具有以下法律特征。

(一)供电人的资格限制

供电合同主体是供电人和用电人。用电人的范围非常广泛,自然人、法人以及其他组织等,都有资格成为供用电合同的用电人,但供电人法律有资格限制,须是供电企业或者依法取得供电营业资格的其他组织。受供电企业委托供电的营业网点、营业所不具有权利能力,不能以自己的名义签订合同,因而不是供电人。

(二)合同的标的物是一种无体物——电力

供电合同与一般买卖合同不同之处在于,合同的标的物是电力,属于无体物,也是国民经济中重要的能源。而且作为标的物的电力具有一经产生使用就被消耗的特点。因此,在供电合同中不存在标的物返还的问题。

(三)供用电合同属于持续供给合同

由于电力的供应与使用是连续的,因此合同的履行方式处于一种持续状态。供电人在发电、供电系统正常的情况下,应当连续向用电人供电,不得中断;用电人在合同约定的时间内,享有连续用电的权利。

(四)供用电合同一般按照格式条款订立

供电企业为了与不特定的多个用电人订立合同而预先拟定格式条款,双方当事人对按照格式条款订立合同。用电人对该格式条款仅有同意或不同意的权利,而不能更改其内容。对供用电方式有特殊要求的用电人,可采用非格式条款订立合同。

(五)电力的价格实行统一定价原则

《中华人民共和国电力法》第 35 条规定:"电价实行统一政策,统一定价原则,分级管理。"电价的确定,一般是由电网经营企业提出方案,报国家有关物价行政主管部门核准。供电企业应当按照国家核准的电价和用电计量装置的记录,向用电人收取电费。供电企业不得擅自变更电价。

二、供用电合同的内容

供用电合同的内容包括供电的方式、质量、时间,用电容量、地址、性质,计量方式,电价、电费的结算方式,供用电设施的维护责任等条款。

供电方式,是供电企业向申请用电的用户提供的电源特性、类型及管理关系的总称。

供电方式的确定应根据用户用电申请的容量、用电性质和用电地点,供电部门以保证安全、经济、合理的要求出发,以国家有关电力建设,合理用电等方面的政策,电网发展规划及当地可能的供电条件为依据。供电方式涉及电网发展、供电可靠性、供配电工程费的收取,用电分类和计量装置的配置等。供电方式的种类居多,按电压分有高压供电和低压供电;按电源分有单相和三相供电;按管理关系分有直接供电户、转供户;按线路产权分有专线与公用线供电等。

供电质量,涉及用电方与供电方之间相互作用和影响中的供电方责任,其包括技术部分(即电压质量)和非技术部分(即供电服务质量)。供电质量主要为电能质量和供电可靠性两个方面。供电质量对工业和公用事业用户的安全生产、经济效益和人民生活有着很大的影响。供电质量恶化会引起用电设备的效率和功率因数降低,损耗增加,寿命缩短,产品品质下降,电子和自动化设备失灵等。电能质量是指提供给用户的电能品质的优劣程度。通常以电压、频率和波形等指标来衡量。

供电时间,是指用电人有权使用电力的起止时间。季节性、连续性和非连续性等。

用电容量,是指供电人认定的用电人受电设备的总容量。

用电地址,是指用电人使用电力的地址。依据《合同法》第 178 条的规定,供用电合同的履行地点,按照当事人约定;当事人没有约定或者约定不明确的,供电设施的产权分界处为履行地点。供电设施的产权分界处是供电设施所有权归属分界点,分界点电源侧的供电设施归供电人所有,分界点负荷侧的供电设施归用电人所有。在用电人为单位时,供电设施的产权分界通常为该单位变电设备的第一个瓷瓶或开关;在用电人为散用户时,供电设施的产权分界处通常为进户墙的第一个接收点。

用电性质,是指用电负荷具有的电特性,用电负荷的重要程度,用电负荷的用电时间、场合、目的和答应停电时间等。用电性质不同对供电质量的要求和影响不同,在电网用电负荷曲线中所处的位置也有差异。

计量方式,是指供电人如何计算用电人使用的电量。

电价,是指以货币表现的电力产品价值。电的价格形成和运行,一方面必须遵循价值规律,以费用和效用为基础;另一方面由于存在独特的生产和价值形成过程,而要求在价值规律的原则下,采行独特的价格机制。实行统一政策,统一定价原则,分级管理。[①] 中国现行的电价制度是:按用户用途辅以容量大小,分为生活照明用电、非工业用电、普通工业用电、大工业用电以及农业用电等大类,分别计价。

三、供用电合同的效力

供用电合同的效力主要体现为合同双方当事人所享有的合同权利和所负担的合同义务,由于供电合同为诺成、双务、有偿合同,因此其效力可经由双方当事人所负担的合同义务来体现。

---

① 《中华人民共和国电力法》第 35 条。

（一）供电人的主要义务

1. 按照规定标准和约定安全供电

《合同法》第 179 条规定，供电人应当按照国家规定的供电质量标准和约定安全供电。供电人未按照国家规定的供电质量标准和约定安全供电，造成用电人损失的，应当承担损害赔偿责任。供电人按照用户的申请，根据用电类别、用电容量、电压等级的不同，予以不同形式的供电。用户对供电质量有特殊要求的，供电企业应当根据其必要性和电网的可能性，依约提供相应的电力。

2. 供电人的通知义务

《合同法》第 180 条规定，供电人因供电设施计划检修、临时检修、依法限电或者用电人违法用电等原因，需要中断供电时，应当按照国家有关规定事先通知用电人[①]。未事先通知用电人中断供电，造成用电人损失的，应当承担损害赔偿责任。由此可知，供电人的通知义务即可因为合法原因而产生，也可因违法原因而产生。结合《合同法》第 181 条的规定，供电人的通知义务仅在自然灾害等原因断电时才不需要承担。因此，因第三人原因导致断电而无法事先通知的，供电人仍然要承担违约责任。例如，（2007 年司考真题）因电线被超高车辆挂断，导致九华公司在未接到任何事先通知的情况下突然被断电，遭受了重大经济损失，供电公司虽然无法事先通知，但是根据《合同法》第 180 条、第 181 条以及第 121 条的规定仍应当承担赔偿责任，然后再向车辆所有人或是管理人追偿。

3. 供电人的抢修义务

《合同法》第 181 条规定，因自然灾害等原因断电，供电人应当按照国家有关规定及时抢修。未及时抢修，造成用电人损失的，应当承担损害赔偿责任。

（二）用电人的主要义务

1. 用电人支付电费的义务

《合同法》第 182 条规定，用电人应当按照国家有关规定和当事人的约定及时交付电费。用电人逾期不交付电费的，应当按照约定支付违约金。经催告用电人在合理期限内仍不交付电费和违约金的，供电人可以按照国家规定的程序中止供电。《中华人民共和国电力法》第 33 条第 3 款规定，用户应当按照国家核准的电价和用电计量装置的记录，按时缴纳电费。导入案例中涉及的就是用电人违反支付电费的义务。逾期交费的违约金[②]，应由供用电双方当事人事先在供电合同中予以约定，如果没有约定的，自然不涉及违约金的适用，供电人可以主张以迟延履行产生的债务利息为内容的损害赔偿。

---

① 《供电营业规则》第 68 条规定：因故需要中止供电时，供电企业应按下列要求事先通知用户或进行公告：

1. 因供电设施计划检修需要停电时，应提前七天通知用户或进行公告；

2. 因供电设施临时检修需要停止供电时，应当提前 24 小时通知重要用户或进行公告；

3. 因供电系统发生故障需要停电、限电或者计划限、停电时，供电企业应按确定的限电序位进行停电或限电。但限电序位应事前公告用户。

第 69 条规定：引起停电或限电的原因消除后，供电企业应在三日内恢复供电。不能在三日内恢复供电的，供电企业应向用户说明原因。

② 《电力供应与使用条例》第 39 条规定：违反本条例第 27 条规定，逾期未交付电费的，供电企业可以从逾期之日起，每日按照电费总额的 1‰ 至 3‰ 加收违约金，具体比例由供用电双方在供用电合同中约定；自逾期之日起计算超过 30 日，经催交仍未交付电费的，供电企业可以按照国家规定的程序停止供电。

2.用电人依照约定用电的义务

《合同法》第183条规定,用电人应当按照国家有关规定和当事人的约定安全用电。用电人未按照国家有关规定和当事人的约定安全用电,造成供电人损失的,应当承担损害赔偿责任。《电力供应与使用条例》第30条规定,用户不得有下列危害供电、用电安全,扰乱正常供电、用电秩序的行为:①擅自改变用电类别;②擅自超过合同约定的容量用电;③擅自超过计划分配的用电指标的;④擅自使用已经在供电企业办理暂停使用手续的电力设备,或者擅自启用已经被供电企业查封的电力设备;⑤擅自迁移、更动或者擅自操作供电企业的用电计量装置、电力负荷控制装置、供电设施以及约定由供电企业调度的用户受电设备;⑥未经供电企业许可,擅自引入、供出电源或者将自备电源擅自并网。有之前违章用电行为的,供电企业可以根据违章事实和造成的后果追缴电费,并按照国务院电力管理部门的规定加收电费和国家规定的其他费用;情节严重的,可以按照国家规定的程序停止供电。

四、供用水、供用气、供用热力合同的法律适用

根据《合同法》第184条的规定,供用水、供用气、供用热力合同,参照适用供用电合同的有关规定。

第十二章

赠与合同

⊙ 案例导读

程某与王某于 1999 年登记结婚,2001 年 2 月 9 日生育男孩程某某。双方在婚姻存续期间购买了一栋房屋。2011 年 11 月 26 日,双方经常因琐事争吵而协议离婚,协议约定:程某某随母生活,其父程某每月支付抚养费 500 元,直至小孩成年;房屋归程某某所有,如果违反该协议的,违约方承担违约金 5 万元。协议签订后,双方登记离婚。离婚后王某并未将该房屋的所有权变更到程某某的名下,而是将该房出租给别人居住。2012 年 2 月 9 日,程某提起诉讼,要求撤销该赠与合同,并要求分割其与王某婚姻关系存续期间的共同财产即房屋。

原告程某诉称,根据原、被告双方离婚协议约定,共同将婚姻关系存续期间购买的房子归儿子程某某所有,并约定了违约责任。但被告却未按照协议将房屋转移登记到程某某的名下,其已撤销了赠与,并且被告实际用于出租经营,请求法院判决撤销该赠与合同,分割该房屋以及该房屋的租金收入,被告承担违约金 5 万元。

被告王某辩称,原告所诉与事实不符。原、被告离婚时约定儿子程某某随被告生活,被告所收取的租金都用于儿子学习、生活支出,诉讼主体不适格。该房屋登记在原告的名下,原告要求分割此房的租金已超过诉讼时效,且原告未对该房向产权部门提出过户申请。原告亦有违反离婚协议的行为,其依据离婚协议主张违约金依据不足,请求驳回原告的诉讼请求。

一审法院经审理认为,根据《最高人民法院关于适用〈中华人民共和国婚姻法〉若干问题的解释(三)》第 6 条的规定:"婚前或者婚姻存续期间,当事人约定将一方所有的房屋赠与另一方,赠与方在赠与房产变更登记之前撤销赠与,另一方请求判令继续履行的,人民法院可以按照合同法第一百八十六条的规定处理。"以此类推,即使夫妻离婚时就夫妻共同财产赠与婚生子女已达成合意,但在赠与财产权利转移前,任何一方均可撤销赠与。但夫妻离婚时对共同财产的赠与与一般的赠与合同又稍有不同。赠与人作为赠与财产的所有权人,其撤销赠与后,财产所有权不发生变动,仍由赠与人享有。因此,原、被告在离婚时签订协议,协议约定将共同所有的房屋过户给儿子程某某。而协议签订后,被告未将房屋过户给程某某,原告有权撤销该合同。故对于原告要求撤销该合同的诉讼请求,予以支持。但在赠与合同签订后,赠与人撤销赠与的,因该财产原系夫妻共同财产,基于双方同意赠与婚生子女的事实而未在离婚时进行分割。现因一方撤销赠与,致使该共同财产的权利未能转移至受赠人,因此,该夫妻共同财产仍由原夫妻双方依法分割,而本案为撤销权纠纷,故对于原告要求分割财产之请求,可另行起诉。法院遂作出上述判决。

⊙ 问题提出

1.赠与合同生效条件是什么?

2.赠与合同的效力是什么?

3.赠与合同撤销的情形有哪些?

4.赠与合同解除的条件是什么?

第一节　赠与合同概述

一、赠与合同的概念和特点

(一)赠与合同的概念

《合同法》第 185 条规定:"赠与合同是赠与人将自己的财产无偿给予受赠人,受赠人表示接受赠与的合同。"赠与合同设立目的与买卖合同、互易合同相同,在于转移财产所有权(当然,不限于所有权,土地使用权、股权、债权等同样可以作为赠与合同的标的)。其中转让财产的一方为赠与人,接受财产的一方为受赠人。

(二)赠与合同的特点

赠与合同具有以下法律特征:

1.赠与合同为单务、无偿合同

赠与合同是典型的单务无偿合同。在赠与合同中,仅赠与人一方负有将其财产交付给受赠人的义务,而受赠人则不负有相应的对价给付义务。并且受赠人获得赠予人的财产不需要支付相应对价。因此,赠与合同不但是单务合同,而且是无偿合同。

对于受赠人而言,赠与合同是一个纯获利益的合同,因此对于受赠人的民事行为能力不作任何要求。《最高人民法院关于贯彻执行〈中华人民共和国民法通则〉若干问题的意见(试行)》第 6 条规定:"无民事行为能力人、限制民事行为能力人接受奖励、赠与、报酬,他人不得以行为人无民事行为能力、限制民事行为能力为由,主张以上行为无效。"

2.赠与合同为诺成合同

法律对赠与合同是诺成合同还是实践合同有不同规定:《最高人民法院关于颁布贯彻执行〈中华人民共和国民法通则〉若干问题的意见(试行)》第 128 条规定:"公民之间赠与关系的成立,以赠与财产的交付为准。赠与房屋,如果根据书面赠与合同办理过户手续的,应当认定赠与关系成立;未办理过户手续,但赠与人根据书面赠与合同已将产权证交与受赠人,受赠人根据赠与合同占有、使用该房屋的,可以认定赠与有效,但应令其补办过户手续。"由该规定不难推知,公民之间的赠与合同为实践合同。

《合同法》第 185 条规定:"赠与合同是赠与人将自己的财产无偿给予受赠人,受赠人表示接受赠与的合同。"第 186 条规定:"赠与人在赠与财产的权利转移之前可以撤销赠与。"

根据该两条的规定,不难看出赠与合同属于诺成合同。根据法律效力阶位规则,《合同法》的效力理应高于最高院的司法解释,再加之《合同法》颁布的时间为最新的。因此,赠与合同属于诺成合同。

3.赠与合同为不要式合同

《合同法》第10条规定:"当事人订立合同,有书面形式、口头形式和其他形式。法律、行政法规规定采用书面形式的,应当采用书面形式。当事人约定采用书面形式的,应当采用书面形式。"而我国《合同法》第11章并未对赠与合同之形式作出特别规定。由此而言,赠与合同属于不要式合同。法律、行政法规对赠与合同的形式未作规定的情况下,当事人可以自行对赠与合同的形式作出约定,可以采用公证等形式。

赠与合同属于有名合同的一种,非单方民事法律行为。因此赠与合同不同与捐赠。捐赠是指赠与人为了特定公益事业、公共目的或其他特定目的,将其财产无偿给与他人的行为。捐赠既包括有明确赠与人和受赠人而可以归类于普通赠与合同的捐赠,又包括受赠人不明而无法归类于普通赠与合同的捐赠,即为特定目的的募捐。此种募捐并不是直接将财产捐给受益人,而是给予募集人,由募集人间接转赠给受益人。赠与合同与遗赠亦是不同,遗赠是被继承人通过遗嘱的方式将自己的遗产指定由法定继承人以外的人承受。遗赠仅仅是一个单方民事法律行为,被指定的财产承受人可以对该指定表示接受,也可以表示拒绝。遗赠是由继承法加以调整的。

二、赠与合同的类型

根据不同的标准,可以将赠与合同作如下分类。

(一)一般赠与和特种赠与

根据赠与有无特殊性,可以将赠与分为一般赠与和特种赠与。一般赠与是指不具有特殊情形的赠与,又称为单纯赠与。特种赠与是指存在特殊情形的赠与,除捐赠外,主要包括:附负担的赠与、混合赠与和死因赠与。其中《合同法》有规定的是附负担的赠与。附负担的赠与,又称为附义务的赠与,是指以受赠人对赠与人或者第三人为一定给付为条件的赠与。《合同法》第190条规定,"赠与可以附义务。赠与附义务的,受赠人应当按照约定履行义务"。附义务赠与所附的义务不是赠与的对价,赠与人不能以受赠人不履行义务为由进行抗辩。原则上,赠与人履行交付赠与财产的义务后,使发生受赠人履行其所附义务的义务。所附的义务可以是为了赠与人本人的利益,也可以是为了特定第三人的利益,还可以是为了不特定多数人的利益。例如,甲将自己的房子赠与乙,约定乙应该将该房子为甲的借款合同提供抵押担保,这是为受赠人自己利益;甲乙约定,甲将自己的房子赠与乙,乙将房屋部分的租金给予丙或是给予某一慈善机构,这就是为特定第三人或是不特定多数人的利益。所附的义务可以是作为的,也可以是不作为的。

区分一般赠与与特种赠与的主要法律意义在于:两者在法律适用的规则上有所不同。例如,一般赠与的赠与人在通常情形下无须承担瑕疵担保责任,但附义务赠与的赠与人要在一定程度内承担瑕疵担保责任。

(二)现实赠与和非现实赠与

根据赠与合同的成立和赠与财产转移时间之间的关系,可以将赠与分为现实赠与和非现实赠与。现实赠与又称为"即时赠与",是指合同成立时赠与人即按照约定将标的物交付给受赠人的赠与。在现实赠与中,合同的成立和履行是同时进行的。非现实赠与是指在赠与合同成立后赠与人才按照合同的约定将标的物交付给受赠人的赠与。在非现实赠与中,合同的成立与履行不是同时实现的。

区分现实赠与与非现实赠与的法律意义在于:对于现实赠与在符合法律规定的条件下,可以弥补赠与合同形式上的欠缺。

(三)具有社会公益性质和道德义务性质的赠与和不具有社会公益性质和道德义务性质的赠与

根据赠与人赠与的目的是否为了社会公益和履行道德义务,可以将赠与区分为具有社会公益性质和道德义务的赠与和不具有社会公益性质和道德义务的赠与。具有社会公益性质的赠与,是指为了救灾、扶贫、助学等目的或为了资助公共设施建设、环境保护等公益事业所为的赠与。具有道德义务的赠与包括以下类型:养子女对于在法律上无抚养义务,但在道德上有扶助义务的生父母,在其生活较为困难时约定赠与一定的财物;其他虽无抚养义务,但对于其亲属以赠与合同的方式约定为抚养给付;对于重要而无偿的劳务或救护工作,以赠与合同的方式给予酬谢等。

区分具有社会公益性质、道德义务的赠与和不具有社会公益性质、道德义务的赠与的法律意义在于:在不具有社会公益性质以及非履行道德义务的赠与中,赠与人享有任意撤销权,即赠与人在赠与物交付前,可以任意撤销赠与合同,而在具有社会公益性质以及履行道德义务的赠与中,即使赠与合同采取的是口头形式,在标的物交付之前,赠与人也不能任意撤销赠与合同,其必须负担交付标的物的义务。

(四)经过公证的赠与与未经过公证的赠与

根据当事人之间的赠与合同是否办理了公证手续,可以将赠与区分为经过公证的赠与与未经过公证的赠与。区分经过公证的赠与与未经过公证的赠与的意义在于:经过公证的赠与,在赠与合同成立以后、赠与的财产的权利移归以前,赠与人没有任意撤销权,不得随意撤销赠与合同,与人不交付赠与财产的,受赠人有权要求交付赠与物;而未经过公证的赠与则不适用这一规则。

第二节　赠与合同的效力

赠与合同为单务合同,仅赠与人一方负担履行赠与合同的义务,因此所谓赠与合同的效力,就是赠与人依据业已生效的赠与合同所负担的义务。在赠与合同中,赠与人主要应承担以下两项义务。

一、移转赠与标的物的权利

赠与合同以使赠与物的权利移归受赠人为目的,赠与人的主要义务就是依照赠与合同约定的期限、地点、方式等将赠与物移转给受赠人。当赠与人不依约履行移转赠与物的义务时,该赠与人就应当承担违约责任。不过,由于赠与合同属于单务、无偿合同,与具有对价关系的双务合同不同,因此,赠与人的责任应有所减轻才算公平。我国《合同法》第188条规定,"……赠与人不交付赠与的财产的,受赠人可以要求交付"。该条仅仅规定于赠与人不履行义务时,受赠人享有请求交付的权利,而未规定受赠人的其他权利,这就表明我国合同立法基于保护赠与人的意旨同样也减轻了赠与人的责任。出于相同的理由,我国《合同法》第189条还规定,"因赠与人故意或者重大过失致使赠与的财产毁损、灭失的,赠与人应当承担损害赔偿责任",即赠与人仅仅只是在具有故意或者重大过失时才承担损害赔偿责任。

《合同法》第187条规定:"赠与的财产依法需要办理登记手续的,应当办理有关手续。"因此,未办理有关手续的,除非法律另有规定,赠与合同未生效合同,但是赠与财产的权利在办理登记等手续前不发生转移。

二、瑕疵担保义务

在赠与合同中,由于赠与人往往依据赠与物的性状为给付,而即便赠与物具有瑕疵,因受赠人是无偿地从赠与人处得到赠与物,受赠人也不会有损害,因此,赠与人一般不承担瑕疵担保义务和责任,但是,我国《合同法》第191条规定:"赠与的财产有瑕疵的,赠与人不承担责任。附义务的赠与,赠与的财产有瑕疵的,赠与人在附义务的限度内承担与出卖人相同的责任。赠与人故意不告知瑕疵或者保证无瑕疵,造成受赠人损失的,应当承担损害赔偿责任。"据此,在下列两种情况下,赠与人应当承担瑕疵担保义务:

第一,在附义务的赠与中,赠与的财产有瑕疵的,赠与人在附义务的限度内承担与出卖人相同的责任。虽然附负担的赠与在性质上仍属于单务合同的范畴,不过,与一般的赠与合同不同的是,受赠人并非纯粹无偿地从赠与人处获得赠与物,而是以履行负担为前提的,从赠与人的角度来看,赠与人对受赠人享有请求履行负担的权利,这就使得附负担的赠与在一定程度上类似于有偿合同。因此,为平衡赠与合同的双方当事人的利益,应使赠与人在附义务的范围内承担瑕疵担保责任。

第二,赠与人故意不告知赠与财产的瑕疵或者保证赠与的财产无瑕疵,造成受赠人损失的,应当承担损害赔偿责任。故意不告知赠与财产的瑕疵,是指赠与人自合同订立时起到合同履行时止知悉赠与财产的瑕疵,但未告知不知情的受赠人。保证赠与财产无瑕疵,是指保证赠与财产普通的无瑕疵状态,而非保证其有某种品质。在这两种情况下,如果造成受赠人的损失,赠与人就应当承担损害赔偿责任。例如,(2007年司考真题)赵某将一匹易受惊吓的马赠与李某,但未告知此马的习性。李某在用该马拉货的过程中,雷雨大作,马受惊狂奔,将行人王某撞伤。赵某是否应该对王某的损害承担赔偿责任?动物致人损害,应该由其饲养人或是管理人承担无过错责任,因此李某理应承担王某的损失赔偿责任。赵某在将马赠与李某时虽然没有告知该马的习性,但是否出于故意或是重大过失,据此赵某不需要承担瑕疵担保责任。

第三节　赠与合同的终止

赠与合同的终止是指赠与合同关系归于消灭,赠与人不再履行赠与义务。由于赠与合同属于民事合同的一种,因此,在其性质许可的范围内,可以适用《合同法》总则中有关合同终止的规定,清偿、混同等合同终止的一般事由均可成为赠与合同终止的事由。不过,此处所论述的是赠与合同制度中所特有的导致赠与合同终止的事由。

一、赠与合同的任意撤销

我国《合同法》第 186 条规定:"赠与人在赠与财产的权利转移之前可以撤销赠与。具有救灾、扶贫等社会公益、道德义务性质的赠与合同或者经过公证的赠与合同,不适用前款的规定。"其规定的就是赠与人的任意撤销权,该撤销权是指在赠与合同成立后,赠与人基于自己的意思任意撤销赠与的权利。一般而言,赠与人行使任意撤销权必须具备以下三个条件:

第一,赠与合同已依赠与人与受赠人之间的合意而成立。这一要件是任意撤销权必须以赠与合同被确认为诺成合同为前提的必然要求。

第二,赠与物权利尚未移转,即对动产而言,赠与人尚未交付该动产;对不动产而言,赠与人尚未办理移转登记。在不动产业已交付,但未办理移转登记的情形,由于赠与物权利尚未移转,赠与人仍可撤销。

第三,必须是非经公证之赠与以及非具有社会公益、道德义务性质之赠与。所谓具有社会公益性质的赠与,是指赠与的目的是为了促进社会公共利益的发展,对于此类性质的赠与,若允许赠与人任意撤销,则不利于倡导扶贫济困的社会道德风尚。所谓具有道德义务性质的赠与,是指赠与的目的是为了履行道德的义务,如对于无法定抚养义务的亲属,因抚养而为之赠与,生父对于未经认领的非婚生子女生活费之赠与等。限制此种性质赠与任意撤回的目的亦在于维护道德观念。此外,法律规定经过公证的赠与,不得撤销,其主要原因在于赠与人对于赠与已作过深思熟虑,并非贸然应允,故应使其受其意思表示的拘束,不应由当事人随意否认其效力。例如:(2008 年司法考试真题)神牛公司在 H 省电视台主办的赈灾义演募捐现场举牌表示向 S 省红十字会捐款 100 万元,并指明此款专用于 S 省 B 中学的校舍重建。事后,神牛公司仅支付 50 万元。针对神牛公司尚未履行的 50 万元应如何主张?本题中神牛公司应该与 S 省红十字会成立了赠与合同,虽然神牛公司指明此款专用于 S 省 B 中学的校舍重建,仅仅是说明款项的用途,而不是与 S 省 B 中学建立赠与合同。又由于该赠与具有救灾、扶贫性质作为赠与人的神牛公司不享有撤销权,因此 S 省红十字会有权向神牛公司主张剩余 50 万元的支付。

此外,需要注意的是,在一般赠与中,只要符合上述条件即可行使任意撤销权,然而,是否只要符合上述条件,任意撤销权即可在特种赠与中行使,则不能一概而论。在附负担赠与中,由于负担并非对价。因此一般认为,附负担赠与仍属无偿、单务合同,仅其负担与对价有神似之处,故有时发生类如双务、有偿合同的效力,并且又由于附负担赠与仍为赠与,以赠与人履行赠与为制度的重心,由此,赠与人有先为给付的义务,因此,在赠与人交付赠与物前,赠与人尚不得任意撤销或请求受赠人履行。

二、赠与合同的法定撤销

赠与人的法定撤销权是指在具备法律所规定的撤销原因时,赠与人有权撤销合同。我国《合同法》第 192 条规定:"受赠人有下列情形之一的,赠与人可以撤销赠与:(一)严重侵害赠与人或者赠予人的近亲属;(二)对赠与人有扶养义务而不履行;(三)不履行赠与合同约定的义务。"第 193 条规定:"因受赠人的违法行为致使赠与人死亡或者丧失民事行为能力的,赠与人的继承人或者法定代理人可以撤销赠与。"据此,赠与人、赠与人的继承人、赠与人的法定代理人在下列情形中可以行使法定撤销权。

(一)受赠人严重侵害赠与人或者赠与人的近亲属

受赠人侵害赠与人或其近亲属的行为可被视为受赠人的忘恩负义行为。这一情形要求:

第一,须受赠人实施了侵害行为。受赠人的侵害行为是否须构成犯罪未在法律中予以明确规定。对赠与人或是赠与人的近亲属构成违法犯罪,自然是严重侵害了当事人的权益。但若是因恶意串通严重损害赠与人或其近亲属权益的,亦同样是侵害。

第二,须侵害的对象是赠与人或者赠与人的近亲属。近亲属,自应该是与赠与人亲属关系紧密之人,根据相关法律的规定,其包括配偶、父母、子女、兄弟姐妹、祖父母外祖父母。

第三,须侵害行为达到严重的程度。根据我国《合同法》的规定,只有受赠人的侵害行为达到严重的程度,赠与人才能行使撤销权,如果侵害行为在后果上尚未达到严重的程度,特别是其程度显著轻微,则赠与人不得行使法定撤销权。不过,"严重"是一个不确定的概念,过于抽象,欠缺可操作性,如何判断侵害行为已达到严重程度,颇费思量。例如:(2003 年司考真题)甲表示将赠与乙 5000 元并且实际交付了 2000 元,后乙在与甲之子丙的一次纠纷中,将丙殴成重伤。由于甲严重侵害了赠与人的近亲属,因此甲有权撤销对乙的赠与,并且要求乙返还已赠与的 2000 元。

(二)受赠人对赠与人有扶养义务而不履行

受赠人对赠与人的扶养义务,在此处应该作广义的理解,应包括夫妻之间、兄弟姐妹之间的扶养,子女对父母、孙子女外孙子女对祖父母外祖父母的赡养。并且有扶养义务不履行应该是受赠人有履行扶养义务的能力而拒不履行。若受赠人无能力而未履行扶养义务的,不构成此处所言的"不履行"情形,赠与人不得行使撤销权。

(三)受赠人不履行赠与合同约定的义务

当赠与合同为受赠人设定义务时,该赠与合同属于附负担赠与。当受赠人不履行负担时,赠与人得请求其履行,并且,由于附负担赠与与双务合同有几分神似,当双务合同的债务人有债务不履行时,债权人得解除合同,则在附负担赠与中也不能无类似的制度,因此赋予赠与人以撤销权,在受赠人不履行负担时,赠与人可以撤销赠与。例如:(2007 年司考真题)甲将其父去世时留下的毕业纪念册赠与其父之母校,赠与合同中约定该纪念册只能用于收藏和陈列,不得转让。但该大学在接受乙的捐款时,将该纪念册馈赠给了乙。在此题中该大学明显未履行赠与合同约定的义务,因此甲对此享有撤销权。但是在甲未行使撤销权之前,学校因为之前的赠与取得了纪念册的所有权,其对乙的馈赠应有权处分。并且合同具有相对性,甲与学校之间的约定不能对抗合同关系之外的第三人,即乙取得纪念册的所有权。

(四)受赠人实施违法行为致使赠与人死亡或者丧失民事行为能力

受赠人所实施的违法行为致使赠与人死亡或者丧失民事行为能力,无论其是出于故意还是过失,赠与人的继承人或法定代理人就可行使撤销权。不过,需要注意的是,赠与人的死亡或丧失民事行为能力必须与受赠人的违法行为之间具有因果关系,若赠与人的死亡或丧失民事行为能力并非受赠人违法行为的直接结果,则赠与人的继承人或法定代理人不得行使撤销权。因此,当受赠人不法侵害赠与人的近亲属,赠与人因此忧伤过度致死的,赠与人的继承人或法定代理人不得行使撤销权。

赠与人撤销权的行使自知道或者应当知道撤销原因之日起一年内行使。该期间为除斥期。超过该期间,撤销权丧失,赠与人不得再主张赠与合同的撤销。

因受赠人的违法行为致使赠与人死亡或者丧失民事行为能力的,赠与人的继承人或者法定代理人自知道或者应当知道撤销原因之日起六个月内行使。该六个月的规定同样是除斥期。

三、赠与合同的法定解除

《合同法》第 195 条规定:"赠与人的经济状况显著恶化,严重影响其生产经营或者家庭生活的,可以不再履行赠与义务。"此处所言"不再履行赠与义务",是指赠与人有权解除合同。该合同解除不具有溯及力,赠与人就原已履行的赠与,无权要求受赠人返还。

赠与合同中的法定解除权与法定撤销权不同,其区别在于:

第一,法定撤销权的行使具有溯及力,即使赠与人已经移转赠与物的权利,也可以请求赠与人返还;法定解除权的行使则不具有溯及力。

第二,法定撤销权行使的目的在于对受赠人的忘恩行为或者不履行义务的行为进行惩罚,而法定解除权行使的目的在于照顾确实已经处于穷困中的赠与人。

第十三章

借款合同

⊙ 导读案例

侯女士向高先生先后借了 2 万余元,后称该笔借款系高利贷,只同意偿还一部分。高先生将侯女士告上法庭要求偿还 1.35 万元余款及利息,近日,北京市丰台区人民法院判决支持高先生的诉讼请求。

原告高先生诉称,被告于 2010 年 6 月到 7 月先后向原告借款 22000 元,并答应 2010 年 8 月 5 日还清。还款期满后,原告多次向被告索要,被告于 2010 年 10 月左右以汇款方式还给原告 7000 元,于 2011 年年中还款 2000 元,余款被告以种种理由拒不偿还。故起诉要求被告偿还借款 13000 元,并支付 2010 年 6 月 17 日至今的利息 500 元,本案诉讼费由被告承担。

被告侯女士辩称:2010 年 6 月借据上的 8500 元,被告实际借款是 6000 元,2500 元是高利贷,该笔借款已还清,只是没收回借据。2010 年 7 月借据上的 13500 元,被告实际借款为 9000 元,4500 元是高利贷,被告已偿还 9000 元,现在只欠原告 4500 元,目前没钱还,也不同意支付利息。

法院经审理查明:2010 年 6 月 17 日,被告向原告借款 8500 元,并出具借据一张;2010 年 7 月 13 日,被告向原告借款 13500 元,并出具借据一张。审理中,原告对被告的辩称不予认可,被告就此未提供证据佐证。此外,原被告均认可被告通过银行汇款方式分两次向原告还款共计 9000 元。

法院认为:当事人对自己提出的主张,有责任提供证据。没有证据或者证据不足以证明当事人的事实主张的,由负有举证责任的当事人承担不利后果。被告称已偿还 2010 年 6 月 17 日的第一笔借款 8500 元,但对此反驳原告诉讼请求所依据的事实没有提供证据加以证明,被告应承担举证不利的后果。双方在两张借据中均约定了还款日期,被告未按期还款,原告主张逾期利息 500 元,该数额未超出银行同期贷款利率标准,本院应予支持。判决被告向原告支付借款 13000 元以及逾期利息 500 元。

⊙ 问题提出

1. 自然人之间借款合同的生效条件是什么?

2. 自然人之间的借款合同与金融机构借款合同有什么区别?

3. 金融机构借款合同的特点是什么?

4. 金融机构借款合同的效力是什么?

第一节　借款合同概述

一、借款合同的概念

根据《合同法》第196条规定,借款合同是借款人向贷款人借款,到期返还借款并支付利息的合同。其中借款的一方称为借款人,出借钱款的一方称为贷款人。我国《合同法》将借款合同依据贷款人的不同区分为金融机构借款合同和自然人间的借款合同。

现行合同法对借款合同的分类规定与传统民法上的借贷合同有较大不同。传统民法将借贷合同分为使用借贷和消费借贷。使用借贷又称借用合同,是指当事人双方约定,一方将物无偿借与他方使用,他方在使用完毕后,依照约定返还该物的合同。消费借贷是指当事人双方约定一方将金钱或其他物品移转于他方,并在约定的期限内将同等种类、数量、品质的物返还给他方的合同。

二、借款合同的特点

借款与出借其他物相比,出借人风险更大,与出借其他物的借用合同相比,其特点如下。

(一)借款合同的标的物是货币

借款合同的标的物是一种作为特殊种类物的货币。这里所说的货币,包括人民币和外币。目前大部分借款合同是人民币借款合同。随着我国对外贸易往来不断发展,外币借款合同的应用越来越多,外币借款合同的贷款方也由原来的中国银行和外资银行发展到现在几乎所有的商业银行,借款方主要是能够直接或间接创汇的有偿还能力的企业。

(二)转移标的物的所有权

借款人借款的目的在于能对所借的货币予以使用、处分,如果对所借的货币仅仅是占有,不能使用、处分,借款合同的目的便失去了意义。因此当贷款人将借款即货币交给借款人后,货币的所有权就移转给了借款人,借款人可以处分所得的货币。这是由借款合同的目的决定的,也是货币这种特殊种类物作为其标的物的必然结果。

(三)借款合同一般为要式合同

《合同法》第197条规定:"借款合同采用书面形式,但自然人之间借款另有约定的除外。"法律规定以银行或者其他金融机构为贷款人的借款合同必须采用书面形式。自然人之间的借款合同可以采用书面形式,也可以采用口头合同形式。合同法要求必须采用书面形式的借款合同是要式合同,如果当事人没有采用书面形式,该借款合同无效。自然人之间的民间借款合同是不要式合同,当事人可以采用书面形式,也可以采用口头形式订立。

第二节　金融机构借款合同

一、金融机构借款合同的概念及特点

（一）金融机构借款合同的概念

金融机构借款合同是指办理贷款业务的金融机构作为贷款人一方，向借款人提供贷款，借款人到期返还借款并支付利息的合同。

（二）金融机构借款合同的特点

金融机构借款合同作为借款合同的一种，与自然人之间的借款合同相比，具有如下特征。

1. 有偿性

金融机构发放贷款，意在获取相应的营业利润，因此，借款人在获得金融机构所提供的贷款的同时，不仅负担按期返还本金的义务，还要按照约定向贷款人支付利息，利息支付义务系借款人使用金融机构贷款的对价，所以金融机构借款合同为有偿合同。在这一点上，该合同与自然人间的借款合同有所不同，后者为无偿合同①。

2. 要式性

根据《合同法》第 197 条的规定，金融机构借款合同应当采用书面形式。《中华人民共和国商业银行法》第 37 条规定，商业银行贷款，应当与借款人订立书面合同。但《合同法》、《商业银行法》均未规定没有采取书面形式所产生的后果。由此可知，该要式不属于法律的强制性规定，要式的不具备并不必然影响金融机构借款合同的效力。如果一方当事人已经履行主要义务，对方接受的，虽未采用书面形式，但仍可认定合同关系的有效存在。而自然人间借款合同的形式，按照《合同法》第 197 条的规定，由合同当事人自行约定。

3. 诺成性

金融机构借款合同，在合同双方当事人协商一致时，合同关系即可成立。依法成立的，自成立时起生效。合同的成立和生效在双方当事人没有特别约定时，不需以贷款人贷款的交付作为要件，所以金融机构借款合同为诺成性合同。自然人间的借款合同则有所不同，该合同自贷款人提供借款时生效②。

二、金融机构借款合同的效力

金融机构借款合同的效力系指生效金融机构借款合同所具有的法律约束力，主要体现为合同双方当事人的权利和义务。

---

① 《合同法》第 211 条　自然人之间的借款合同对支付利息没有约定或者约定不明确的，视为不支付利息。自然人之间的借款合同约定支付利息的，借款的利率不得违反国家有关限制借款利率的规定。

② 《合同法》第 210 条　自然人之间的借款合同，自贷款人提供借款时生效。

（一）贷款人的合同义务

贷款人的主合同义务是按期、足额提供贷款的义务。《合同法》第 201 条规定，贷款人未按照约定的日期、数额提供借款，造成借款人损失的，应当赔偿损失。因此，贷款人应按期向借款人提供贷款。同时《合同法》第 200 条规定，借款的利息不得预先在本金中扣除。利息预先在本金中扣除的，应当按照实际借款数额返还借款并计算利息。这就要求贷款人应当按照合同约定的数额足额提供借款。例如，甲银行与乙企业商定，甲贷给乙 1000 万元，借期 2 年，预计利息为 150 万元。甲提出：甲向乙实贷出 850 万元，2 年后乙只需要还款 850 万元即可。那么甲乙之间成立的是一个本金为 850 万元的借款合同。如果将甲乙之间的借款数定于 1000 万元，而乙实际上只用了 850 万元，却让乙支付 1000 万元的利息费用，这显然损及到乙的权利。因此，我国《合同法》要求贷款人应该足额提供贷款，不允许事先扣除利息。

作为贷款人一方的金融机构，对于其在合同订立和履行阶段所掌握的借款人的各项商业秘密，有保密义务，不得泄密或进行不正当使用。该项义务系贷款人的附随义务。

此外，根据《中华人民共和国商业银行法》第 40 条的规定，商业银行不得向关系人发放信用贷款。所谓关系人，包括商业银行的董事、监事、管理人员、信贷业务人员及其近亲属以及这些人员投资或者担任高级管理职务的公司、企业和其他经济组织。

（二）借款人的合同义务

1. 按照约定的日期和数额收取借款

贷款人应当履行按期、足额提供贷款的义务。对于借款人来讲，则应当按照约定的日期和数额收取借款。对于贷款人来讲，其盈利目标的实现主要依靠利息的收取，所以贷款人对自己的资金使用状况都有统一的安排和完整的计划，借款人如果未按照约定的日期和数额收取借款，必然会影响贷款人资金的正常周转，损害贷款人的合法利益。对于贷款人而言，所受到的损失主要就是利息损失。借款人未按照约定的期限和数额收取借款的，仍需按照合同约定的借款日期和数额向贷款人支付利息。

2. 按照约定用途使用借款

借款用途是借款人使用借款的目的。贷款人是否同意借款人借款的请求，除借款人自身的信用有很大影响外，借款用途同样很关键。借款用途与借款人能否按期偿还贷款、依约支付利息有着很直接的关系。如果借款人擅自改变借款用途，会使贷款人最初预期的收益变得不确定，增加贷款人的经营风险。有些贷款带有很强的国家政策性，借款人擅自改变借款用途，会严重影响国家政策调控。《合同法》第 203 条规定，借款人未按照约定的借款用途使用借款的，贷款人可以停止发放借款、提前收回借款或者解除合同。

3. 按期支付利息

《合同法》第 205 条规定，借款人应当按照约定的期限支付利息。对支付利息的期限没有约定或者约定不明确，依照《合同法》第 61 条的规定仍不能确定，借款期间不满一年的，应当在返还借款时一并支付；借款期间一年以上的，应当在每届满一年时支付，剩余期间不满一年的，应当在返还借款时一并支付。

办理贷款业务的金融机构贷款的利率，应当按照中国人民银行规定的贷款利率的上下限确定。中国人民银行根据市场经济的发展情况以及资金供求关系，一般在一定时期内对金融机构的贷款利率作出规定。国务院批准和国务院授权中国人民银行制定的各种利率为法定利率,其他任何单位和个人均无权变动。金融机构在中国人民银行总行规定的浮动幅度内,以法定利率为基础自行确定的利率为浮动利率。金融机构确定浮动利率后,需报辖区中国人民银行备案。

4. 按期返还借款

根据我国《合同法》的相关规定,借款人应当按照约定的期限返还借款。对借款期限没有约定或者约定不明确,双方当事人对支付利息的期限没有约定或是约定不明的,可以协议补充,不能达成补充协议的,按照合同有关条款或者交易习惯确定。仍然不能确定的,借款人可以随时返还;贷款人可以催告借款人在合理期限内返还。借款人未按照约定的期限返还借款的,应当按照约定或者国家有关规定支付逾期利息。

借款人提前偿还借款的,除当事人另有约定的以外,应当按照实际借款的期间计算利息。借款人也可以在还款期限届满之前向贷款人申请展期。贷款人同意的,可以展期。

5. 容忍义务

贷款人按照约定可以检查、监督借款的使用情况。借款人应当按照约定向贷款人定期提供有关财务会计报表等资料。该项义务基于约定。

此外,借款人在订立合同时应负担如实申报义务。订立借款合同,借款人应当按照贷款人的要求提供与借款有关的业务活动和财务状况的真实情况。借款人应该如实告知贷款人与自身有关的基本情况。并且应按照贷款人的要求,如实提供所有的开户行、账号及存贷款余额情况以及财政部门或会计师事务所核准的上年度财务报告等。

三、金融机构借款合同的终止

金融机构借款合同终止的原因,主要有如下几种情况:

第一,借款合同因期限届满双方履行合同而终止。借款合同期限届满,双方当事人未约定对合同继续展期的,则合同终止,借款人应依约定将借款及利息返还给贷款人,借款合同因此而消灭。

第二,借款合同因解除而终止。借款人未按照约定的借款用途使用借款的,贷款人可以解除合同。借款合同因贷款人的解除而终止。

此外,合同终止的其他原因也适用于借款合同。

第三节　自然人间的借款合同之法律适用

一、自然人间的借款合同的概念

自然人间的借款合同,又称为民间借贷合同,是指自然人与自然人之间的借款合同。根据《最高人民法院〈关于人民法院审理借贷案件若干意见〉》的规定,除了公民之间的借贷纠纷,公民与法人之间的借贷纠纷以及公民与其他组织之间的借贷纠纷,应作为借贷案件受理。非企业法人与企业法人,企业法人与其他组织之间,其他组织与其他组织之间,以及企业法人、其他组织贷给自然人的借款合同,为法律所禁止,是无效合同。

二、自然人间的借款合同的特点

第一,自然人间的借款合同属于实践性合同。自然人之间的借款合同,自贷款人提供借款时生效。

第二,自然人间的借款合同一般属于无偿合同。自然人之间的借款合同对支付利息没有约定或者约定不明确的,视为不支付利息。例如,张某于 2003 年 3 月 1 日借给李某 10 万元,没有约定还款期和利息。2004 年 3 月 1 日,张某通知李某在一个月内还款。后来李某于2004 年 12 月 1 日还款。在此例子中,由于张李两人没有约定利息视为不支付利息。但是李某超越了还款期限,因此张某有权主张从 2004 年 4 月 1 日至 12 月 1 日这段期间的逾期利息。导读案例涉及的便是此问题。

自然人之间的借款合同约定支付利息的,借款的利率不得违反国家有关限制借款利率的规定。这是对民间借贷利息约定的最高额限制。根据《最高人民法院〈关于人民法院审理借贷案件若干意见〉》的相关规定,民间借贷的利率可以适当高于银行的利率,但最高不得超过银行同类贷款利率的 4 倍(包含利率本数)。超出此限度的,超出部分的利息不予保护。同时规定出借人不得将利息计入本金谋取高利。如果将利息计入本金计算复利的,其利率超出银行同类贷款利率的 4 倍(包含利率本数)的,超出部分的利息不予保护。

三、自然人间的借款合同之法律适用

我国《合同法》有关借款合同的规定,即可适用金融机构借款合同,也可适用自然人之间的借款合同。

实务当中还有一种称为消费借贷合同,也就是出借人将一定量的可消耗物交给借用人使用、消费,借用人依约定还给出借人同数量、同品质的可消耗物的合同。例如,甲乙为邻居,甲借给乙 2 斤鸡蛋,几天后乙将 2 斤鸡蛋予以返还。此类便是消费借贷合同。该类合同本性上与自然人之间的借款合同一致,都需要转移标的物的所有权,到期只需要返还同种类物即可。既可以是有偿的,也可以是无偿的。消费借贷合同属于无名合同,根据《合同法》第124 条的规定,可以参照借款合同的规定适用。

14

第十四章

租赁合同

⊙ 导读案例

　　2008年7月1日,林某将自己所有的一套三室两厅的房子租赁给王某,并双方签订了租赁协议,约定:租赁期为3年,年租金2万元,该租金于每年7月1日支付。合同签订后,林某将房屋交付给王某。2010年3月份的时候,王某觉得该房屋的装修太过古老,不新颖。于是,王某在未取得林某的同意下,将该房屋进行了简单装修。在装修过程中,林某也得知王某装修房屋事宜,但是林某未曾提出任何异议,并且也未对王某这一行为加以阻止。2011年7月1日,该房屋租赁合同到期,林某要求收回该房屋,王某同意归还房屋,但是要求林某必须支付房屋的装修费3万元,林某拒付。于是王某起诉到法院,要求林某支付房屋装修费3万元。

　　法院经审理认为:林某与王某签订的房屋租赁合同,系双方当事人的真实意思表示,符合法律的规定,应为有效的合同。而依照《最高人民法院关于审理城镇房屋租赁合同纠纷案件具体应用法律若干问题的解释》第12条的规定:"承租人经出租人同意装饰装物,租赁期间届满时,承租人请求出租人补偿附和装饰装物费用的不予支持。"本案中,王某装修房屋时,刘某未提出任何异议,也未加以阻止,应视为林某同意了王某这一行为。现王某装修房屋所使用的地砖、墙漆等均属于附和物,根据相关的司法解释,被告林某不应承担该装修费。遂作出了上述判决。

⊙ 问题提出

1. 租赁合同的特点是什么?

2. 租赁合同的效力是什么?

3. 租赁合同的物权化表现是什么?

4. 承租人优先购买权的适用情形是什么?

5. 租赁合同风险如何负担?

第一节 租赁合同概述

一、租赁合同的概念和特点

（一）租赁合同的概念

《合同法》第 212 条规定，租赁合同是出租人将租赁物交付承租人使用、收益，承租人支付租金的合同。被交付用益的物为租赁物，提供租赁物的一方为出租人，使用租赁物的一方为承租人，租金是承租人使用租赁物的代价。租赁合同作为民事主体间调剂余缺、充分利用物质资源的一种常见法律形式，有利于促进生产和满足生活需要。

（二）租赁合同的特点

租赁合同具有以下特征。

1. 租赁合同是转让财产使用权的合同

租赁合同以承租人取得租赁物的占有、使用、收益为目的，因此其移转的是物的占有、使用、收益权，而非物的所有权，这有别于买卖合同。正因为承租人对标的物不享有处分权，所以在承租人破产时租赁物不能被列为破产财产。同时承租人应该获得现实的占有、使用，因此租赁物一般应为现存的物、非消耗物、有体物，对无体物使用权的取得不适用租赁合同的规定。

2. 租赁合同是双务、诺成合同

承租人使用出租人的租赁物需支付一定的租金，出租人收取租金要交付租赁物，出租人与承租人权利义务互为对价。在租赁合同中，出租人与承租人双方意思表示一致即可成立，不以标的物的实际交付为合同的成立或生效要件，故租赁合同为诺成合同。

3. 租赁合同为有偿合同

在租赁合同中，承租人取得租赁物的使用、收益权，必须以支付租金为对价，这是租赁合同与借用合同的根本区别。借用合同中的借用人也是以取得标的物的使用、收益权为目的，但借用人一方的使用收益为无偿，即无须支付对价。因此，借用合同与租赁合同可因是否支付对价的条件变更而相互转化。依租赁合同支付的租金通常为金钱上的支付，但支付实物时，法律并无限制。

4. 租赁合同是期限性合同

《合同法》第 214 条规定，租赁期限不得超过 20 年。超过 20 年的，超过部分无效。租赁期间届满，当事人可以续订租赁合同，但约定的租赁期限自续订之日起不得超过 20 年。该规定说明租赁合同不具有长期性或是永久性，不适用租赁物的永久性使用，否则易与买卖合同发生混淆。只是在约定的租赁期间内，出租人的义务处于持续不断的状态，租赁合同属于继续性合同。

二、租赁合同的分类

合同法虽没有就租赁合同作专门分类,但可从其规定,依照不同标准,可以将租赁合同分为如下两个基本类型。

（一）动产租赁合同与不动产租赁合同

依租赁标的物的不同类别,租赁合同可分为动产租赁合同与不动产租赁合同。动产租赁合同的租赁物既包括一般动产,又包括特殊动产,如车辆、大型机械、船舶、飞行器等。不动产租赁合同的租赁物通常是土地、房屋。此种分类的意义在于,不动产租赁合同与动产租赁合同适用的法律规则不同,尤其是适用不动产租赁规则的动产租赁合同法律有特别的要求。

（二）定期租赁与不定期租赁

以合同是否具有具体期限为标准,对租赁期限有明确约定的是定期租赁;对租赁期限无约定或约定不明确的,为不定期租赁合同。区分此类合同的法律意义在于,明确当事人在不同条件下订立合同时法律程序要求与合同解除权的行使。依法租赁期限六个月以上的,应当采用书面形式。当事人未采用书面形式的,视为不定期租赁。当事人对租赁期限没有约定或者约定不明确,可以协议补充,无法达成补充协议的,按照合同有关条款或者交易习惯确定,无法确定的视为不定期租赁。当事人依法可以随时解除合同,但出租人解除合同应当在合理期限之前通知承租人。租赁期间届满,承租人继续使用租赁物,出租人没有提出异议的,原租赁合同继续有效,但租赁期限为不定期。

第二节　租赁合同的效力

租赁合同的效力是指该合同依法成立后所具有的法律约束力,租赁合同的效力通过其当事人即出租人与承租人所享有的权利与承担的义务表现出来。

一、出租人的义务

（一）交付租赁物的义务

《合同法》第216条规定:"出租人应当按照约定将租赁物交付承租人,并在租赁期间保持租赁物符合约定的用途。"此条是法律关于出租人交付租赁物并在租赁期间内保持租赁物符合约定用途的义务的明文规定,它包括两个方面的内容:

第一,依照合同交付租赁物的义务。租赁合同是诺成性合同,只要双方当事人意思表示一致即告成立。因而交付租赁物便成为出租人在租赁合同成立生效后的一项基本义务。交付租赁物是指出租人将对租赁物的占有移转给承租人。租赁物的交付可以是现实交付,也可以是拟制交付。出租人为交付时应遵守合同约定的交付时间。

第二,出租人所交付的租赁物在租赁期间保持租赁物符合约定的用途。出租人所交付的租赁物应当符合合同约定的使用收益目的,并且这种状态应该在整个租赁期内均是如此。

如果出租人交付的租赁物不具有约定的性质,承租人可以向其主张违约责任。

(二)维修租赁物的义务

《合同法》第 220 条规定,出租人应当履行租赁物的维修义务,但当事人另有约定的除外。第 221 条紧接着规定,承租人在租赁物需要维修时可以要求出租人在合理期限内维修。出租人未履行维修义务的,承租人可以自行维修,维修费用由出租人负担。因维修租赁物影响承租人使用的,应当相应减少租金或者延长租期。《合同法》的这两个条文就是对出租人维修租赁物义务的明文规定。《合同法》第 222 条规定,承租人应当妥善保管租赁物,因保管不善造成租赁物毁损、灭失的,应当承担损害赔偿责任。这就决定了出租人的租赁物维修义务不因当事人的过错而免除。例如,(2003 年司考真题)甲将其所有的房屋出租给乙,双方口头约定租金为每年 5 万元,乙可以一直承租该房屋,直至乙去世。房屋出租后的第二年,乙为了经营酒店,经甲同意,对该房屋进行了装修,共花费 6 万元。一天晚上,一失控的汽车撞到该房屋,致使其临街的玻璃墙毁损,肇事司机驾车逃逸,乙要求甲维修,甲拒绝,乙便自行花费 1 万元予以维修。这 1 万元的维修费用产生在租赁期间,不是因为承租人的原因所导致,根据《合同法》第 216 条和 210 条规定,应该由出租人甲来承担。至于肇事司机的责任,出租人可通过侵权途径向其主张损害赔偿,但不能因为第三人过错来主张义务的免除。如果玻璃墙毁损是由于承租人乙自身的过错导致的,根据《合同法》第 222 条的规定,出租人仍然负有维修义务,但可以向承租人乙主张损害赔偿。

(三)租赁物的瑕疵担保义务

出租人交付的租赁物应符合约定用途,应保证在整个租赁期承租人对租赁物的正常使用、收益。如果租赁物具有承租人不能正常使用、收益的瑕疵,则出租人应承担违约责任,承租人可以根据《合同法》第 155 条和第 111 条的规定,要求修理、更换、解除合同或者请求减少租金。若承租人在订立合同时明知租赁物存有瑕疵的,依照《合同法》第 233 条的规定,租赁物危及承租人的安全或者健康的,即使承租人在订立合同时明知该租赁物质量不合格,承租人仍可解除合同。之所以在承租人明知租赁物有瑕疵的情况下,也不免除出租人的瑕疵担保义务,是因为生命权和健康权是自然人最基本的人格权,具有不可转让性,因而即使在订立合同之初当事人放弃了解约权或已经知道租赁物上存在瑕疵,法律仍然从保护当事人生命健康权的角度出发,允许承租人解除合同[1]。

(四)租赁物的权利瑕疵担保义务

《合同法》第 228 条规定,因第三人主张权利,致使承租人不能对租赁物使用、收益的,承租人可以要求减少租金或者不支付租金。此条就是关于出租人权利瑕疵担保义务的规定。它是指出租人应当担保不因第三人对承租人主张租赁物上的权利而使承租人无法依约对租赁物进行使用收益。

出租人的权利瑕疵担保责任的构成必须具备以下三个要件:

其一,第三人向承租人主张租赁物上的权利,且该权利对承租人的使用、收益构成了障碍。也就是说,第三人向承租人主张的权利会影响承租人订立租赁合同的根本目的。反之,出租人不需要承担权利瑕疵担保责任。例如,第三人主张租赁物上的所有权,便会妨碍到承

---

① 江平:《中华人民共和国合同法精解》,中国政法大学出版社 1999 年版,第 178 页。

租人对租赁物的使用收益,此时出租人就得承担权利瑕疵担保责任。如果第三人仅仅主张租赁物上有抵押权的存在,因抵押权的存在不会影响承租人对租赁物的使用收益,出租人就无须承担权利瑕疵担保责任;但是第三人主张的是抵押权的实现,因为涉及对租赁物的处分,此时就会发生出租人的权利瑕疵担保责任。

其二,第三人主张权利发生于租赁物交付之前,才能使出租人承担权利瑕疵担保义务。如果第三人在租赁物交付之后主张权利,则会因承租人已享有的租赁权具有对抗第三人的效力而不发生权利瑕疵担保的问题。

其三,承租人于合同订立时不知道租赁物有权利瑕疵。如果承租人明知出租人对于租赁物存在权利瑕疵而仍与其订立租赁合同,则视为其自愿承担这种由第三人主张权利产生的交易风险,出租人因此而不承担权利瑕疵担保义务,也不承担因此而产生的违约责任。

第三人主张权利的,承租人应当及时通知出租人,承租人未能及时通知出租人的,因此给自己造成的损失,无权要求出租人承担。

二、承租人的义务

(一)支付租金的义务

租赁合同是有偿合同,承租人对租赁物的使用收益以支付租金为代价,因此支付租金是承租人的主要义务。《合同法》第 226 条规定,承租人应当按照约定的期限支付租金。对支付期限没有约定或者约定不明确,可以协议补充,无法达成补充协议的,按照合同有关条款或者交易习惯确定,不能确定且租赁期间不满一年的,应当在租赁期间届满时支付;租赁期间一年以上的,应当在每届满一年时支付,剩余期间不满一年的,应当在租赁期间届满时支付。租金约定不会缺失,否则会使这里租赁合同的目的落空,但是却存有因租金的支付日期发生争执的。第 226 条有关租金支付时间的规定,可以避免因支付租金时间不明所产生的纠纷,即尊重合同当事人的意愿,又弥补了合同相关条款规定不全面的缺陷。

如果承租人未能按时支付租金的,《合同法》第 227 条规定,承租人无正当理由未支付或者迟延支付租金的,出租人可以要求承租人在合理期限内支付。承租人逾期不支付的,出租人可以解除合同。

(二)妥善使用租赁物的义务

《合同法》第 217 条规定,承租人应当按照约定的方法使用租赁物。对租赁物的使用方法没有约定或者约定不明确,可以协议补充,无法达成补充协议的,按照合同有关条款或者交易习惯确定,仍不能确定的,应当按照租赁物的性质使用。承租人通过设立租赁合同,旨在取得租赁物的租赁权,从而对租赁物进行使用和收益。但毕竟租赁物的所有权属于出租人,对他人之物的使用和收益,应以不损及他人权利为限。因此承租人应对租赁物以恰当的方式加以使用,不应损及租赁物。

但承租人按照约定的方法或者租赁物的性质使用租赁物,致使租赁物受到损耗的,无须承担损害赔偿责任。这是因为承租人正常使用所引起的损耗属于出租人为获取租金所自愿承担的合理损失,即属合理范畴自不用承担责任。若承租人未按照约定的方法或者租赁物的性质使用租赁物,致使租赁物受到损失的,出租人可以解除合同并要求赔偿损失。这是针对承租人不适当履行合同义务致使租赁物遭受损失的情况下而给与出租人的救济措施。如果承租人未按照约定的方法或者租赁物的性质使用租赁物，但未使租赁物受到损失的，此种情形自然不能援引《合同法》第219条的规定主张合同解除并要求赔偿损失。由于存在造成租赁物损害的危险与可能，出租人可行使物上请求权，请求承租人停止侵害，消除危险或是排除妨害。

（三）妥善保管租赁物的义务

《合同法》第222条规定，承租人应当妥善保管租赁物，因保管不善造成租赁物毁损、灭失的，应当承担损害赔偿责任。承租人在租赁期间占有租赁物，应当尽义务保管租赁物。如果租赁物能产生收益的，承租人应保持其能力。承租人未履行该义务造成租赁物毁损灭失的，应当承担损害赔偿责任。

（四）不得随意转租的义务

《合同法》第224条规定，承租人经出租人同意，可以将租赁物转租给第三人。承租人转租的，承租人与出租人之间的租赁合同继续有效，第三人对租赁物造成损失的，承租人应当赔偿损失。承租人未经出租人同意转租的，出租人可以解除合同。据此承租人转租以出租人同意为要件。转租是指承租人不退出租赁关系，而将租赁物出租给次承租人使用收益。在转租中，次承租人与承租人之间成立了一个新的租赁关系，承租人与出租人之间的租赁关系仍继续有效。由于租赁物有偿再转移给此承租人（第三人）使用收益，次承租人的行为直接影响到出租人的权益。因此，法律严格限制了转租的条件。非经出租人同意，承租人不得转租。

在征得出租人同意情况下，承租人转租的，即合法转租，存在着两个租赁合同，出租人、承租人、次承租人（第三人）三人关系。两个租赁合同分别是出租人与承租人之间的租赁合同以及承租人与次承租人之间的租赁合同，出租人与次承租人之间没有任何合同关系。如果当事人没有特别约定的，承租人可以从中赚取租金的差价。例如，张某以每月1000元的价格承租了李某的一套房屋，之后在经得李某的同意下，张某又以每月1200元的价格将该房屋转租给了赵某，则张某向李某支付的租金仍然是1000元每月，其间200元的差价属于张某所有。次承租人对租赁物造成损害的，出租人不能直接向次承租人主张违约损害赔偿，囿于合同相对性的限制，只能向承租人主张损害赔偿。之后承租人根据其与次承租人之间的租赁合同向次承租人主张违约损害赔偿。其间，出租人也可以以所有人的身份向次承租人主张侵权损害赔偿。

未经出租人允许所进行的转租系违法转租。基于违法转租，产生如下法律后果：

其一，出租人可以解除与承租人之间的租赁合同。就出租人与承租人之间的关系而言，承租人违法转租为严重违约行为，出租人有权解除合同。出租人的解约权是否行使由出租人自己决定，出租人不解除合同的，租赁关系仍然有效，不因承租人的违法转租而受影响[①]。

其二，出租人行使合同解除权，将其与承租人之间的租赁合同解除，则承租人与次承租人之间的租赁合同随之终止。由于承租人无法使次承租人取得对租赁物的使用和收益，次承租人得向承租人主张违约责任。出租人与承租人之间租赁合同的解除，承租人赚取的租

---

① 《最高人民法院关于审理城镇房屋租赁合同纠纷案件具体应用法律若干问题的解释》第16条：出租人知道或应该知道承租人转租，但在六个月内未提出异议，其以承租人未经同意为由请求解除合同或者认定转租合同无效的，人民法院不予支持。

金差价因失去了合法依据,应作为不当得利返还给出租人。

其三,就出租人与次承租人而言,次承租人的租赁权不能对抗出租人。在出租人解除租赁关系时,出租人应直接向次承租人请求返还租赁物。但如果出租人不解除租赁关系,因承租人的租赁权有效存在,基于承租人租赁权发生的次承租人的租赁权亦有效,次承租人合法取得对租赁物的使用收益,所以出租人不能直接向次承租人请求返还租赁物。

(五)不得随意对租赁物改善或在租赁物上增设的义务

导读案例中涉及的便是此义务。《合同法》第223条规定,承租人经出租人同意,可以对租赁物进行改善或者增设他物。承租人未经出租人同意,对租赁物进行改善或者增设他物的,出租人可以要求承租人恢复原状或者赔偿损失。该条规定旨在平衡出租人与承租人之间的利益,一方面要确保出租人的财产权益,不能因承租人的擅自行为而遭受到侵害。另一方面要考虑到承租人的生产或是生活需要,便于承租人行使承租权。例如,在租赁的房屋中没有热水器,承租人经出租人同意可以安装热水器以便利自己的生活。但该条并没有就由此产生的费用或是附合物的处理作一明确的规定。对此类问题的处理可以借鉴《最高人民法院关于审理城镇房屋租赁合同纠纷案件具体应用法律若干问题的解释》[①]。

(六)返还租赁物的义务

《合同法》第235条规定,租赁期间届满,承租人应该返还租赁物。返还的租赁物应当符合按照约定或者租赁物性质使用后的状态。此条即为承租人返还租赁物的义务的规定。在租赁期间届满,承租人返还租赁物是基本的合同义务。承租人返还租赁物时应当保持租赁物的使用性能,但是属于符合约定或是正常使用后的合理损耗的,承租人对租赁物的返还仍视为是适当履行。承租人逾期不及时返还租赁物的,出租人既可以基于租赁合同要求承租人返还,也可以因承租人失去了合法占有的依据基于所有权要求承租人返还。

---

① 该《解释》第九条:承租人经出租人同意装饰装修,租赁合同无效时,未形成附合的装饰装修物,出租人同意利用的,可折价归出租人所有;不同意利用的,可由承租人拆除。因拆除造成房屋毁损的,承租人应当恢复原状。已形成附合的装饰装修物,出租人同意利用的,可折价归出租人所有;不同意利用的,由双方各自按照导致合同无效的过错分担现值损失。

第十条:承租人经出租人同意装饰装修,租赁期间届满或者合同解除时,除当事人另有约定外,未形成附合的装饰装修物,可由承租人拆除。因拆除造成房屋毁损的,承租人应当恢复原状。

第十一条:承租人经出租人同意装饰装修,合同解除时,双方对已形成附合的装饰装修物的处理没有约定的,人民法院按照下列情形分别处理:

(一)因出租人违约导致合同解除,承租人请求出租人赔偿剩余租赁期内装饰装修残值损失的,应予支持。

(二)因承租人违约导致合同解除,承租人请求出租人赔偿剩余租赁期内装饰装修残值损失的,不予支持。但出租人同意利用的,应在利用价值范围内予以适当补偿。

(三)因双方违约导致合同解除,剩余租赁期内的装饰装修残值损失,由双方根据各自的过错承担相应的责任。

(四)因不可归责于双方的事由导致合同解除的,剩余租赁期内的装饰装修残值损失,由双方按照公平原则分担。法律另有规定的,适用其规定。

第十二条:承租人经出租人同意装饰装修,租赁期间届满时,承租人请求出租人补偿附合装饰装修费用的,不予支持。但当事人另有约定的除外。

第十三条:承租人未经出租人同意装饰装修或者扩建发生的费用,由承租人负担。出租人请求承租人恢复原状或者赔偿损失的,人民法院应予支持。

第十四条:承租人经出租人同意扩建,但双方对扩建费用的处理没有约定的,人民法院按照下列情形分别处理:

(一)办理合法建设手续的,扩建造价费用由出租人负担;

(二)未办理合法建设手续的,扩建造价费用由双方按照过错分担。

第三节　租赁合同的特别效力与风险负担

一、租赁合同的特别效力

所谓租赁合同的特别效力,是指租赁合同对第三人产生的法律拘束力。根据《合同法》的相关规定以及相关的司法解释,具体表现如下。

（一）租赁权（债权）的物权化

《合同法》第 229 条规定,租赁物在租赁期间发生所有权变动的,不影响租赁合同的效力。根据该条规定,在租赁物所有权发生转移时,新所有人应该继续遵循租赁物上承租人的使用收益状况,保持其使用收益的原貌,也就是说,新所有人取代原所有人地位成为该租赁物的新的出租人。新所有人取得出租人地位后,其与原承租人之间的权利义务关系继续适用原租赁合同。原出租人因租赁物所有权的转移而脱离出原租赁合同关系,不再有任何的权利义务。该条规定比"买卖不破租赁"的适用范围更广,不仅包括了因买卖而使租赁物所有权发生转移的情形,也包括因赠与、继承、互易等发生的所有权转移的情形。

应当注意的是,租赁权虽存在物权化的倾向,但这一特殊的处理并没有改变租赁权债权的本质,其只不过是债权对抗所有权的一个特例,也是物权优先于债权的一个例外,究其本质仍是债权。租赁权的物权化并未改变承租人对租赁物的占有、使用、收益权为基础的权利内容。租赁权效力的特殊规定实际上强化了租赁权这一债权的效力。并且租赁权的物权化主要适用于不动产租赁,否则会导致法律体系的紊乱。这种例外受到了严格的限制,《最高人民法院关于审理城镇房屋租赁合同纠纷案件具体应用法律若干问题的解释》第 20 条规定,租赁房屋在租赁期间发生所有权变动,承租人请求房屋受让人继续履行原租赁合同的,人民法院应予支持。但租赁房屋具有下列情形或者当事人另有约定的除外:①房屋在出租前已设立抵押权,因抵押权人实现抵押权发生所有权变动的;②房屋在出租前已被人民法院依法查封的。这种限制也秉承了《物权法》第 190 条[①]的价值与理念。

（二）房屋承租人的优先购买权

《合同法》第 230 条规定,出租人出卖租赁房屋的,应当在出卖之前的合理期限内通知承租人,承租人享有以同等条件优先购买的权利。这就是房屋承租人的优先购买权规定。其是指当出租人出卖作为租赁物的房屋时,承租人在同等条件下,依法享有的优先于其他人而购买房屋的权利。承租人的优先购买权源于《最高人民法院关于贯彻执行〈中华人民共和国民法通则〉若干问题的意见（试行）》第 118 条,该条规定:出租人出卖出租房屋,应提前 3 个月通知出租人,承租人在同等条件下,享有优先购买权;出租人未按此规定出卖房屋的,承租人可以请求人民法院宣告该房屋买卖无效。现行《合同法》再次肯定了房屋承租人的优先购

---

① 《物权法》第 190 条规定:订立抵押合同前抵押财产已出租的,原租赁关系不受该抵押权的影响。抵押权设立后抵押财产出租的,该租赁关系不得对抗已登记的抵押权。

买权。该优先权不是源于当事人的约定,而是法律的规定,因此具有法定性。之所以法律要赋予房屋承租人以优先购买权,主要保护的是承租人的居住利益。在出租人出卖房屋租赁物之前,承租人已经实际占有并使用房屋,从而形成了对房屋的客观需求与依赖,赋予承租人以优先购买权有助于稳定这种业已建立的法律联系并确保了承租人对房屋的依赖,从而使承租人的利益得以维护。

由于财产关系的纷繁复杂,债权领域的优先购买权,在物权领域同样有规定。如此一来,难免会出现优先权之间的冲突,例如,同一房屋就会存在房屋共有人的优先购买权与承租人的优先购买权的冲突。因此,《最高人民法院关于审理城镇房屋租赁合同纠纷案件具体应用法律若干问题的解释》第 24 条规定了四种情况下承租人不得主张优先购买权,分别是:房屋共有人主张优先购买权;出租人将房屋出卖给近亲属,包括配偶、父母、子女、兄弟姐妹、祖父母外祖父母、孙子女外孙子女;出租人履行通知义务后,承租人在 15 日内未明确表示购买的;第三人善意购买租赁房屋并已经办理了登记手续的。该《解释》还规定,出租人与抵押权人协议折价、变卖租赁房屋偿还债务,应当在合理期限内通知承租人。承租人在同等条件下有优先购买权。出租人委托拍卖人拍卖租赁房屋,应当在拍卖 5 日前通知承租人。承租人未参加拍卖的,视为承租人放弃优先购买权。

房屋承租人的优先购买权受到侵害的,根据《最高人民法院关于贯彻执行〈中华人民共和国民法通则〉若干问题的意见(试行)》第 118 条的规定,承租人可以请求人民法院宣告房屋买卖无效。现行《合同法》仅规定了房屋承租人的优先购买权,却没有规定优先购买权受到侵害的救济手段。《最高人民法院关于审理城镇房屋租赁合同纠纷案件具体应用法律若干问题的解释》第 21 条规定,承租人请求出租人承担赔偿责任的,人民法院应予支持。但请求确认出租人与第三人签订的房屋买卖合同无效的,人民法院不予支持。《最高人民法院关于贯彻执行〈中华人民共和国民法通则〉若干问题的意见(试行)》之规定与《最高人民法院关于审理城镇房屋租赁合同纠纷案件具体应用法律若干问题的解释》之规定完全不同,同为最高人民法院所作的司法解释,根据新法优于旧法的规则,显然应该援用后者,也就是说,房屋承租人的优先购买权受到侵害,有权主张损害赔偿,无权主张买卖合同的无效。如此处理,一是为了保护第三人的利益;二是现行《物权法》对房屋的权属变更采用的是区分原则,债权不影响物权,仅仅否定出租人与第三人之间的房屋买卖合同效力,而不对第三人所取得的房屋所有权作出规定,无法对承租人的优先购买权予以实质性的保护。

(三)同租人的继续租赁权

《合同法》第 234 条规定,承租人在房屋租赁期间死亡的,与其生前共同居住的人可以按照原租赁合同租赁该房屋。该条便是有关同租人继续租赁权的规定。同租人只需是与承租人生前共同居住的人,该人未必是承租人的继承人。实务生活中不乏有若干人共同居住而只有一人为名义承租人的情况,名义承租人死后,与其共同居住的人可能需要继续居住原租赁房屋。在租赁期间,与承租人共同居住的人有在承租的房屋中居住的权利,出租人不得干涉与承租人同居者的居住权。在承租人死后原承租人所享有的权利和所应该履行的义务均转移给愿意继续租赁合同的生前共同居住者。《最高人民法院关于审理城镇房屋租赁合同纠纷案件具体应用法律若干问题的解释》中又将继续租赁权的享有人群扩张到"共同经营人"和"合伙人"①身上。

二、租赁合同中的风险负担

在租赁期间存续之中,因承租人保管不善而造成租赁物毁损灭失的,承租人应当承担损害赔偿责任。但因不可归责于租赁合同当事人事由而导致租赁物毁损、灭失时,则发生与违约责任性质不同的租赁合同风险负担问题。《合同法》第231条对此作出了规定:"因不可归责于承租人的事由,致使租赁物部分或者全部毁损、灭失的,承租人可以请求减少租金或者不支付租金;因租赁物部分或全部毁损、灭失,致使不能实现合同目的的,承租人可以解除合同。"

因不可归责于租赁合同双方当事人事由致使租赁物全部或部分毁损灭失的,租赁物全部或部分毁损、灭失的风险应当由谁负担。《合同法》第231条所采用的规则与买卖合同中的标的物风险负担规则有本质的区别,买卖合同中标的物的风险负担适用"交付主义",即以标的物的交付作为风险转移的基准。而租赁合同采用的却是"所有人主义",即谁是租赁物的所有人谁就是租赁物的风险负担人。这一风险负担规则确定的法理在于"利益与风险的共存",也就是"利益之所在,即风险之所在"的公认的市场交易准则。因为承租人通过租赁物获取了利益,自应承担因租赁物所产生的风险,若只享受因租赁物产生的利益,却不负担因租赁物产生的风险,有悖公平原则。

因不可归责于租赁合同双方当事人事由致使租赁物全部或部分毁损灭失的,租赁物全部或部分毁损、灭失,从而导致租赁合同全部或是部分不能履行时,又会涉及租金风险负担的问题。《合同法》第231条规定承租人可以请求减少租金或者不支付租金。这说明租金的风险负担是由出租人来负担的。因为租赁合同是双务合同,租金的支付是对租赁物使用收益的对价,当租赁物出现风险无法确保承租人正常使用收益或是根本不能使用收益时,作为对价的租金支付自然可以相应地减少履行或是不履行。而因租金的减少或是不支付受到影响的不是承租人,而是出租人。由此租金的风险是由出租人负担的。如果当事人对租赁物或是租金风险负担有约定,适用当事人的约定。

第四节　租赁合同的解除

租赁合同的终止主要是因为期限的届满和合同当事人的解除。其间租赁合同当事人的解除权引发租赁合同终止相较期限届满引发的租赁合同终止更为复杂些,因此本节重在说明租赁合同的解除问题。

一、约定解除权和协议解除权

租赁合同双方当事人可以事先在合同中约定合同可以解除的情形,一旦约定的解除情

---

① 《最高人民法院关于审理城镇房屋租赁合同纠纷案件具体应用法律若干问题的解释》第19条规定:承租人租赁房屋用于个体工商户或者个人合伙方式从事经营活动,承租人在租赁期间死亡、宣告失踪或者宣告死亡,其共同经营人或者其他合伙人请求按照原租赁合同租赁该房屋的,人民法院应予以支持。

形出现,任何一方均可主张解除权的行使,导致租赁合同的终止。在租赁关系存续期间,出租人与承租人也可以通过协商来提前结束租赁合同的效力。

二、法定解除权

因租赁合同有定期租赁合同和不定期租赁合同之分,法定解除权的规定亦有所不同。

(一)定期租赁合同的法定解除权

定期租赁合同的法定解除权既有出租人独享的情形,也有承租人独享的情形。

1.出租人的法定解除权行使情形

(1)承租人未按照约定的方法或者租赁物的性质使用租赁物,致使租赁物受到损失的,出租人可以解除合同并要求赔偿损失。(《合同法》第 219 条)

(2)承租人经出租人同意,可以将租赁物转租给第三人。承租人转租的,承租人与出租人之间的租赁合同继续有效,第三人对租赁物造成损失的,承租人应当赔偿损失。承租人未经出租人同意转租的,出租人可以解除合同。(《合同法》第 224 条)

(3)承租人无正当理由未支付或者迟延支付租金的,出租人可以要求承租人在合理期限内支付。承租人逾期不支付的,出租人可以解除合同。(《合同法》第 227 条)

(4)城镇房屋承租人擅自变动房屋建筑主体和承重结构或者扩建,在出租人要求的合理期限内仍不予恢复原状,出租人有权解除合同并要求赔偿损失。(《最高人民法院关于审理城镇房屋租赁合同纠纷案件具体应用法律若干问题的解释》第 7 条)

2.承租人的法定解除权行使情形

(1)因不可归责于承租人的事由,致使租赁物部分或者全部毁损、灭失的,承租人可以要求减少租金或者不支付租金;因租赁物部分或者全部毁损、灭失,致使不能实现合同目的的,承租人可以解除合同。(《合同法》第 231 条)

(2)因租赁房屋被司法机关或者行政机关依法查封的,租赁房屋权属有争议的,租赁房屋具有违反法律、行政法规关于房屋使用条件强制性规定等原因,导致租赁房屋无法使用的,承租人有权解除合同。(《最高人民法院关于审理城镇房屋租赁合同纠纷案件具体应用法律若干问题的解释》第 8 条)

(二)不定期租赁合同的任意解除权

根据《合同法》第 232 条、第 215 条和第 236 条的规定,不定期租赁合同的情形主要是:

1.没有约定租赁期或约定不明,无法达成补充协议的,又不能按照合同有关条款或者交易习惯确定的。

2.租赁期为六个月以上,但没有采用书面形式的。

3.租赁期间届满,承租人继续使用租赁物,出租人没有提出异议的。

不定期租赁合同的任意解除权为合同双方当事人享有,只是出租人在行使该解除权时要求提前通知承租人,但是承租人行使该解除权时无此限制。并且不定期租赁合同的任意解除权的行使,不需要赔偿对方当事人的损失,因为在此情形下双方对该合同均无预期。

15

第十五章

融资租赁合同

⊙ **案例导读**

2009 年 6 月 19 日,原告卡特彼勒公司(出租人)与被告方某(承租人)、方某某(担保人)签订编号为 835－70003604 的《融资租赁协议》一份,约定:出租人依据承租人对设备的选择,购买型号为 312D、序列号为 DLP00276 的设备,并将上述设备租赁给承租人,租赁期限为 36 个月,出租人是设备的唯一所有权人,起租日为设备的交付日,首付租金 199563 元,每月支付基本租金 17786 元;承租人应就到期应付未付的任何租金或其他款项,按月利率 2‰ 支付违约金,违约金应从承租人每次交付的款项中先行抵扣;出租人是设备的唯一所有权人,承租人未能支付任何到期款项,出租人有权选择向承租人追索所有本协议条款下已到期租金、未到期租金、违约金、设备的选择价格及其他应付款项或提前解除本协议,要求归还、收回、销售或以其他方式处分设备,并向承租人追索已到期租金、违约金以及其他应付款项,如承租人于本协议解除后仍旧占有设备,则出租人有权要求承租人赔偿因继续占有设备给出租人造成的损失,损失赔偿以本协议约定的租金为标准计付,计算损失的起止时间为本协议解除之日起至设备实际归还之日止,并不因本协议约定的租赁期限届满而免除或降低,此外,出租人有权向承租人追索因此产生的合理费用(包括法律费用);担保人为承租人在本协议项下的一切债务向出租人提供不可撤销的连带责任保证,保证期间为两年。上述合同签订当日,原告卡特彼勒公司将租赁物交付给被告方某。但被告方某未按期支付租金,至 2011 年 8 月 19 日已拖欠租金共计 140367.59 元。

审理法院认为,原告卡特彼勒公司与被告方某、方某某间签订的《融资租赁协议》意思表示真实,内容不违反法律、行政法规禁止性规定,应确认有效。被告方某未按约履行付款义务,应承担相应的民事责任。根据《融资租赁协议》约定,原告卡特彼勒公司有权选择提前解除合同,要求被告方某归还设备,支付已到期租金、违约金以及其他应付款项,并要求被告方某赔偿自合同解除之日至设备实际归还之日以租金为标准计算的损失。被告方某某对被告方某的上述债务应承担连带责任。《中华人民共和国合同法》第 93 条第 2 款规定:"当事人可以约定一方解除合同的条件。解除合同的条件成就时,解除权人可以解除合同"。第 96 条第 1 款规定:"当事人一方依照本法第九十三条第二款、第九十四条的规定主张解除合同的,应当通知对方。合同自通知到达对方时解除。对方有异议的,可以请求人民法院或仲裁机构确认解除合同的效力。"根据上述法律规定,原告卡特彼勒公司与被告方某、方某某签订的《融资租赁协议》在两被告于 2011 年 10 月 17 日收到起诉状时已解除,已无解除的必要,故原告卡特彼勒公司要求解除合同的诉讼请求本院不予支持。原告卡特彼勒公司要求两被告支付法律费用的诉讼请求,因缺乏支付凭证印证,本院不予支持。被告方某、方某某经本院合法传唤,未到庭参加诉讼不影响本案审理。依照《中华人民共和国合同法》第93条第2款、第96条第1款、第97条、第98条、第107条,《中华人民共和国担保法》第18条、第21条,《中华人民共和国民事诉讼法》第130条之规定,判决如下:

一、被告方某于判决生效后十日内支付原告卡特彼勒(中国)融资租赁有限公司租金140367.59元(租金暂计算至2011年8月19日,此后至2011年10月17日的租金按每月17786元另行计算)及违约金29607.20元(违约金暂计至2011年8月24日,此后至判决确定的履行期限届满之日的违约金以到期未付租金为本金按月利率2‰另行计算)。

二、被告方某于判决生效后十日内归还原告卡特彼勒(中国)融资租赁有限公司型号为312D、序列号为DLP00276的租赁设备一台,同时赔偿原告卡特彼勒(中国)融资租赁有限公司损失(损失金额自2011年10月18日起按每月17786元计算至租赁设备实际归还之日,但不超过2012年6月18日)。

三、被告方某于判决生效后十日内支付原告卡特彼勒(中国)融资租赁有限公司律师代理费14700元。

四、被告方某某对被告方某的上述债务承担连带责任。

五、驳回原告卡特彼勒(中国)融资租赁有限公司的其他诉讼请求。

如果未按本判决指定的期间履行给付金钱义务,应当依照《中华人民共和国民事诉讼法》第229条之规定,加倍支付迟延履行期间的债务利息。

⊙ 问题提出

1.什么是融资租赁合同?

2.融资租赁合同有什么特点?

3.融资租赁合同的效力如何?

第一节　融资租赁合同概述

一、融资租赁合同的概念

根据《合同法》第237条的规定,融资租赁合同是指出租人根据承租人对出卖人、租赁物的选择,向出卖人购买租赁物,提供给承租人使用,承租人支付租金的合同。导读案例中作为出租人的卡特彼勒公司根据承租人方某对设备的选择,购买选定的设备并出租给方某使用收益,这种融资租赁合同与一般租赁合同相比,其集借款、租赁、买卖关系于一体,是将融资与融物结合在一起的一种特殊的交易方式。融资租赁合同是由出卖人与买受人(出租人)之间的买卖合同和出租人与承租人之间的租赁合同构成的,但是法律效果并不是买卖合同与租赁合同的简单叠加。融资租赁合同中的买卖合同与租赁合同关系紧密,买卖合同的订立以租赁意向的表明为前提。具体而言,融资租赁合同概念的内涵主要如下。

(一)出租人根据承租人对出卖人、租赁物的选择购买租赁物

租赁合同的出租人是以自己现有的财物出租,或者依照自己的意愿购买财物用于出租,而融资租赁合同是出租人依照承租人的要求先购买后出租。正因为如此,承租人不必花费巨额资金就可以长期使用租赁物,只需从租赁物的使用收益中分期支付较少租金即可;对于融资租赁合同的出租人而言,出租人通过融资租赁既可从租金中获取丰厚的利润,又可享有可靠的物权保障,并且无须承担租赁物的维修、保管义务、瑕疵担保责任以及租赁物毁损灭失的风险等[①]。

(二)租赁物是由出租人购买后交由承租人使用

买卖合同中买受人购买标的物的目的是为了自己的利益。而在融资租赁合同中出租人购买租赁物的目的不是为了自身的使用,而是为了交给承租人使用收益,买卖的目的是为了出租。由于承租人自身资金不足,无法通过购买来解决自身的需求,加之国家金融法律明文禁止企业之间的金钱借贷,因此通过租赁实则取得的是借钱的效果,从而实现融资的目的。

(三)承租人须向出租人支付租金

租金是承租人使用租赁物的代价。融资租赁合同的承租人对出租人购买的租赁物进行使用,必须支付租金。融资租赁对出租人而言是以相对较少的资金来达到对租赁物长期的使用收益,是有偿的,对租赁物长期的使用收益应支付相应的代价,即比买价低的租金。

二、融资租赁合同的特征

融资租赁合同具有以下法律特征:

第一,融资租赁合同是以融资为主要机能,集融资与融物为一体的新型信贷方式。

在融资租赁合同中,出租人不仅仅向承租人提供租赁物,更重要的是,承租人为了取得对租赁物的使用收益,以分期支付租金为对价,获得出租人按其指示出资购买的租赁物,以解决其一次性购买标的物资金不足的难题,达到融资目的。从这个角度来看,融资租赁具有借贷的性质。承租人从出租人处通过租赁的形式取得租赁物的使用权。

第二,融资租赁合同涉及三方当事人——出卖人、出租人(买受人)和承租人。

融资租赁合同包括两个过程——买卖和租赁。融资租赁合同由出卖人与出租人之间的买卖合同以及出租人与承租人之间的租赁合同两个合同所组成,各个合同相互影响、相互作用形成有机的整体。这种法律结构必然造成三方当事人同时涉及买卖合同和租赁合同的权利义务关系,从而使法律关系变得复杂,融资租赁合同便成为一种具有买卖和租赁的共性,又不同于纯粹的买卖或租赁的合同形式。

第三,融资租赁合同多为诺成、要式和有偿合同。

融资租赁合同只需当事人达成合意即可成立,无须标的物的交付,因而为诺成合同。《合同法》第 238 条第 2 款规定,"融资租赁合同应当采用书面形式",第 248 条规定,"承租人应当按照约定支付租金",这些规定充分说明了融资租赁合同的要式性与有偿性。

我国融资租赁是在改革开放后引进外国的产物。我国首次融资租赁的成功尝试是

---

① 崔建远:《合同法》,法律出版社 2003 年版,第 378 页。

20 世纪80 年代我国民航总局与美国汉诺威尔制造租赁公司和美国劳埃德银行合作,首次利用融资租赁方式从美国租进第一架波音 747SP 飞机。[①] 之后融资租赁在我国迅速发展,为了能将投资人的目的与我国监管体制相适应,虽然现行合同法没有对融资租赁合同中的出租人进行资格限制,但是实务中融资租赁合同的出租人只能是经中国银行业监管管理委员会(中国银监会)或对外贸易经济合作主管部门批准的相关企业。其主要是两类:一为以经营融资租赁业务为主的中外合资租赁公司;二为非银行金融机构的以经营融资租赁业务为主的金融租赁公司。

第二节　融资租赁合同的效力

融资租赁合同的效力是指生效的融资租赁合同所具有的法律约束力。它主要是通过融资租赁合同中的各方当事人所享有的权利以及所承担的义务来体现的。

一、出租人的权利与义务

（一）出租人的权利

1. 出租人享有对租赁物的所有权

《合同法》第 242 条规定,出租人享有租赁物的所有权,承租人破产的,租赁物不属于破产财产。该条明确规定了出租人对租赁物的所有权以及在承租人破产时对租赁物的取回权。出租人通过向出卖人支付货款,取得租赁物的所有权,并将该租赁物交由承租人使用、收益。在整个融资租赁关系中,租赁物的所有权属于出租人。虽然由承租人占有、使用、收益,但是一旦承租人破产,因该租赁物不属于承租人财产,出租人可以以物权人身份主张取回。

2. 瑕疵担保义务的免除

《合同法》第 244 条规定,租赁物不符合约定或者不符合适用目的的,出租人不承担责任,但承租人依赖出租人的技能确定租赁物或者出租人干预选择租赁物的除外。这是因为在融资租赁合同中,出租人对租赁物的购买,是依照承租人的选择和意向进行的。承租人依靠自己的技能和判断选定租赁物和出卖人,出租人再根据承租人的这一选择与出卖人签订买卖合同。这就与一般的买卖合同有很大的不同。为此一般买卖合同中的出卖人瑕疵担保义务不能适用出租人。考虑到出租人真正的意图是向承租人提供融资,虽然拥有租赁物的所有权,但仅为名义上的,其只是按照承租人的意志与申请,购买租赁物并交付承租人使用、收益,然后收取租金。出租人本身并不对租赁物感兴趣,旨在收取租赁物的价金、利息以及其他费用等。此种情况下,若要求出租人担负租赁物的质量担保义务,显然有失公平。

此外,出租人瑕疵担保义务的免除也是为了能够体现承租人对租赁物的选择责任。出租人完全是按照承租人的指定来购买租赁物的,承租人作为选择人,既可享有因选择的便利而得到符合自身需要的利益,也应负担因选择不当所产生的不利后果。但在承租人依赖出

---

① 史燕平:《我国融资租赁发展回望》,《金融时报》2002-11-28。

租人的技能确定租赁物或者出租人干预选择租赁物等情况下,出租人仍须对租赁物承担瑕疵担保责任。

3.租赁物造成第三人损害的免责

《合同法》第246条规定,承租人占有租赁物期间,租赁物造成第三人的人身伤害或者财产损失的,出租人不承担责任。租赁物造成第三人损害的,出租人不承担责任并不意味着一定是承租人承担。因租赁物对第三人造成损害的情形可能会是产品责任、交通事故责任、高度危险作业致人损害责任、建筑物上搁置物或悬挂物致人损害责任、环境污染责任等。这些责任的承担应该按照《中华人民共和国侵权责任法》的相关规定来确定责任人,可能是承租人本人,也可能是产品的生产者或是销售者、租赁物的出卖人。

(二)出租人的义务

1.不得擅自变更买卖合同中与承租人有关内容的义务

《合同法》第241条规定,出租人根据承租人对出卖人、租赁物的选择订立的买卖合同,未经承租人同意,出租人不得变更与承租人有关的合同内容。在融资租赁合同中,出租人须按承租人对出卖人、租赁物的选择,与出卖人订立买卖合同。由此该买卖合同是应承租人的要求签订的,卖方亦明确买卖合同的标的物是出租人购入用以租给承租人使用的。因此卖方应保证合同约定的规格、型号、功能、质量、性能等均符合承租人的使用目的。买卖合同一般是在出租人与承租人签订租赁合同之后才生效的。由此,买卖合同中的内容与承租人利益息息相关,否则融资租赁便失去了意义。故出租人须按承租人指示购买租赁物,并不得擅自变更买卖合同中与承租人有关内容的义务。

2.保证承租人占有使用租赁物的义务

《合同法》第245条规定,出租人应当保证承租人对租赁物的占有和使用。出租人作为融资租赁合同的当事人,有义务保证在租赁期间,承租人享有对租赁物的独占使用权。在融资租赁合同中,尽管承租人是通过出租人融通资金,但承租人订立融资租赁合同的根本目的是要取得租赁物的使用权。所以,承租人在接受出卖人交付的标的物后,在租赁期间,出租人应当保证承租人享有对租赁物的独占使用权,这是出租人所应承担的基本义务。并且承租人对租赁物的占有、使用权,不仅可以对抗出租人的所有权,而且可以对抗对租赁物享有其他物权者的权利。例如,在租赁期间出租人将租赁物转让他人的,遵循买卖不破租赁的规则,融资租赁合同对新所有权人继续有效,新所有权人无权收回租赁物。

二、承租人的权利与义务

(一)承租人的权利

1.对出卖人的直接索赔权

《合同法》第240条规定,出租人、出卖人、承租人可以约定,出卖人不履行买卖合同义务的,由承租人行使索赔的权利。承租人行使索赔权利的,出租人应当协助。

在融资租赁合同中,出租人与出卖人是买卖合同的当事人,尽管出卖人是直接向承租人交付标的物,但是出租人为买受人的合同地位并不因此受到影响。换言之,出卖人不履行买卖合同的义务,出租人以买受人的身份自应行使索赔的权利。但是,出租人参与融资租赁合同的目的不是通过买卖合同获利,更关注的是通过租赁物的获利,对买卖合同的履行情况不太关心。而真正与买卖合同关系密切的是承租人,买卖合同义务履行的状况直接关系到承租人自身的利益所在。为此,通过索赔权利让渡有利于承租人及时地保护自己的合法权益。出租人、出卖人、承租人在订立合同时,出租人将自己对出卖人享有的违约赔偿请求权径直转让给承租人,并且出租人还负有协助承租人行使索赔权的义务,包括提供相应的资料等。

2.价值返还请求权

《合同法》第 249 条规定:"当事人约定租赁期间届满租赁物归承租人所有,承租人已经支付大部分租金,但无力支付剩余租金,出租人因此解除合同收回租赁物的,收回的租赁物的价值超过承租人欠负的租金以及其他费用的,承租人可以要求部分返还。"即当承租人已经支付大部分租金,但无力支付剩余租金,出租人因此解除合同时,若租赁物的剩余价值加上承租人已交付的租金大于出租人的合理利益,出租人收回租赁物则构成不当得利,承租人享有价值返还请求权,返还数额为租赁物的剩余价值与承租人欠负租金及其他费用的差额。

(二)承租人的义务

1.支付租金的义务

融资租赁合同中的承租人和一般租赁合同中的承租人一样,基于对租赁物的使用收益都应依约向出租人支付租金。但融资租赁合同中的租金,和一般租赁合同中的租金在性质上有根本的区别。《合同法》第 243 条规定,融资租赁合同的租金,除当事人另有约定的以外,应当根据购买租赁物的大部分或者全部成本以及出租人的合理利润确定。也就是说,融资租赁合同中的租金并不仅仅是承租人使用租赁物的对价,而应相当于出租人购买租赁物支付的价金、本息及其他利益的分期付款,具有融资的性质。导读案例涉及的便是承租人支付租金义务的问题。

《合同法》第 248 条规定:"承租人应按照约定支付租金。承租人在经催告后在合理期限内仍不支付租金的,出租人可以要求支付全部租金;也可以解除合同,收回租赁物。"由于融资租赁合同中租金的特性,所以融资租赁合同对租金的支付方式、支付地点、支付时间、支付币种以及每期金额均有明确规定。当承租人违反租金支付义务时,出租人享有催告权,即通知承租人,并要求其在一定的合理期限内支付租金。如果在一定的合理期限内承租人未支付租金的,出租人有权采取下列救济措施:

(1)要求承租人支付全部租金。全部租金是指融资租赁合同中所规定的全部已经到期而承租人未支付的租金以及其他未到期的租金。一般情况下,每期租金支付期限到来之前,出租人无权请求承租人支付,因此出租人对于期限的到来享有期待利益。经出租人催告后承租人在合理期限内仍不能支付租金,出租人便很有可能丧失期待利益。法律为了保证出租人能收回所投的资金,也为了避免出租人损失进一步扩大,给予出租人支付全部租金的请求权。

(2)解除合同,收回租赁物。当承租人在经催告后在合理期限内仍不支付租金时,出租人还可选择行使合同解除权,收回租赁物。

2.妥善保管、使用、维修租赁物的义务

《合同法》第 247 条规定,承租人应当妥善保管、使用租赁物。承租人应当履行占有租赁物期间的维修义务。在融资租赁合同中,租金并非是继续使用的对价,而是融资的对价,出租人不负担租赁物的瑕疵担保义务,自然无须承担租赁物的维修义务。在租赁期间,承租人占有租赁物,租赁物对承租人有特定的用途,故对租赁物要妥善保管和使用。

三、出卖人的权利与义务

（一）出卖人的权利

出卖人的主要权利是向出租人收取货款。值得注意的是,此处的出卖人收取价金与一般的买卖合同有所不同,即其收取价款须以先向承租人交付标的物为前提,因为承租人若在出卖人向承租人交付标的物前就向出卖人交付了货款,如果标的物不符合承租人指示,融资租赁合同就会因目的落空而解除,这样将使出租人面临支付货款与违约赔偿的双重风险,故其收取价款须以先向承租人交付标的物为前提。

（二）出卖人的义务

1. 交付租赁物的义务

《合同法》第 239 条规定:"出租人根据承租人对出卖人、租赁物的选择订立的买卖合同,出卖人应该按照约定向承租人交付标的物,承租人享有与受领标的物有关的买受人的权利。"在买卖合同中,出卖人向买受人交付租赁物是其主要义务,在融资租赁合同中,由于承租人享有选择、验收租赁物的权利,并负担除支付价款以外的买受人的所有义务,承租人才是买卖合同的真正买受人,因而出卖人无须向买受人(出租人)交付,只需向承租人交付,出卖人向承租人履行租赁物交付义务还是其收取货款的前提。

2. 瑕疵担保义务

出卖人作为买卖合同的真正当事人,还须承担租赁物的瑕疵担保义务。

第三节　融资租赁合同的其他特别规定

一、租赁期间届满时租赁物的归属

融资租赁合同期间届满时,租赁物的归属一般发生继租、退租、留购三种情形。继租是指由出租人与承租人商定按照原合同条款或重新订立新合同,使承租人继续对租赁物使用收益。退租是在租赁期间届满时,承租人将租赁物按使用后的状态返还给出租人。留购是指承租人支付一定代价以取得租赁物的所有权。对于租赁期间届满租赁物的归属问题,《合同法》第 250 条规定:"出租人和承租人可以约定租赁期间届满租赁物的归属。对租赁物的归属没有约定或者约定不明确,依照本法第六十一条仍不能确定的,租赁物的所有权归出租人。"具体而言,本条的适用可分以下情形:

第一,根据合同自由原则,由融资租赁合同当事人约定租赁物的归属。合同当事人可以在订立合同时写明租赁物的归属条款,即可以约定租赁物在合同期限届满时归出租人,也可以约定在合同期限届满时归承租人所有。

第二,当事人没有约定租赁物的归属,或者根据约定难以确定的,可以事后协商,协商不成的,可以根据合同条款或是交易习惯来确定。

第三,无法达成事后补充协议,也无法通过根据合同条款或是交易习惯来确定的,租赁物的所有权归出租人所有。该种处理属于法律的强制性规定,只有在前面两种方法均无法确认租赁物归属的情况下才能适用。

二、融资租赁合同终止的原因

融资租赁合同可基于租赁期限的届满、合同的解除等原因终止。值得注意的是,因为融资租赁的出租人仅是向承租人提供资金,按照承租人的指示购买标的物,对承租人不负担瑕疵担保义务,因此在一般情况下,在租赁期间,承租人承担租赁物意外灭失的风险责任。若租赁物因不可归责于合同当事人的事由而发生毁损灭失时,承租人仍应支付租金,而不能免除或减少其支付租金的义务。也就是说,租金风险在当事人没有特别约定的情况下,也是由承租人负担的。

16 第十六章 承揽合同

⊙ 导读案例

甲、乙两厂自2009年4月3日开始发生纽扣加工业务,由甲厂为乙厂加工不同规格的纽扣。截至2011年8月26日,甲厂为乙厂加工纽扣共计加工费1677126.79元,并已向乙厂开具等额的增值税专用发票。后甲厂自2011年8月28日至2011年11月3日又为乙厂加工纽扣,共计加工费178111.90元。乙厂自2009年5月8日至2011年7月14日分四次共向甲厂支付加工费750000元,尚欠甲厂加工费1105238.69元。该款经甲厂催讨,仍未付款,于是甲厂向法院起诉。

审理法院认为:甲、乙两厂之间的加工承揽关系依法成立并有效。乙厂未及时支付加工费,应当依法承担相应的民事责任。甲厂要求乙厂支付加工费1105238.69元的诉讼请求,符合法律规定,本院予以支持。依照《中华人民共和国合同法》第263条及《中华人民共和国民事诉讼法》第130条之规定,判决如下:被告乙厂于本判决生效后十日内支付原告甲厂加工费1105238.69元。

⊙ 问题提出

1.什么是承揽合同?

2.承揽合同有哪些种类?

3.承揽合同的双方当事人的主要权利义务分别是什么?

4.承揽合同中的风险如何负担?

第一节 承揽合同概述

一、承揽合同的概念和特征

(一)承揽合同的概念

根据《合同法》第251条规定,承揽合同是指承揽人按照定作人的要求完成工作,交付工作成果,定作人给付报酬的合同。其中,按他人要求完成一定工作,并交付工作成果、收取酬金的一方,为承揽人;提出工作要求、按约定接受工作成果并给付酬金的一方,为定作人。承揽合同的内容包括承揽的标的、数量、质量、报酬、承揽方式、材料的提供、履行期限、验收标准和方法等条款(《合同法》第 252 条)。

(二)承揽合同的特征

承揽合同具有以下法律特征:

1.承揽合同以完成一定的工作为目的

承揽合同订立的目的是承揽人依照与定作人约定的标准和要求完成一定的工作,定作人取得承揽人完成的工作成果。承揽合同的这一特点使其与以提供劳务为目的的合同(如运输合同)有本质区别。虽然承揽人为了完成工作必须付出劳务,但是这仅仅是实现合同目的的手段,而不是合同目的本身。例如,(2005 年司考真题)甲公司经营空调买卖业务,并负责售后免费为客户安装。乙为专门从事空调安装服务的个体户。甲公司因安装人员不足,临时叫乙自备工具为其客户丙安装空调,并约定了报酬。乙在安装中因操作不慎坠楼身亡。甲公司与乙之间就是承揽合同法律关系。[①] 因此,承揽合同基本是作为的义务,承揽人完成工作的劳务体现在其完成的工作成果之中,其劳务只有与工作成果相合,才能满足定作人的需要。若承揽人虽付出劳务但无工作成果,则无权请求定作人给付报酬。

2.承揽合同的标的物具有特定性

承揽合同的标的物是承揽人完成并交付的工作成果,这既可以是体力劳动成果,也可以是脑力劳功成果;既可以是物,也可以是其他财产。在承揽合同中,定作人对承揽合同标的的材料、种类、规格、质量等都有特定要求,承揽人必须按照定作人的特定要求完成工作成果。这决定了承揽人所完成的工作成果不是一般的或普通的工作成果,而是具有特定性的工作成果,该成果不具有面向社会的属性,市场上无法买到或无法在需求期限内买到,只能由承揽人依定作人的要求通过自己的与众不同的劳动技能来完成。

3.承揽人完成工作的独立性

承揽合同的定作人需要的是具有特定性的标的物,因此定作人必定是根据设备状况、技术水平、劳力等条件来选择承揽人的,定作人注重的是特定承揽人的工作条件和技能。承揽人应当以自己的人力、设备和技术力量等条件,独立地完成主要工作。在一定条件下将其承揽的主要工作转移给第三人完成的,应当就该第三人完成的工作成果向定作人负责。

4.承揽合同是诺成合同、不要式合同、有偿合同、双务合同

承揽合同自当事人双方意思表示一致时即告成立,而不以当事人一方的实际交付为合同成立要件,故为诺成合同。当事人的意思表示不以采用书面形式或经过公证为必要,故为不要式合同。承揽合同在有效成立后,当事人双方均负有一定义务,且双方的义务互为对价关系,故为双务合同。承揽合同的定作人须为工作成果的取得支付报酬,任何一方从另一方取得利益均应支付对价,故为有偿合同。若当事人一方为另一方完成一定工作,另一方接受

[①] 　根据《关于审理人身损害赔偿案件适用法律若干问题的解释》第 9 条的规定,从事雇佣活动是指从事雇主授权或者指示范围内的生产经营活动或者其他劳务活动。雇员的行为超过授权范围,但其表现形式是履行职务或者与履行职务有内在联系的,也应认定为从事雇佣活动。承揽合同与雇佣合同的主要区别:承揽是以自己的设备、技术和劳力完成主要工作,并向定作人交付劳动成果;雇佣是指从事雇主授权或者指示范围内的生产经营活动或者其他劳务活动。真题中的乙属于以自己的设备、技术和劳力来完成甲公司客户丙的空调安装任务,具有承揽合同的属性。

该工作成果却不需给付报酬,则当事人之间的关系不属于承揽关系,而属于赠与或委托关系;若合同成立时未明示或默示地约定报酬,而嗣后接受工作成果一方任意给以报酬,则亦非承揽,此时应为两个无偿合同的并存。

二、承揽合同的种类

《合同法》第 251 条第 2 款规定:"承揽包括加工、定作、修理、复制、测试、检验等工作。"据此,承揽合同主要包括以下几种。

（一）加工合同

加工合同是承揽人以自己的技术力量将定作人提供的原材料或半成品加工制作为成品,定作人接受该成品并支付报酬的合同。其主要特点表现在两方面:一是定作人提供原材料或半成品,承揽人收取加工费;二是承揽人必须按照定作人的要求加工制作,不得随意变动。

（二）定作合同

定作合同是指承揽人根据定作人的要求,用自己材料和技术为定作人制作一定成品或半成品,定作人接受该成品或半成品并支付报酬的合同。它与加工合同的根本不同点在于,原材料是由承揽人提供的,而不是由定作人提供的。

（三）修理合同

修理合同是指承揽人为定作人修理已损坏的物品,由定作人为此支付报酬的合同。其特点是承揽人所修理的物品原本就是制成品,合同目的在于恢复或延续已损坏物品的使用价值,而加工合同和定作合同的目的是制造新的成品。在修理中需要更换的器件、配件,可以由定作人提供,也可以由承揽人提供。

（四）复制合同

复制合同是指承揽人按照定作人的要求,根据定作人提供的样品重新制作类似成品,定作人予以接受并支付报酬的合同,如对文稿的复印、对画稿的临摹等。签订复制合同应遵循与之有关的特别法律规定,如《著作权法》、《音像复制品管理条例》等。

（五）测试合同

测试合同是指承揽人按照定作人的要求,利用自己的技术和设备,为定作人完成某一特定项目的测试任务,定作人接受测试成果并支付报酬的合同。

（六）检验合同

检验合同是指承揽人以自己的技术和设备,为定作人提出的特定事物的性能、问题等进行检验,定作人接受检验成果并支付报酬的合同。例如,物品化学成分的检验等。

第二节　承揽合同的效力

一、承揽人的义务

根据我国《合同法》的规定，承揽人负有如下主要义务。

(一)以自己的设备、技术和劳力亲自完成主要工作的义务

根据《合同法》第253条的规定，承揽人应当以自己的设备、技术和劳力，完成主要工作，但当事人另有约定的除外。以自己的设备、技术和劳力亲自完成主要工作的义务是承揽人的首要义务，也是其获得酬金应付出的对价。之所以为首要义务是因为承揽合同的订立，基于定作人对承揽人特定的知识、技能的信赖，具有人身信任性质。合同义务的履行者直接关系到承揽合同目的的能否实现，也是定作人非常关心的事项。

《合同法》第253条规定："承揽人将其承揽的主要工作交由第三人完成的，应当就该第三人完成的工作成果向定作人负责；未经定作人同意的，定作人也可以解除合同。"第254条规定："承揽人可以将其承揽的辅助工作交由第三人完成。承揽人将其承揽的辅助工作交由第三人完成的，应当就该第三人完成的工作成果向定作人负责。"从这两条规定来看，承揽工作有主要工作和辅助工作之分，但是《合同法》并没有对主要工作和辅助工作加以明确界定。考虑到法律要求承揽人以自己的设备、技术和劳力完成主要工作，对主要工作的理解可分为两个方面：如果对定作物的技术要求不高，一般人均可以完成的，"主要工作"是指数量上的大部分；如果对定作物技术要求高的，"主要工作"是指有决定性作用的工作部分或者核心工作。反之则为"辅助工作"。

一般来说，承揽工作的主要部分直接与承揽人的设备、技术、能力相关，所以法律规定这一部分工作应当由承揽人亲自完成，至于主要工作以外的辅助工作，由于其对定作人所需的工作成果影响不大，因此法律规定承揽人可将其交由第三人完成。

承揽人将其承揽的主要工作交给第三人完成的，不论该行为是否得到了定作人的许可，承揽人均应就该第三人完成的工作成果向定作人负责。这是因为，虽然主要工作是由第三人完成的，但该第三人不是承揽合同的当事人，其与定作人之间不具有任何合同关系的约束，根据合同相对性规则，只能由承揽人向定作人负责。并且未经定作人同意的，定作人可以解除合同。例如，(2006年司考真题)育才中学委托利达服装厂加工500套校服，约定材料由服装厂采购，学校提供样品，取货时付款。为赶时间，利达服装厂私自委托恒发服装厂加工100套。育才中学按时前来取货，发现恒发服装厂加工的100套校服不符合样品的要求，遂拒绝付款。利达服装厂则拒绝交货。题中服装制作具有较强的技术性要求，利达服装厂私自委托恒发服装厂加工100套，从整个承揽工作来看已经属于主要工作。因此利达服装厂已经构成将其承揽的主要工作交由第三人完成的情形。利达服装厂应当就恒发服装厂加工的100套校服向育才中学负责。由于未经育才中学这一定作人同意，育才中学有权解除合同。

承揽人将辅助工作交由第三人完成，这是法律所允许的，但是定作人与第三人之间并没

有任何合同法律关系,而是承揽人与第三人之间成立一个新的承揽合同关系,传统民法中称为"次承揽"。承揽人与第三人之间的关系并不影响承揽人对定作人负担的义务,根据合同相对性规则,承揽人就第三人完成的工作成果向定作人负责。

(二)提供或接受材料的义务

承揽合同双方当事人既可约定由承揽人提供材料,也可约定由定作人提供材料。依合同约定的材料来源不同,承揽人的义务也有所不同。

《合同法》第255条规定,承揽人提供材料的,承揽人应当按照约定选用材料,并接受定作人检验。很多承揽合同都会约定由承揽人提供材料,这样的约定对定作人而言免去了亲自挑选、采购和提供材料的麻烦;对承揽人而言这样的包工包料所获得的利润空间会更大一些。合同约定由承揽人提供材料的,承揽人必须按照合同约定的数量、质量、规格、品种选用材料,不得以次充好,并且需经定作人检验表示同意后,才能开始制作等工作。如果承揽人隐瞒材料的缺陷或者使用不符合合同约定的材料而使其交付的工作成果质量不符合约定要求的,定作人有权要求承揽人承担修理、重作、减少报酬、赔偿损失等违约责任。

《合同法》第256条规定,定作人提供材料的,定作人应当按照约定提供材料。承揽人对定作人提供的材料,应当及时验收,发现不符合约定时,应当及时通知定作人更换、补齐或者采取其他补救措施。承揽人不得擅自更换定作人提供的材料,不得更换不需要修理的零部件。定作人提供材料,承揽人不负瑕疵担保义务,责任相对而言较轻。承揽人收到定作人提供的材料,有义务及时检验,一般"及时"应理解为应让定作人有合理时间采取补救措施。承揽人发现定作人提供的材料有问题并及时通知定作人后,如果定作人愿意以其所提供的材料进行工作,承揽人可以进行工作,双方等于修改了合同。如果当事人未对定作人提供的材料作出具体要求的,应视为定作人提供的材料符合约定。但是材料明显不具有一般的、通常标准的,承揽人应要求定作人予以确认。对于定作人提供的材料,承揽人不得随意更换,即便是承揽人用自己的更好的材料来替换定作人的材料,也是不允许的,除非承揽人要求的报酬仍然是原先约定的标准。此外,承揽人还应遵守善意行事的原则,不得私自更换不需要的零部件,借以收取较高的费用或者以次货更换好货谋取不正当利益。同时,承揽人对定作人提供的材料还负有妥善保管的义务,因其保管过失造成材料毁损灭失的风险,应承担赔偿责任。

(三)交付工作成果的义务

承揽人完成工作的,应当向定作人交付工作成果,并提交必要的技术资料和有关质量证明。定作人应当验收该工作成果(《合同法》第261条)。定作人订立承揽合同目的在于获得其所需之物,因此承揽人应按期将所完成的工作成果交付给定作人,同时,还须交付工作成果的附属物,例如必要的技术资料、有关的质量证明、配件、特殊的维护工作等。对于承揽人交付的工作成果,定作人有权检验其是否符合合同约定的各项要求。承揽人交付工作成果时,应当按照合同中约定的履行期限、履行地点和履行方式进行。如果交付迟延的,可以参照买卖合同中关于交付迟延的相关规定。根据迟延的后果,定作人可以要求减酬、赔偿损失或解除合同。

(四)对工作成果的瑕疵担保义务

根据《合同法》第262条规定,承揽人交付的工作成果不符合质量要求的,定作人可以要求承揽人承担修理、重作、减少报酬、赔偿损失等违约责任。由此可见,在承揽合同中,承揽人对工作成果的瑕疵担保,主要是指物的瑕疵担保义务,即承揽人必须保证其所交付的工作成果应符合合同约定的质量标准和要求。如此,承揽人所交付的标的物质量达不到合同规定的标准,即可认定该标的物有瑕疵。承揽人对工作成果的瑕疵担保义务可以参照买卖合同中卖方对出卖标的物的质量瑕疵担保义务的相关规定。

承揽人交付的工作成果如果属于明显瑕疵,当时即可发现的,定作人可即刻要求承揽人负担瑕疵担保责任;如果属于隐蔽瑕疵,短期内难以发现质量缺陷的工作成果,应当由双方当事人约定保证期限,保证期限内发生质量问题的,由承揽人负担责任。定作人未在规定的期限内就承揽人完成的工作成果主张瑕疵担保责任的,承揽人不再承担瑕疵担保责任。

定作物的质量不符合要求的,定作人可以要求承揽人修理、重作。承揽人未在指定的合理时间予以修理的,定作人可以自行修理,但费用可向承揽人求偿;如果定作人愿意按照现状使用交付的工作成果,未提出修理、重作,那就应该按质论价,适当减少承揽人的报酬。因承揽人交付的工作成果不符合质量要求,给定作人造成损失的,或者在承揽人进行修理或更换后,工作成果仍不能符合合同要求的,定作人有权按要求赔偿损失。如果工作成果给定作人的人身或是财产造成损害,此时便不再是承揽人违约责任,而是产品侵权责任。

(五)接受定作人监督检验的义务

承揽人在工作期间,应当接受定作人必要的监督检验。定作人不得因监督检验妨碍承揽人的正常工作。由于承揽合同的标的物是特别为定作人加工制作的,定作人有权监督检验承揽人的工作是否符合要求,承揽人有义务予以配合。接受定作人的监督检验可以减轻承揽人对完成的工作成果不符约定的责任。承揽人接受定作人的监督检验,应如实地向定作人反映工作情况,不得故意隐瞒工作中存在的问题,并应当接受定作人对工作所做的指示,改进自己的工作,以保证完成的工作成果满足定作人的要求。但是定作人进行监督检验时不得妨碍承揽人的正常工作。

(六)及时通知和保密的义务

承揽人对于定作人提供的原材料不符合约定的,或定作人提供的图纸、技术要求不合理的,应及时通知定作人。

承揽人应当按照定作人的要求保守秘密,未经定作人许可,不得留存复制品或者技术资料。承揽合同的人身性质使承揽人有机会接触定作人的某些不愿为人所知的秘密,对此,承揽人负有保守秘密不向他人泄露秘密的义务。在工作完成之后,承揽人还应将复制品及有关技术资料一并返还给定作人,不得留存,否则应赔偿定作人因被泄密而蒙受的损失。

二、定作人的义务

根据我国《合同法》的规定,承揽人负有如下主要义务。

(一)支付报酬的义务

根据《合同法》第263条的规定,定作人应当按照约定的期限支付报酬。对支付报酬的期限没有约定或者约定不明确,依照《合同法》第61条的规定仍不能确定的,定作人应当在承揽人交付工作成果时支付;工作成果部分交付的,定作人应当相应支付。支付报酬是定作人的基本义务，是定作人取得工作成果所付出的对价。定作人逾期不支付报酬的，应当承担违约责任，支付逾期利息。

(二)协助义务

根据《合同法》第259条的规定，承揽工作需要定作人协助的，定作人有协助的义务。只是承揽合同内容的不同，定作人的协助义务亦大小不同。一般而言，定作人的协助义务有及时提供图纸、技术要求资料、清理施工现场、答复等。这也是协作履行原则在承揽合同中的进一步表现。承揽工作的进行离不开定作人的协助，只有这样才能使承揽合同的履行顺利进行，最终实现合同订立的目的。

定作人不履行协助义务致使承揽工作不能完成的，承揽人可以催告定作人在合理期限内履行义务，并可以顺延履行期限；定作人逾期不履行的，承揽人可以解除合同。

(三)受领工作成果的义务

定作人受领工作成果的义务既包括定作人接受承揽人交付的工作成果，也包括在承揽人无须实际交付时定作人对承揽人所完成的工作成果的承认；既包括定作人接受承揽人交付的全部工作成果，也包括定作人接受承揽人交付的部分工作成果。定作人受领工作成果的义务是以承揽人完成的工作成果符合合同约定为前提。若承揽人完成的工作成果不符合合同约定的，定作人有权拒收。定作人无正当理由拒绝受领工作成果的，承揽人可请求其赔偿损失。定作人超过约定期限受领工作成果的，不仅需支付违约金和承揽人垫付的保管、保养费用，还需承担工作成果毁损、灭失的风险。

三、定作人的中途变更权

根据《合同法》第258条的规定，定作人可以中途变更承揽工作的要求，但由此造成的损失应承担赔偿责任。中途是指承揽人已经按照定作人的要求开始制作定作物但尚未完成的这段时间。在定作物制作开始之前定作人提出变更要求的，一般不会对承揽人造成什么损失。在定作物完成之后提出变更要求，对已经完成的定作物也不会产生影响。唯独在制作过程中定作人提出变更要求，会使承揽人为完成工作成果而投入的材料、智力、劳力等遭受影响或是损失。考虑到承揽合同是为定作人获取特定物而订立，现如今定作人提出变更，如果无视定作人的变更请求继续合同的履行，难免会使合同订立的目的发生偏移。为此法律认可了定作人的中途变更权，但是这种权利的行使以不影响承揽人利益为前提，承揽人一旦因此遭受到损失的，定作人负有赔偿责任。例如，(1998年律考真题)某宾馆与制衣厂订立了一份服装加工承揽合同，规定制衣厂为宾馆加工制作工作服500件，面料由宾馆提供。合同附则部分规定："合同经公证生效。"合同签订后，未办理公证手续，宾馆向制衣厂提供了60%的面料，制衣厂如约加工。由于宾馆资金紧张，宾馆提出变更合同，加工服装减为300件，并中止剩余服装所需面料的供应，制衣厂不同意。制衣厂完成300件服装的加工后，将服装送至宾馆，宾馆按60%的货款进行结算。制衣厂则要求宾馆继续履行合同和支付违约金。本题涉及承揽合同的成立、变更与解除问题。依《合同法》第36条、第37条的规定，法律、行政法规规定或者当事人约定采用书面形式订立合同，当事人未采用书面形式但一方已经履行主要义务，对方接受的，该合同成立。采用合同书形式订立合同，在签字或者盖章之前,当事人一方已经履行主要义务,对方接受的,该合同成立。本题中,某宾馆与制衣厂虽然约定,合同经公证生效,但宾馆向制衣厂提供了60%的面料,制衣厂如约加工,表明双方当事人通过履行方式使合同成立,由于承揽合同属于诺成性合同,该合同自成立之日起生效。此外,在承揽合同中,依据《合同法》第258条的规定,定作人中途变更承揽工作的要求,造成承揽人损失的,应当赔偿损失。由此可以推定,在承揽工作进行中,定作人享有变更合同的权利。承揽人不得请求定作人继续履行合同,只能请求定作人赔偿损失,这是由承揽合同的性质所决定的。所以本题中,承揽合同成立且生效,但是制衣厂只能请求宾馆支付违约金,而不能请求履行合同。

第三节　承揽合同中的风险负担和承揽合同的终止

一、承揽合同中的风险负担

承揽合同的风险负担,是指在承揽工作完成中,工作成果或原材料因不可归责于当事人任何一方的事由而毁损灭失,其损失由谁承担的问题。承揽合同中的风险负担主要有材料、工作成果、报酬的分线负担。

(一)材料的风险负担

材料由定作人或承揽人提供,因不可归责于双方当事人的原因而毁损灭失,此时的风险负担应该遵循民法上标的物毁损、灭失风险负担的一般规则,即由材料的所有人负担毁损灭失的风险,当事人另有约定的除外。

(二)工作成果的风险负担

工作成果的风险负担因承揽合同类型不同而异。如果承揽合同的工作成果须实际交付的,在工作成果交付前发生风险的,由承揽人负担;交付后发生风险的,由定作人负担。工作成果的毁损灭失发生在定作人受领迟延后的,则应由定作人承担该风险。

工作成果无须实际交付的,在工作完成前发生的风险由承揽人负担;在工作完成后发生的风险,则由定作人员负担。例如,维修房屋,在完成维修工作前房屋因意外风险毁损灭失的,承揽人负担风险;若在完成维修任务后房屋发生意外毁损灭失的,则由定作人负担风险。

(三)报酬的风险负担

定作人在承揽人完成工作成果时,自始就取得工作成果的所有权的,例如装修房屋,此时由于不可归责于当事人的原因导致已经完成的工作成果毁损灭失的,由于定作人已经取得了工作成果,报酬的风险应该由定作人来承担,也就是定作人应该支付报酬。

承揽人完成工作成果后,尚未向定作人交付工作成果时,定作物因不可归责于当事人的原因毁损灭失的,根据《合同法》第94条第1项的规定,由承揽人自己承担报酬的风险,也就是承揽人不得向定作人主张报酬的支付。除非当事人另有约定。

二、承揽合同的终止

承揽合同终止的原因很多,以下简单介绍因当事人行使合同解除权而终止的情形。

(一)定作人的任意解除权

定作人可以随时解除承揽合同,造成承揽人损失的,应当赔偿损失。定作人解除权的行使,应该在承揽人完成工作成果之前。

(二)承揽合同因当事人一方严重违约而解除

这种情况主要包括:①承揽人未经定作人同意将承揽合同的主要工作转由第三人完成的;②定作人未尽到协助义务,经承揽人通知仍不履行的。

此外,符合《合同法》第 94 条有关合同法定解除产生条件的规定时,当事人均可行使合同解除权,有损害存在的并可同时请求损害赔偿。

第十七章
建设工程合同

⊙ 导读案例

2009 年 9 月 22 日,原告李某借用睢县建设集团有限公司名义与被告开封万里鞋业有限公司签订了一份《建设工程施工合同》,由原告承建被告尚未完工的办公楼。合同约定为工程名称:万里鞋业有限公司办公楼。承包范围:土建安装、水电及附属工程(三层约 2000 平方米)。开工日期:2009 年 9 月 22 日。施工日期:2009 年 12 月 22 日。合同工期总日历数为 90 天。工程质量标准:合格工程。合同价款:560 元/m²(无下浮和让利,不含各种税费)。金额:约 115 万元。计算以实际建筑面积为准。工程款(进度款)支付的方式和时间:该办公楼主体封顶验收合格后付合同承包总价款的 95%。注:该工程款拨付时须扣除业主已完成基础部分的造价款 8 万元和已有业主前期剩余的黏土砖(0.27 元/块)按实际用量折款计算,折 48600 元,一并扣除。下余款项一次性付清。留余的 5% 作为质保金由甲方代存。合同还就其他事项进行了约定。合同签订后,原告及时筹集资金进行了工程建设。主体封顶后,原告李某、赵某及被告工程负责人孔某、王某对该主体工程进行了验收,签署了《主体工程通过认定书》,记载:"接到我厂办公楼主体工程完工报告后,在我厂及双方工程技术人员的引导下,即对该楼的结构和造型进行整体审核,局部查验。经过我方详细的商讨论证,一致认为可以通过并同意接收。"工程审验结束后,被告未按合同约定工程进度支付工程款,形成纠纷。在施工期间,原告分别于 2009 年 11 月 26 日向黄某支付工程前期的基础工程价款及剩余的黏土砖款 30000 元。此外,原告借用睢县建设集团有限公司名义与被告签订《建设工程施工合同》,该工程未经睢县建设集团有限公司备案,该公司未安排任何人员参与工程管理及技术指导,明确表示其不享有权利,不承担义务。该工程系原告李某垫资建筑,是该工程的实际出资人。

法院认为:一、关于原告诉讼主体资格问题。原告李某借用睢县建设集团有限公司名义与被告签订《建设工程施工合同》,并实际垫资承建了被告开封万里鞋业有限公司的办公楼工程。《最高人民法院关于审理建设工程合同纠纷案件的暂行意见》第 4 条规定:"施工人挂靠其他建筑施工企业,并以被挂靠建筑施工企业名义签订建设工程合同,而被挂靠建筑施工企业不愿起诉的,施工人可作为原告起诉,不必将被挂靠建筑施工企业列为共同被告。"根据上述法律规定,原告诉讼主体适格。被告辩称"原告诉讼主体资格不合法"的理由不成立。

二、关于原、被告签订的《建设工程施工合同》效力。原告李某借用他人名义与被告签订《建设工程施工合同》,违反《建筑法》及相关法律规定,为无效合同。导致合同无效的原因有两个方面:其一,《建筑法》明令禁止无建筑资质的单位或个人借用他人资质承接建筑工程的行为。《最高人民法院关于审理建设工程施工合同纠纷案件适用法律问题的解释》第一条规定:"建设工程施工合同具有下列情形之一的,应当根据合同法第五十二条第(五)项的规定,认定无效;……(二)没有资质的实际施工人借用有资质的建筑施工企业名义的。"依照上述法律规定,原告具有明显过错。其二,被告在与原告签订施工合同前,未能对原告是否具有建筑资质等基本情况进行必要的考察和了解,盲目与原告签订施工合同,亦具有一定过错。被告辩称"原告没有资质,借用资质,以欺骗手段与答辩人签订施工合同"的理由不成立。

三、该工程是否经过验收及工程质量、施工期限问题。经审理查明,该工程主体封顶后,原告李某及其工程技术人员赵某与被告工程负责人孔某、王某对该工程主体工程进行了验收,签署了《主体工程通过认定书》。该认定书确认,在被告及双方工程技术人员的引导下,对该楼的结构和造型进行整体审核,局部查验。经过被告详细的商讨论证,一致认为可以通过并同意接收。被告辩称"该工程超过施工期限,至今未竣工;该工程质量不合格"的理由,未提交相应证据证明答辩事实,与现有证据证明的事实不相吻合,本院不予采信。

四、关于原告请求是否应当支持。《最高人民法院关于审理建设工程施工合同纠纷案件适用法律问题的解释》第二条规定:"建设工程施工合同无效,但建设工程经竣工验收合格,承包人请求参照合同约定支付工程价款的,应予支持。"原告按照合同约定完成了该项工程的主体封顶任务,且已经过被告工程负责人及技术人员验收合格,被告应当按照合同约定向原告支付工程进度款。原告要求被告支付工程款的诉讼请求,本院予以支持。但请求不当部分本院不予支持。按照双方签订的《建设工程施工合同》约定,工程总价款为115万元,在主体封顶后付合同总价款的95%,即109.25万元。但合同还约定,该工程款拨付时须扣除业主已完成基础部分的造价款8万元和已有业主前期剩余的黏土砖(0.27元/块)按实际用量折款计算,折48600元,下余款项一次性付清。两项合计为128600元。原告于2009年11月26日先期支付给被告方人员黄某30000元,尚有98600元应当从被告应付原告工程款中予以扣除。原告要求判令被告支付延期付款利息的请求,符合法律规定,本院予以支持。被告未按合同约定向原告支付工程进度款。《合同法》第286条规定:"发包人未按照约定支付价款的,承包人可以催告发包人在合理期限内支付价款。发包人逾期不支付的,除按照建设工程的性质不宜折价、拍卖的以外,承包人可以与发包人协议将该工程折价,也可以申请人民法院将该工程依法拍卖。建设工程的价款就该工程折价或者拍卖的价款优先受偿。"原告请求对该工程享有优先受偿权,符合法律规定,本院予以支持。

综上,依照《中华人民共和国合同法》第279条、第286条,《中华人民共和国建筑法》第26条第2款,《最高人民法院关于审理建设工程施工合同纠纷案件适用法律问题的解释》第1条、第2条、第17条、第18条,《最高人民法院关于审理建设工程合同纠纷案件的暂行意见》第4条,《中华人民共和国民事诉讼法》第38条、第64条、第120条之规定,判决如下:

一、原、被告2009年9月22日签订的《建设工程施工合同》无效。

二、被告开封万里鞋业有限公司支付拖欠原告李某工程款993900元,并偿付延期付款利息(按中国人民银行规定的同期贷款利率计算,时间从原告起诉之日起至被告偿清欠款之日止)。于判决生效后十日内付清。未按本判决指定的期间履行给付金钱义务的,应当依照《中华人民共和国民事诉讼法》第229条之规定,加倍支付迟延履行期间的债务利息。

三、原告对该工程享有优先受偿权。

四、驳回原告的其他诉讼请求。

⊙ 问题提出

1.建设工程合同的概念和特点是什么？

2.建设工程合同的效力如何？

3.勘察设计合同当事人的责任为何？

4.建设施工合同当事人的责任为何？

第一节　建设工程合同概述

一、建设工程合同的概念和特点

(一)建设工程合同的概念

根据《合同法》第 269 条的规定,建设工程合同是指承包人进行工程建设,发包人支付价款的合同。建设工程合同包括工程勘察、设计、施工合同。其中,勘察、设计、施工单位方称为承包人,建设单位方称为发包人。《合同法》第 287 条规定:"本章没有规定的,适用承揽合同的有关规定。"因此建设工程合同本质上属于承揽合同的一种,但工程建设不同于一般的工作成果,有必要针对建设工程合同的特殊内容作出专门的规定,而与承揽合同内容相同的部分,则准用承揽合同的规定。

(二)建设工程合同的特点

建设工程合同与一般承揽合同相比较,具有以下特点:

第一,建设工程合同的标的仅限于工程建设。此类合同的标的仅限于基本建设工程项目,即主要作为基本建设工程的各类建筑物,地下设施、附属设施的建筑,以及对与其配套的线路、管道、设备进行的安装建设[①]。这些建设工程项目耗资大、履行期长,并且有较为严格的质量要求,对国家和社会均具有特殊的意义,因而建设工程合同才得以成为与承揽合同不同的合同类型。为完成不能构成基本建设工程的一般工程的建设项目而订立的合同,不是建设工程合同,大多数情况下属于承揽合同,例如农民为建住宅订立的合同[②]。

第二,合同主体应具备相应的条件。考虑到建设工程本身具有投资大、周期长、质量要求高等特点,自然人基本上被排除在建设工程合同承包人的主体之外,只有具备法定资质的单位才能成为建设工程合同的承包主体。《建筑法》第 12 条明确规定了从事建筑活动的建筑施工企业、勘察单位、设计单位和工程监理单位应具备的条件,并将其划分为不同的资质等级,只有取得相应等级的资质证书后,才可在其资质等级许可的范围内从事建筑活动。此

[①] 《中华人民共和国建筑法》第 2 条第 2 款规定:本法所称建筑活动,是指各类房屋建筑及其附属设施的建造和与其配套的线路、管道、设备的安装活动。

[②] 《中华人民共和国建筑法》第 83 条规定:省、自治区、直辖市人民政府确定的小型房屋建筑工程的建筑活动,参照本法执行。依法核定作为文物保护的纪念建筑物和古建筑等的修缮,依照文物保护的有关法律规定执行。抢险救灾及其他临时性房屋建筑和农民自建低层住宅的建筑活动,不适用本法。

外,对建筑从业人员也有相应的条件限制。这是法律的强制性规定,违反此规定的建设工程合同依法无效。但是对于超越资质等级许可业务范围的,则并不必然无效①。

第三,建设工程合同具有较强的国家干预性。由于建设工程项目一经投入使用,会对公共利益产生重大影响,因此国家对建设工程合同实施了较为严格的干预。立法上,除了合同法外还有大量的单行法律和法规,例如《建筑法》、《城市规划法》、《招标投标法》及大量的行政法规和规章,对建设工程合同的订立和履行诸环节进行规制。

第四,建设工程合同的要式性。即法律对建设工程合同的形式要件有特殊要求,此类合同应当采用书面形式(《合同法》第270条)。这既是国家对基本建设工程项目进行监督管理的需要,也是由建设工程合同履行的特点所决定的。对于未采用书面形式而订立的建设工程合同,应适用《合同法》第36条的规定,即当事人一方已经履行主要义务,对方接受的,该合同成立。

二、建设工程合同的订立

(一)建设工程合同订立的一般规定

建设工程的质量直接关系到广大人民群众的生命财产安全,因而我国法律对建设工程实行了多方位的控制与管理。根据《合同法》第273条的规定,国家重大建设工程合同,应当按照国家规定的程序和国家批准的投资计划、可行性研究报告等文件订立。这是因为一些大型的交通、水利、工厂、移民安置等建设都是由国家投资进行建设的,这些大型建设工程需要大量的资金,建设周期长,质量要求高,在确定工程的建设上和订立合同的程序上严格要求按照国家规定的程序和国家批准的投资计划、可行性研究报告等文件进行。

同时为了鼓励竞争,公平交易,确保建设工程的质量,提高投资效益,法律强制要求建设工程合同的订立必须以招标发包的方式进行,只有对不适于招标发包的建设工程,才可以采取直接发包的方式订立合同(《建筑法》第19条)。《中华人民共和国招标投标法》第3条对工程建设项目招标范围进行了规定,之后《工程建设项目招标范围和规模标准规定》对《中华人民共和国招标投标法》第3条的规定进一步予以细化。目前,建设工程合同适用招标投标的情形非常广泛,包括经济适用房在内的商业性住宅均属于招标投标的范围。

与此同时,《合同法》第271条明确规定建设工程的招标投标活动,应当依照有关法律的规定公开、公平、公正进行。公开是指招标投标活动中的各个程序都不应当加以隐瞒,不应由当事人之间秘密商定。例如,招标时要向建筑施工企业发出招标公告或是招标邀请书;开标、评标、定标活动要在招标投标办事机构的监督下,由招标单位主持进行等。公平是指招标人在确定投标人、评标和定标时要合情合理,不偏袒任何一方。应为所有投标人创造平等竞争的机会,例如,在信息披露方面做到真正公开,使投标人享有平等的知情权。投标人也应以正当的手段开展投标竞争,不允许任何人在招标、投标中享有特权。公正是指招标人在

---

① 最高人民法院《关于审理建设工程合同纠纷案件适用法律问题的解释》第1条规定:承包人未取得建筑企业资质或者超越资质等级的,或者没有资质的实际施工人借用有资质的建筑施工企业名义的,建设工程合同无效。第5条规定:承包人超越资质等级许可的业务范围签订建设施工合同,在建设工程竣工之前取得相应资质等级,当事人请求按照无效合同处理的,不予支持。

招标活动的全过程中要严格依照公开的招标条件和程序办事,严格按照既定的标准评标和定标,公平地对待每一投标人,以保证定标结果的公正性。

(二)建设工程合同的分包与转包

《合同法》第272条规定,发包人可以与总承包人订立建设工程合同,也可以分别与勘察人、设计人、施工人订立勘察、设计、施工承包合同。发包人不得将应当由一个承包人完成的建设工程肢解成若干部分发包给几个承包人。总承包人或者勘察、设计、施工承包人经发包人同意,可以将自己承包的部分工作交由第三人完成。第三人就其完成的工作成果与总承包人或者勘察、设计、施工承包人向发包人承担连带责任。承包人不得将其承包的全部建设工程转包给第三人或者将其承包的全部建设工程肢解以后以分包的名义分别转包给第三人。禁止承包人将工程分包给不具备相应资质条件的单位。禁止分包单位将其承包的工程再分包。建设工程主体结构的施工必须由承包人自行完成。据此可知建设工程总承包合同不同于建设工程分别承包合同,建设工程分包不同于建设工程转包。

建设工程总承包合同是指发包人与承包人就某项建设工程的全部勘察、设计、施工签订的合同,承包人就建设工程从勘察到施工的整个过程负责。此种合同中承担建设任务一方的当事人称为总承包人。建设工程分别承包合同是指发包人并不将整个工程项目承包给某一个方,而是分别与勘察人、设计人、施工人签订勘察、设计、施工承包合同,勘察人、设计人、施工人仅对自己负责的勘察、设计、施工任务对发包人负责。总承包合同和分别承包合同法律都是允许的,由当事人自行决定。但是如果建设工程是由一个承包人完成的,发包人不得将该工程肢解成若干部分予以发包。例如商业住宅的设计任务,就不能将其分解为若干部分分别发包给两个以上的设计人。

分包是指勘察人、设计人、施工人在经过发包人同意后,依法将其承包的工程建设任务的一部分交给第三人完成,从而与该第三人签订的合同。建设工程分包合同依附于总承包合同或者分项工程承包合同而存在,具有从属性,没有总承包合同或者分项工程承包合同,自无建设工程分包合同可言;总承包合同或者分项工程承包合同无效,建设工程分包合同也无效,但建设工程分包合同的成立与效力不影响总承包合同或者分项工程承包合同的效力。

转包,是指承包人将建设工程合同中的权利义务转让给第三人享有或者承担,退出与发包人的承包合同关系而与第三人订立的合同。建设工程合同的转包即为合同的转让,是合同的权利义务概括移转给受让人。合同一旦转让,转让人即退出原合同关系,不再享有原合同中的权利,也不再承担原合同中的义务,受让人取得原合同当事人的地位,成为原合同权利义务的主体,承受原合同的权利义务。由于转包是我国目前建设工程质量存在问题的重要原因,因此,我国法律禁止建设工程合同的转包。

按照我国《合同法》和《建筑法》的规定,承包人在与第三人订立分包合同时,除须符合合同生效的一般要件外,还应具备下列特别条件:

第一,工程分包须经过发包人的同意。发包人与承包人订立建设工程合同,表明发包人对承包人的资质水平、施工能力,以及承包人能够及时完成施工任务并确保工程质量的信任,因此,在承包人将工程分包给第三人时,须征得发包人的同意,是对发包人利益的妥善保护。

第二,被分包的工程只能是承包人所承包的部分工作。合同法吸收了建筑法的规定,禁止承包人将其承包的全部工程任务肢解以后以分包的名义分别转包给第三人。另外,在建设工程施工过程中,由于工程的主体结构是工作的重要部分,技术要求高、施工难度大,因而在总承包合同或者单纯的施工合同中,工程的主体结构的施工必须由承包人自行完成,不得分包。

第三,分包人必须具备相应的资质条件,且只能将工程分包一次。建设工程合同在主体因素上比其他合同受到更多的法律约束,这对分包合同中的分包人也不例外。承包人将工程分包给不具有相应资质的第三人,则该分包合同因违反法律的强行性规定而无效。而且为了确保工程的质量,接受部分建设工程的分包人只能自己完成分包的任务,不能再次将工程进行分包。

承包人在征得发包人同意后,将自己承包的部分工作分包给第三人时,发包人与分包人之间一般不发生直接的法律关系。但我国《合同法》明确规定,分包人就其完成的工作成果与总承包人或者勘察、设计、施工承包人向发包人承担连带责任。发包人既可以请求总承包人或者勘察、设计、施工承包人和分包人共同予以赔偿,也可以单独向总承包人或者勘察、设计、施工承包人请求赔偿,或者直接请求分包人进行赔偿。总承包人或者勘察、设计、施工承包人在承担赔偿责任后,有权根据分包合同的约定,对不属于自己的赔偿责任向分包人追偿。规定总承包人或者勘察、设计、施工承包人和分包人对发包人承担连带责任,有利于保证分包人正确适当地履行合同义务,促进建设工程的现场管理,同时还有助于强化对发包人利益的保护。

第二节　建设工程合同的一般效力

一、承包人的义务

(一)承包人的容忍义务

根据《合同法》第 277 条规定,发包人在不妨碍承包人正常作业的情况下,可以随时对作业进度、质量进行检查。此条规定的就是承包人的容忍义务,也就是说,承包人有接受发包人对建设工程的进度和质量进行必要的检查和监督的义务。建设工程承包合同签订后,建设工程的施工由承包人独立完成,在施工的过程中,发包人不得进行过多的干预。然而建设工程环节繁多,工程的进度和质量对发包人的影响很大,因此法律赋予发包人享有对工程的进度和质量的检查权。承包人有义务在工程的进度和质量方面接受发包人的监督,对发包人的检查,承包人应当予以支持和协助。为避免发包人滥用检查权,我国法律对发包人行使该权利作了必要的限制,即在发包人行使检查权影响到工程的正常作业时,承包人有权在说明理由的基础上加以拒绝。

(二)承包人的通知义务

《合同法》第 278 条规定,隐蔽工程在隐蔽以前,承包人应当通知发包人检查。发包人没有及时检查的,承包人可以顺延工程日期,并有权要求赔偿停工、窝工等损失。据此对于需要及时隐蔽的中间工程,承包人在工程被隐蔽之前,应及时通知发包人予以检查,以确保工程质量符合合同的约定或者法律的规定。承包人在履行通知义务后而发包人未及时检查时,承包人不得自行检查后将工程隐蔽,但可以顺延工程日期,并享有请求赔偿停工、窝工损失的权利。

二、发包人的义务

(一)发包人的协助义务

《合同法》第 283 条规定,发包人未按照约定的时间和要求提供原材料、设备、场地、资金、技术资料的,承包人可以顺延工程日期,并有权要求赔偿停工、窝工等损失。据此规定发包人的协助义务是指按照合同约定时间和要求提供原材料、设备、场地、资金、技术资料等。建设工程合同中,往往会对双方当事人的分工范围和要求作出明确的约定,合同当事人应该按照双方商定的分工范围和要求,及时提供原材料和设备。在工程开工之前接通现场的水源、电源和运输道路,拆迁现场内的民房和障碍物,清理好现场并提供约定的施工场地。保证资金供应,按时办理划拨和结算手续。组织有关单位对施工图等技术资料进行审定,并按照合同的期限与分数交付承包人。发包人没有按照约定的时间和要求提供原材料、设备、场地、资金、技术资料,从而造成承包人延期施工的,承包人有权相应顺延工期,并有权要求发包人赔偿停工、窝工等损失。此外,最高人民法院《关于审理建设工程合同纠纷案件适用法律问题的解释》(以下简称《建设工程施工合同解释》)第 9 条还规定发包人提供的主要建筑材料、建筑构配件和设备不符合强制性标准或者不履行合同约定的协助义务,致使承包人无法施工,且在催告的合理期限内仍未履行相应义务,承包人请求解除建设工程施工合同的,应予以支持。

(二)对工程的及时验收义务

建设工程竣工后,发包人应当按照国家有关规定和合同的约定,及时组织对建设工程的验收。只有经过验收程序,并且验收合格,才意味着承包人履行完毕全部的合同义务。对于发包人验收建设工程所需遵循的依据,《合同法》第 279 条规定了三项:

第一,施工图纸及说明书。施工图纸及说明书是建设工程承包合同的重要组成部分,是对承包人施工条款的具体化,其既是工程建设的重要依据,也是评定竣工工程是否合格的基本标准。在工程建设中,一般施工通常以已设计的图纸为指导,但在施工过程中,也会出现对设计图纸的有限修改,因此,在设计图纸与施工图纸不一致时,发包人验收时应以施工图纸为准。

第二,国家颁发的施工验收规范。目前,我国对工程验收的程序、方法等均有明文规定,如国务院颁布的《基本建设项目竣工验收暂行规定》、《工程施工及验收规定》等,这些规范发包人在工程验收时必须遵守。

第三,国家颁布的建设工程质量检验标准。例如,国务院颁布的《建筑安装工程质量评定标准》、《工程建设国家标准管理办法》、《建设工程质量管理办法》等。这些规定均是发包人对工程的质量进行验收的重要依据。

工程竣工后,承包人在交工前负责保管完成的工程并清理施工现场,按照合同约定和有关规定提出竣工验收的技术资料,通知发包人验收工程并办理工程竣工结算和参加竣工验收。发包人应在约定的期限内会同当地工程质量监督部门、承包人及其他有关单位一起进行检验。只有经过验收合格后,发包人才可以使用工程。

（三）支付价款并接受建设工程的义务

发包人对建设工程验收合格后，应当按照合同的约定支付价款，即在扣除一定的保证金后，将剩余的工程价款支付给承包人。同时发包人与承包人应当办理工程的移交手续，正式接收该项建设工程，对工程中的诸多风险，自接收之日起，由承包人转移给发包人。根据《合同法》第279条的规定，建设工程竣工经验收合格后，方可交付使用，未经验收或者验收不合格的，不得交付使用。

《建设工程施工合同解释》第2条规定：建设工程施工合同无效，但建设工程经竣工验收合格，承包人请求参照合同约定支付工程价款的，应予支持。第3条规定：建设工程施工合同无效，且建设工程经竣工验收不合格的，按照以下情形分别处理：修复后的建设工程经竣工验收合格，发包人请求承包人承担修复费用的，应予支持；修复后的建设工程经竣工验收不合格，承包人请求支付工程价款的，不予支持。因建设工程不合格造成的损失，发包人有过错的，也应承担相应的民事责任。

《建设工程施工合同解释》第18条规定：利息从应付工程价款之日计付。当事人对付款时间没有约定或者约定不明的，下列时间视为应付款时间：建设工程已实际交付的，为交付之日；建设工程没有交付的，为提交竣工结算文件之日；建设工程未交付，工程价款也未结算的，为当事人起诉之日。当事人对建设工程的计价标准或是计价方法有约定的按照约定。因设计变更导致建设工程的工程量或者质量标准发生变化，当事人对该部分工程价款不能协商一致的，可以参照签订建设工程施工合同时当地建设行政主管部门发布的计价方法或者计价标准结算工程价款。《建设工程施工合同解释》第22条规定：当事人约定按照固定价结算工程价款，一方当事人请求对建设工程造价进行鉴定的，不予支持。

《合同法》第286条规定：发包人未按照约定支付价款的，承包人可以催告发包人在合理期限内支付价款。发包人逾期不支付的，除按照建设工程的性质不宜折价、拍卖的以外，承包人可以与发包人协议将该工程折价，也可以申请人民法院将该工程依法拍卖。建设工程的价款就该工程折价或者拍卖的价款优先受偿。有关该条规定的权利究竟属于何种权利？根据最高人民法院《关于建设工程价款优先受偿权问题的批复》（法释〔2002〕16号）第1条的规定，此权利是法定优先权，并且建设工程承包人的这一优先受偿权优先于抵押权和其他债权。建设工程价款的范围根据该批复包括建设工程应当支付的工作人员报酬、材料款等实际支出的费用，不包括因发包人违约所造成的损失。另外，根据《建设工程施工合同解释》第6条第2款的规定，承包人的垫资在当事人未作其他约定时，按工程欠款处理。该法定优先权虽然优先于抵押权和其他债权，但是消费者交付购买商品房的全部或是大部分款项后，承包人就该商品房享有的工程价款优先受偿权不得对抗买受人。建设工程承包人行使优先权的期限为6个月，自建设工程竣工之日或者建设工程合同约定的竣工之日起计算。《建设工程施工合同解释》第14条规定，当事人对建设工程实际竣工日期有争议的，按照以下情形分别处理：建设工程经竣工验收合格的，以竣工验收合格之日为竣工日期；承包人已经提交竣工验收报告，发包人拖延验收的，以承包人提交验收报告之日为竣工日期；建设工程未经竣工验收，发包人擅自使用的，以转移占有建设工程之日为竣工日期。

第三节　建设勘察设计合同

一、勘察设计合同的概念和内容

勘察设计合同是勘察合同与设计合同的统称，是指建设工程的发包人或是承包人与勘察人、设计人之间订立的，由勘察人、设计人完成一定的勘察、设计任务，发包人或承包人支付勘察费、设计费的合同。根据《合同法》第 274 条的规定，勘察、设计合同的内容包括提交有关基础资料和文件（包括概预算）的期限、质量要求、费用以及其他协作条件等条款。

二、勘察设计合同双方当事人责任的承担

（一）发包人的责任

勘察设计合同中，发包人除了支付价款外，还应该按照合同约定提供开展勘察、设计工作所需要的基础资料、技术要求并对文件的时间、进度和资料的可靠性负责。同时发包人还应该按照合同约定提供必要的协作条件。在勘察设计人员进场工作时，发包人应当为其提供必要的工作和生活条件，以保证其正常开展工作。勘察设计合同一旦签订，发包人不能随意改变计划。根据《合同法》第 285 条的规定，因发包人变更计划，提供的资料不准确，或者未按照期限提供必需的勘察、设计工作条件而造成勘察、设计的返工、停工或者修改设计，发包人应当按照勘察人、设计人实际消耗的工作量增付费用。

（二）勘察人、设计人的责任

在勘察设计合同中，勘察人、设计人最为重要的义务就是按照合同约定的勘察、设计的质量要求和期限要求完成并提交工作成果。勘察人应当按照国家规定的和合同约定的标准和技术条件进行工程测量、工程地质、水文地质等方面的勘察工作。设计人应当按照合同约定，根据发包人提供的文件和资料进行设计工作。勘察人、设计人应当按照合同约定的进度完成勘察、设计任务，并在约定的期限内将勘察成果、设计图纸及其说明和材料设备清单、概算等设计成果按照约定方式交付发包人。根据《合同法》第 280 条的规定，勘察、设计的质量不符合要求或者未按照期限提交勘察、设计文件拖延工期给发包人造成损失的，勘察人、设计人应当继续完善勘察、设计，减收或者免收勘察、设计费并赔偿损失。

第四节　建设施工合同

一、建设施工合同的概念和内容

建设施工合同是指发包人与承包人为完成商定的施工工程，明确相互权利、义务的协

议。承包人完成发包人交给的施工任务的,发包人应该按照合同约定支付工程价款。《合同法》第275条规定:施工合同的内容包括工程范围、建设工期、中间交工工程的开工和竣工时间、工程质量、工程造价、技术资料交付时间、材料和设备供应责任、拨款和结算、竣工验收、质量保修范围和质量保证期、双方相互协作等条款。其中,工程质量的条款非常重要。自1983年以来,国家有关部门先后颁布了多项建设工程质量管理和监督的法规和部门规章,主要有《建设工程质量责任暂行规定》、《建筑工程质量监督条例》、《建筑工程质量监督管理规定》、《中华人民共和国标准化法》、《技术工程质量监督管理规定》等。同是《合同法》第282条规定:因承包人的原因致使建设工程在合理使用期限内造成人身和财产损害的,承包人应当承担损害赔偿责任。

二、施工人的责任

根据《合同法》第281条的规定,因施工人的原因致使建设工程质量不符合约定的,发包人有权要求施工人在合理期限内无偿修理或者返工、改建。经过修理或者返工、改建后,造成逾期交付的,施工人应当承担违约责任。保证建设工程质量符合合同的约定,是施工合同中施工人的基本义务。如果因施工人的原因造成建设工程质量不符合约定,施工人应当承担违约责任。建设工程质量不符合约定的原因是因为不可抗力或是发包人的原因造成的,施工人不需要承担违约责任。施工人承担违约责任的方式是在合理期限内无偿修理或者返工、改建。所谓合理期限,是指根据工程质量不符合约定的具体情形,以及根据国家有关规定确定的工期和相关合同文件约定的内容,施工人进行无偿修理或者返工、改建所需要的时间。施工人的修理、返工或是改建均应该是无偿的,不能向发包人主张相应价款的支付。施工人因修理、返工、改建会拖压工期,如此一来施工人就会超出合同约定的期限交付工作成果,而逾期交付是由于施工人的责任造成的,因此施工人还应当承担逾期交付的违约责任。至于逾期交付的违约责任,可根据合同当事人的约定。如果当事人有约定逾期违约金的,则施工人应当支付违约金;如果当事人之间约定赔偿金的,则施工人应当支付赔偿金。

18 第十八章

运输合同

⊙ **案例导读**

2009 年 4 月 4 日,冯某委托一名员工周某到安快公司托运货物,安快公司接收了货物,在运输合同上载明:发货人冯某,收货人温某,货物名称配件,件数 5 件,纸包装,运费 60 元,工本费 2 元,到站东胜;运输合同中提示:托运人务请阅读合同正反面使用须知,如认为有加重自己责任或超出自己权利的,双方可以重新约定,如无异议,请签字。合同背面的合同条款中的货物保价与赔付部分规定:托运人自愿保价,托运人货物未保价,货物毁损、灭失,包括但不限于毁坏、被盗、被抢、雨淋、冻损、火灾、冒领、丢失、交通事故,赔偿金额不超过货物损毁或灭失部分运费的两倍;托运人必须提供货物原始发票,否则不予赔偿。托运人选择了不保价,周某在运输合同上的托运人签字处签字。安快公司将货物发运后,收货人未收到货物。之后,冯某与安快公司就赔偿问题未能达成一致,起诉至当地法院。

法院经审理查明,认为冯某与安快公司签订的货物运输合同,未违反国家有关法律、行政法规的强制性规定,是双方真实意思表示,应属有效民事合同,双方应依约定履行。承运人应将承运的货物安全、完好地交付收货人,安快公司未将承运的货物交付给收货人的行为属于违约,应当承担相应的民事责任。《中华人民共和国合同法》中明确规定,货物的损毁、灭失的赔偿额,当事人有约定的,按照其约定。冯某与安快公司在合同中约定:托运人自愿保价,托运人货物未保价,货物毁损、灭失,包括但不限于毁坏、被盗、被抢、雨淋、冻损、火灾、冒领、丢失、交通事故,赔偿金额不超过货物损毁或灭失部分运费的两倍。冯某在托运货物时,既未选择保价运输,亦未声明货物的价值。对于温某的证明,安快公司不予认可,故本院不予采信。因此货物损失的赔偿金额应以合同约定的运费的两倍为限,双方约定的运费金额为 60 元,故赔偿金额应为 120 元。冯某诉讼请求中的合法部分,本院予以支持;其余部分,没有法律及合同依据,本院不予支持。依照《中华人民共和国合同法》第 107 条、第 311 条、第 312 条的规定,判决如下:

一、北京安快物流发展有限公司于本判决生效之日起十日内赔偿冯某货物损失 120 元。

二、驳回冯某的其他诉讼请求。

⊙ **问题提出**

1.运输合同的概念和特点是什么?

2.客运合同有何特点?

3.客运合同效力如何?

4.货运合同效力如何？

5.多式联运合同的效力有何特殊性？

第一节 运输合同概述

一、运输合同的概念和特征

（一）运输合同的概念

根据《合同法》第 288 条的规定,运输合同是指承运人将旅客或者货物从起运地点运输到约定地点,旅客、托运人或者收货人支付票款或者运输费用的合同。在运输合同中,经营运输业务,承担运送旅客及其行李或货物的一方为承运人或运送人,与承运人订立运输合同的一方为旅客或托运人,承运人运输的货物称为运送物。运输合同的标的是运送行为,非为物品或是旅客,因承运人必须实施的是将旅客或是物品从一定场所运送到另一指定场所的行为。运送必须借助一定运输工具实施,例如汽车、火车、飞机等,如果仅仅是以人力搬运货物或人身的,属于承揽合同或是雇佣合同。

（二）运输合同的特征

运输合同具有以下法律特征：

1.运输合同为双务有偿合同

根据《合同法》第 290 条、第 291 条、第 292 条的规定[①],承运人负有将旅客、货物安全运送至目的地的义务,旅客、托运人或收货人有支付票款或运费的义务。可见,双方的义务互为条件且具有牵连性,即具有对价性,因此运输合同为双务合同。承运人从事运输业务,目的在于收取运费或票款以获得利润,旅客或托运人、收货人有向承运人付款的义务,因此运输合同为有偿合同。

2.运输合同一般为诺成合同

虽然《合同法》并没有对运输合同的诺成性或是实践性作出明确规定,但是依据《合同法》的相关原理,合同的诺成性为常态,实践性为特殊形态。作为特殊形态的实践性理应由法律作出特别的规定。有关运输合同《合同法》没有作出特殊规定,由此推论运输合同为诺成性合同,当然当事人另有约定或是另有交易习惯的除外。如果其他的法律、法规另有规定的,遵循其规定。

3.运输合同一般为格式合同

在运输合同中,承运人往往是专门从事运输营业的人,为便于订立合同,简化手续,承运人通常会事先拟制好相关的合同文本,客票、货运单、提单经统一印制,运费也是统一规定

---

① 《合同法》第二百九十条 承运人应当在约定期间或者合理期间内将旅客、货物安全运到约定地点。

第二百九十一条 承运人应当按照约定的或者通常的运输路线将旅客、货物运到约定地点。

第二百九十二条 旅客、托运人或者收货人应当支付票款或者运输费用。承运人未按照约定路线或者通常路线运输增加票款或者运输费用的,旅客、托运人或者收货人可以拒绝支付增加部分的票款或者运输费用。

的。托运人、旅客只有是否与承运人订立运输合同的自由,没有与承运人协商合同条款的自由,因此运输合同一般为格式合同。

4.运输合同的承运人依法负有强制缔约义务

《合同法》第289条规定,从事公共运输的承运人不得拒绝旅客、托运人通常、合理的运输要求。该规定即为承运人的强制缔约义务,但是这一强制缔约义务仅仅适用于从事公共运输的承运人,非公共运输承运人不负有该义务。公共运输是指针对不特定的社会公众,包括民航、铁路、公路、水运等交通方式。由于公共运输涉及社会生活,人民群众与其不可分离,而且公共运输在我国一直是垄断性行业,如果从事公共运输的承运人拒绝与托运人、旅客订约,则会极大影响旅客、托运人实现其目的的机会,因此有必要对从事这一行业的承运人加以限制。只是这种对承运人的限制以通常、合理的运输要求为前提。所谓通常、合理的运输要求,是指既符合法律保护当事人利益的宗旨,符合行业惯例,同时又是承运人能够实现得了的。具体判断应该结合运输范围、运输路线、运输区域等情况加以综合确定。

二、运输合同的种类

运输合同在现实生活中使用频率极高,种类甚多。从不同的角度出发,可以对运输合同作不同的分类。在社会实践中,运输合同主要是以下几种分类。

(一)依据运输对象所作的分类

依据运输合同的运输对象,运输合同可以分为旅客运输合同和货物运输合同。《合同法》将其称为客运合同与货运合同。客运合同是指承运人与旅客签订的,承运人将旅客及其行李安全运送到目的地,旅客为此支付费用的协议。货物合同是指承运人将托运人交付的货物运送到指定地点,托运人支付运费的协议。

(二)依据运输工具所作的分类

依据运输合同的运输工具,运输合同可以分为铁路运输合同、公路运输合同、水路运输合同、航空运输合同、海上运输合同、管道运输合同等。我国的《铁路法》、《海商法》、《民用航空法》等法律分别对铁路运输合同、海上运输合同、航空运输合同等作出了规定。根据我国《合同法》第123条规定的精神,当其他法律另有规定的时候,依照其规定,其他法律没有规定的时候,适用《合同法》关于运输合同的规定。

(三)依据运输方式所作的分类

依据运输合同的运输方式,运输合同可以分为单式运输合同和多式联运合同。单式运输合同是以一种运输工具进行运送的运输合同;多式联运合同是用两种或两种以上的运送工具进行运送的运输合同。

(四)依据运输区域所作的分类

依据运输合同的运输区域,运输合同可以分为国内运输合同与国际运输合同。国内运输合同的起运点和到达点均在中国境内;国际运输合同的起运点和到达点在不同国家境内。由于国际运输合同涉及不同国家,因而在法律适用上与国内运输合同有所不同。

第二节 客运合同

一、客运合同的概念和特征

(一)客运合同的概念

客运合同是旅客运输合同的简称,是指承运人将旅客及行李运送至约定地点,旅客支付票款的合同。

(二)客运合同的特征

客运合同为运输合同的一种,自然具有运输合同的一般特征,但是客运合同又具有自身特点。

1.旅客既是合同当事人,又是运送对象

客运合同的标的是运送旅客及其行李的运送行为,因此在客运合同中,旅客就有了双重身份,一是客运合同订立的当事人,二是客运合同运送的对象。

2.客运合同采用票证形式

客运合同属于格式合同,其表现形式为客票,例如火车票、汽车票、飞机票、船票等。客票既是客运合同的书面形式,又是旅客要求承运人运送的凭证。但是客票本身并不是客运合同,仅仅是客运合同订立的证明。

3.客运合同的内容包括行李运送的内容

客运合同的运送对象不仅仅是旅客,通常情况下也包括旅客所携带的行李,但是旅客所携带的行李并不单独构成一个客运合同,而是附属于客运合同的一个组成部分。旅客携带的行李不能超过承运人所规定的限量,否则应办理托运手续或是另交相关费用。

4.客运合同是旅客不得自行解除的合同

合同成立后,一般情况下任何一方不得擅自解除。但是,客运合同在成立后、生效前,旅客可以任意解除合同。这是因为针对承运人的运送行为,旅客没有必须接受的义务,旅客有权予以选择,不能强行要求之。只是旅客解除合同应该在承运人规定的时限内,并且还需要支付一定的费用。

二、客运合同的成立与生效

(一)客运合同的成立

根据《合同法》第 293 条的规定,客运合同自承运人向旅客交付客票时成立,但当事人另有约定或者另有交易习惯的除外。由此可知,客运合同的成立一为交付客票,二为当事人的特别约定或是交易习惯。例如,在先购票后上车的情况下,旅客向承运人提出时间、座别、目的地等要求,并付给相应的承运费用即构成有效要约,承运人售给旅客合其要求的客票即为承诺,客运合同成立之时为交付客票的时间。又如:出租车运输中,客票的交付往往是在到达目的地后,因此交易习惯确定该类客运合同的成立以旅客上出租车为准。

但是需要说明的是,客票本身并不是客运合同,仅仅是客运合同的证明凭据。客票的存在表明承运人收到了旅客交付的费用,其负有运送持票旅客的义务,其确认了运送合同双方当事人基本的权利义务。同时,客票还是一种有价证券,如果为记名有价证券的,例如飞机票、动车火车票等,旅客买票之后不得以任何方式擅自转让他人,否则转让行为无效。如果为无记名有价证券,例如汽车票、船票等,旅客买票后在剪票前可以自由转让该客票,转让行为有效,受让人可以持票主张承运人运送行为的履行,承运人无权查问其来源。

(二)客运合同的生效

客运合同何时生效,我国《合同法》未作规定,理论界有不同的观点,通说认为,客运合同自检票时起生效。[①] 在检票之前,旅客并没有要求承运人提供运输服务的权利,承运人也没有为旅客提供运输服务的义务,双方的权利义务处于期待状态。因此,客运合同自检票时生效。

三、客运合同的效力

客运合同的效力是指客运合同依法成立后发生的法律后果,表现为旅客、承运人双方的权利和义务。

(一)旅客的主要义务

根据《合同法》及其他相关法律、法规的规定,客运合同中的旅客负有如下主要义务:

1.支付票款和托运行李的运杂费

旅客的这一义务一般是在订立客运合同时就履行完毕。旅客无票乘运、超程乘运、越级乘运或持有无效客票乘运的,应当补交票款。对此,《合同法》第294条规定:"旅客应当持有效客票乘运。旅客无票乘运、超程乘运、越级乘运或者持失效客票乘运的,应当补交票款,承运人可以按照规定加收票款。旅客不交付票款的,承运人可以拒绝运输。"客运合同作为双务有偿合同,承运人实施运送行为以旅客支付票款为对价。支付票款是旅客必须履行的义务,无票乘运、超程乘运、越级乘运或持有无效客票乘运的,均属于未履行该义务。超程乘运是指超过票面所规定的区域空间乘运。越级乘运是指超越票面规定的级别乘运,例如持有硬座车票的人乘坐软卧等。无效客票是指应经使用过或已过使用期的客票。无论属于前述的哪种情形,旅客均应按其所应履行的义务补交票款。由于旅客不支付票款,承运人按照双务合同的抗辩权,有权拒绝履行其运送义务,有权拒绝运输。

2.按规定携带行李和儿童

根据我国《合同法》第296条的规定,旅客在运输中应当按照约定的限量携带行李。超过限量携带行李的,应当办理托运手续。据此规定,旅客在乘坐运送设备过程中,有权免费携带一定重量的行李或是包裹,免费或是半价携带一名儿童。约定的限量取决于旅客与承运人之间的约定,铁道部、民航局、交通部对限量均有不同的规定。免费运送的物品,除应当考虑物品种类外,还应该考虑物品的范围。超出限量的,旅客应当办理托运手续。此处的托运不同于货物运输中的托运,此处的托运是依附于客运合同的,与旅客相联系,旅客到达目

---

① 郭明瑞、王轶:《合同法新论·分则》,中国政法大学出版社1998年版,第259页。

的地后即应返还其行李或是包裹。

3.不得携带危险物品及其他违禁品

根据我国《合同法》第297条的规定,旅客不得随身携带或在行李中夹带易燃、易爆、有毒、有腐蚀性、有放射性以及可能危及运输工具上人身和财产安全的危险物品或者其他违禁物品。旅客违反此义务的,承运人可以将违禁物品卸下、销毁或者送交有关部门。旅客坚持携带或者夹带违禁物品的,承运人应当拒绝运输。该义务属于强行性规定,不仅在《合同法》,还在《铁路法》、《民用航空法》等法律法规中均有规定,旅客不能违反。违禁品是指危险品和禁运品。危险品是指易燃、易爆、有毒、有腐蚀性、有放射性等一切可能危及运输工具上人身和财产安全的危险物品。危险品的品名由不同承运人的主管部门加以规定。禁运品是指不能运输或不能采取通常手段运输的物品,具体种类是由法律、行政法规规定的。旅客违反该义务,承运人可视违禁品的性质及有关规定,选择卸下、销毁或送交有关部门等方式。如果旅客坚持携带的,考虑到该义务的强行性,考虑到运输涉及公共安全,承运人有权拒绝承运。

4.服从承运人的指挥不得损坏承运人的运送工具和有关设施

在运输过程中,旅客应当服从承运人的指挥,尤其是发生意外事件时,旅客应该按照承运人的安排进行避险或是抢救。旅客有权使用承运人的运送工具及其相关设施,但是不得加以损坏,因旅客一方的过错而损坏运送设施的,旅客应向承运人承担赔偿责任。

(二)承运人的主要义务

根据《合同法》及其他相关法律、法规的规定,客运合同中的旅客负有如下主要义务:

1.按照约定完成旅客的运送

在客运合同中,承运人应当按照约定的时间、班次、路线等完成运送旅客的义务。《合同法》第299条规定:"承运人应当按照客票载明的时间和班次运输旅客。承运人迟延运输的,应当根据旅客的要求安排改乘其他班次或者退票。"同时承运人应当按照约定的运输工具完成旅客的运送,根据《合同法》第300条的规定,承运人擅自变更运输工具而降低服务标准的,应当根据旅客的要求退票或者减收票款;提高服务标准的,不应当加收票款。

2.告知义务

《合同法》第298条规定:"承运人应当向旅客及时告知有关不能正常运输的重要事由和安全运输应当注意的事项。"据此,在承运人运送旅客过程中,为了确保旅客的人身和财产安全,也为了确保能按照约定到达目的地,承运人必须告知旅客一些重要事项,例如安全运输注意事项、运输工具上的预防意外情况设备、意外事故发生的处理措施等。如遇足以影响正常运输的事由,无法按照约定的时间、班次、路线等进行运输时,承运人应该予以及时告知,以便旅客做出相应的处理从而尽可能地避免或是减轻旅客的损失。

3.救助义务

《合同法》第301条规定:"承运人在运输过程中,应当尽力救助患有急病、分娩、遇险的旅客。"在运输途中,不论是因为旅客自身的原因或是自身外的原因造成旅客生命、健康面临危险的,承运人都应该尽最大的努力,采取一切必要的手段去救助。如果承运人违反了该义务,旅客或其家属有权要求赔偿损失。

4.保证旅客人身安全的义务

安全运送旅客至目的地是承运人负担的最主要的义务。根据《合同法》第302条的规定,承运人应当对运输过程中旅客的伤亡承担损害赔偿责任,但伤亡是旅客自身健康原因造成的或者承运人证明伤亡是旅客故意、重大过失造成的除外。该规定适用于按照规定免票、持优待票或者经承运人许可搭乘的无票旅客。据此规定,承运人对旅客在运输过程中的负伤或是死亡承担的是无过错责任而不是过错责任。承运人的主要义务就是将旅客安全运送到目的地,其间自然包括应保证在运输途中旅客免遭各种损害。这样的法律要求在《铁路法》等法律中也有规定,例如,《铁路法》第 58 条规定,因铁路行车事故或其他铁路运营事故造成人身伤亡的,铁路运输企业应承担赔偿责任,如果人身伤亡是因不可抗力或受害人自身原因造成的,铁路运输企业不承担赔偿责任。承运人不仅对持票乘运的旅客的人身安全负责,而且对经其许可搭乘的无票旅客的安全也应负责。旅客在运输途中伤亡的,对承运人享有损害赔偿请求权,旅客死亡时由其继承人承受。

5.妥善保管旅客行李的义务

行李,是指旅客旅行所携带的物品,不限于必需品以及使用品。在运输过程中,行李损毁灭失的,承运人应承担损害赔偿责任。但是,因行李是托运还是旅客自带有所不同,承运人的责任也不相同。《合同法》第 303 条规定:"在运输过程中旅客自带物品毁损、灭失,承运人有过错的,应当承担损害赔偿责任。旅客托运的行李毁损、灭失的,适用货物运输的有关规定。"

第三节　货运合同

一、货运合同的概念和特征

(一)货运合同的概念

货运合同是指承运人将托运人交付运送的货物从起运点运送到约定地点,托运人或收货人支付运费的合同。货运合同不同于客运合同之处在于运送对象是货物而非旅客。

(二)货运合同的特征

货运合同以运送货物为合同设立目的,除具有运输合同的一般特征外,还具有以下自己的法律特征:

1.货运合同大多数是为第三人利益订立的合同

托运人与承运人为货运合同的当事人,托运人既可为自己的利益托运货物,也可为第三人利益托运货物。托运人为自己利益托运货物时自己为收货人,托运人为第三人利益托运货物时第三人为收货人。当托运人与收货人不一致时,收货人虽然不是合同当事人,但是却与合同有着利害关系,享受合同的权利,此时的合同就是典型的为第三人利益订立的合同。收货人虽非合同当事人,却享有直接请求承运人交付货物的权利。

2.货运合同以将货物交付给收货人为履行终点

在客运合同中,承运人将旅客送到目的地合同义务就履行完毕了。而在货运合同中,承运人将货物运送到目的地,其义务并未履行完结,只有将运送的货物交付给收货人,其义务才算是履行完毕。

二、货运合同的效力

(一)托运人的义务

根据我国《合同法》的规定,托运人负有以下主要义务:

1.支付运费及相关费用的义务

《合同法》第 315 条规定:"托运人或者收货人不支付运费、保管费以及其他运输费用的,承运人对相应的运输货物享有留置权,但当事人另有约定的除外。"支付运费是承运人运送义务的对价,也是承运人完成运送义务的目的所在。相关费用是指除运费外,在运送过程中承运人因实际需要而支出的必要费用,例如保管费、垫付的关税等。托运人不支付运费及相关费用的,承运人的利益无法得到保障,因此法律赋予承运人留置权。如果在运输过程中因不可抗力导致货物毁损灭失的,承运人不能主张运费;已经收取的应该予以返还。

2.申报义务

根据《合同法》第 304 条的规定,托运人办理货物运输,应当向承运人准确表明收货人的名称或姓名或者凭指示的收货人,货物的名称、性质、重量、数量、收货地点等有关货物运输的必要情况。因托运人申报不实或者遗漏重要情况造成损失的,托运人应当承担损害赔偿责任。如实申报有关货物运输情况是承运人履行安全地将货物运送到目的地并交付给收货人之义务的前提。托运人不如实申报货物的相关状况,使承运人对货物情况一无所知,会极大地影响承运人运送义务的履行。如果托运人申报不实或是遗漏重要情况,属于对申报义务的违反,由此造成承运人损失的,应负赔偿责任。

3.办理审批、检验手续的义务

《合同法》第 305 条规定:"货物需要办理审批、检验手续的,托运人应当将办理完有关手续的文件提交承运人。"提交相关手续文件的义务与如实申报的义务一样均是为了保证货物能得到安全、妥当的运输。在承运人尚未准备完毕之前,运送义务很难开始履行。办理审批、检验手续属于履行的准备范畴。由于有些货物的运输受到特定程序的限制,因此完成该特定程序是托运人应尽的义务。托运人因自身的过错导致所交的文件欠缺或是不齐全,托运人应对此负责。办理审批、检验手续为货物运送的必要条件时,托运人未能及时提交的,承运人有权催促托运人在合理期限内提交,超过合理期限仍未提交的,承运人可以根据《合同法》第 97 条的规定,主张货运合同解除。

4.按照约定方式包装货物的义务

货物的包装是否符合运输要求,影响到货物的装卸,直接关系到货物的安全运送,一旦因包装问题发生损失,责任重大,因此包装在货运合同中十分重要。根据《合同法》第 306 条的规定,托运人应当按照约定的方式包装货物。对包装方式没有约定或者约定不明确的,可以协议补充;不能达成补充协议的,按照合同有关条款或者交易习惯确定。仍不能确定的,应当按照通用的方式包装,没有通用方式的,应当采取足以保护标的物的包装方式。托运人违反该规定的,承运人可以拒绝运输。同时《合同法》第 307 条规定:"托运人托运易燃、易爆、有毒、有腐蚀性、有放射性等危险物品的,应当按照国家有关危险物品运输的规定对危险物品妥善包装,作出危险物标志和标签,并将有关危险物品的名称、性质和防范措施的书面材料提交承运人。托运人违反前款规定的,承运人既可以拒绝运输,也可以采取相应措施以避免损失的发生,因此产生的费用由托运人承担。"

此外,在货运合同履行过程中,承运人将货物交付收货人之前,托运人可以要求承运人中止运输、返还货物,变更到达地或者将货物交给其他收货人,但是由此给承运人造成的损失应当承担赔偿责任。

(二)承运人的义务

根据我国《合同法》的规定,承运人负有以下主要义务:

1.按约定完成货物运送的义务

承运人将托运人交付的货物按照约定完成运送是承运人最主要的义务。根据《合同法》第290条、第291条、第292条的规定,承运人应当在约定期间或者合理期间内将货物安全运输到约定地点。承运人应当按照约定的或者通常的运输路线将货物运输到约定地点。承运人未按照约定路线或者通常路线运输增加运输费用的,托运人或者收货人可以拒绝支付增加部分的运输费用。承运人将货物运送到错误地点的,应当无偿地将货物运送至约定地点。

2.及时通知收货人提货的义务

《合同法》第309条规定:"货物运输到达后,承运人知道收货人的,应当及时通知收货人,收货人应当及时提货。收货人逾期提货的,应当向承运人支付保管费等费用。"承运人该义务的履行,方便收货人为受领做准备。所谓及时,并不仅指货物运抵之日,只要日期适当符合诚实信用原则的要求,均可认定为及时。

3.保证货物安全的义务

承运人在运送货物过程中,应妥善保管货物,保证货物的安全。如果在运输途中,货物发生毁损灭失的,承运人应承担赔偿责任。但根据《合同法》第311条的规定,承运人证明货物的毁损、灭失是因不可抗力、货物本身的自然性质或者合理损耗以及托运人、收货人的过错造成的,不承担损害赔偿责任。货物的毁损、灭失的赔偿额,根据《合同法》第312条的规定,当事人有约定的,按照其约定;没有约定或者约定不明确的,可以协议补充;不能达成补充协议的,按照合同有关条款或者交易习惯确定。仍不能确定的,按照交付或者应当交付时货物到达地的市场价格计算。法律、行政法规对赔偿额的计算方法和赔偿限额另有规定的,依照其规定。导读案例中涉及的便是赔偿额问题。虽然法院已经作出判决,但是判决的正确性值得深思,虽然托运人与承运人有约定,但是该约定是否有效的依据以托运人未作报价申明为由,而不是根据《合同法》第40条有关格式条款效力的规定,显然有失偏颇。

(三)收货人的义务

根据我国《合同法》的规定,收货人负有以下主要义务:

1.支付运费和其他费用的义务

运费及其他费用可由托运人向承运人支付,也可以由收货人向承运人支付。收货人在下列情况下应向承运人支付运费及其他费用:根据约定由收货人支付的;虽无约定,但托运人未向承运人支付的;托运人已支付运费,在运输过程中承运人又作了必要的费用开支的。

2.及时领取运送物的义务

承运人将货物运送到目的地并通知收货人后,收货人应当及时提货;收货人逾期提货的应向承运人支付保管费等费用。如果收货人不明或者收货人无正当理由拒绝受领货物的,承运人可以依法提存。

3.检验货物的义务

收货人在提取货物时,应当按照约定的期限对货物进行检验。根据《合同法》第 310 条的规定,对检验货物的期限没有约定或者约定不明确,可以协议补充;不能达成补充协议的,按照合同有关条款或者交易习惯确定。仍不能确定的,应当在合理期限内检验货物。收货人在约定的期限或者合理期限内对货物的数量、毁损等未提出异议的,视为承运人已经按照运输单证的记载交付。当然这只是初步证据除非以后收货人有充分证据表明发生毁损、数量短缺等与运输单证的记载不符的事由,承运人免于承担赔偿责任。

第四节　多式联运合同

一、多式联运合同的概念和特点

(一)多式联运合同的概念

多式联运合同是指由多式联运经营人以两种以上不同的运输方式将货物从起运点运输到约定地点,托运人支付运输费的合同。根据《合同法》第 317 条的规定,多式联运经营人负责履行或者组织履行多式联运合同,对全程运输享有承运人的权利,承担承运人的义务。据此多式联运的经营人或者负责履行或者组织履行。在负责履行的情况下,多式联运经营人直接从事运输活动;在组织履行的情况下,多式联运的经营人并不参加运输活动,其仅仅是一个缔约承运人,而不是一个实际承运人。

(二)多式联运合同的特征

多式联运合同除具备一般运输合同的特点外,还具有如下特征:

1.多式联运合同的主体为多式联运经营人与托运人

多式联运合同一方是托运人,另一方是多式联运经营人。多式联运经营人是与托运人订立合同的人,但不一定是实际运送货物的人。多式联运合同的经营人只能是一个,但是实际运送货物的实际承运人却应在两个或是两个以上。

2.多式联运合同中运输方式的多样性

多式联运合同的实际承运人为两个或两个以上,所使用的运输方式亦是两种或是两种以上。如果承运人多个,而运输方式只是一种,不属于多式联运,而是属于连续运输。此种情况《合同法》第 313 条有规定,两个以上承运人以同一运输方式联运的,与托运人订立合同的承运人应当对全程运输承担责任。损失发生在某一运输区段的,与托运人订立合同的承运人和该区段的承运人承担连带责任。而该种情况规定在货运合同部分而不是多式联运合同部分。其与多式联运合同的最主要区别就在于运送方式的同一性。多式联运中多个承运人以不同运输方式承运,各个区段的运输连接成一个整体,各个区段的承运人的运输都是对整个运输合同的履行。

3.托运人一次交费并使用同一运送凭证

多式联运合同是一个合同,而不是多个合同的叠加,因此多式联运合同中只有一个缔约承运人,其他实际承运人都被视为缔约承运人的整体,托运人只要一次交费,承运人也只需要出具一份运送凭证。在实际履行多式联运过程中,各个承运人之间相互转交货物,不再需要交费和办理相关的转运手续。

二、多式联运单据

《合同法》第319条规定:"多式联运经营人收到托运人交付的货物时,应当签发多式联运单据。按照托运人的要求,多式联运单据可以是可转让单据,也可以是不可转让单据。"多式联运单据是多式联运经营人签发的证明多式联运合同及其接受货物并负责按合同条款交付货物的凭证。同时,多式联运单据是一种证券,单据的持有人表明其对货物享有所有权。

多式联运单据应依托运人的选择,或为可转让单据,或为不可转让单据。若为转让单据的,应列明按指示交付或向持单人交付。如:列明按指示交付,须经背书后转让;列明向持单人交付,无须背书即可转让。若为不可转让单据,应指明记名的收货人。联运经营人将货物交给多式联运单据所指明的记名收货人后,该联运经营人即已履行其交货义务。

三、多式联运合同的特殊效力

在多式联运合同中,承运人、托运人和收货人的权利义务与一般货运合同当事人的权利义务基本相同,除此之外还有自身一些特殊的效力规定,主要是:

第一,多式联运经营人是否是实际承运人,均对全程运输享有权利和承担义务,法律将其视为承运人。

第二,多式联运合同采用同一责任制度。多式联运经营人可以和各个区段的承运人就各个区段的运输约定各自的权利义务,但是该约定仅仅是一个内部约定,不影响多式联运经营人对全程运输负责的义务,因此是统一责任而不是分散责任。

第三,根据《合同法》第320条的规定,因托运人托运货物时的过错造成多式联运经营人损失的,即使托运人已经转让多式联运单据,托运人仍然应当承担损害赔偿责任。按理货物给多式联运经营人造成损失的,应该由货物的所有权人承担赔偿责任。但是导致损失的原因是托运人的过错,如果让无辜的所有人为有过错的托运人承担责任,显失公平。所以即便多式联运单据已经转让,托运人仍然要为自身的过错负责。

第四,货物的毁损、灭失发生在多式联运的某一运输区段的,多式联运经营人的赔偿责任和责任限额,根据《合同法》第321条的规定,适用调整该区段运输方式的有关法律规定。货物毁损、灭失发生的运输区段不能确定的,依照《合同法》中货运合同的相关规定承担损害赔偿责任。

19

第十九章
技术合同

⊙ 导读案例

2010 年 9 月 9 日,中青惠华公司与中视开平公司签订《开平网站平台软件定制协议》,协议主要内容如下:一、合作方式。中青惠华公司根据中视开平公司提供的平台架构图和资料进行开发。软件所有权及因此产生的知识产权归中视开平公司所有。二、双方权利义务。中青惠华公司应在本协议第 6 条第 1 款规定的时间内完成网站的策划、制作及功能开发。中青惠华公司负责实现网站(包括会员基础系统,下载系统,学习系统,自考系统,视频播放系统,信息系统,图片展示系统,评论系统,在线广告系统,论坛博客系统,系统搜索引擎等,具体内容见"网站功能开发模块表")的具体功能。中视开平公司应及时提供有关企业的文字材料、相关介绍等电子源文件材料。三、价格及费用支付。本协议总金额为 11 万元,付款方式为协议签订之日,中视开平公司支付 3 万元预付款,网站制作完成,中视开平公司验收,验收合格后 24 小时内,中青惠华公司为其开通网站上传的相关设置,其余 8 万元,在网站上传开通后,15 日内一次性付清。中视开平公司不得以任何理由或借口拖欠应付款。四、验收标准和验收后修改补充。中视开平公司可以通过任何与因特网连接的计算机访问自己的网站,主页无文字拼写及图片错误(以中视开平公司提交的材料为准)。后台数据库程序正常运行。验收合格,中视开平公司以书面方式签收。验收期限为 2010 年 12 月 25 日至 2010 年 12 月 31 日。五、协议期限。技术制作服务(含网站、网页制作、程序开发等)时间为 2010 年 8 月 1 日至 2010 年 12 月 31 日。如有必要经双方协商一致,可以延长该期限,验收时间按协商的延长时间累加。本协议有效期为 2010 年 8 月 1 日至 2010 年 12 月 31 日。六、违约责任。中青惠华公司按照规定的时间内完成工作并经验收合格后,中视开平公司应按照本协议的约定及时支付费用。中视开平公司逾期付款超过 10 日的,中青惠华公司有权利关闭网站。若中青惠华公司交付的网站经验收被认定为不合格的,应进行修改或重做后重新交付验收。中青惠华提交的合同最后一页注有手写文字:此协议不仅作财务结算用途,而且按此协议执行。中青惠华公司主张这是双方口头合意后由其在合同上标注的。中视开平公司辩称其于 2010 年 8 月 26 日才成立,合同有效期是从 2010 年 8 月 1 日开始,此时公司尚不存在。且其仅通过中青惠华公司签订合同,软件实际是由个人开发,双方没有实际合同关系。中青惠华公司提交的协议最后手写文字不是其写的,其仅认可"仅作财务结算用途"这句话。庭审中,双方均认可两份合同除了手写文字部分之外,其他内容完全一致。中视开平公司提交的合同原件上并无手写文字。双方亦均认可中视开平公司向中青惠华公司支付过 3 万元合同预付款。

中视开平公司原法定代表人刘某对涉案网站陆续出具过5份网站建设验收单,①2010年8月21日验收单注明:基本符合要求,后期根据实际进行适当调整。②2010年10月16日验收单注明:以上功能部分、框架结构、数据结构设计基本符合要求。其中某些功能是否能达到要求要通过数据输入,运行中进行验证,若发现bug须及时修正,以测试为准。③2010年11月27日验收单注明:以上功能部分、框架结构、数据结构设计基本合理,关于"二次收费"问题,在功能上要满足要求。最终这些功能的实现,以输入数据后,进行测试的结果为准,请在论坛、博客系统完成后,做一次完整调试。须在12月底完成全部开发任务。④2010年12月4日验收单注明:基本完成,待输入数据后,进行测试。⑤2011年1月11日验收单显示:网站已经根据双方友好协商下并参考软件平台定制协议附件"网站功能模块开发表"功能模块要求开发完成,请您查阅、测试,并对网站建设项目进行验收,项目开发至此已完成。并注明:因公司业务更改,目前未能输入数据,也就无法做正式测试,待董事会研究再做正式答复,并妥善处理。中视开平公司对上述验收单无异议,但表示其未上传数据正式测试,也就没有最后验收。

中青惠华公司还提交了涉案网站的网页截图打印件,中视开平公司认为其是网页打印件,不认可该证据真实性。中青惠华公司还提交涉案网站的软件源代码光盘,中视开平公司认可收到过中青惠华公司交付的源代码光盘。

法院经审理认为:当事人之间自由意思表示达成的合意构成合同,依法成立的合同,受法律保护,对当事人具有法律约束力,当事人应当依照约定履行自己的义务,不得擅自变更或者解除合同。本案中,原被告双方均提交了《开平网站平台软件定制协议》,中青惠华公司主张其提交的协议里手写部分是双方口头合意后由其在合同上标注的。中视开平公司则辩称其仅通过中青惠华公司签订合同,软件实际是由个人开发,双方没有实际合同关系,其仅认可"仅作财务结算用途"这句话,但并均未提交证据证明涉案网站不是由中青惠华公司开发,或另有他人制作涉案网站。合同是双方当事人意思合意的结果,中视开平公司不认可双方合同关系,但其自己掌握并向法院提交的协议中并无"仅作财务结算用途"一句话,其亦无证据证明双方对合同仅作财务结算用途有过合意。中视开平公司提交的协议内容与原告中青惠华公司提交的协议内容(除了手写部分)完全一致,这表明双方对合同内容是达成一致意见的,对于手写部分双方均无证据证明其实际达成合意或未达成合意,故本院认为该手写部分不属于双方合意的范围,不是双方合同的组成部分,非手写部分的合同属于双方的自由意思表示,应属有效。且中视开平公司认可其在合同签订后向中青惠华公司支付过3万元预付款,以及后续对涉案网站进行过验收,表明其对合同有效性的确认和履行,亦证明涉案协议已经实际履行。故,本院对中视开平公司的辩称不予采信。

中视开平公司还辩称该合同有效期的时间早于公司成立时间,不认可涉案协议的有效性。涉案协议签订的时间是2010年9月9日,此时该公司已经合法成立。中视开平公司以独立法人主体身份通过其自由意志签订的合同应属有效,合同有效期的长短并不影响合同的有效性。本院对中视开平公司的辩称不予采信。

中青惠华公司主张其网站已经制作完成,但中视开平公司未进行验收。中视开平公司辩称源代码光盘中有文件创建时间是2011年1月19日,中青惠华公司未按时制作完成涉案网站。庭审中,中视开平公司认可其之前收到过涉案网站的源代码光盘。双方合同约定中青惠华公司需要在约定的时间内完成网站的策划、制作及功能开发,但并未对源代码的交付、交付时间和方式进行约定,涉案合同的客体及验收的对象均为网站平台软件,而不是软件源代码,验收的标准亦是网站平台软件是否能符合要求正常运行,只有在网站运行符合合同约定后交付源代码才有其必要性。且技术合同本身的性质决定了网站在开发过程中,需要不断进行调试,网站交付验收后亦有可能根据客户需求再修改源代码,网站制作完成验收合格后才可能形成完整的最终的源代码。源代码本身与其生成的网站软件是两个不同概念,源代码创建时间与网站制作完成交付验收的时间并不具有同一性,源代码创建时间并不能证明网站交付验收的时间。中视开平公司亦无证据证明中青惠华公司未按时交付网站软件以供验收。同时,中视开平公司 2011 年 1 月 11 日出具的验收单表明涉案网站已经开发完成,需要中视开平公司查阅、测试,中视开平公司表示由于其公司业务更改,无法录入数据,不能正式测试。综上,涉案网站已于该日前制作完成并可接受验收,中视开平公司并未在合理时间内对涉案网站是否按时完成,或制作是否符合约定等向中青惠华公司提出过异议,亦未提交证据证明中青惠华公司未合理履行合同义务。故,本院对中视开平公司的辩称不予采信。

双方合同约定尾款的付款条件为网站制作完成并验收合格后 24 小时内,中青惠华公司为其开通网站上传的相关设置,其余 8 万元,在网站上传开通后,15 日内一次性付清。而对网站的最终验收需要中视开平公司上传公司的数据,中视开平公司在庭审中亦认可由于其未上传数据,未能最后验收。中视开平公司因其业务变更、无法上传数据的自身原因,导致涉案网站软件无法进行验收,未能满足付款条件,其存在过错。中视开平公司不履行合同义务,导致合同未能继续履行,构成违约,应当承担相应的违约责任。

在本案诉讼过程中,中视开平公司要求法院给予双方时间上传数据进行验收,但中视开平公司在法院给予两次机会后仍然不予配合验收,主观恶意严重。中青惠华公司合理履行了合同义务,应当按照合同约定获得相应的报酬。本院对其要求中视开平公司支付合同尾款的诉讼请求予以支持。

综上,本院依据《中华人民共和国合同法》第 107 条、第 109 条之规定,判决如下:

本判决生效之日起七日内,被告北京中视开平教育科技有限公司向原告北京中青惠华文化传播有限公司支付合同尾款八万元。

⊙ 问题提出

1. 技术合同和其他合同相比有何特点?

2. 技术开发合同有何特点?

3. 委托开发合同当事人的权利义务是什么?

4. 技术开发合同的技术归属有何规定?

5. 专利实施许可合同当事人有什么样的权利义务?

6. 技术咨询合同当事人的权利义务有哪些?

7. 技术服务合同当事人的权利义务有哪些?

第一节　技术合同概述

一、技术合同的概念和特点

（一）技术合同的概念

《合同法》第 322 条规定："技术合同是当事人就技术开发、转让、咨询或者服务订立的确立相互之间权利和义务的合同。"技术合同是技术成果商品化和社会化的必然产物，同时也是技术这一典型的非物质形态的商品进入交换市场的法律形式。技术合同的标的大多数是与知识产权有关的智力成果。

（二）技术合同的特点

虽然技术合同有不同的类型，但是这些合同均具有如下共同的特点：

1. 技术合同的标的是提供技术的行为

技术合同的标的是提供技术的行为，也就是提供现存的技术成果、对尚未存在的技术进行开发以及提供与技术有关的辅助性帮助等行为，具体表现为技术开发、技术转让、技术咨询和服务行为。技术合同本质上属于特种买卖或是承揽合同，只因其标的物的特殊性，法律特设专章加以规定。

技术合同的标的物是技术成果。根据《最高人民法院关于审理技术合同纠纷案件适用法律若干问题的解释》（以下简称《技术合同司法解释》）第 1 条的规定，技术成果是指利用科学技术知识、信息和经验作出的涉及产品、工艺、材料及其改进等的技术方案，包括专利、专利申请、技术秘密、计算机软件、集成电路布图设计、植物新品种等。

2. 技术合同属于双务、有偿、诺成合同

技术合同中，一方当事人在享有获取报酬的权利的同时，承担技术开发、转让或提供技术咨询、服务的义务；而另一方当事人则享有取得技术成果的合法权益的权利，承担交付相关情报资料并支付报酬的义务。并且技术合同的成立不需要交付标的物，只要当事人能意思表示一致即可。因此技术合同是双务、有偿、诺成合同。

3. 技术合同的履行具有特殊性

技术合同的履行常常涉及与技术成果有关的权利归属，例如专利申请权、专利权、发明权等，因此技术合同既受到《合同法》法律规范的约束，又受到知识产权制度的规范。在履行中既要适用《合同法》，又要适用《知识产权法》，如此一来，《合同法》中的一些原则、制度可能会受到阻却，例如实际履行原则，如果技术开发难度较大，甚或超出了研究开发方的实际能力时，要求研究开发方按照合同履行，既无益于对委托方的权益保护，又会损失开发方的权益。

4. 技术合同当事人的广泛性与特定性

技术合同当事人的资格《合同法》并没有进行限制，但凡是民事主体均可。从这方面来看技术合同当事人具有广泛性，可以是自然人、法人、其他社会组织。但是技术合同的标的物是技术成果,这就要求技术合同的一方当事人应该是能够利用自己的技术力量从事技术开发、转让、服务的个人或是组织,从该方面来说技术合同的当事人又具有特定性。

二、技术合同的内容

技术合同是当事人自由约定,相互协商设定彼此权利义务的协议。由于技术合同交易具有较强的专业性,为了能够引导当事人正确、全面地设定权利义务,根据《合同法》第324条的规定,技术合同一般包括以下条款:①项目名称;②标的的内容、范围和要求;③履行的计划、进度、期限、地点、地域和方式;④技术情报和资料的保密;⑤风险责任的承担;⑥技术成果的归属和收益的分成办法;⑦验收标准和方法;⑧价款、报酬或者使用费及其支付方式;⑨违约金或者损失赔偿的计算方法;⑩解决争议的方法;⑪名词和术语的解释。

此外,与履行合同有关的技术背景资料、可行性论证和技术评价报告、项目任务书和计划书、技术标准、技术规范、原始设计和工艺文件,以及其他技术文档,按照当事人的约定可以作为合同的组成部分。技术合同涉及专利的,应当注明发明创造的名称、专利申请人和专利权人、申请日期、申请号、专利号以及专利权的有效期限。

三、技术合同无效的特别规定

技术合同只有与生产实践相结合,才能把科技成果转化为生产力,技术合同便是此要求的反应。因此,《合同法》第323条规定:"订立技术合同,应当有利于科学技术的进步,加速科学技术成果的转化、应用和推广。"科学技术进步与科学技术成果的转化、应用和推广是相辅相成,只有形成两者之间的良性循环才能保证社会的进步,因此但凡有违该规定的法律均会作出相应处理。根据《合同法》第329条的规定,非法垄断技术、妨碍技术进步或者侵害他人技术成果的技术合同无效。此条便是有关技术合同无效的特别规定。

所谓"非法垄断技术、妨碍技术进步",根据《技术合同司法解释》第10条的规定,为下列情形:①限制当事人一方在合同标的技术基础上进行新的研究开发或者限制其使用所改进的技术,或者双方交换改进技术的条件不对等,包括要求一方将其自行改进的技术无偿提供给对方、非互惠性转让给对方、无偿独占或者共享该改进技术的知识产权;②限制当事人一方从其他来源获得与技术提供方类似技术或者与其竞争的技术;③阻碍当事人一方根据市场需求,按照合理方式充分实施合同标的技术,包括明显不合理地限制技术接受方实施合同标的技术生产产品或者提供服务的数量、品种、价格、销售渠道和出口市场;④要求技术接受方接受并非实施技术必不可少的附带条件,包括购买非必需的技术、原材料、产品、设备、服务以及接收非必需的人员等;⑤不合理地限制技术接受方购买原材料、零部件、产品或者设备等的渠道或者来源;⑥禁止技术接受方对合同标的技术知识产权的有效性提出异议或者对提出异议附加条件。

第二节　技术开发合同

一、技术开发合同的概念和特征

（一）技术开发合同的概念

根据《合同法》第 330 条的规定，技术开发合同是指当事人之间就新技术、新产品、新工艺或者新材料及其系统的研究开发所订立的合同。技术开发合同包括委托开发合同和合作开发合同。技术开发合同应当采用书面形式。

（二）技术开发合同的特征

技术开发合同除具有技术合同的特征外，还具有如下几个方面的法律特征。

1. 技术开发合同的标的物应具有创造性

技术开发合同的标的物应该是经过长期创造性劳动而取得的新的技术成果，并非是在签订合同之前就已经被解决了的技术项目。其应该是需要经过当事人进行研究开发，花费艰苦的创造性劳动才可能获得；应该是尚未解决或尚未完全解决的问题。一切现有技术的转移和利用现有技术进行的服务，都不属于技术开发的范围。

2. 技术开发合同标的物具有新颖性

技术开发合同的标的物是新技术、新产品、新工艺或者新材料及其系统。所谓"新技术、新产品、新工艺、新材料及其系统"，根据《技术合同司法解释》第 17 条的规定，是指当事人在订立技术合同时尚未掌握的产品、工艺、材料及其系统等技术方案，但对技术上没有创新的现有产品的改型、工艺变更、材料配方调整以及对技术成果的验证、测试和使用除外。技术开发合同标的物的新颖性是相对的，仅指对于当事人在订立技术开发合同时已经掌握的技术，并不涉及研究开发成果水平的高低。

3. 技术开发合同的风险责任大

技术开发合同在合同履行过程中风险责任大，是因为开发一个技术项目时，经过当事人的努力，可能取得预期的效果，也可能在现有技术水平下遇到无法克服的技术困难，导致研究开发失败或部分失败。这样一来，技术开发的成功就具有了或然性。正因为如此，技术开发合同的风险或是由当事人约定，或是由当事人合理分担。

二、技术开发合同的效力

（一）委托开发合同的效力

委托开发合同是指委托人委托研究开放人进行技术研究开发所订立的合同。在委托开发合同中，当事人的权利义务如下。

1. 委托人的主要义务

根据《合同法》第 331 条的规定，委托开发合同的委托人应当承担以下义务：

（1）按照约定支付研究开发经费和报酬。研究开发经费是指完成研究开发工作所需的成本，包括设备、器材、能源、试验、试制、安装、调试等费用。除合同另有约定外，委托方应当提供全部研究开发经费。当事人约定研究开发经费按照实际支付的，研究开发经费不足时，委托人应该补足；研究开发经费有剩余的，研究开发方应该予以返还。当事人约定研究开发费用包干使用的，结余经费归研究开发方所有，不足的经费由研究开发方自行解决。如果当事人没有对研究经费予以约定的，按照包干使用处理。

报酬，是指委托方取得研究开发成果后，作为合同的"对价"向研究开发方支付的研究开发成果的使用费和研究开发人员的科研补贴。报酬的支付方式由当事人约定，可以采取一次总算、一次总付，或者一次总算、分期支付，也可以采取提成支付或者提成支付附加预付入门费的方式。约定提成支付的，可以按照产品价格、实施专利和使用技术秘密后新增的产值、利润或者产品销售额的一定比例提成，也可以按照约定的其他方式计算。提成支付的比例可以采取固定比例、逐年递增比例或者逐年递减比例。约定提成支付的，当事人应当在合同中约定查阅有关会计账目的办法。

（2）按照合同约定提供技术资料、原始数据。委托开发合同是研究开发人根据委托人的要求进行的，因此只有委托人按照合同约定的时间和要求向研究开发人提供技术资料、原始数据，研究开发人才能更好地满足委托人的要求。在研究开发过程中，研究开发人可以要求委托人补充必要的背景资料和数据。

（3）完成协作事项。为了能保证研究开发工作的顺利进行，实现预期目标，委托人应该对研究开发人的工作予以协助。这也是协助履行原则的进一步体现与要求。但是委托人的协助仅仅是为研究开发工作提供辅助性的帮助，没有参与研究开发的实质性工作。

（4）按期接受研究开发成果。按期接受研究开发成果既是委托人的一项权利，又是委托人的一项义务。委托人应当按照合同约定的期限，接受研究开发人完成的开发成果。

对于上述义务的违反，《合同法》第 333 条规定："委托人违反约定造成研究开发工作停滞、延误或者失败的，应当承担违约责任。"

2. 研究开发人的主要义务

根据《合同法》第 332 条的规定，委托开发合同的研究开发人应当承担以下义务：

（1）按照约定制订和实施研究开发计划。研究开发是一项复杂的工作，研究开发计划是指导研究开发方实现委托开发合同确定的预期目标的指导性文件，是研究开发任务的具体步骤和方法。因此研究开发方应该制订和实施研究开发计划。一般情况下，研究开发计划包括项目名称、现状及存在问题、现有技术基础和条件、国内外研究情况、主要任务、攻关的目标和内容（包括阶段性目标和最终目标）等内容。

（2）按照约定合理使用研究开发经费。研究开发从准备工作开始，直至研究开发成功，交付新技术成果为止，一系列的创造性劳动都需要花费资金，但是对委托人给付的研究开发经费，研究开发人应该予以合理使用，也就是要尽可能地以最低的耗费获得最大的经济效益；专款专用；精打细算保证研究开发工作顺利进行。同时，研究开发方还应及时向委托方汇报经费支出情况，接受委托方监督。当事人还可以在该条款中约定有关购买仪器设备、奖励提成及其限定。

（3）按期完成研究开发工作，交付研究开发成果，提供有关的技术资料和必要的技术指导，帮助委托人掌握研究开发成果。研究开发方应按照合同约定如期完成研究开发成果，严格按照合同规定履行应尽的义务。研究开发方交付的研究开发成果和提供的有关技术资料,必须真实、正确、充分、完整,以保证委托方实际应用研究开发成果。委托研究开发的目的,是为了实际应用研究开发新成果,以促进技术进步和提高劳动生产率。因此,研究开发不仅要按期完成研究开发工作,还有一个重要的义务就是要为委托方提供技术资料和具体的技术指导,如解决技术开发中产生的各种问题,为实施新技术进行必要的人员培训等,从而帮助委托方掌握研究开发成果,使之迅速发挥其经济效益。

对于上述义务的违反,《合同法》第334条规定:"研究开发方违反约定造成研究开发工作停滞、延误或者失败的,应当承担违约责任。"

(二)合作开发合同的效力

合作开发合同是指两个或两个以上当事人共同参与研究开发工作的协议。在合作开发合同中,各方当事人共同研究开发、共同投资、共享成果、共担风险。根据《合同法》第335条的规定,合作开发各方有如下义务:

1. 按照约定进行投资,包括以技术进行投资。当事人共同出资是合作开发的一个重要条件。其中投资是指合作开发当事人以资金、设备、材料、场地、试验条件、技术情报资料、专利权、非专利技术成果等方式对研究开发项目所作的投入。如果采取资金以外的形式进行投资的,应折算成相应金额,并在合同中约定各自的投资比例。以技术进行投资的,或进行技术的价格评估,或由当事人约定价格。同时还应当约定因技术产权发生争议时的责任条款。

2. 分工参与研究开发工作。参与研究开发工作,包括按照约定的计划和分工共同进行或者分别承担设计、工艺、试验、试制等研究开发工作,直至完成研究开发项目。在合作开发中,每一方所负责完成的每一部分工作对于另一方或者其他各方来说,都是非常重要的,直接关系到整个研究开发项目的成功与失败。因此,任何一方当事人,对合同中约定的应尽义务,必须认真履行,以切实保证合作开发项目的完成。此外,根据《技术合同司法解释》第19条的规定,技术开发合同当事人一方仅提供资金、设备、材料等物质条件或者承担辅助协作事项,另一方进行研究开发工作的,属于委托开发合同。

3. 协作配合研究开发工作。合作开发合同的核心在于,合作开发方以各自的技术力量创造性地共同完成同一个研究开发项目,成败的关键是合作各方按合同约定协作配合的状况如何。因此,合作开发各方必须严格履行与其他各方协作合作配合的义务,以便技术开发工作的顺利进行。

三、技术开发合同的风险责任和技术成果归属

(一)技术开发合同的风险责任

技术开发合同的风险责任是指在技术成果的开发过程中,虽经受托人主观努力,确因在现有技术水平和条件下无法克服的技术困难,导致开发失败或部分失败时的风险负担。《合同法》第338条规定:"技术开发合同履行过程中,因出现无法克服的技术困难,致使研究开发失败或者部分失败的,该风险责任由当事人约定。没有约定或者约定不明确,依照本法第六十一条的规定仍不能确定的,风险责任由当事人合理分担。当事人一方发现前款规定的

可能致使研究开发失败或者部分失败的情形时,应当及时通知另一方并采取适当措施减少损失。没有及时通知并采取适当措施,致使损失扩大的,应当就扩大的损失承担责任。"据此,技术开发合同的风险责任先由当事人约定;合同没有约定或约定不明确的,由当事人双方协议补充;协商不成的,根据合同有关条款还不能确定的,由双方合理分担。

(二)技术开发合同的技术成果归属

技术开发形式不同,技术成果属性不同,技术成果的归属亦有所不同。

1.委托开发合同中,委托开发完成的发明创造,根据《合同法》第 339 条的规定,除当事人另有约定的以外,申请专利的权利属于研究开发人。研究开发人取得专利权的,委托人可以免费实施该专利。研究开发人转让专利申请权的,委托人享有以同等条件优先受让的权利。

2.合作开发合同中,合作开发完成的发明创造,根据《合同法》第 340 条的规定,除当事人另有约定的以外,申请专利的权利属于合作开发的当事人共有。当事人一方转让其共有的专利申请权的,其他各方享有以同等条件优先受让的权利。合作开发的当事人一方声明放弃其共有的专利申请权的,可以由另一方单独申请或者由其他各方共同申请。申请人取得专利权的,放弃专利申请权的一方可以免费实施该专利。合作开发的当事人一方不同意申请专利的,另一方或者其他各方不得申请专利。

3.委托开发或者合作开发完成的技术秘密成果,根据《合同法》第 341 条的规定,其使用权、转让权以及利益的分配办法,由当事人约定。没有约定或者约定不明确的,由当事人双方协议补充;协商不成的,根据合同有关条款还不能确定的,当事人均有使用和转让的权利,但委托开发的研究开发人不得在向委托人交付研究开发成果之前,将研究开发成果转让给第三人。"当事人均有使用和转让的权利",《技术合同司法解释》第 20 条,将其解释为:当事人均有不经对方同意而自己使用或者以普通使用许可的方式许可他人使用技术秘密,并独占由此所获利益的权利。当事人一方将技术秘密成果的转让权让与他人,或者以独占或者排他使用许可的方式许可他人使用技术秘密,未经对方当事人同意或者追认的,应当认定该让与或者许可行为无效。

第三节　技术转让合同

一、技术转让合同概念和特征

(一)技术转让合同的概念

技术转让合同,根据《技术合同司法解释》第 22 条的规定,是指合法拥有技术的权利人,包括其他有权对外转让技术的人,将现有特定的专利、专利申请、技术秘密的相关权利让与他人,或者许可他人实施、使用所订立的合同。但就尚待研究开发的技术成果或者不涉及专利、专利申请或者技术秘密的知识、技术、经验和信息所订立的合同除外。技术转让合同中关于让与人向受让人提供实施技术的专用设备、原材料或者提供有关的技术咨询、技术服务的约定,属于技术转让合同的组成部分。因此发生的纠纷,按照技术转让合同处理。当事人以技术入股方式订立联营合同,但技术入股人不参与联营体的经营管理,并且以保底条款形式约定联营体或者联营对方支付其技术价款或者使用费的,视为技术转让合同。

技术转让合同包括专利权转让、专利申请权转让、技术秘密转让、专利实施许可合同。技术转让合同应当采用书面形式(《合同法》第 342 条)。

(二)技术转让合同的特征

技术转让合同在具有技术合同一般特点外,还具备以下特征:

1.技术转让合同的标的物是现有技术成果

技术转让合同的标的物必须是在订立合同时已经存在的技术,并且应是特定化的、权利化的。只有这样才能实现受让人订立技术转让合同的目的。依据转让合同的不同类型,该技术成果还必须是已被相应设定了专利权、专利申请权、专利实施权或者技术秘密成果权的技术。技术转让合同的这一特征,使它区别于以尚待研制的技术成果为目的的技术开发合同。

2.技术转让合同为一定技术权益的让渡

在技术转让合同中,因种类不同,所转移的权利性质亦是不同。通过支付对价的方式,合同当事人之间完成一定技术权益的让渡,受让方由此获得申请专利、实施专利或使用技术秘密的权利,乃至获得专利权本身。

二、技术转让合同的效力

(一)专利权转让合同的效力

专利权转让合同是指转让方即专利权人将其发明创造的专利权转移给受让人,受让人支付约定价款的合同。在专利权转让合同中,让与人与受让人分别承担以下义务:

1.让与人的义务

根据《合同法》的相关规定,让与人的主要义务有:①按照合同约定的时间将专利权转移给受让人。《技术合同司法解释》第 24 条规定:"订立专利权转让合同或者专利申请权转让合同前,让与人自己已经实施发明创造,在合同生效后,受让人要求让与人停止实施的,人民法院应当予以支持,但当事人另有约定的除外。让与人与受让人订立的专利权、专利申请权转让合同,不影响在合同成立前让与人与他人订立的相关专利实施许可合同或者技术秘密转让合同的效力。②让与人应该保证自己是转让的专利权的合法拥有者,并保证所提供的技术完整、无误、有效,能够达到约定的目标。如果合同成立后,专利权被宣告无效,让与人应当返还价款。③让与人应按照合同约定交付和转让专利权有关的技术资料,并向受让人提供必要的技术指导。④保密义务。让与人应当按照约定承担保密义务。违反保密义务的,应当承担违约责任。

2.受让人的义务

根据《合同法》的相关规定,受让人的主要义务有:①按照合同约定向转让人支付约定价款的义务。合同成立后,受让人应按照约定期限、地点、数额、方式向转让方支付价款。受让人未按照约定支付价款的,应支付违约金或赔偿损失。②保密义务。受让人应当按照约定的范围和期限,对让与人提供的技术中尚未公开的秘密部分,承担保密义务。违反保密义务的,应当承担违约责任。

(二)专利申请权转让合同的效力

专利申请权转让合同,是指双方当事人约定,让与人将其特定的发明创造申请专利的权利转让给受让人,受让方为此支付价款的合同。专利申请权转让合同是针对特定发明创造的专利申请权而言的。在专利申请权转移后,受让人既可能成为专利申请权人,也可能成为专利权人。专利申请权转让合同的双方当事人负有如下主要义务:

1.让与人的义务

根据《合同法》的相关规定,让与人的主要义务有:①将合同约定的发明创造申请专利的权利转移给受让人,并提供申请专利和实施发明创造所需的技术情报和资料。但是需要说明的是,让与人仅仅是转移申请专利的权利,并没有保证受让人获得专利权的义务。也就是说,受让人的专利申请没有获得批准或先获得批准后又被撤销的,受让人无权要求让与人返还价款。但是,因让与人的过错导致专利申请未获批准的,让与人应当部分或是全部返还价款,并赔偿受让人因此遭受的损失。②保密的义务。让与人应当按照约定承担保密义务。违反保密义务的,应当承担违约责任。

2.受让人的义务

根据《合同法》的相关规定,受让人的主要义务有:①按照合同约定向转让人支付约定价款的义务。合同成立后,受让人应按照约定期限、地点、数额、方式向转让方支付价款。受让人未按照约定支付价款的,应当补交价款并按照约定支付违约金。不支付价款或不支付违约金的,受让人应当返还专利申请权,交还技术资料,并承担赔偿损失的违约责任。②保密义务。受让人应当按照约定承担保密义务。违反保密义务的,应当承担违约责任。

(三)专利实施许可合同的效力

专利实施许可合同是指专利权人或者其授权的人作为让与人许可受让人在约定范围内实施专利,受让人支付约定使用费所订立的合同。专利实施许可合同转移的是专利权的使用权,让与人并不因此而丧失专利权本身。尽管专利实施许可合同有不同的种类,但《合同法》对双方当事人的主要义务仍然统一作出了规定,具体如下:

1.让与人的义务

根据《合同法》的相关规定,让与人的主要义务有:①许可受让人在约定范围内实施专利。专利实施许可合同有普通实施许可、排他实施许可、独占实施许可等类型。无论哪种形式,让与人必须许可受让人在合同约定范围内实施专利。②让与人应当保证专利的合法、有效。《合同法》第344条规定:"专利实施许可合同只在该专利权的存续期间内有效。专利权有效期限届满或者专利权被宣布无效的,专利权人不得就该专利与他人订立专利实施许可合同。"《技术合同司法解释》第26条规定:"专利实施许可合同让与人负有在合同有效期内维持专利权有效的义务,包括依法缴纳专利年费和积极应对他人提出宣告专利权无效的请求,但当事人另有约定的除外。"③交付实施专利有关的技术资料,提供必要的技术指导。为了受让人实施专利,让与人应当将实施专利有关的技术资料,例如情报、图表、设计文件等交付受让人。同时,让与人应该为受让人提供必要的技术指导,例如帮助受让人解决专利技术实施过程中出现的问题,协助进行设备安装等。④保密的义务。让与人应当按照约定承担保密义务。违反保密义务的,应当承担违约责任。⑤让与人应当保证受让人依照约定实施专利,不侵害他人合法权益。如果受让人按照约定实施专利,侵害他人合法权益,让与人应承担责任,除非当事人另有约定。

2.受让人的义务

根据《合同法》的相关规定,受让人的主要义务有:①按照约定实施专利,并不得许可约定以外的第三人实施该专利。专利实施许可合同一般约定允许受让人使用专利技术的期限、地区以及使用该专利技术的内容范围。受让人必须在约定允许实施的范围内使用专利技术。对于超出约定使用范围的使用,应承担违约责任。受让人在未取得受让人再转让许可的情况下,无权许可任何第三方实施该专利,除非当事人另有约定。②依照合同约定支付专利使用费。受让人应当按照合同约定的时间、地点、数额以及支付方式向受让人支付专利使用费。受让人没有按照约定支付使用费的,应当补交使用费并按照约定支付违约金。不补交使用费或者支付违约金的,应当停止实施专利,交还技术资料,承担违约责任。③受让人应当按照约定的范围和期限,对让与人提供的技术中尚未公开的秘密部分,承担保密义务。违反保密义务的,应当承担违约责任。

(四)技术秘密转让合同的效力

技术秘密,根据《技术合同司法解释》的规定,是指不为公众所知悉、具有商业价值并经权利人采取保密措施的技术信息。技术秘密属于专利技术以外的技术成果,同专利技术一样,具有新颖性、实用性、秘密性的技术秘密也可进行转让。但是专利技术转让同时受专利法与合同法的调整和规范,而技术秘密的转让则仅由合同法调整。技术秘密转让合同是指让与人将技术秘密转让给受让人,受让人支付约定使用费的合同。在技术秘密转让合同中,让与人与受让人承担如下义务:

1.让与人的义务

根据《合同法》的相关规定,让与人的主要义务有:①应当按照约定提供技术资料,进行技术指导。技术秘密权利的享有是靠事实上的独占而获得,为了受让人能实施技术秘密,让与人必须提供相关的技术资料,进行必要的技术指导。让与人提供的技术资料包括设计资料、图纸、数据、材料配方、工艺流程等。技术指导是指按照合同的约定协助受让人实施被转让的技术秘密,帮助解决受让人实施过程中出现的问题,为受让人培训人员,协助进行设备安装、调试等。②保证技术的实用性、可靠性。作为转让合同标的物的技术秘密,应当是能够应用于生产实践的适用性技术,应该是具备商品化开发的可能。由于技术秘密一旦公开就不是秘密,因此技术秘密与专利技术不同,不能接受专利机关和社会公众的审查。由此合同法规定了让与人应保证技术的实用性、可靠性,应保证在一定条件下重复试验可以得到预期的效果。③保密的义务。技术秘密处于秘密状态,但凡知道该秘密的人都负有保密的义务,不得泄露,让与人也负有同样的义务。只是让与人承担保密义务,不影响其申请专利。

2.受让人的义务

根据《合同法》的相关规定,受让人的主要义务有:①按照约定使用技术。技术秘密的存续期是无期限的,因此合同中应该详细约定试用期间。同时,技术秘密不同于专利技术具有地域性,除非当事人有约定,可能在全球范围内均可使用该技术,故而合同当事人应约定适用范围。使用技术秘密超越约定的范围的,违反约定擅自许可第三人使用该项技术秘密的,应当停止违约行为,承担违约责任。②按照约定支付使用费。支付使用费是受让人最主要的义务,也是让与人订立转让合同的目的所在。受让人应该按照合同约定的时间、地点、方式支付使用费。受让人未按照约定支付使用费的,应当补交使用费并按照约定支付违约金;不补交使用费或者支付违约金的,应当停止使用技术秘密,交还技术资料,承担违约责任。③保密义务。技术秘密的权利是依靠秘密状态的占有而实现的,受让人对此负有保密的义务,不得将技术秘密有意予以泄露,为公众所知。受让人不得将技术秘密让与第三人。除非受让人能够证明已经采取足够的保密措施,对第三人从受让人处获得技术秘密的行为,受让人应承担违约责任。

三、技术转让合同的后续改进技术成果的归属

后续改进的技术成果是指在技术转让合同有效期内,一方或双方对作为技术转让合同标的的发明创造获专利技术成果所作的革新和改良。在科技发展迅速的今天,转让合同中的技术成果均有可能被合同任何一方欲以新的改进或是发展。这种超出了原有转让技术成果的新的改进或发展,直接关涉到合同双方当事人的权益。据此,《合同法》第 354 条规定:"当事人可以按照互利的原则,在技术转让合同中约定实施专利、使用技术秘密后续改进的技术成果的分享办法。没有约定或者约定不明确,依照本法第六十一条的规定仍不能确定的,一方后续改进的技术成果,其他各方无权分享。"依照该条规定,技术转让合同的后续改进技术成果之归属遵循的规则是:按照互利原则,约定优先;未在合同中约定或者约定不明的,双方当事人可在事后依平等自愿原则进行协商,达成补充协议;如果不能达成补充协议的,则可以依照技术转让后续改进成果的归属、分享的习惯规则确定;仍不能确定的,后续改进的技术成果属于完成该项后续改进的当事人所有,其他各方无权分享。

第四节　技术咨询合同和技术服务合同

一、技术咨询合同

(一)技术咨询合同的概念

根据《合同法》第 356 条的规定,技术咨询合同是指当事人就特定技术项目提供可行性论证、技术预测、专题技术调查、分析评价报告所订立的合同。

(二)技术咨询合同的特征

技术咨询合同具有以下特征:

1.技术咨询合同的标的是技术性劳务成果

当事人订立技术咨询合同的目的不在于获取技术成果,而在于就特定的技术项目进行可行性论证、技术预测、专题技术调查等软科学研究活动,也就是提供技术服务。其目的是受托人为委托人提出相关的建议、意见和方案,供委托人在决策时参考。技术开发、技术转让、工程设计、工程验收、人员培训等技术活动不属于技术咨询。

2.技术咨询合同有其特殊的风险责任原则

技术咨询合同不同于技术开发合同和技术转让合同,因实施咨询报告而造成的风险损失,除合同另有约定外,受托人可免于承担责任。

此外,我国《合同法》对技术咨询合同的形式没有作任何要求的规定,而对技术开发合同和技术转让合同均作出了书面形式的要求,由此可知,技术咨询合同属于不要式合同,形式种类取决于当事人的约定。

(三)技术咨询合同的效力

1.委托人的义务

根据《合同法》第 357 条的规定,委托人负有如下义务:①依照合同约定阐明咨询的问题,提供技术背景材料及有关技术资料、数据。委托人要向受托人说明具体的咨询项目的要求,它是受托人进行研究、分析的核心所在。咨询问题的有关技术背景材料及有关的资料、数据,是受托人进行分析研究,解答咨询问题的基础和依据,委托人提供的报告材料、数据、资料越全面,越有利于咨询报告的科学化、合理化。根据《合同法》第 359 条的规定,委托人未按照约定提供必要的资料和数据,影响工作进度和质量的,支付的报酬不得追回,未支付的报酬应当支付。②依约接受受托人的工作成果并支付报酬。接受受托人的工作成果既是委托方的义务,也是其权利。委托人应该按照合同约定的时间、地点、数额、方式支付报酬。根据《技术合同司法解释》第 31 条的规定,当事人对技术咨询合同受托人进行调查研究、分析论证、试验测定等所需费用的负担没有约定或者约定不明确的,由受托人承担。根据《合同法》第 359 条的规定,委托人不接受或者逾期接受工作成果的,支付的报酬不得追回,未支付的报酬应当支付。③保密的义务。委托人对受托人提出的咨询报告和意见,在合同约定的范围和期限内,有保密的义务。根据《技术合同司法解释》第 31 条的规定,当事人对技术咨询合同委托人提供的技术资料和数据或者受托人提出的咨询报告和意见未约定保密义务,当事人一方引用、发表或者向第三人提供的,不认定为违约行为,但侵害对方当事人对此享有的合法权益的,应当依法承担民事责任。

2.受托人的义务

根据《合同法》第 358 条的规定,受托人负有如下义务:①按照约定的期限完成咨询报告或者解答问题。受托人要尽可能收集与咨询对象有关的经济技术信息、资源信息、人才信息等,利用自己的技术知识和经验,综合分析项目的技术内容,预测技术经济前景,为委托方的技术项目决策提供科学依据、参考方案,提出具有较高科学水平和参考价值的咨询报告和意见。根据《合同法》第 359 条的规定,技术咨询合同的受托人未按期提出咨询报告或者提出的咨询报告不符合约定的,应当减收或免收报酬,并承担违约责任。②提出的咨询报告应当达到约定的要求。咨询报告是委托人进行项目决策的主要依据。它要求受托人在技术咨询工作中,采取严肃认真的态度,力求咨询报告的可行性,避免咨询报告不实、无参考价值等情况的产生,从而使咨询报告和意见达到合同约定的要求。根据《合同法》第 359 条的规定,技术咨询合同的委托人按照受托人符合约定要求的咨询报告和意见作出决策所造成的损失,由委托人承担,但当事人另有约定的除外。③保密的义务。受托人对委托人提供的技术资料和数据,在合同约定的范围和期限内,有保密的义务。合同没有约定保密义务的,受托人有引用、发表和向第三人提供的权利。

二、技术服务合同

(一)技术服务合同的概念

《合同法》第356条规定:"技术服务合同是指当事人一方以技术知识为另一方解决特定技术问题所订立的合同,不包括建设工程合同和承揽合同。"其与技术咨询合同有着明显的区分:首先,技术咨询合同是受托人为委托人提供决策参考所订立的合同,其中相当大一部分属软科学研究,它主要发生在研究开发、成果转让和项目实施之前;而技术服务合同是受托人为委托人解决生产建设中具体技术问题,促使科学技术转化为生产力所订立的合同,它主要发生在科技成果进入经济建设之后。其次,技术咨询属于决策服务。除合同另有约定外,委托人将受托人提出的咨询报告或意见付诸实施所发生的损失,受托人不承担责任;而技术服务是实施服务,受托人必须保证工作质量并对实施的结果负责。

(二)技术服务合同的特征

技术服务合同具有以下特征:

1.技术服务合同是以解决特定技术问题为目的而订立的合同

所谓"特定技术问题",根据《技术合同司法解释》第33条的规定,是指需要运用专业技术知识、经验和信息解决的有关改进产品结构、改良工艺流程、提高产品质量、降低产品成本、节约资源能耗、保护资源环境、实现安全操作、提高经济效益和社会效益等专业技术问题。非以解决特定技术问题而订立的合同不是技术服务合同,例如,为了生产经营目的进行一般加工、定作等订立的合同属于承揽合同而不是技术服务合同。

2.技术服务合同属于不要式合同

我国《合同法》对技术服务合同的形式没有作任何要求的规定,而对技术开发合同和技术转让合同均作出了书面形式的要求,由此可知,技术服务合同属于不要式合同,形式种类取决于当事人的约定。

(三)技术服务合同的效力

1.委托人的义务

根据《合同法》第360条的规定,委托人的义务为:①应当按照约定提供工作条件,完成配合事项。技术服务合同订立的目的在于利用委托人的技术知识为受托人解决特定的技术问题。为实现这一目的,委托人应明确所要解决技术问题的要点,提供有关的背景材料和数据;必要时委托人还应为受托人提供配合事项,例如,有关数据、图纸、人员的组织安排、样品、样机、试验场地等。依照《技术合同司法解释》第35条的规定,技术服务合同受托人发现委托人提供的资料、数据、样品、材料、场地等工作条件不符合约定,未在合理期限内通知委托人的,视为其对委托人提供的工作条件予以认可。委托人在接到受托人的补正通知后未在合理期限内答复并予补正的,发生的损失由委托人承担。《合同法》第362条还规定,委托人不履行合同义务或者履行合同义务不符合约定,影响工作进度和质量,支付的报酬不得追回,未支付的报酬应当支付。②接受工作成果并支付报酬。委托人要按合同约定的时间和要求验收工作成果,超过合同规定期限接受工作成果的,受托人有权要求按有偿保管收取逾期保管费。委托人验收了受托人的工作成果后,就应当按照合同约定的支付方式、结算方式向受托人支付报酬。委托人不接受或者逾期接受工作成果的,支付的报酬不得追回,未支付的报酬应当支付。

2.受托人的义务

根据《合同法》第361条的规定,受托人的义务为:①按照约定完成服务项目,解决技术问题,保证工作质量,并传授解决技术问题的知识。技术服务合同的受托人应在约定的时间内,保质保量完成服务任务,并达到解决委托人的技术问题的要求。此外,受托人还要传授与解决特定技术问题有关的必要的知识、信息和经验。《合同法》第362条还规定,技术服务合同的受托人未按合同约定完成服务工作的,应当承担免收报酬等违约责任。②保密的义务。受托人应对委托人提供的技术资料、数据、样品等按照合同约定的范围和期限承担保密义务。③保管的义务。受托人应该妥善保管委托人提供的技术资料、样品等。

三、技术咨询合同与技术服务合同履行中所产生的新技术成果的归属

《合同法》第363条规定:"技术咨询合同、技术服务合同履行过程中,受托人利用委托人提供的技术资料和工作条件完成的新的技术成果,属于受托人。委托人利用受托人的工作成果完成的新的技术成果,属于委托人。当事人另有约定的,按照其约定。"据此,技术咨询合同、技术服务合同履行过程中产生的新技术成果之归属应遵循如下规则:首先是谁完成谁拥有,即受托人基于委托人所提供的技术材料和工作条件所完成的新的技术成果,归受托人。委托人基于受托人的工作成果所完成的新的技术成果归委托人。其次是法律允许当事人有特殊约定。当事人对履行合同过程中所派生完成和后续发展的新的技术成果归属和分享有特殊约定的,从其约定。

第二十章

保管合同

⊙ 导读案例

2010年12月19日白某与大邦物业达成口头保管合同，由大邦物业在小区地下车库负责提供停车位，编号为D036号，保管期限自2011年1月1日至2011年12月31日止，保管费为3600元，但双方对违约责任未作明确约定。白某同日交纳了车辆管理费3600元，大邦物业因与原车辆保管公司办理交接手续，未能及时将D036号停车位地锁钥匙交给白某，直到保管车辆受损后才交付。2011年1月9日晚，大邦物业工作人员发现在地下车库北侧车道上有车辆被损坏，经核实系白某所有的车牌号为京PAW932黑色本田轿车，到达现场后白某报警，随后白某和大邦物业工作人员配合民警做了笔录。2011年1月10日经北京华通伟业汽车销售服务有限公司估价，受损车辆京PAW932黑色本田轿车需支付修理费15847元，该受损车辆于当日送到北京福天盛达维修有限公司进行修理，1月21日修理完毕，白某支付修理费15847元。另外，在修车期间，白某因工作需要，与北京神州汽车租赁有限公司签订租车协议，租用红旗牌小轿车一辆，为此支出费用2603元。

法院经审理认为：白某和大邦物业虽未签订书面保管合同，但双方意思表示一致，白某交纳了保管费，大邦物业收取保管费，约定了保管期间，并提供保管场所，指定了停车位，双方之间形成口头保管合同。该合同内容不违反法律法规强制性规定，属有效合同。一方面，白某所有车辆在保管合同的有效期间，在保管场所被他人损坏，作为保管人的大邦物业未尽到保管义务，存在违约行为，应负主要责任。首先，大邦物业因未按约定及时提供其承诺的D036号停车位地锁钥匙，导致白某不能使用该停车位，是保管车辆受损的主要原因；其次，大邦物业作为保管人对白某停放车辆不符合规定，应及时疏导、提醒、纠正，确保停放车辆安全，但大邦物业疏于管理，导致保管车辆受损；最后，大邦物业作为保管人，对保管场所的安保措施不到位，缺乏必要技术设施，未能及时发现安全隐患，导致无法确定损坏人。另一方面，白某停放车辆位置存在瑕疵，也是导致受损的一个原因，因此其对保管车辆受损承担次要责任。现白某诉至本院，要求大邦物业赔偿修车费15847元请求的合理部分，法院予以支持。白某要求赔偿租车费2603元的请求，本院结合案情，赔偿数额予以酌定。综上，依据《中华人民共和国合同法》第113条、第374条之规定，判决如下：

一、被告北京大邦物业管理有限公司于本判决生效后七日内赔偿原告白某车辆修理费11092.9元。

二、被告北京大邦物业管理有限公司于本判决生效后七日内赔偿原告白某租车费260.3元。

三、驳回原告白某其他诉讼请求。

⊙ 问题提出

1.保管合同有何特征?

2.保管合同的效力如何?

3.保管合同与消费保管合同有何区别?

第一节　保管合同概述

一、保管合同的概念和特征

(一)保管合同的概念

《合同法》第365条规定:"保管合同是保管人保管寄存人交付的保管物,并返还该物的合同。"在保管合同中,将物品交付他人保管的一方为寄存人;保管寄存人交付的物品的一方为保管人;保管人保管的物品,为保管合同的标的物,称为保管物。

(二)保管合同的特征

保管合同具有以下法律特征:

1.保管合同为实践性合同

《合同法》第367条规定:"保管合同自保管物交付时成立,但当事人另有约定的除外。"据此规定,保管合同的成立除了当事人双方意思表示一致外,尚需交付标的物。因此,保管合同属于实践性合同。寄存人将保管物交付给保管人的行为,以及保管人受领保管物的行为,是合同成立的行为,而非履行合同义务的行为。当然,当事人如果另有约定的除外。

2.保管合同有偿与无偿的可选择性

保管合同属于有偿合同还是无偿合同,具有选择性。根据《合同法》第366条的规定,当事人约定了保管费用的,应遵其约定。当事人对保管费没有约定或者约定不明确,可以事后协商补充;协商不成的,按照合同有关条款或是交易习惯确定;仍不能确定的,保管是无偿的。

3.保管合同为不要式合同

我国《合同法》只对保管合同的实践性作出了明确规定,对于保管合同的形式未作规定。根据"法无明文规定皆自由"之法理,当事人对保管合同的形式有权加以选择,可以是口头形式、书面形式等法律所允许的形式类型。

4.保管合同的目的是保管物品

保管合同订立的直接目的在于使保管人保管物品,而不是保管人借此获得保管物的使用权或是所有权。因此,保管合同的标的是保管人的保管行为。保管人应将保管物置于自己的保护范围内,维持其原状,保管人不能对保管物擅加改良或是利用。

二、保管合同的标的物

保管合同的标的物为保管物,保管物应为物,当无疑问,但是否仅限于动产,却有不同立法例。德国民法、法国民法、瑞士债务法皆认为保管物以动产为限;我国台湾地区民法则认为不限于动产,也包括不动产。我国《合同法》对保管物的范围未作规定,对保管物的范围未作限制。因此,应将保管物作广义上的理解,理应包括动产与不动产。在实践中,保管人有根据自身能力确定保管物范围的,例如一般的寄存处会拒绝保管现金或是贵重物品等。

第二节 保管合同的效力

一、保管人的义务

根据我国《合同法》的相关规定,保管人应承担如下义务。

(一)给付保管凭证的义务

根据《合同法》第 368 条的规定,寄存人向保管人交付保管物的,保管人应当给付保管凭证,但另有交易习惯的除外。保管凭证是寄存人和保管人之间存在保管合同关系的证据,也是寄存人领取其寄存物品的凭证。所以除了另有交易习惯外,保管人应向寄存人给付保管凭证。

(二)妥善保管保管物的义务

《合同法》第 369 条规定:"保管人应当妥善保管保管物。当事人可以约定保管场所或者方法。除紧急情况或者为了维护寄存人利益的以外,不得擅自改变保管场所或者方法。"所谓妥善保管,是指保管人进行保管时,应在其条件许可范围内尽注意义务。《合同法》第 374 条还规定,保管期间,因保管人保管不善造成保管物毁损、灭失的,保管人应当承担损害赔偿责任,但保管是无偿的,保管人证明自己没有重大过失的,不承担损害赔偿责任。导读案例中涉及的便是此问题,由于案中的保管人未妥善保管保管物导致保管物遭受损失,依法应承担赔偿责任。再如,(2004 年司考真题)贾某因装修房屋,把一批古书交朋友王某代为保管,王某将古书置于床下。一日,王某楼上住户家中水管冻裂,水流至王某家,致贾某的古书严重受损。则对贾某的损失王某因为是无偿保管并且没有重大过失不承担赔偿责任。

(三)亲自保管保管物的义务

保管人应该亲自保管保管物,保管人的保管行为具有专属性。《合同法》第 371 条规定,保管人不得将保管物转交第三人保管,但当事人另有约定的除外。保管人违反规定,将保管物转交第三人保管,对保管物造成损失的,应当承担损害赔偿责任。

(四)不得擅自使用或许可第三人使用保管物的义务

保管合同订立的目的不在于获得保管物的相关权利,而仅仅是对保管物进行保管。因此我国《合同法》第 372 条规定:"保管人不得使用或者许可第三人使用保管物,但当事人另有约定的除外。"据此,只有在保管合同有约定的情况下,保管人才能使用保管物或许可第三人使用保管物。但是在保管过程中,为了保管的必要,保管人可以未经寄存人的许可使用保管物,例如,为了确保电视机的正常用途,保管人隔段时间使用电视机便属于必要的使用。

（五）危险通知义务

根据《合同法》第 373 条的规定,第三人对保管物主张权利的,除依法对保管物采取保全或者执行的以外,保管人应当履行向寄存人返还保管物的义务。第三人对保管人提起诉讼或者对保管物申请扣押的,保管人应当及时通知寄存人。此处便是有关危险通知义务的规定。该义务旨在确保寄存人能及时采取措施,防御和保护自身的权利。

（六）返还保管物的义务

《合同法》第 376 条规定:"寄存人可以随时领取保管物。当事人对保管期间没有约定或者约定不明确的,保管人可以随时要求寄存人领取保管物;约定保管期间的,保管人无特别事由,不得要求寄存人提前领取保管物。"第 377 条规定:"保管期间届满或者寄存人提前领取保管物的,保管人应当将原物及其孳息归还寄存人。"据此,保管合同未约定保管期限或者约定不明确的,保管人可随时返还保管物,寄存人可以随时要求返还保管物。保管合同约定了保管期限的,保管人除非有特别事由,不得提前返还保管物,寄存人可在期限届满前随时要求返还,因为寄存人可随时放弃其享有的期限利益。保管人返还的物品应为原物,原物生有孳息的,保管人还应返还孳息。

二、寄存人的义务

根据我国《合同法》的相关规定,寄存人应承担如下义务。

（一）支付保管费和必要费用的义务

有偿的保管合同,寄存人应当按照约定的期限向保管人支付保管费。当事人对支付的期限没有约定或是约定不明的,可以补充协商;补充协商不成的,按照合同有关条款或是交易习惯来确定;仍不能确定的,应当在领取保管物的同时支付。如果当事人没有约定保管费的,可以补充协商;补充协商不成的,按照合同有关条款或是交易习惯来确定;仍不能确定的,为无偿保管,寄存人不承担支付保管费的义务。

《合同法》第 380 条规定:"寄存人未按照约定支付保管费以及其他费用的,保管人对保管物享有留置权,但当事人另有约定的除外。"由此可知,无论保管合同是有偿还是无偿,寄存人均应向保管人支付为保管保管物所支出的必要费用。所谓必要费用,是指以维持保管物原状为准,包括重新包装、防腐、防虫、防火等费用。如果寄存人拒绝支付必要费用,保管人可以留置保管物。

（二）保管物情况的告知义务

根据《合同法》第 370 条的规定,寄存人交付的保管物有瑕疵或者按照保管物的性质需要采取特殊保管措施的,寄存人应当将有关情况告知保管人。寄存人未告知,致使保管物受损失的,保管人不承担损害赔偿责任;保管人因此受损失的,除保管人知道或者应当知道并且未采取补救措施的以外,寄存人应当承担损害赔偿责任。

（三）贵重物品的声明义务

寄存人寄存货币、有价证券或其他贵重物品的，应向保管人声明。《合同法》第375条规定："寄存人寄存货币、有价证券或者其他贵重物品的，应当向保管人声明，由保管人验收或者封存。寄存人未声明的，该物品毁损、灭失后，保管人可以按照一般物品予以赔偿。"

第三节　消费保管合同

一、消费保管合同的概念和特征

（一）消费保管合同的概念

消费保管合同，又称为不规则保管合同、可替代物保管合同，是指保管物为种类物，双方约定保管人应取得保管物所有权，而仅以相同种类、品质、数量的物品返还给寄存人的保管合同。

（二）消费保管合同的特征

消费保管同样以保管保管物为目的，但与一般的保管合同相比，有不同的法律特征：

1. 消费保管的保管物必须为可替代物，如货币及其他可消耗的种类物。而通常保管的保管物多为不可替代物。

2. 消费保管须转移保管物所有权于保管人。保管人取得保管物所有权并有权消费该物。一般而言，消费保管中，在保管合同成立之时，保管物之所有权即发生转移，除非当事人另有约定。

3. 在消费保管中，为兼顾保管人的利益，若定有返还期限的，寄存人除非有不得已事由，不得提前请求返还。

我国《合同法》第378条规定："保管人保管货币的，可以返还相同种类、数量的货币。保管其他可替代物的，可以按照约定返还相同种类、品质、数量的物品。"

二、消费保管合同的效力

在消费保管合同中，保管人的主要义务是到期返还种类、品质、数量相同的保管物。如果当事人约定有利息的，保管人还应负有支付利息的义务。寄存人的义务主要是就保管物的瑕疵负瑕疵担保责任。

第二十一章
仓储合同

⊙ 导读案例

2009 年 5 月 8 日，以上海 B 仓储有限公司为受托保管服务方（甲方）、上海 A 化工有限公司为委托保管服务方（乙方）的双方共同签订了合同编号为 2266 的《仓储代保管服务合同》，约定由甲方提供坐落于上海市××区××路××号的库位，乙方货物由甲方代保管、管理。仓储代保管期限为一年，即自 2009 年 5 月 10 日起至 2010 年 5 月 9 日止。仓储代保管服务费 1300 元/月，三个月一付，全年共计 15600 元。支付方式为先付后用三个月一付，全年四次；第一次付款于 2009 年 5 月 10 日前；第二次于 2009 年 8 月 10 日前；第三次于 2009 年 11 月 10 日前；第四次于 2010 年 2 月 10 日前。双方议定合同押金为 1500 元。违约及赔偿约定为仓储代管理期内，甲、乙任何一方提前终止合同均视为违约，双方同意违约金为全年仓储代保管服务费用总计的 20％即 3120 元；甲、乙任何一方违约而造成的经济损失，违约方必须承担赔偿责任。合同就其他事项也作了约定。合同的签字处由双方加盖了公章。上述合同签订后，上海 A 化工有限公司缴纳了三期仓储代保管服务费用共计 11700 元。2009 年 12 月 3 日，上海 A 化工有限公司前往仓储地提取了其存放的原材料树脂 7 桶。2009 年 12 月 17 日，上海 A 化工有限公司诉至本院，认为 2009 年 12 月 3 日其前往仓储地提取其存放的原材料树脂 9 桶未果，上海 B 仓储有限公司只允许其提取货物 7 桶，无理扣押其货物 2 桶，故涉讼。

2009 年 1 月 8 日，上海 A 化工有限公司至仓储地提取了其存放的原材料树脂 2 桶。

法院认为，原告上海 A 化工有限公司与被告上海 B 仓储有限公司之间签订的合同编号为 2266 的《仓储代保管服务合同》系合同当事人的真实意思表示，内容不违背国家法律、行政法规的强制性规定，也不具有《中华人民共和国合同法》规定的无效合同的其他要件，该合同当属有效，合同的条款对合同当事人具有拘束力。本案的争议焦点在于原、被告在合同履行期间是否存在违约行为。对此，原告上海 A 化工有限公司提供提货单、月报表和证人证言以证明其要求提货 9 桶但被告上海 B 仓储有限公司仅允许其提货 7 桶的事实。但由于证人与原告上海 A 化工有限公司存在利害关系且无正当理由未出庭作证，本院对证人证言不予采纳。至于提货单，仅从将提货单上的数字"9"涂改为"7"来看，无法确定是由何人因何原因而涂改，进而无法证明被告上海 B 仓储有限公司存在拒绝原告上海 A 化工有限公司提货的行为。月报表同样无法证明被告上海 B 仓储有限公司有上述违约行为。故本院对原告上海 A 化工有限公司关于被告上海 B 仓储有限公司存在拒绝其提货的违约行为的主张不予采信。由于原告上海Ａ化工有限公司无法证明被告上海Ｂ仓储有限公司存在违约行为,因此原告上海Ａ化工有限公司基于被告违约而提出的要求解除合同并要求被告上海Ｂ仓储有限公司赔偿损失43500元、退还仓储费2903元、支付违约金3120元的诉讼请求无事实依据,本院不予支持。

由于原告上海Ａ化工有限公司无法证明被告上海Ｂ仓储有限公司存在根本违约行为或存在其他可以解除合同的情形,并考虑到双方在本案中的纠纷并未导致双方仓储合同无法继续履行,故对原告上海Ａ化工有限公司要求解除合同的诉讼请求本院不予支持,本案所涉合同继续履行。此外,鉴于原告上海Ａ化工有限公司已于2009年1月8日提取了剩余2桶原材料树脂,故原告上海Ａ化工有限公司要求被告上海Ｂ仓储有限公司归还被扣押的货物2桶或赔偿货物款15260元的诉讼请求已无事实及法律依据,本院亦不予支持。

依照《中华人民共和国合同法》第8条,最高人民法院《关于民事诉讼证据的若干规定》第2条之规定,判决如下:

一、原告上海Ａ化工有限公司与被告上海Ｂ仓储有限公司签订的合同编号为2266的《仓储代保管服务合同》继续履行。

二、驳回原告上海Ａ化工有限公司的全部诉讼请求。

⊙ 问题提出

1.仓储合同有何特点?

2.仓单具有怎样的性质与效力?

3.仓储合同当事人负有哪些义务?

第一节　仓储合同概述

一、仓储合同的概念和特征

(一)仓储合同的概念

根据《合同法》第381条的规定,仓储合同是指保管人储存存货人交付的仓储物,存货人支付仓储费的合同。仓储合同具有保管的性质,《合同法》第395条规定:"本章没有规定的,适用保管合同的有关规定。"仓储合同的标的与保管合同一样是保管行为,合同设立的目的也不是为了取得标的物的权利,而是通过将存货人的仓储物置放在自身的仓库进行占有与保管获得相应的报酬与费用。

(二)仓储合同的特征

与保管合同相比,仓储合同具有自身的特征:

1.合同一方的主体必须是以仓储保管业务为其营业的人

仓储合同中储存存货人货物的一方必须是专门为收取报酬而经营仓库的人。为自己营业的需要而附带储存他人物品的人不是仓库营业人,例如承运人、承揽人等。这是仓储合同与保管合同的最大区别所在。仓储人应该具有自身有权支配的仓储设备。仓储设备是指用于储存和保管仓储物的设备,具体要求法律未作限制,只要适合存储即可。仓储设备的权属法律亦未作出限制,只要仓储人有权支配即可。仓储人可以是法人,也可以是个体工商户等民事主体,但是都需经工商行政管理部门核准从事仓储保管业务才行。

2.仓储物是动产

在仓储合同中,保管人是利用仓储设备为存货人保管仓储物,存货人须按照合同约定将仓储物交付保管人,由保管人进行仓储和保管。因此,仓储物只能是动产,而不能是不动产。这与对保管物不作限制的保管合同相比,保管对象的范围要狭窄得多。

3.仓储合同是诺成性合同

我国《合同法》并没有对仓储合同的成立作出要求交付保管物的要求,据此可知,仓储合同只需当事人意思表示一致即可成立。而保管合同却是需要交付保管物的,属于实践性合同。

4.仓储合同是双务、有偿、不要式合同

在仓储合同中,当事人双方于合同成立后互负给附义务。保管人须提供仓储服务,存货人须给付仓储费,双方的义务具有对应性和对价性。因此,仓储合同是双务有偿合同。同时,我国《合同法》并未对仓储合同的订立作任何的特别形式要求,因此为不要式合同。

二、仓单的概念和性质

（一）仓单的概念和内容

仓单是指保管人收到仓储物时向存货人签发的表示收到一定数量的仓储物的有价证券。保管人应当在仓单上签字或者盖章。根据《合同法》第 386 条的规定,仓单包括下列事项：①存货人的名称或者姓名和住所；②仓储物的品种、数量、质量、包装、件数和标记；③仓储物的损耗标准；④储存场所；⑤储存期间；⑥仓储费；⑦仓储物已经办理保险的,其保险金额、期间以及保险人的名称；⑧填发人、填发地和填发日期。

（二）仓单的效力

根据《合同法》的有关规定,仓单具有如下效力：

1.提取仓储物的效力

《合同法》第 387 条规定,仓单是提取仓储物的凭证。仓单是物权证券,保管人签发仓单后,存货人或仓单持有人可以凭仓单提起仓储物。

2.转移仓储物的效力

《合同法》第 387 条还规定存货人或者仓单持有人在仓单上背书并经保管人签字或者盖章的,可以转让提取仓储物的权利。

3.以仓单出质的效力

我国《担保法》规定,存货人或是仓单的持有人可以以仓单设立质权。以仓单设定的质权属于权利质权,适用《物权法》、《担保法》的相关规定。

第二节　仓储合同的效力

一、保管人的义务

根据《合同法》的有关规定,保管人负有如下义务。

(一)给付仓单

《合同法》第 385 条规定:"存货人交付仓储物的,保管人应当给付仓单。"仓单是保管人应存货人的请求而签发的一种有价证券,也是存货人主张货物已交存并提取仓储物的凭证,亦是证明仓储合同存在的凭证。

(二)验收仓储物

验收是保管人对存货人送交仓储物进行检验与核查以确定仓储物处于适于保管的良好状态的过程。验收仓储物义务也是保管人按照合同规定履行义务的要求,该义务关系到货物交还存货人义务履行得适当与否。《合同法》第 384 条规定:"保管人应当按照约定对入库仓储物进行验收。保管人验收时发现入库仓储物与约定不符合的,应当及时通知存货人。保管人验收后,发生仓储物的品种、数量、质量不符合约定的,保管人应当承担损害赔偿责任。"

(三)妥善保管仓储物

保管人应依照合同约定的储存条件和保管要求,妥善保管仓储物。保管人储存易燃、易爆、有毒、有腐蚀性、有放射性等危险物品的,应当具备相应的保管条件。在仓储期间,因保管人保管不善造成仓储物毁损灭失的,保管人应当负损害赔偿责任。但是因仓储物的性质、包装不符合约定或者超过有效储存期造成仓储物变质、损坏的,保管人不承担损害赔偿责任。

(四)同意存货人或仓单持有人检查仓储物或提取样品

根据《合同法》第 388 条的规定,保管人根据存货人或者仓单持有人的要求,应当同意其检查仓储物或者提取样品。此规定旨在确保存货人或是仓单持有人及时了解、知悉仓储物的储存保管情况。同时也便于存货人或是仓单的持有人出卖或出质仓储物便利交易的尽快达成。

(五)通知和催告

保管人对入库仓储物发现有变质或者其他损坏的,应当及时通知存货人或者仓单持有人(《合同法》第 389 条)。保管人在保管过程中,应该以足够的谨慎对仓储物的状态进行监督和检查。一旦发现仓储物有变质或其他损坏时,应及时通知存货人或是仓单持有人,以便其及时加以处理。

入库仓储物变质或是其他损坏,不仅仅影响到存货人或是仓单持有人的权益,还可能影响到处于同一库房的其他存货人、仓单持有人的权益,也包括保管人自身的权益。因此保管人对入库仓储物发现有变质或者其他损坏,危及其他仓储物的安全和正常保管的,应当催告存货人或者仓单持有人作出必要的处置。因情况紧急,保管人可以作出必要的处置,但事后应当将该情况及时通知存货人或者仓单持有人(《合同法》第390条)。

(六)返还仓储物

存货人将仓储物交付保管人保管并不丧失对仓储物所有权,故仓储合同终止时,保管人应将仓储物返还存货人或仓单持有人。合同约定了储存期间的,储存期届满保管人应将仓储物予以返还,既可以返还给存货人,也可以返还给仓单持有人。合同未约定储存期间或约定不明确的,依《合同法》第391条的规定,存货人或仓单持有人可以随时提取仓储物,保管人也可随时要求存货人或仓单持有人提取仓储物,但是应当给予必要的准备时间。

二、存货人的义务

根据《合同法》有关规定,存货人负有如下义务。

(一)交付仓储物

存货人应当依合同约定的时间、品名、数量等将仓储物交付给保管人入库。同时存货人还应该提供验收资料,据实告知货物的情况。根据《合同法》第383的规定,储存易燃、易爆、有毒、有腐蚀性、有放射性等危险物品或者易变质物品,存货人应当说明该物品的性质,提供有关资料。存货人未作说明的,保管人可以拒收仓储物,也可以采取相应措施以避免损失的发生,因此产生的费用由存货人承担。同时,存货人还应该按照合同约定对仓储物进行包装。因包装不符合约定造成仓储物变质、损坏的,保管人不承担赔偿责任。

(二)支付仓储费及其他必要费用

仓储合同为有偿合同,存货人应按照合同约定向保管人支付仓储费。仓储费的数额、支付时间及地点等依照仓单的记载而定。如果保管人为堆藏、保管仓储物而支出了其他必要费用的,如运输费、修缮费、转仓费等,存货人应该偿还给保管人。但是,如果双方当事人约定仓储费中已包括这些必要费用的,存货人不必支付。存货人没有按照合同约定支付仓储费及其他必要费用,保管人可以按照我国《担保法》的相关规定对仓储物行使留置权。

(三)按时提取仓储物

在保管期届满或保管人已通知出库时,存货人应该及时提取仓储物。《合同法》第392条规定:"储存期间届满,存货人或者仓单持有人应当凭仓单提取仓储物。存货人或者仓单持有人逾期提取的,应当加收仓储费;提前提取的,不减收仓储费。"第393条规定:"储存期间届满,存货人或者仓单持有人不提取仓储物的,保管人可以催告其在合理期限内提取,逾期不提取的,保管人可以提存该物。"

第二十二章
委托合同

⊙ 导读案例

2011年7月至11月,重庆某某律师事务所与重庆某某汽车运输有限公司签订七份《法律事务委托合同》,由重庆某某律师事务所为重庆某某汽车运输有限公司代理法律事务,具体为:2011年7月28日签订重庆某某汽车运输有限公司与罗某某劳动争议一案仲裁的委托合同,代理费3000元;2011年8月16日签订重庆某某汽车运输有限公司与彭某某承包货款调查一案的委托合同,代理费2000元;2011年8月16日签订重庆某某汽车运输有限公司与董某某汽车买卖合同纠纷一案一审的委托合同,代理费2500元;2011年9月21日签订重庆某某汽车运输有限公司与况某某、张某某返还车辆一案一审的委托合同,代理费3000元;2011年11月7日签订重庆某某汽车运输有限公司与冉某某劳动争议一案仲裁的委托合同,代理费3000元;2011年11月20日签订重庆某某汽车运输有限公司与董某某汽车买卖合同纠纷一案二审的委托合同,代理费3000元;2011年11月22日签订重庆某某汽车运输有限公司与罗某某劳动争议一案一审的委托合同,代理费3000元。上述代理费共计19500元。另重庆某某律师事务所在为重庆某某汽车运输有限公司办案的过程中产生差旅费600元。其中,2011年8月16日签订的重庆某某汽车运输有限公司与彭某某承包货款调查一案的委托合同,重庆某某律师事务所未提供证据证明其完成了调查事务;2011年11月20日签订的重庆某某汽车运输有限公司与董某某汽车买卖合同纠纷一案二审的委托合同,重庆某某律师事务所并未代理重庆某某汽车运输有限公司参与二审诉讼。其余五份合同约定的代理事务重庆某某律师事务所均已完成。后因代理费产生争议,诉至法院。

法院经审理认为,重庆某某律师事务所与重庆某某汽车运输有限公司之间签订的《法律事务委托合同》,意思表示真实,内容不违反法律、行政法规的强制性规定,均属有效。重庆某某律师事务所在完成合同约定的委托事务后,重庆某某汽车运输有限公司应当支付约定的费用。本案中,重庆某某律师事务所未提供证据证明其完成了彭某某承包货款案的调查事务,不能要求重庆某某汽车运输有限公司支付相应的2000元费用;同样,重庆某某律师事务所并未代理重庆某某汽车运输有限公司参与重庆某某汽车运输有限公司与董某某汽车买卖合同纠纷一案的二审诉讼,也不能要求重庆某某汽车运输有限公司支付相应的3000元费用。关于重庆某某汽车运输有限公司认为在重庆某某汽车运输有限公司与董某某汽车买卖合同纠纷一案一审的委托合同中,虽然重庆某某律师事务所完成了代理事务,但代理费应只支付2500元的意见,与合同约定一致,本院予以支持。重庆某某汽车运输有限公司还举示重庆某某律师事务所开具的发票认为其已经支付了7000元代理费,但从重庆某某律师事务所举示的发票的收条来看,明确载明该款项并未支付,故重庆某某汽车运输有限公司的该抗辩意见不能成立。依照《中华人民共和国合同法》第8条、第60条,《中华人民共和国民事诉讼法》第64条第一款,最高人民法院《关于民事诉讼证据的若干规定》第2条之规定,判决如下:

一、重庆某某汽车运输有限公司于本判决发生法律效力后立即支付重庆某某律师事务所代理费14500元及差旅费600元,共计15100元。

二、驳回重庆某某律师事务所的其他诉讼请求。

⊙ 问题提出

1.委托合同有何特点?

2.转委托应具备怎样的条件?

3.委托合同与委托代理是何关系?

4.委托合同当事人之间负担怎样的义务?

5.受托人以自己的名义与第三人订立合同的效力如何?

6.委托合同终止的原因是什么?

第一节　委托合同概述

一、委托合同的概念和特征

（一）委托合同的概念

根据《合同法》第396条的规定,委托合同是委托人和受托人约定,由受托人处理委托人事务的合同。在委托合同关系中,委托他人为自己处理事务的人称为委托人,接受委托的人称为受托人。

（二）委托合同的特征

委托合同具有以下法律特征:

1.委托合同的基础是委托人与受托人间的彼此信任

委托合同的产生是因为商品经济高速发展,民事主体由于有限的时间、精力和能力,不可能事必躬亲,因此将自己的部分事务交由他人处理。而委托人之所以愿意将自己的事务委托给受托人处理,是基于对受托人的品格、能力的信任;受托人之所以愿意为委托人服务,出于自己能够完成委托事务的自信。正因为如此,委托合同只能发生在双方相互信任的特定人之间。缺乏此基础的,委托合同关系较难建立。

2.委托合同的标的是处理委托事务

委托合同建立的目的就是利用受托人的技能为委托人处理事务,因此委托合同的标的是处理委托事务。但是委托事务的范围《合同法》并没有进行明确规定,从相关规则设置来看,委托事务不一定与委托人有着经济利益上的关联,例如代为慰问、代写家书等。因此委托事务只要是委托人从自身需要出发,认为有必要完成的事务均可。但是委托事务必须由委托人亲自处理的,不得委托。并且委托事务不得违反法律的强行性规定,不得损害社会公共利益或社会公共道德。

3.委托合同有无偿的可选择性

委托人是否必须向受托人给付报酬,《合同法》对此没有作硬性规定。因此委托合同应为有偿或是无偿源于当事人的约定。如果当事人没有约定给付报酬,法律又没有特别规定时,委托合同应为无偿合同。

4.委托合同是诺成、不要式合同

委托合同的成立不同于定金合同、保管合同等实践性合同,委托合同在双方当事人意思表示一致时即成立,不以给付行为为成立要件。据此委托合同属于诺成性合同。我国《合同法》对于委托合同的形式没有特别规定,所以,委托合同采用何种形式,由双方当事人协商确定。

二、委托合同的类型

(一)特别委托和概括委托

根据受托人的权限范围,委托合同可以分为特别委托和概括委托。特别委托是指委托人特别委托受托人处理一项或是数项事务的委托;概括委托是指委托人委托受托人处理一切事务的委托。此种类分类在《合同法》第 397 条有规定,该条规定:"委托人可以特别委托受托人处理一项或者数项事务,也可以概括委托受托人处理一切事务。"

(二)单独委托和共同委托

根据受托人的人数,委托合同可以分为单独委托和共同委托。单独委托是指委托人将自己的特定事务或全部事务委托给一个受托人处理。共同委托是指委托人委托两个或两个以上的受托人共同处理同一委托事务。《合同法》第 409 条规定:"两个以上的受托人共同处理委托事务的,对委托人承担连带责任。"

(三)直接委托和转委托

根据受托人产生的不同,委托合同可以分为直接委托和转委托。直接委托是受托人直接由委托人选任;转委托是指受托人为委托人再选任受托人的委托。关于转委托,我国《合同法》第 400 条规定:"受托人应当亲自处理委托事务。经委托人同意,受托人可以转委托。转委托经同意的,委托人可以就委托事务直接指示转委托的第三人,受托人仅就第三人的选任及其对第三人的指示承担责任。转委托未经同意的,受托人应当对转委托的第三人的行为承担责任,但在紧急情况下受托人为维护委托人的利益需要转委托的除外。"据此,转委托只有在征得委托人同意或是紧急情况下才能允许。

第二节　委托合同的效力

一、受托人的义务

根据我国《合同法》的规定,受托人负有如下主要义务。

（一）按照委托人指示处理委托事务

根据《合同法》第 399 条的规定,受托人应当按照委托人的指示处理委托事务。需要变更委托人指示的,应当经委托人同意;因情况紧急,难以和委托人取得联系的,受托人应当妥善处理委托事务,但事后应当将该情况及时报告委托人。由此可知,按照委托人的指示处理事务既是受托人的一项义务,也是受托人的一项权利。受托人在办理委托事务时不能违背委托人的指示,不能超出委托人委托的权限范围。只有在经过委托人同意或是情况紧急的条件下,才能变更委托人的指示。在有偿的委托合同中,因受托人的过错给委托人造成损失的,委托人可以要求赔偿损失。在无偿的委托合同中,因受托人的故意或者重大过失给委托人造成损失的,委托人可以要求赔偿损失。受托人超越权限给委托人造成损失的,应当赔偿损失。

（二）亲自处理委托事务

委托合同是建立在双方当事人彼此信任的基础上,委托人之所以将自己的事务交由受托人处理,就是因为对受托人的信任。这就要求受托人应该亲自处理委托事务。当然经过委托人同意或是特殊情况下为了维护委托人利益的,受托人可以将委托事务转托第三人办理。对此《合同法》第 400 条规定:"经委托人同意,受托人可以转委托。转委托经同意的,委托人可以就委托事务直接指示转委托的第三人,受托人仅就第三人的选任及其对第三人的指示承担责任。转委托未经同意的,受托人应当对转委托的第三人的行为承担责任,但在紧急情况下受托人为维护委托人的利益需要转委托的除外。"由此可知,转委托及其责任问题可以分为如下三种情形:

1.经委托人同意,受托人转委托。委托是基于委托人对受托人的信任而产生的,委托人在选取受托人时充分考虑了对方的情况,这也是实现委托人利益的保证。因此,受托人在将其处理的委托事务再转委托他人处理时,必须征得委托人的同意。转委托经同意的,委托人可以就委托事务直接指示转委托的第三人,受托人仅就第三人的选任及其对第三人的指示承担责任。

2.在紧急情况下,受托人为维护委托人的利益,不经委托人同意而转委托,受托人对转委托的第三人的行为不承担责任。

3.非紧急情况下,受托人未经委托人同意而转委托,受托人应当对转委托的第三人的行为承担责任。

（三）及时向委托人报告事务办理的情况

《合同法》第 401 条规定:"受托人应当按照委托人的要求,报告委托事务的处理情况。

委托合同终止时,受托人应当报告委托事务的结果。"根据此规定,受托人在委托合同履行过程,在处理委托事务时,应按照合同的约定和委托人的要求,报告委托事务的处理情况。如果受托人遇见认为需要让委托人知道的情况,无论合同是否约定,委托人是否要求,受托人也应依据诚实信用的原则及时报告委托人。委托合同终止时,受托人应当向委托人报告委托事务办理的全部过程,并提交有关的必要证明文件和材料。

(四)将办理事务中所得利益及时交给委托人

受托人是为委托人的利益处理委托事务,并且处理事务的费用是由委托人支付,所以受托人因处理委托事务而获得的财产本质上是从委托人的利益中派生而来的,应当转交给委托人。我国《合同法》第 404 条规定:"受托人处理委托事务取得的财产,应当转交给委托人。"如果受托人为了自己的利益使用应交付委托人的金钱或是使用本应为委托人利益而使用的金钱的,受托人应支付相关的利息,由此给委托人造成损失的,应赔偿损失。

二、委托人的义务

根据我国《合同法》的规定,委托人负有如下主要义务。

(一)支付处理委托事务的费用

受托人在处理事务的过程中,一般须花费一定费用,此费用是因委托人的利益而花费的,因此,无论委托合同是有偿合同还是无偿合同,委托人都应向受托人支付处理事务的费用。《合同法》第 398 条规定:"委托人应当预付处理委托事务的费用。受托人为处理委托事务垫付的必要费用,委托人应当偿还该费用及其利息。"委托人应当预付费用,受托人可以请求预付,但是如果委托人不预先支付的,受托人不能要求强制履行。这是因为费用是委托事务处理而支出的,受托人对此费用不享有利益。另外,合同双方当事人均有解除合同的权利,委托人通过对合同的解除可以免除自己预付费用的义务,受托人也可以解除合同从而对抗委托人不预付费用的行为。在委托事务处理过程中产生的费用,例如鉴定费、维护费、调查费等,如确属必要的支付,又由受托人垫付的,委托人应该予以偿还。

(二)支付报酬

如果委托合同是有偿的,委托人有向受托人支付报酬的义务。委托人支付报酬的标准和期限,应以合同约定为准;合同没有约定的,但是依照习惯或者委托性质应当由委托人支付报酬的,委托人同样负有支付报酬的义务。委托人支付报酬的时间,有约定的按照约定;没有约定的,根据《合同法》第 405 条的规定,为受托人完成委托事务时。因不可归责于受托人的事由,委托合同解除或者委托事务不能完成的,委托人应当向受托人支付相应的报酬。所谓相应的报酬,是指委托人支付的报酬应与受托人完成的委托事务相适应。当然,当事人约定委托事务未完成的受托人不能获得报酬的,或者对受托人的报酬请求权作出限制的,按照其约定。

(三)赔偿损失

《合同法》第 407 条规定:"受托人处理委托事务时,因不可归责于自己的事由受到损失的,可以向委托人要求赔偿损失。"受托人处理委托事务所获得的利益属于委托人,受托人非因自身的原因所遭受的损失如果由自己来承受显然有失公平,毕竟该损失与委托事务所获得的利益有关联。所谓利益与风险共存,该损失理应由委托人来承担。

委托人可以经受托人同意,在受托人之外委托第三人处理委托事务,但因此给受托人造成的损失,委托人应承担赔偿责任。对此,我国《合同法》第408条规定:"委托人经受托人同意,可以在受托人之外委托第三人处理委托事务。因此给受托人造成损失的,受托人可以向委托人要求赔偿损失。"

三、受托人以自己的名义与第三人订立合同的效力

(一)受托人公开代理关系订立的合同

《合同法》第402条规定:"受托人以自己的名义,在委托人的授权范围内与第三人订立的合同,第三人在订立合同时知道受托人与委托人之间的代理关系的,该合同直接约束委托人和第三人,但有确切证据证明该合同只约束受托人和第三人的除外。"该条规定就是受托人公开代理关系而订立合同的效力问题,借鉴了英美法中的隐名代理制度的相关内容。

在实务中为表明"第三人在订立合同时知道受托人与委托人之间的代理关系",受托人在与第三人签订的合同中,可以直接列出委托人的姓名或名称,并由委托人签章,甚至在合同设立特别条款表明:本合同是受委托人委托代理其签署,本合同的权利和义务由委托人直接享有和承受。当然,合同订立前委托人、受托人与第三人的信函、备忘录、会谈纪录也可以引为证据以证明"第三人在订立合同时知道受托人与委托人之间的代理关系"。但是有时候受托人的个人事务与委托事务容易混淆,如果受托人以自己的名义,在委托人的授权范围内与第三人订立的合同是为了自己利益,该合同自然不能约束委托人。因此,如果有确切证据证明该合同只约束受托人和第三人的除外。在实务中,可在合同中设立专门条款,直接表明:"本合同只约束合同签订者。"

(二)受托人不公开代理关系订立合同的效力

《合同法》第403条规定:"受托人以自己的名义与第三人订立合同时,第三人不知道受托人与委托人之间的代理关系的,受托人因第三人的原因对委托人不履行义务,受托人应当向委托人披露第三人,委托人因此可以行使受托人对第三人的权利,但第三人与受托人订立合同时如果知道该委托人就不会订立合同的除外。受托人因委托人的原因对第三人不履行义务,受托人应当向第三人披露委托人,第三人因此可以选择受托人或者委托人作为相对人主张其权利,但第三人不得变更选定的相对人。委托人行使受托人对第三人的权利的,第三人可以向委托人主张其对受托人的抗辩。第三人选定委托人作为其相对人的,委托人可以向第三人主张其对受托人的抗辩以及受托人对第三人的抗辩。"该条规定就是受托人不公开代理关系订立合同的效力问题,主要涉及委托人的介入权和第三人的选择权,借鉴了英美法中未披露本人的代理制度的有关内容。

委托人的介入权是指当受托人因第三人的原因对委托人不履行义务时,委托人介入受托人与第三人之间的合同关系,直接向第三人主张权利的权利。委托人的介入权制度旨在简化权利救济程序,维护委托人的利益。根据我国《合同法》第403条第1款的规定,委托人的介入权应当具备以下要件:

(1)受托人以自己的名义订立合同。如果受托人以委托人的名义与第三人订立合同,则

构成《民法通则》所规定的代理,其效果直接归属于委托人,无须委托人行使介入权。

(2)第三人在订立合同时,不知道受托人和委托人之间有代理关系。如果第三人知道受托人和委托人之间的代理关系,属于之前所提到的受托人公开代理关系的情形,根据《合同法》第402条的规定,该合同直接约束委托人和第三人,也无须委托人行使介入权。

(3)受托人因第三人的原因对委托人未履行义务。例如,因为第三人原因,受托人与第三人的合同不成立;因为第三人原因,受托人与第三人的合同无效;因第三人违约等,导致受托人未能履行其与委托人之间委托合同所约定的义务。

(4)受托人应该向委托人披露第三人。受托人在因第三人的原因对委托人不履行义务时,应当向委托人披露第三人,以维护委托人的利益,保障委托人有效地行使介入权。

第三人的选择权是指当受托人因委托人的原因对第三人不履行义务时,第三人可以选择委托人或者受托人作为相对人主张权利的权利。例如,(2008年司考真题)甲委托乙购买一套机器设备,但要求以乙的名义签订合同,乙同意,遂与丙签订了设备购买合同。后由于甲的原因,乙不能按时向丙支付设备款。在乙向丙说明了自己是受甲的委托向丙购买机器设备后,丙可以选择要求甲或是乙支付。此题涉及的便是受托人不公开代理关系订立合同的效力问题。当受托人乙因委托人甲的原因对丙不能履行义务时,乙应当向丙披露甲,作为第三人的丙可以选择乙或甲作为相对人主张权利。

根据《合同法》第403条第2款的规定,第三人选择权的成立须具备如下要件:

(1)受托人以自己的名义与第三人订立合同。如果受托人以委托人的名义与第三人订立合同,则构成《民法通则》所规定的代理,其效果直接归属于委托人,无须第三人选择权利主张的对象。

(2)第三人在订立合同时,不知道受托人与委托人之间有代理关系。如果第三人知道受托人和委托人之间的代理关系,属于之前所提到的受托人公开代理关系的情形,根据《合同法》第402条的规定,该合同直接约束委托人和受托人,也无须第三人行使选择权。

(3)受托人因委托人的原因未对第三人履行义务。例如,A与B签订委托合同,委托B出口一批玩具,B与C签订玩具买卖合同,C交付货款后,A因技术和材料问题无法完成约定的玩具,导致B无法向A交付玩具,此即构成"受托人因委托人的原因对第三人不履行义务"的情形。

(4)受托人应该向第三人披露委托人。受托人在因委托人的原因对第三人不履行义务时,应当向第三人披露委托人,以维护第三人的利益,保障第三人有效地行使选择权。

上述条件均具备的,第三人就可以选择受托人或是委托人作为相对人主张权利。第三人的选择具有不可变更性,一旦选定相对人,不得变更。即便在第三人选定相对人后,被选定的委托人或受托人之债务履行能力发生重大变化,第三人也不得变更。

第三节 委托合同的终止

一、委托合同终止的原因

委托合同终止的原因包括一般原因和特殊原因。一般情形即《合同法》第 91 条所规定的前 6 种情形,包括:债务已经按照约定履行、合同解除、债务相互抵销、债务人依法将标的物提存、债权人免除债务、债权债务同归于一人等情形。此外,还有导致委托合同终止的特有原因,即委托合同终止的特殊原因。该特殊原因主要有以下两种情况。

（一）当事人一方解除委托合同

在委托合同中,合同的当事人双方均享有任意终止权,可以任意终止合同。《合同法》第 410 条规定:"委托人或者受托人可以随时解除委托合同。因解除委托合同给对方造成损失的,除不可归责于该当事人的事由以外,应当赔偿损失。"这是因为委托合同以委托人与受托人之间的彼此信任为基础,如果双方失去信任,委托合同则失去履行的基础,所以法律赋予双方以在丧失信任的情形下解除合同的权利。这种解除权的行使无须征得对方当事人的同意,至于委托合同是有偿或是无偿,有期限或是无期限,都在所不问。但是,在委托事务已经全部处理完毕的情况下,任何一方不享有任意终止权。这是因为委托事务已经处理完毕,受托人已经履行完毕合同的主要义务,委托目的已经实现,此时再主张合同解除已经丧失了解除的意义。

（二）当事人一方死亡、丧失民事行为能力或者破产

《合同法》第 411 条规定:"委托人或者受托人死亡、丧失民事行为能力或者破产的,委托合同终止,但当事人另有约定或者根据委托事务的性质不宜终止的除外。"该条规定了委托合同法定终止的条件。

当事人一方死亡是指委托合同当事人委托人或受托人一方死亡,或者是委托人、受托人均死亡。发生死亡,委托合同主体一方或是双方主体不存在,委托合同自然不存在。这是因为委托合同是以信任为基础,不存在死后的继承问题。

若委托人丧失民事行为能力后,其事务应由其法定代理人处理或由其法定代理人重新或另行委托,原委托合同也就终止;若受托人丧失民事行为能力后,受托人也因此丧失处理委托事务的能力,委托合同也就自然应当终止。

根据我国现行法律的规定,唯企业法人具有破产资格。当作为企业法人的委托人或受托人被宣告破产,其权利能力即受到限制,仅限于清算事务范围,而原委托合同关系显然在清算事务范围之外,所以,也应当终止。

当然,当事人可以通过约定排除上述法定的合同终止情形的适用。此外,根据委托事务的性质不宜终止的委托合同也不适用上述合同终止的情形。

二、委托合同终止的后果

（一）当事人任意解除委托合同的后果

委托合同的任何一方当事人都有权随时解除委托合同。但是,因解除委托合同而给对方造成损失的,除不可归责于自身的原因外,解除合同的一方应当赔偿损失。例如,受托人在委托人远行之际解除合同,导致委托人既不能及时自行接收处理的委托事务,又不能及时另行选任可靠的受托人,由此遭受的损失应该由受托人赔偿损失。需要注意的是,委托合同的解除方即便没有说明任何正当理由而解除合同,只要不存在可归责的事由,便无须对另一方的损失承担赔偿责任。同时解除合同的一方须就不可归责于自己的事由之存在承担举证责任。

（二）因当事人一方的原因而终止委托合同的后果

《合同法》第412条规定:"因委托人死亡、丧失民事行为能力或者破产,致使委托合同终止将损害委托人利益的,在委托人的继承人、法定代理人或者清算组织承受委托事务之前,受托人应当继续处理委托事务。"据此可知,委托人死亡、丧失民事行为能力或者破产后,委托人的继承人、法定代理人或者清算组织可能一时无法承受委托事务,如继承人杳无音信、法定代理人重病卧床、清算组织迟迟未能成立等情形,但委托事务的处理又具有连续性,若委托事务中途停止会影响委托人或利害关系人的权益,在此情形下受托人应当继续处理委托事务。

同时《合同法》第413条规定:"因受托人死亡、丧失民事行为能力或者破产,致使委托合同终止的,受托人的继承人、法定代理人或者清算组织应当及时通知委托人。因委托合同终止将损害委托人利益的,在委托人作出善后处理之前,受托人的继承人、法定代理人或者清算组织应当采取必要措施。"受托人死亡、丧失民事行为能力或者破产,致使委托合同终止,但是,基于诚信原则,为维护委托人的利益,受托人的继承人、法定代理人或者清算组织一方面应当及时通知委托人,使委托人可以采取相应措施,避免委托合同终止而遭受损失。另一方面在委托人作出善后处理之前,要采取必要措施,例如保护委托人委托的财产、保管委托事务的资料等。

第二十三章

行纪合同

⊙ 导读案例

2007 年 10 月，河南中金收藏品有限公司和上海爱购商务服务有限公司双方签订《供应商合作协议书》一份，约定，由河南中金收藏品有限公司提供商品及商品相关证明或宣传之文件以及商品销售前后相关服务，上海爱购商务服务有限公司以其所经营的电视购物频道、网络、型录、代为河南中金收藏品有限公司刊登与行销，双方合作期为一年；协议还约定，河南中金收藏品有限公司委托销售的商品，需依双方所签订《新品报价单》内容为依据；结算方式，以每月实际出货作为付款依据，按月结算。协议签订后，河南中金收藏品有限公司根据《新品报价单》将货送至上海爱购商务服务有限公司指定的仓库，并由上海可的物流中心收货专用章盖章确认。其间，上海爱购商务服务有限公司确认退货给河南中金收藏品有限公司 2278582 元，河南中金收藏品有限公司开具给上海爱购商务服务有限公司河南增值税专用发票价税共计 4154808.61 元，上海爱购商务服务有限公司支付河南中金收藏品有限公司货款 3296970.70 元，因河南中金收藏品有限公司和上海爱购商务服务有限公司双方对收货金额有异议，河南中金收藏品有限公司向上海爱购商务服务有限公司催讨货款未着，诉至法院。

另查明：1. 河南中金收藏品有限公司主张截至 2008 年 5 月 30 日共提供给上海爱购商务服务有限公司货物 6418978 元。审理中，上海爱购商务服务有限公司认可收到货物 5189028 元，争议金额 1229950 元。所涉单证有：2007 年 12 月 18 日问货入库单金额 220800 元、2008 年 1 月 17 日问货入库单金额 139200 元、2008 年 1 月 30 日问货入库单金额 363200 元、2008 年 2 月 18 日问货入库单金额 217400 元、2008 年 3 月 5 日问货入库单金额 289350 元。对 2007 年 12 月 18 日的问货入库单，上海爱购商务服务有限公司认为收货日期早于下单日期，不符合交易习惯；2008 年 1 月 17 日、2008 年 1 月 30 日的问货入库单，上海爱购商务服务有限公司认为问货入库单上盖的章和签名字迹模糊；2008 年 2 月 18 日问货入库单和 2008 年 3 月 5 日问货入库单，上海爱购商务服务有限公司认为沈某和张某签名时，还未成为上海爱购商务服务有限公司员工，故不予认可。对该争议的五张问货入库单中，除了 2008 年 3 月 5 日问货入库单河南中金收藏品有限公司提供了原件外，其余四张河南中金收藏品有限公司称原件在上海爱购商务服务有限公司指定的可的仓库内，现可的物流中心下落不明，河南中金收藏品有限公司无法取得。审理中，上海爱购商务服务有限公司认可 2008 年 1 月 30 日的问货入库金额为 363200 元的货物已收到。

2. 2008 年 1 月至 2008 年 5 月河南中金收藏品有限公司共开具给上海爱购商务服务有限公司河南增值税专用发票价税共计 4154808.61 元,该增值税发票上海爱购商务服务有限公司均已抵扣。

3. 案外人沈某、张某原系上海沂蒙劳务综合服务有限公司员工,2008 年 3 月 6 日沈某与上海爱购商务服务有限公司签订《劳动合同》,2007 年 12 月、2008 年 1 月上海爱购商务服务有限公司为沈某补缴综合保险金,2008 年 2 月以后上海爱购商务服务有限公司为沈某正常缴纳综合保险金,2009 年 2 月上海爱购商务服务有限公司辞退了沈某。2008 年 3 月 20 日上海爱购商务服务有限公司与张某签订了《劳动合同》一份,2008 年 3 月,上海爱购商务服务有限公司为张某补缴综合保险金;2008 年 4 月以后上海爱购商务服务有限公司为张某正常缴纳综合保险金,2009 年 2 月上海爱购商务服务有限公司辞退了张某。但从上海爱购商务服务有限公司认可的问货入库单中,可印证沈某于 2007 年 12 月 12 日已代表上海爱购商务服务有限公司在河南中金收藏品有限公司提供的问货入库单上收货签名,张某于 2008 年 2 月 22 日代表上海爱购商务服务有限公司在河南中金收藏品有限公司提供的问货入库单上收货签名。审理中,上海爱购商务服务有限公司以沈某、张某已辞退无法通知为由,未通知沈某、张某到庭质证。

4. 审理中,河南中金收藏品有限公司提供的月结对账单上均无上海爱购商务服务有限公司签名盖章。河南中金收藏品有限公司放弃要求上海爱购商务服务有限公司返还因退货引起的多开增值税发票税款 2450.14 元的请求;上海爱购商务服务有限公司对其主张的多付给河南中金收藏品有限公司的货款未提起反诉,也未能提供为河南中金收藏品有限公司垫付包装费 7782.98 元的证据。

法院经审理认为,河南中金收藏品有限公司、上海爱购商务服务有限公司双方签订的《供应商合作协议书》依法成立且有效,双方应严格按约履行。本案中,河南中金收藏品有限公司按约送货给上海爱购商务服务有限公司,上海爱购商务服务有限公司理应按约支付货款。现河南中金收藏品有限公司供货金额为 6418978 元,上海爱购商务服务有限公司退货金额为 2278582 元,已付货款 3296970.70 元,尚欠河南中金收藏品有限公司货款 843425.30 元。审理中,因上海爱购商务服务有限公司对其主张的收货金额、退货金额和增值税发票抵扣金额之间的关联性无法作出合理解释,故对上海爱购商务服务有限公司辩称,本院难以采信;对上海爱购商务服务有限公司主张的垫付包装费 7782.98 元,因上海爱购商务服务有限公司未提起反诉且又未提供证据予以证明,故本院不予处理。对河南中金收藏品有限公司放弃要求上海爱购商务服务有限公司返还因退货引起的多开增值税发票税款 2450.14 元的请求,本院予以支持。据此,依据《中华人民共和国合同法》第 109 条、第 414 条,《最高人民法院关于民事诉讼证据的若干规定》第 2 条之规定,判决如下:

上海爱购商务服务有限公司给付河南中金收藏品有限公司货款 843425.30 元。

⊙ 问题提出

1. 行纪合同有何特点?

2. 行纪合同与信托有何区别?

3. 行纪合同与委托合同有何区别?

4. 行纪合同有何效力?

第一节　行纪合同概述

一、行纪合同的概念和特征

（一）行纪合同的概念

《合同法》第414条规定："行纪合同是行纪人以自己的名义为委托人从事贸易活动，委托人支付报酬的合同。"在行纪合同关系中，委托对方为自己从事贸易活动，并向对方给付报酬的当事人为委托人；接受委托为对方从事贸易活动，并获得对方报酬的当事人为行纪人。

（二）行纪合同的特征

行纪合同具有以下法律特征：

1.行纪人应该是经营行纪业务的人

行纪是指以自己的名义，为他人利益从事交易活动而得到报酬的营业。从事行纪营业的人就是行纪人。虽然我国《合同法》未对行纪人的资格加以明确限制，但是在我国现有的一些单行法律和法规中却对此有明确的限制，例如，根据《证券法》的规定，只有证券公司可以从事证券行纪业务；根据《保险法》和《保险经纪人管理规定》的规定，保险经纪人是指基于投保人的利益，为投保人与保险人订立保险合同提供中介服务，并依法收取佣金的有限责任公司。

2.行纪合同的标的是处理委托事务

行纪合同是由行纪人为委托人提供劳务的合同，但是能够成为合同标的的劳务必须是向第三人实施的法律行为，事实行为不能成为行纪合同的标的。其中法律行为根据《合同法》的相关规定应该是贸易活动，这一活动包括动产交易、有价证券买卖及其他商业上具有交易性质的行为。身份行为、赠与、少量的生活消费品的买卖等不属于贸易活动。

3.行纪人以自己的名义处理委托事务

行纪人在为委托人从事贸易活动的过程中，须以自己的名义与第三人订立合同，并且对该合同直接享有权利、承担义务。《合同法》第421条规定："行纪人与第三人订立合同的，行纪人对该合同直接享有权利、承担义务。第三人不履行义务致使委托人受到损害的，行纪人应当承担损害赔偿责任，但行纪人与委托人另有约定的除外。"

4.行纪合同是双务合同、有偿合同、诺成合同、不要式合同

行纪合同是双务合同，当事人双方互负义务，互为给付，委托人向行纪人支付报酬，行纪人为委托人从事贸易活动。行纪合同为有偿合同，委托人应当向行纪人支付报酬。当然，如果当事人约定委托人不支付报酬的，应当从其约定。行纪合同是诺成合同，行纪合同依双方当事人意思表示一致而成立，不以给付行为为成立要件。行纪合同是不要式合同，《合同法》对行纪合同的形式没有特别的规定，所以，行纪合同可采用书面或口头形式。当然，法律法规对特定行业的行纪合同有特别规定的，应从之。

《合同法》第423条规定："本章没有规定的，适用委托合同的有关规定。"行纪合同本质

上属于委托合同,以当事人之间的信任为基础,因此在法律对行纪合同没有作出规定的情况下,适用法律关于委托合同的相关规定。

二、行纪合同与其他类似合同的区别

(一)行纪合同与委托合同

行纪合同和委托合同都是以提供劳务为合同的标的,都是以当事人双方的信任为基础,都是以处理一定事务为目的。两者的区别在于:

1.适用范围不同。行纪合同仅适用于贸易活动;而委托合同不仅可适用于贸易活动,也可适用于非贸易活动。

2.行纪合同的受托人只能以自己的名义处理委托事务,行纪人与第三人签订的合同不能直接对委托人发生效力;而委托合同中的受托人处理事务既可以用委托人名义,也可以用自己的名义,因此存在委托人介入权、第三人选择权等制度。

3.行纪合同是有偿合同,而委托合同或为有偿合同,或为无偿合同。

(二)行纪合同与信托合同

在我国的经济生活中,行纪与信托常被混用。但是在严格意义上,行纪与信托是两种不同的法律制度,行纪是大陆法系的概念,信托是英美法系的概念,两者的主要差异是:

1.法律关系的主体不同。在信托中,存在信托人、受托人和受益人三方主体,受托人为受益人的利益服务;而在行纪合同中,只有委托人和行纪人,而无受益人,行纪人为委托人的利益服务。

2.受托人处理的事务范围不同。行纪人仅能从事贸易活动;而信托中的受托人可从事财产处分和管理的一切行为,而不限于贸易活动。

3.财产所有权不同。在信托中,信托财产的所有权在受托人名下,所以,信托合同产生一种财产权关系;而行纪合同产生的只是一种债权债务关系。

第二节　行纪合同的效力

一、委托人的义务

根据《合同法》的有关规定,委托人负有如下主要义务。

(一)支付报酬

《合同法》第422条规定:"行纪人完成或者部分完成委托事务的,委托人应当向其支付相应的报酬。委托人逾期不支付报酬的,行纪人对委托物享有留置权,但当事人另有约定的除外。"据此,行纪合同的报酬是行纪人为行纪行为的对价。报酬的支付时间、地点、数额由合同当事人约定。合同没有约定的,按照习惯确定。委托人支付报酬通常以行纪人完成委托事务为条件。委托人逾期不支付报酬的,行纪人可以对委托物行使留置权,除非当事人有

特别约定。

（二）接受行纪人完成的委托事务的后果

委托人在接到行纪人完成行纪事务的通知后，应当及时接受行纪人依照合同约定所完成的一切后果。对此，我国《合同法》第420条规定："行纪人按照约定买入委托物，委托人应当及时受领。经行纪人催告，委托人无正当理由拒绝受领的，行纪人依照本法第一百零一条的规定可以提存委托物。委托物不能卖出或者委托人撤回出卖，经行纪人催告，委托人不取回或者不处分该物的，行纪人依照本法第一百零一条的规定可以提存委托物。"

二、行纪人的义务

根据我国《合同法》的有关规定，行纪人负有如下主要义务。

（一）按委托人的指示从事贸易活动

行纪人为委托人的利益服务，理当遵从委托人的意愿，履行委托人的指示。委托人的指示包括种类指示、数量指示、价格指示、时间指示等。但是在实践中，会发生行纪人以低于指定价格卖出或者以高于指定价格买进，也可能会发生行纪人高于委托人指定的价格卖出或者低于委托人指定的价格买入，遇此情况，《合同法》第418条规定："行纪人低于委托人指定的价格卖出或者高于委托人指定的价格买入的，应当经委托人同意。未经委托人同意，行纪人补偿其差额的，该买卖对委托人发生效力。行纪人高于委托人指定的价格卖出或者低于委托人指定的价格买入的，可以按照约定增加报酬。没有约定或者约定不明确，依照本法第六十一条的规定仍不能确定的，该利益属于委托人。委托人对价格有特别指示的，行纪人不得违背该指示卖出或者买入。"

（二）负担行纪费用

《合同法》第415条规定："行纪人处理委托事务支出的费用，由行纪人负担，但当事人另有约定的除外。"行纪人一般以行纪为营业，既然可以获得利润，也应承担相应风险，在无约定的情况下负担费用，则是风险之一。但是当事人另有约定按其约定。如果特别法有特别规定，按规定。例如《拍卖法》第56条第3款规定："拍卖未成交的，拍卖人可以向委托人收取约定的费用；未作约定的，可以向委托人收取为拍卖支出的合理费用。"

（三）妥善保管委托物

《合同法》第416条规定："行纪人占有委托物的，应当妥善保管委托物。"据此行纪人对委托物负有妥善保管的义务。委托物既可以是行纪人从委托人处收取的用于交易的物，也可以是为委托人利益从第三人处收取的用于交易的物。行纪人对该物应以善良管理人的义务进行保管，要妥善选择报关的方式、场所等。如果行纪人妥善保管的义务已经尽到，行纪人对委托物的毁损和灭失则不负任何责任。但是，若委托人对委托物的保管有特别指示的，如为保管的物品办理保险，行纪人却未予投保的，应对保管物的意外灭失负损害赔偿责任。

（四）合理处分委托物

《合同法》第417条规定："委托物交付给行纪人时有瑕疵或者容易腐烂、变质的，经委托人同意，行纪人可以处分该物；和委托人不能及时取得联系的，行纪人可以合理处分。"此条规定了行纪人的合理处分委托物的义务。在一般情况下,行纪人处分委托物应经委托人同意,但是,在特殊情况下,委托人可以不经过委托人同意处分委托物。此特殊情况应符合下列条件:一是委托物交付行纪人时就存在瑕疵或容易腐烂、变质,如果不及时处分,则会使委托物的价值降低甚至消灭,最终损害委托人的利益。二是行纪人和委托人不能及时取得联系,行纪人无法得到委托人的指示。三是行纪人的处分应采取合理的方式和价格。行纪人合理处分委托物,不构成行纪人的违约,无须承担赔偿责任。

三、行纪人的权利

(一)报酬请求权

委托人负有按照合同约定或法律规定或习惯,向行纪人支付报酬的义务。因此,行纪人就享有向委托人请求支付报酬的权利。

(二)介入权

《合同法》第419条规定:"行纪人卖出或者买入具有市场定价的商品,除委托人有相反意思表示以外,行纪人自己可以作为买受人或者出卖人。行纪人有前款规定情形的,仍然可以要求委托人支付报酬。"此条规定的是行纪人的介入权。行纪人的介入权与委托合同中委托人的介入权完全不同,行纪人的介入权须具备以下构成要件:

1.卖出或买入的商品应有市场定价。具有市场定价是指交易的商品在市场上有公示的统一的价格,单个交易者之间不能通过个别协商另行确定商品的交易价格。正因为有市场定价,所以行纪人无法左右商品价格,也就无法从贸易活动中获取不正当的利益,从而确保对委托人利益的维护与保障。

2.委托人无相反的意思表示。当事人可以在行纪合同中约定禁止行纪人介入。如果当事人在订立行纪合同时没有这样的约定,委托人在其后也没有作出排除行纪人介入权的意思表示,就视为委托人同意行纪人介入权的享有。

3.行纪人须尚未对第三人卖出或买进。如果行纪人已经对第三人卖出或是买进,则交易的相对人已经确定,行纪人就没有介入的可能,只能为委托人的利益妥善行使对第三人的权利,履行对第三人的义务。

行纪人行使介入权后,获得双重身份和关系:既是委托人的行纪人,也是委托人的交易相对人(买受人或者出卖人);与委托人之间,既存在行纪关系,也存在买卖关系。两者都是独立的有效的关系和身份,互不影响各自的效力。行纪人介入权并不影响其报酬请求权的行使。当符合报酬请求权的条件时,行纪人仍然可请求委托人支付报酬。

(三)提存委托物的权利

提存是指由于债权人的原因而无法向其交付合同标的物时,债务人将该标的物交给提存部门而消灭合同关系的制度。根据《合同法》第420条的规定,经行纪人催告,委托人无正当理由拒绝受领的,行纪人有权提存委托物。委托物不能卖出或者委托人撤回出卖,经行纪人催告,委托人不取回或者不处分该物的,行纪人有权提存委托物。行纪人提存委托物包括买入委托物的提存和卖出委托物的提存。

行纪人按照约定买进委托物,并且占有委托物的,应当交付给委托人,委托人应该及时受领。若不存在行纪人没有按照指示买入委托物,委托物存在物理瑕疵或权利瑕疵,不符合行纪合同约定等情形的,委托人无权拒绝受领委托物。委托人无故拒绝受领的,行纪人可以根据《合同法》有关提存的相关规定对委托物予以提存。

委托人撤回出卖的或是委托物不能卖出的,委托人应取回或处分委托物,委托人不取回或不处分委托物的,行纪人同样可以根据《合同法》有关提存的相关规定对委托物予以提存。

(四)留置权

《合同法》第422条规定:"行纪人完成或者部分完成委托事务的,委托人应当向其支付相应的报酬。委托人逾期不支付报酬的,行纪人对委托物享有留置权,但当事人另有约定的除外。"该条规定了行纪人的留置权。行纪人享有留置权的委托物,既可以是从委托人处收取的,也可以是从第三人处收取的,应转交给委托人的物。当然,当事人可以通过约定排除该留置权的适用。同时留置委托物不违背公共秩序或善良风俗,例如委托物是赈灾的粮食、救人的药品等就不能留置。

第二十四章
居间合同

⊙ 导读案例

　　2009 年 9 月 25 日,上海某房地产经纪有限公司、夏某签订《出售房屋委托书》一份。双方约定,夏某委托上海某房地产经纪有限公司出售上海市卢湾区某路 X 弄 X 号 X 室房屋,委托出售价格为人民币 2800000 元。有下列情形之一,夏某应当依照所委托出售房屋价格 1‰支付服务报酬或违约金:1. 委托期内,除甲方(夏某)自行委托他人将不动产出售外,甲方拒绝与乙方(上海某房地产经纪有限公司)谈妥之交易对象订立成交合同;……5. 甲方已经签认乙方介绍之交易对象购买意向书(或居间合同)后反悔不卖,以至于买卖合同无法签订或履行。2009 年 10 月 9 日,上海某房地产经纪有限公司、夏某及案外人肖某签订《房地产居间合同》一份,约定上海某房地产经纪有限公司居间介绍案外人肖某以人民币 2728000 元的成交价格向夏某购买系争房屋;特别约定事项中注明:购买方案外人肖某作低房价为人民币 2430000 元,差额人民币 298000 元于签订合同当日支付。

　　又查明,夏某在上述《房地产居间合同》的出售方签认书中明确表示,所有产权人知晓并同意以此价格出售,并已收取定金人民币 20000 元整,出售方同意签订本确认书后,上列意向金转为定金……若出售方已同意依上列买方购买总价出售后,反悔不卖或其他行为致无法签订《买卖合同》的,除向中介方赔偿服务费外,还须向买方双倍返还定金。

　　庭审中夏某再次明确不再将系争房屋出售给案外人肖某。

　　本案的争议焦点是,涉案的《房地产居间合同》是否有效;夏某的行为是否构成违约,约定的违约金是否应予调整。

　　法院审理认为:一、涉案《房地产居间合同》效力问题。《房地产居间合同》各方当事人自行约定的房屋成交价格为人民币 2728000 元,合同中约定的作低房价为人民币 2430000 元,差额人民币 298000 元于签订合同当日支付的条款,系各方当事人为少缴税款、减少交易成本而作的特别约定,该条款有规避法律之嫌,依法应认定该条款无效。但综观系争《房地产居间合同》,该特别约定并不产生否定涉案房屋成交价格为人民币 2728000 元的事实,合同中个别条款的无效,并不影响合同整体的法律效力,该合同符合法律规定合法有效。故夏某以双方签订的《房地产居间合同》中个别条款违反国家相关法规为由,要求确认《房地产居间合同》无效之抗辩意见,本院不予采纳。

　　二、夏某的行为是否构成违约,本案所涉《出售房屋委托书》、《房地产居间合同》系签约各方当事人真实意思表示,具有法律效力,原、夏某作为签约方均应恪守合同约定之权利和义务。夏某在签约并收取定金后要求终止《房地产居间合同》，并拒绝签订《房屋买卖合同》，由此，本案中夏某不履行《房地产居间合同》是因合同的部分条款违法，进而认为整个合同无效，对于《房地产居间合同》效力问题，本院认为中已有阐述，故夏某拒不履行《房地产居间合同》，须有充分合法的理由，因此夏某就《出售房屋委托书》及《房地产居间合同》的行为构成违约应承担违约责任。

三、约定的违约金是否需要调整，诉讼过程中夏某提出合同约定的违约金过高，希望予以调整。本案违约金是否需要调整，应当依照公平、诚实信用原则综合考量确定。首先，违约金数额的确定应结合上海某房地产经纪有限公司已提供居间服务的内容来权衡，原、夏某约定居间成功的服务报酬即上海某房地产经纪有限公司的预期利益是出售系争房屋价格的1％，双方约定的违约金数额与居间服务报酬相同。庭审查明，上海某房地产经纪有限公司作为居间人已向夏某提供订立合同的媒介服务，正是夏某以《房地产居间合同》中作低房屋价款的约定违反法律规定为由，拒签《房屋买卖合同》，致使上海某房地产经纪有限公司作为居间人未能促成双方《房屋买卖合同》的成立。根据《合同法》的规定，居间人促成合同成立的，委托人应当按照约定支付居间报酬；居间人未促成合同成立的，不得要求支付报酬。但该规定并不排除居间人就《房地产居间合同》追究夏某的违约责任。依据法律规定当事人一方不履行合同义务或者履行合同义务不符合约定的，应当承担违约责任。因此，上海某房地产经纪有限公司基于上述理由，要求夏某承担违约责任的请求，合法有据，应予支持。其次，从违约后获得利益的情况衡量，生活的经验和房地产市场价格上升趋势表明，夏某可以从中获得较大利益，而上海某房地产经纪有限公司因夏某违约行为，在提供居间服务工作后无法获得居间报酬。如果夏某真实愿意履行《房地产居间合同》，完全可以通过修改个别条款的方式，弥补不足继续履行合同，但夏某在庭审过程中仍然明确表示拒绝将系争房屋出售给案外人肖某，夏某之言行明显缺乏履行《房地产居间合同》的诚意。再次，违约金数额应结合原、夏某的过错程度来判定，夏某作为房屋出卖人不仅签订《房地产居间合同》，而且收取了案外人肖某定金人民币20000元整，并明确表示所有产权人知晓并同意以人民币2728000元价格出售系争房屋，后因夏某以作低房价的约定违法为由不愿再出售房屋，拒绝签订《房地产居间合同》，致使上海某房地产经纪有限公司作为居间人未能促成买卖双方合同的成立，对此夏某在买卖双方未能签订《房屋买卖合同》上应承担主要过错责任。

上海某房地产经纪有限公司作为专业居间服务机构，为促成交易，制作规避法律的条款，该行为对纠纷形成有一定影响，应承担相应的过错责任。故本院根据公平原则、诚实信用原则对违约金酌情予以调整。据此，依照《中华人民共和国合同法》第5条、第52条、第60条、第114条、第405条之规定，判决如下：

夏某于本判决生效之日起十日内支付上海某房地产经纪有限公司违约金人民币24000元。

⊙ 问题提出

1.居间合同有何特点？

2.居间合同与委托合同、行纪合同有何区别？

3.居间合同的效力如何？

第一节 居间合同概述

一、居间合同的概念

居间合同根据《合同法》第424条的规定,是指居间人向委托人报告订立合同的机会或者提供订立合同的媒介服务,委托人支付报酬的合同。在居间合同关系中,报告订立合同机会或提供订立合同媒介服务,并接受对方报酬的一方为居间人。接受对方所提供的报告订立合同机会或订立合同媒介服务,并向对方支付报酬的一方为委托人。

在市场经济中,各种生产要素如商品、资本甚至人才的流动,都需要媒介,所以,居间活动必然产生。居间合同根据居间人所受委托内容的不同,可分为指示居间合同和媒介居间合同。指示居间合同是指居间人仅向委托人报告订约机会的居间合同;媒介居间合同是指居间人仅为委托人提供订约媒介服务的居间合同。这两者的区别,一般来说指示居间人的报酬由委托人支付,而媒介居间人的报酬由订立合同的当事人分担。

二、居间合同的法律特征

(一)居间合同的标的是居间人所提供的居间劳务

居间合同与委托合同、行纪合同一样,都属于提供劳务类合同。居间合同的居间人所提供的劳务是居间劳务,也就是向委托人报告订立合同的机会或者提供订立合同的媒介服务。报告订立合同的机会是接受委托,为委托人寻觅或是订约的相对人,从而提供订立合同的机会。提供订立合同的媒介服务是斡旋于双方当事人之间,介绍、撮合双方订立合同。居间人的居间活动内容就是使委托人能够与另一方订立合同。

(二)居间人须按委托人的指示和要求为居间活动

居间人为促成委托人与第三人订立合同而提供服务,居间行为的内容是报告订立合同机会,或提供订立合同媒介服务,但居间人不以自己的名义或以委托人的名义与第三人订立合同。居间人不是委托人与第三人之间的合同关系的当事人,不参与其中的法律关系,不享有其中约定的权利和义务。因此,居间人只能按照委托人的指示和要求从事居间活动。

(三)居间合同一般是有偿合同

根据《合同法》第424条、第426条规定,委托人应当按照约定向居间人支付报酬。所以,居间合同一般为有偿合同。但是,如果委托人与居间人在合同中明确约定,居间人不收取报酬,则从其约定,居间合同为无偿。

(四)居间合同是诺成合同、不要式合同

居间合同是诺成合同,居间合同经当事人意思表示一致即成立,不以给付行为为成立要件。居间合同是不要式合同,居间合同可以采用书面形式或口头形式,法律对居间合同的形式无特别规定。

三、居间合同与委托合同、行纪合同的区别

居间合同与委托合同、行纪合同都是一方受另一方委托办理一定事务的合同,都属于提供服务的合同,但是三者之间有明显不同,主要为:

第一,居间人为委托人办理的事务是为委托人报告订立合同的机会,或提供订立合同的媒介服务,其目的是促成委托人与第三人订立合同;而在委托合同中,受托人为委托人办理的事务则十分广泛,既可以是事实行为,也可以是法律行为;在行纪合同中,行纪人为委托人办理的事务是贸易活动。

第二,在居间合同中,居间人不以委托人的名义,也不以自己的名义与第三人订立合同,居间人不参与委托人与第三人的关系。在委托合同中,受托人可以以委托人的名义或自己的名义与第三人订立合同,并参与该合同关系。在行纪合同中,行纪人以自己的名义与第三人订立合同,与第三人直接产生权利义务关系。

此外,居间人可以同时为双方的居间人,可以就同一事项同时接受双方的委托。而在委托合同和行纪合同中,受托人或是行纪人就同一事项只能接受一方的委托。

第二节　居间合同的效力

一、居间人的义务

根据《合同法》的相关规定,居间人负有如下主要义务。

(一)如实报告义务

《合同法》第 425 条规定:"居间人应当就有关订立合同的事项向委托人如实报告。居间人故意隐瞒与订立合同有关的重要事实或者提供虚假情况,损害委托人利益的,不得要求支付报酬并应当承担损害赔偿责任。"本条规定的就是居间人的如实报告义务。

居间人应当将自己所知道的有关订立合同的信息报告给委托人,不隐瞒,不弄虚作假,不欺诈当事人。居间人的报告应当是真实、及时、全面的,从而确保委托人据此作出正确决断。居间人违背如实报告义务的,不得请求报酬;造成委托人损害的,委托人可请求居间人承担违约损害赔偿责任。

(二)尽力进行居间服务

依据诚实信用原则,居间人应负有尽力的义务。居间人接受委托后,应从维护委托人利益出发,尽力提供有关机会和商业信息,促使合同订立,而不是随意地、消极地对待所接受的居间事务。

(三)保密的义务

在居间合同中,居间人在对委托人完成居间活动中获悉的委托人的有关商业秘密以及委托人提供的其他各种信息,例如名称或姓名、商号等,居间人负有保密的义务,不得向第三

人告知或泄漏。居间人违反该义务给委托人造成损失的,居间人应承担赔偿责任。

二、委托人的义务

根据《合同法》的相关规定,委托人负有如下主要义务。

(一)按约定支付报酬

《合同法》第 426 条规定:"居间人促成合同成立的,委托人应当按照约定支付报酬。对居间人的报酬没有约定或者约定不明确,依照本法第六十一条的规定仍不能确定的,根据居间人的劳务合理确定。因居间人提供订立合同的媒介服务而促成合同成立的,由该合同的当事人平均负担居间人的报酬。居间人促成合同成立的,居间活动的费用,由居间人负担。"据此可知委托人的报酬支付义务以居间人促成合同成立为前提条件。促成合同成立就是委托人与第三人订立了合同,至于订立的合同是否有效或者嗣后被撤销均不影响居间人的报酬请求权。

报酬的支付由当事人进行约定,如果当事人没有约定,则按《合同法》第 426 条第 1 款规定,委托人在居间人促成合同成立后支付报酬。实务中,报酬的支付一般有两种方式:一是委托人在居间活动开始前向居间人预付报酬;二是委托人在居间活动完成后向居间人支付报酬。

当事人可以在居间合同中约定报酬的数额。如果当事人对居间人的报酬没有约定或者约定不明确,可由当事人协议补充。不能达成补充协议的,按照合同有关条款或者交易习惯确定。按照合同有关条款或者交易习惯仍不能确定的,根据居间人的劳务合理确定。其中需要考虑的因素应当包括:居间服务的性质与难度、委托人的受益、类似居间服务的报酬水平等。

报告居间因居间人仅向委托人报告订约机会,而不与第三人发生关系。因此,居间人的报酬应当由委托人给付,而与第三人无关。但在媒介居间中,居间人不仅向委托人报告订约机会,还要与第三人联络与交流,虽然第三人不是居间人的委托人,但是委托人和第三人都是居间人居间活动的受益人。所以,除当事人另有约定或另有交易习惯外,居间报酬应当由委托人和第三人平均负担。

(二)偿付必要的费用

《合同法》第 427 条规定:"居间人未促成合同成立的,不得要求支付报酬,但可以要求委托人支付从事居间活动支出的必要费用。"居间费用与居间报酬是不同的概念。居间报酬是居间人服务成果的对价,除当事人另有约定外,居间人没有促成合同成立,则不得请求报酬。而居间费用是居间人在从事居间活动过程中的花费,不是居间人的收益,不使用居间报酬的规则。由于居间人是为委托人的利益而从事居间服务的,在居间失败时,居间人也不具有报酬请求权。基于当事人利益平衡的原则,委托人应当支付居间活动的必要费用,但是当事人另有约定的除外。

参考文献

一、著作

1. 梁慧星. 民法解释学. 北京:中国政法大学出版社,1995

2. 徐国栋. 民法基本原则解释. 北京:中国政法大学出版社,1996

3. 江平. 中华人民共和国合同法精解. 北京:中国政法大学出版社,1999

4. 胡康生. 中华人民共和国合同法释义. 北京:法律出版社,1999

5. 韩世远. 违约损害赔偿研究. 北京:法律出版社,1999

6. 史尚宽. 债法总论. 北京:中国政法大学出版社,2000

7. 王家福. 中国民法学·民法债权. 北京:法律出版社,2000

8. 谢怀栻. 合同法原理. 北京:法律出版社,2000

9. 郑玉波. 民法债编论文选辑. 台北:五南图书出版公司,2000

10. 郭明瑞. 担保法原理与实务. 北京:中国方正出版社,2000

11. 王利明,崔建远. 合同法新论·总则(修订版). 北京:中国政法大学出版社,2000

12. 王利明. 违约责任论. 北京:中国政法大学出版社,2001

13. [英]P. S. 阿蒂亚. 合同法概论. 北京:法律出版社,2001

14. 王利明,王轶,房绍坤. 合同法. 北京:中国人民大学出版社,2001

15. 王泽鉴. 债法原理(第一册)(第二册). 北京:中国政法大学出版社,2001

16. 王利明. 合同法研究(第一卷). 北京:中国人民大学出版社,2002

17. 王利明. 合同法研究(第二卷). 北京:中国人民大学出版社,2003

18. 崔建远. 合同法(第三版). 北京:法律出版社,2003

19. 邱聪智. 新订民法债编通则(上、下). 北京:中国人民大学出版社,2003

20. 王利明,郭明瑞. 中国民法案例与学理研究之总则篇(修订本). 北京:法律出版社,2003

21. 王利明. 合同法新问题研究. 北京:中国社会科学出版社,2003

22. 韩世远. 合同法总论. 北京:法律出版社,2004

二、法律法规

1. 中华人民共和国合同法(1999 年 3 月 15 日)

2. 最高人民法院关于适用《中华人民共和国合同法》若干问题的解释(一)(1999 年 12 月 19 日 法释〔1999〕19 号)

3. 最高人民法院关于企业被人民法院依法宣告破产后在破产程序终结前经人民法院允许从事经营活动所签合同是否有效问题的批复(2000 年 12 月 1 日 法释〔2000〕43 号)

4. 最高人民法院关于审理涉外民事或商事合同纠纷案件法律适用若干问题的规定(2007 年

7月23日 法释〔2007〕14号）

5. 最高人民法院关于适用《中华人民共和国合同法》若干问题的解释（二）（2009年4月24日 法释〔2009〕5号）

6. 最高人民法院关于当前形势下审理民商事合同纠纷案件若干问题的指导意见（2009年7月7日 法发〔2009〕40号）

7. 最高人民法院关于审理商品房买卖合同纠纷案件适用法律若干问题的解释（2003年4月28日 法释〔2003〕7号）

8. 最高人民法院关于审理旅游纠纷案件适用法律若干问题的规定（2010年10月26日 法释〔2010〕13号）

9. 最高人民法院关于依据何种标准计算电话费滞纳金问题的批复（1998年12月29日 法释〔1998〕31号）

10. 最高人民法院关于审理存单纠纷案件的若干规定（1997年12月13日 法释〔1997〕8号）

11. 最高人民法院关于如何确认公民与企业之间借贷行为效力问题的批复（1999年2月9日 法释〔1999〕3号）

12. 最高人民法院关于逾期付款违约金应当按照何种标准计算问题的批复（1999年2月11日 法释〔1999〕8号）

13. 最高人民法院关于修改《最高人民法院关于逾期付款违约金应当按照何种标准计算问题的批复》的批复（2000年11月15日 法释〔2000〕34号）

14. 最高人民法院关于人民法院审理借贷案件的若干意见（1991年8月13日 法（民）〔1991〕21号）

15. 最高人民法院关于如何确定委托贷款合同履行地问题的答复（1998年7月6日 法民传〔1998〕198号）

16. 最高人民法院关于审理涉及农村土地承包纠纷案件适用法律问题的解释（2005年7月29日 法释〔2005〕6号）

17. 最高人民法院关于审理城镇房屋租赁合同纠纷案件具体应用法律若干问题的解释（2009年7月30日 法释〔2009〕11号）

18. 最高人民法院经济审判庭关于对一企业租赁经营合同规定由主管部门鉴证后合同生效的条款效力如何认定问题的复函（1991年1月11日 〔1991〕法经字第1号）

19. 最高人民法院关于审理融资租赁合同纠纷案件若干问题的规定（1996年5月27日 法发〔1996〕19号）

20. 最高人民法院关于建设工程价款优先受偿权问题的批复（2002年6月20日 法释〔2002〕16号）

21. 最高人民法院关于审理建设工程施工合同纠纷案件适用法律问题的解释（2004年10月25日 法释〔2004〕14号）

22. 最高人民法院关于审理涉及国有土地使用权合同纠纷案件适用法律问题的解释（2005年6月18日 法释〔2005〕5号）

23. 最高人民法院关于如何确定加工承揽合同履行地问题的复函（1989年8月8日 〔1989〕法经（函）字第22号）

24. 最高人民法院关于审理技术合同纠纷案件适用法律若干问题的解释（2004年12月16日 法释〔2004〕20号）